W0345485

Sozial.
Demokratisch.
Engagiert.

100 Jahre
Friedrich-Ebert-Stiftung

Freiheit, Gerechtigkeit und Solidarität – diesen Grundwerten der Sozialen Demokratie ist die Friedrich-Ebert-Stiftung seit ihrer Gründung verpflichtet. Das Buch lädt ein zu einer Reise durch 100 Jahre Stiftungsgeschichte: Es erzählt von den Anfängen der Studienförderung in den 1920er-Jahren und ihrer Bildungsarbeit heute, von ihrer Arbeit beim Aufbau einer demokratischen Gesellschaft in Westdeutschland nach dem Zweiten Weltkrieg und, ab 1989, im wiedervereinigten Deutschland. Es gibt Einblicke in das weltweite Engagement der größten deutschen politischen Stiftung, in ihre vielfältige wissenschaftliche und Beratungs-Arbeit sowie in ihr gesellschaftspolitisches Engagement.

Sozial.

100 Jahre

Demokratisch.

Friedrich-Ebert-Stiftung

Engagiert.

DIETZ

Inhalt

Vorwort

Am 2. März 2025 wird die Friedrich-Ebert-Stiftung einhundert Jahre alt. Nach dem plötzlichen Tod des ersten demokratisch gewählten Staatsoberhaupts Deutschlands Friedrich Ebert am 28. Februar 1925 rief die SPD die Friedrich-Ebert-Stiftung ins Leben. Anstelle von Kränzen zur Trauerfeier und Beerdigung des verstorbenen Reichspräsidenten bat die SPD um Spenden für den beim Parteikassierer verwalteten Fonds, mit dem jungen Menschen aus Familien der Arbeiterschaft das Abitur oder ein Hochschulstudium ermöglicht werden sollte.

Dieser frühe Beginn der Friedrich-Ebert-Stiftung wurde 1933 brutal beendet. Nach dem Zweiten Weltkrieg wurde die Idee einer politischen Stiftung wieder aufgegriffen. Mit der Vereinsgründung 1954 wurde die Friedrich-Ebert-Stiftung eine von der ihr nahestehenden Partei unabhängig arbeitende Institution. Damit ist sie nicht nur die größte, sondern zugleich die älteste der politischen Stiftungen in Deutschland.

Die Studienförderung stand am Beginn der Friedrich-Ebert-Stiftung und ist noch heute einer von fünf operativen Bereichen. Mit der Gründung des Vereins Friedrich-Ebert-Stiftung e. V. 1954 wurde der zweite Schwerpunkt der Stiftung aufgebaut, die politische Bildung zur Stärkung der Sozialen Demokratie. In den Heimvolkshochschulen und Tagungshäusern sowie später den Veranstaltungen unserer Landesbüros haben sich in den vergangenen Jahrzehnten Hunderttausende Menschen fortgebildet und über die Entwicklung der Demokratie diskutiert und konstruktiv gestritten. Mit der Gründung des Bundesministeriums für wirtschaftliche Zusammenarbeit (BMZ) 1961 erhielt ein weiteres Standbein der Stiftungsarbeit seine institutionelle Rückendeckung: die internationale Arbeit. Die Friedrich-Ebert-Stiftung konnte nun Büros aufbauen und auch vor Ort Kontakte pflegen. Begann die Arbeit in Afrika und Asien, so ist die Friedrich-Ebert-Stiftung heute auf allen Kontinenten tätig. 1969 wurde schließlich das Bonner Haus der Stiftung eröffnet. Damit erhielten auch die wissenschaftliche Arbeit der Stiftung, das neu gegründete Archiv der sozialen Demokratie und die vielen in der gesellschaftlichen Politikberatung tätigen Mitarbeiterinnen und Mitarbeiter eine feste Heimstatt. Bis dahin arbeiteten die Beschäftigten auf verschiedene Gebäude verteilt in Bonn.

Einhundert Jahre Friedrich-Ebert-Stiftung sind einhundert Jahre Engagement für eine freie, sozial gerechte und solidarische Welt. Das vorliegende Buch geht ausführlich auf die einhundertjährige Geschichte der Friedrich-Ebert-Stiftung ein. Einige bedeutende Anliegen und Ziele seien noch einmal herausgestellt.

Die Friedrich-Ebert-Stiftung ist aus der Arbeiterbewegung hervorgegangen und der Kampf für und die Verteidigung der Demokratie gehörten zu ihrer DNA. Schon die Umstände der Gründung belegen dies. Reichspräsident Friedrich Ebert war als oberster Repräsentant der Weimarer Demokratie massiven Verleumdungen der extremen Rechten ausgesetzt. Er stellte sich diesen Angriffen und führte zuletzt einen mehrmonatigen Prozess gegen einen Redakteur der Mitteldeutschen Presse, der ihm vorgeworfen hatte, für die Kriegsniederlage Deutschlands im Weltkrieg verantwortlich gewesen zu sein. Um diesen Prozess und die damit verbundene öffentliche Diskussion führen zu können, verschleppte Friedrich Ebert eine Blinddarmentzündung, an der er schließlich verstarb.

Auch heute sind politische Repräsentanten und Repräsentantinnen, Abgeordnete und demokratische Wahlkämpferinnen und Wahlkämpfer wieder physischer Gewalt und medialer Hetze durch die extreme Rechte ausgesetzt. Die Friedrich-Ebert-Stiftung berät vor diesem Hintergrund Menschen, die politische Verantwortung übernehmen, und setzt sich mit ihren Bildungsangeboten für Demokratie und gesellschaftlichen Zusammenhalt ein.

Die Friedrich-Ebert-Stiftung ist Teil der politischen Grundströmung dieser Gesellschaft, die als Ziel die Soziale Demokratie formuliert. Ihre Werte sind Freiheit, Gerechtigkeit, Solidarität und der Erhalt des Friedens. Die Verteidigung der Demokratie heißt für die Friedrich-Ebert-Stiftung, die Demokratie auszubauen und sozial zu gestalten. Ein ungezähmter Kapitalismus zerstört die Gesellschaft und die Demokratie. Zu den wichtigsten Organisationen, die dem Kapitalismus Zügel anlegen, zählen die Gewerkschaften, und von Beginn zählten die Gewerkschaften zu den wichtigsten Partnerinnen der Friedrich-Ebert-Stiftung. Viele Mitarbeitende der Stiftung – bis hin zu ihrem ersten Geschäftsführer Günter Grunwald – haben einen gewerkschaftlichen Hintergrund. Mit der Eröffnung der Auslandsbüros ab 1961 wurde die Friedrich-Ebert-Stiftung vom Deutschen Gewerkschaftsbund mit der Aufgabe betraut, die Interessen der deutschen Gewerkschaften in den jeweiligen Ländern zu vertreten.

Die internationale Solidarität oder, wie es in der Satzung der Friedrich-Ebert-Stiftung heißt, der Gedanke der Völkerverständigung zählt zu den Kernaufgaben. Wie im Inland tritt die Stiftung auch im Ausland durch Beratungs- und Bildungsarbeit für die Entwicklung der Sozialen Demokratie ein. Zu den Höhepunkten dieser vielfach unterhalb der medialen Wahrnehmung laufenden Arbeit zählte die Unterstützung der demokratischen Opposition in den südeuropäischen Diktaturen der 1970er-Jahre. Die spätere Regierungspartei Portugals, der Partido Socialista, wurde in einer Bildungseinrichtung der Friedrich-Ebert-Stiftung gegründet. Aktuell beschäftigt die Stiftung der Kampf um mehr demokratische Teilhabe unter anderem in Bangladesch und Kenia, wo zum Zeitpunkt dieses Vorworts ermutigende Bewegungen junger Menschen zu sehen sind.

Ich habe mit den genannten historischen und aktuellen Herausforderungen drei Arbeitsfelder angesprochen, die aus meiner Sicht für die Friedrich-Ebert-Stiftung von besonderer Bedeutung sind – auch weil sie auf Herausforderungen der Zukunft verweisen. Zur Verwirklichung aller Ziele und Aufgaben der Stiftung tragen alle Arbeitseinheiten bei. Von finanzieller Bedeutung für junge Menschen ist dabei nicht zuletzt die Studienförderung, die es ihnen ermöglicht, frei von großen finanziellen Sorgen einem Studium oder einer Promotion nachzugehen. Zur historischen Tiefenschärfe und zum differenzierten Argument trägt auch das Archiv der sozialen Demokratie bei, das mit seinen archivischen Quellen und seiner Bibliothek das kollektive Gedächtnis der deutschen Arbeiterbewegung bildet und aus der deutschen und internationalen Forschungslandschaft nicht wegzudenken ist.

Neben der Verteidigung der Demokratie sollen noch zwei Herausforderungen genannt werden, die für die Friedrich-Ebert-Stiftung im Zentrum stehen und die immer Teil ihrer Geschichte waren. Zum Ersten ist dies der russische Angriffskrieg auf die Ukraine 2022. Dieser erste umfassende Landkrieg in Europa seit 1945 stellt viele entspannungs- und sicherheitspolitische Vorstellungen der vergangenen Jahrzehnte auf die Probe. Mit Veranstaltungen, Publikationen und in direkter Beratung beteiligte sich die Friedrich-Ebert-Stiftung seit der Gründung der Bundesrepublik an sicherheitspolitischen Debatten. Heute stehen wir vor der Frage, wie die historische Ostpolitik Willy Brandts einzuordnen ist, und vor der Frage nach unserem heutigen außenpolitischen Selbstverständnis. Eine Zeitenwende bedeutet nicht zwangsläufig die Aufgabe unserer Prinzipien. Doch zwingt sie uns alle dazu, bisherige Gewissheiten zu hinterfragen, etwa im Umgang mit machtvollen Autokratien.

Die zweite Herausforderung besteht in der sozial und klimagerechten Gestaltung der Zukunft. Die Soziale Demokratie verfügt über eine lange Geschichte umweltbewussten Handelns und auch die Friedrich-Ebert-Stiftung hatte schon früh Bildungsangebote zu Fragen des Umweltschutzes im Programm und stellte Expertise zur Verfügung. Heute ist nun in der sich zuspitzenden Klimakrise schnelles demokratisches Handeln gefordert, das mit einem gesellschaftlich gerechten Interessen- und Lastenausgleich verbunden werden muss. Unsere Demokratie muss unter Beweis stellen, dass sie den Wohlstand in Zeiten von Inflation, abnehmender Wirtschaftskraft und zunehmender Ungleichheit sozial gerecht verteilen kann. Dieser heute bereits historischen Aufgabe nimmt sich die Friedrich-Ebert-Stiftung an.

Ich danke abschließend allen Kolleginnen und Kollegen der Stiftung und allen externen Beteiligten, die am Zustandekommen dieses Buchs beteiligt waren.

Martin Schulz
Vorsitzender der Friedrich-Ebert-Stiftung e. V.

Bonn, 28. August 2024

1925

Rechte: AdsD 6/FOTA005568

Friedrich Ebert und der Kampf um die Soziale Demokratie in Deutschland

An Friedrich Eberts Leben und politischer Laufbahn werden die Chancen, Möglichkeiten, Grenzen und Gefährdungen der sozialen Demokratie in besonderer Weise sichtbar.

Friedrich Ebert, das erste demokratisch gewählte Staatsoberhaupt der deutschen Geschichte, stammte aus einfachen Verhältnissen. Im Jahr der Reichsgründung 1871 als siebentes von neun Kindern eines Schneidermeisters in Heidelberg geboren, wuchs er in bescheidenen Verhältnissen auf und erlernte nach dem Besuch der Volksschule den Beruf des Sattlers. 1888 begann Ebert eine dreijährige Wanderschaft als Geselle, die ihn schließlich nach Bremen führte. Ein Jahr später wurde er Mitglied der Sozialistischen Arbeiterpartei Deutschlands, die sich nach dem Auslaufen des „Sozialistengesetzes" 1890 in Sozialdemokratische Partei Deutschlands (SPD) umbenannte.

In Bremen pachtete Ebert eine Gaststätte, arbeitete aktiv in der örtlichen SPD und wurde 1893 Redakteur der sozialdemokratischen Bremer Bürger-Zeitung. Als guter Organisator, solide recherchierender Journalist, geschickter Parlamentarier in Bremen und Berlin sowie als fähiger Redner wurde Ebert überregional so bekannt, dass er 1905 zunächst in den Parteivorstand und 1913 dann als Nachfolger August Bebels gemeinsam mit Hugo Haase zum Vorsitzenden der SPD gewählt wurde.

Friedrich Ebert auf der Treppe des Reichstagsgebäudes am Verfassungstag, 11.8.1922

Während des Ersten Weltkriegs spaltete sich die Sozialdemokratie entlang der Haltung zur Burgfriedenspolitik. Die Mehrheit der Sozialdemokrat:innen stellte die inneren Konflikte im Kaiserreich zurück und beteiligte sich an der – aus ihrer Sicht – Vaterlandsverteidigung. Dies war auch Eberts Position. In der während der Revolution 1918 auftauchenden Frage nach der Gestaltung der gesellschaftlichen Verhältnisse gehörte Ebert zu den Verfechter:innen einer parlamentarischen Demokratie, worin er sich mit der Mehrheit der Arbeiter:innenbewegung einig wusste. Die während des Kriegs intensivierte Kooperation mit den Linksliberalen der Deutschen Demokratischen Partei (DDP) und der katholischen Zentrumspartei sollte nach der Revolution fortgesetzt werden. Sie mündete schließlich 1919 in die sogenannte Weimarer Koalition der drei Parteien.

Als Vorsitzender des Rats der Volksbeauftragten – der gemeinsamen Revolutionsregierung mit der USPD – entschloss sich Ebert im November 1918, die Nähe zur alten Generalität zu suchen. Sein Ziel war es, die Ordnung aufrechtzuerhalten. Angesichts der Notwendigkeit, innerhalb weniger Wochen Millionen von Soldaten nach Deutschland zurückzuführen, blieb der neuen Regierung auch kaum etwas anderes übrig, als mit dem weiterhin monarchistisch gesinnten Offizierskorps zusammenzuarbeiten. Das Militär wurde dann aber auch gegen den kleinen Teil der Arbeiter:innenbewegung eingesetzt, der die Demokratie bekämpfte und mit der jungen Sowjetunion als Vorbild eine Räterepublik anstrebte. Doch das Militär hatte seine eigene Agenda. Die Ermordung Rosa Luxemburgs und Karl Liebknechts im Rahmen des Januaraufstands 1919 durch rechtsgerichtete Militärs oder die blutige Niederschlagung der Räterepubliken in Bremen und Bayern im Frühjahr 1919 belasteten das Verhältnis der Arbeiterparteien und auch die Republik. Viele der SPD nahestehende Historiker:innen wie Susanne Miller, Helga Grebing oder Heinrich August Winkler schätzen die enge Zusammenarbeit mit den Militärs rückblickend kritisch ein.

Die im Januar 1919 gewählte Nationalversammlung zog auch aufgrund der Berliner Unruhen nach Weimar und wählte Friedrich Ebert am 11. Februar 1919 zum Reichspräsidenten. Das neue Staatsoberhaupt sollte einer der wichtigsten Verteidiger:innen der Weimarer Demokratie werden. Die Republik wurde von monarchistischen und rechtsmilitaristischen wie von linksextremistischen und kommunistischen Kräften abgelehnt und bekämpft. Hier bedeutete im März 1920 der „Kapp-Lüttwitz-Putsch“ von

Teilen des Militärs unter Führung von Walther von Lüttwitz und Wolfgang Kapp die größte Bedrohung der Republik. Der Versuch der reaktionären Militärs, Berlin zu besetzen und die Reichsregierung zu stürzen, wurde durch einen von der SPD-Führung ausgerufenen reichsweiten Generalstreik, dem sich die freien Gewerkschaften unmittelbar anschlossen, vereitelt. Im Oktober 1923 ließ Friedrich Ebert auf Drängen der Reichsregierung unter Kanzler Gustav Stresemann die sozialdemokratisch-kommunistische Landesregierung in Sachsen absetzen. Für die Reichsregierung und Ebert war die Landesregierung mit KPD-Beteiligung untragbar geworden, da ihre Vertreter:innen zum Kampf gegen die Republik rüsteten. Innerhalb der Sozialdemokratie wurde dieses Vorgehen durchaus kritisiert, weil gegen die zeitgleichen antirepublikanischen Umtriebe rechter Kräfte in Bayern nichts unternommen wurde. Ein Einschreiten hatte Ebert zwar auch hier befürwortet, doch war ihm von der Reichswehrführung die Gefolgschaft verweigert worden. Eingegriffen wurde erst beim Putschversuch Hitlers am 9. November 1923.

„Wir haben die Demokratie zum Siege geführt, wir haben die Republik zum Siege geführt und tragen sie heute. Das ist ein Erfolg, dessen müssen wir uns alle täglich und stündlich bewusst sein."

Friedrich Ebert vor Kieler Sozialdemokrat:innen am 4.9.1922

Eine andere Belastungsprobe für die Demokratie stellte die zweieinhalbjährige Besetzung des Ruhrgebiets durch französische und belgische Truppen ab Januar 1923 dar. Dieser Versuch, die Rückstände der deutschen Reparationszahlungen durch direkten Zugriff auf die Bergwerke des Ruhrgebiets auszugleichen, wurde von der deutschen Bevölkerung nahezu einhellig abgelehnt. Der Aufruf der Reichsregierung zum „passiven Widerstand" und zur Verweigerung jeglicher Zusammenarbeit mit den früheren Kriegsgegnern wurde zunächst weitgehend befolgt. Die Maßnahmen ruinierten allerdings die ohnehin strapazierten Staatsfinanzen und beförderten die Hyperinflation, sodass der „passive Widerstand" im September 1923 von der Reichsregierung bedingungslos aufgegeben wurde. Dieses in der deutschen Öffentlichkeit als Schwäche wahrgenommene Verhalten trug maßgeblich zur Verschärfung des Krisenjahrs 1923 bei. Erst die Beendigung der Hyperinflation im November 1923 brachte der jungen Demokratie eine verhältnismäßig ruhige Zeit.

So erfolgreich Ebert insgesamt bei der Verteidigung der Republik war, so sehr zog er die Ablehnung ihrer Gegner:innen auf sich, die sich bis zum blanken Hass auf seine Person steigern konnte. Ebert wurde mit diffamierenden Pressekampagnen überzogen und je nach politischer Ausrichtung als „Verräter“ der Revolution oder als „Novemberverbrecher“ verunglimpft.

Als Friedrich Ebert am 28. Februar 1925 an einer Blinddarmentzündung starb, die er wegen des Prozesses gegen einen ihn verleumdenden Journalisten verschleppt hatte, ging der inzwischen relativ stabilen, aber immer noch umkämpften Republik einer ihrer wichtigsten Verteidiger:innen verloren. Sein Nachfolger Paul von Hindenburg lehnte die Demokratie ab und setzte seine Macht als Präsident in entsprechender Weise ein. Auf der Reichsebene erreichte bis 1933 kein SPD-Politiker mehr den Einfluss Eberts. Nicht nur sein demokratisches Politik- und Amtsverständnis, durch das er das historisch neue Amt des Reichspräsidenten mit Leben und Würde füllte, sondern auch Eberts klar auf die Festigung und Verteidigung der demokratischen Republik orientiertes politisches Gespür und Geschick fehlten.

Die deutsche Demokratie festigte sich zwar und entfaltete etwa mit der Einführung einer Arbeitslosenversicherung 1927 durchaus ihren in der Reichsverfassung festgeschriebenen sozialen Charakter. Aber in den Verwaltungen, Schulen und Hochschulen fehlten demokratisch gesinnte Fachleute, sodass von der Reichs- über die Länderebene bis in die Kreise und Gemeinden monarchisch und häufig antirepublikanisch eingestellte Beamte dominieren konnten. Der SPD fiel es trotz gut vernetzter Milieuorganisationen in den Großstädten und Industrieregionen schwer, die Bildung ihrer Funktionär:innen auf die staatlichen Aufgaben auszurichten. Eine parteieigene Schulung der Mitglieder stand erst in den Anfängen, und das Arbeiterbildungswesen kam selten über allgemeine Einblicke in verschiedene Bildungsbereiche hinaus.

Das etablierte und häufig in sich geschlossene Geflecht der Parteiorganisationen und ihres sozialen Umfelds, das eine Begleitung der SPD-Mitglieder „von der Wiege bis zur Bahre“ ermöglichte, blieb von den gesellschaftlichen Erschütterungen der Wirtschaftskrise, aber auch von den rasanten Veränderungen in der Sozialstruktur in den 1920er-Jahren zunächst weitgehend unberührt. In mehrfacher Hinsicht erwies sich das viel gescholtene Milieu sogar langfristig als besonders bedeutsam und stabil. In diesem

Rahmen konnten sich sozialdemokratische Bildungs- und Betreuungsansprüche wirkungsvoll entwickeln. Die Schaffung der Arbeiterwohlfahrt 1919, maßgeblich von Marie Juchacz initiiert, und der in den 1920er-Jahren verstärkte Aufbau von partei- und gewerkschaftsnahen Heimvolkshochschulen stießen gesellschaftliche Entwicklungen an, die über die Zeit des „Dritten Reichs“ hinweg wirkten.

Die SPD-Politikerin Marie Juchacz war auch die erste Frau, die vor dem Plenum der Deutschen Nationalversammlung eine Rede hielt. Das vom Rat der Volksbeauftragten im November 1918 gesetzlich verankerte Frauenwahlrecht war ein wichtiger Erfolg in den bis in die Gegenwart andauernden Auseinandersetzungen um die Gleichberechtigung der Geschlechter. Auch hier bot das Milieuumfeld der SPD wichtige Anknüpfungspunkte, denn viele Vertreterinnen der Frauenbewegung entwickelten ihr Engagement nun stärker in den Parteien selbst oder in deren sozialem Vereinsumfeld.

Der Nationalsozialismus beendete diesen vielfältigen demokratischen und sozialen Aufbruch. Das sozialdemokratische Milieu und seine Solidargemeinschaft wurden durch die Diktatur und den Krieg schwer beschädigt. Die SPD konnte sich zwar unmittelbar nach dem Ende des Zweiten Weltkriegs wieder reorganisieren und erreichte auch relativ schnell wieder ihren alten Mitgliederstand, aber die alten Milieustrukturen und viele der damit verbundenen Organisationen der sozialistischen Arbeiter:innenbewegung existierten nicht mehr.

Kapitel 1

Sozialdemokratische Bildungsförderung zwischen Demokratie und Diktatur 1925–1953

Rechte: AdsD. 6/FOTA002055

Anfänge als unselbstständige Einrichtung der SPD

Am 2. März 1925 legten Sozialdemokrat:innen den Grundstein für die erste politische Stiftung in Deutschland: die Friedrich-Ebert-Stiftung. Zwei Tage nach dem Tod des Reichspräsidenten rief der Parteivorstand der SPD im Einvernehmen mit der Familie Ebert dazu auf, bei den Trauerfeierlichkeiten „von Kranzspenden und von Entsendung von Deputationen abzusehen" und stattdessen „die dafür vorgesehenen Beträge" der „Friedrich-Ebert-Stiftung im Sinne der Lebensarbeit des Entschlafenen" zukommen zu lassen.[1] Die drei freigewerkschaftlichen Bünde – der Allgemeine Deutsche Gewerkschaftsbund, der Allgemeine freie Angestelltenbund und der Allgemeine Deutsche Beamtenbund – baten ebenfalls um Spenden an den Ebert-Fonds. Außerdem riefen sie ihre Mitglieder zu einer viertelstündigen Arbeitsruhe auf – als „Kundgebung der Entschlossenheit, voll Kraft und Ausdauer festzuhalten an den Zielen der Arbeiterbewegung bis zu ihrem endgültigen Sieg".[2]

Die Errichtung einer Stiftung hatte Friedrich Ebert in einem Gespräch mit den SPD-Politikern Friedrich Bartels, Hermann Müller und Otto Wels wenige Tage vor seinem Tod selbst angeregt. Die SPD setzte sein Vermächtnis wohl vor allem deshalb unverzüglich um, weil der erste, demokratisch gewählte Reichspräsident jahrelang Ziel von Hetzkampagnen antidemokratischer rechter Kräfte gewesen und diesen indirekt zum Opfer gefallen war. Friedrich Ebert hatte wegen eines Beleidigungsprozesses eine Operation hinausgezögert und war an einem dadurch eingetretenen Blinddarmdurchbruch gestorben. Der unerwartete Tod des 54-Jährigen löste in der Bevölkerung tiefe Bestürzung aus: An der zentralen Trauerfeier vor dem Berliner Reichstag nahmen fast eine Million Menschen teil. Die neu gegründete Friedrich-Ebert-Stiftung setzte sich zum Ziel, „auf sein Vorbild dauernd hinzuweisen, die heranwachsende Generation zu Nacheiferung anzuspornen, und besondere Begabungen aus der Jugend des arbeitenden Volkes zu fördern"[3], so der *Vorwärts*, das Zentralorgan der deutschen Sozialdemokratie.

Quelle: AdsD, 6/FOTA040725; Rechte: Nicht ermittelbar

Oben: Aufbahrung des verstorbenen Reichspräsidenten vor dem Potsdamer Bahnhof am 4.3.1925

Abendausgabe

5 Pfennig

Montag 2. März 1925

Vorwärts

Berliner Volksblatt

Zentralorgan der Sozialdemokratischen Partei Deutschlands

Die Beisetzung des Reichspräsidenten.

Trauerfeier am Reichstag. – Ueberführung zum Potsdamer Bahnhof.

Arbeiter Berlins, Parteigenossen!

Friedrich-Ebert-Stiftung.

Rechts: Aufruf des SPD-Parteivorstands zur Gründung der Friedrich-Ebert-Stiftung als Titel der Vorwärts-Ausgabe zur Beisetzung des Reichspräsidenten Friedrich Ebert, 2.3.1925

Quelle: Bibliothek der FES

Links: Reichspräsident Friedrich Ebert, um 1919

Die ersten Spenden gingen rasch ein: Bis Mitte März 1925 kamen rund 2.800 Reichsmark zusammen. Hauptspender waren der SPD-Parteivorstand und ein Gewerkschaftsverein aus München. Weil die Stiftung in der Weimarer Republik keine öffentlichen Mittel erhielt, blieben Spenden auch in den folgenden Jahren die Haupteinnahmequelle. Sie stammten vor allem aus sozialdemokratischen und gewerkschaftlichen Kreisen sowie vermutlich auch vom Reichsbanner Schwarz-Rot-Gold, einer parteiübergreifenden Organisation zum Schutz der ersten deutschen Demokratie. Weitere Einnahmen brachte der Verkauf von eigens für diesen Zweck nach einem Entwurf des Bildhauers Robert Bednorz hergestellten Friedrich-Ebert-Gedächtnisbüsten.

Als unselbstständige Einrichtung der SPD verfügte die Friedrich-Ebert-Stiftung in ihren ersten Jahren über keine:n Geschäftsführer:in und keine eigenen Räumlichkeiten. Verantwortlich für die Stiftung war Parteikassierer Konrad Ludwig. Er verwaltete die Gelder als Sondervermögen der SPD, widmete ihnen in seinen Berichten auf den Parteitagen allerdings kaum mehr als einen Satz. Schließlich spielte die Friedrich-Ebert-Stiftung mit bis Anfang der 1930er-Jahre rund 52.000 aufgewendeten Reichsmark in der SPD eine untergeordnete Rolle. Denn als größte Partei Deutschlands besaß die SPD mehr als 130 Verlage und Druckereien und verfügte über ein Gesamtvermögen von 26 Millionen Reichsmark. Dennoch trieb Konrad Ludwig die Arbeit der kleinen Stiftung nach Kräften voran, vor allem weil die Unterstützung von aus Arbeiter:innenfamilien stammenden jungen Männern und Frauen ganz in seinem Sinn war. Der gelernte Schreiner hatte sich zum Reichstagsabgeordneten hochgearbeitet und 1922 im SPD-Parteivorstand die Verantwortung für die Finanzen übernommen. In der Partei förderte Konrad Ludwig gezielt vielversprechende Nachwuchskräfte als Volontär:innen, darunter zwei junge Männer, die in der Nachkriegszeit die Friedrich-Ebert-Stiftung prägen sollten: Alfred Nau, seit 1928 Volontär bei der SPD und bald schon Konrad Ludwigs „rechte Hand in dem schwierigen und komplizierten Geschäft des ‚Parteikassierers'"[4], machte sich Ende des Zweiten Weltkriegs für die Wiedergründung der Stiftung stark und wurde 1970 ihr Vorsitzender. Fritz Heine fing in den 1920er-Jahren ebenfalls als Volontär beim Parteivorstand an und baute dort die Werbeabteilung mit einem Zeitungsausschnittsbüro auf, das unter seiner Leitung rund 400 Druckerzeugnisse auswertete und täglich die wichtigsten Artikel in einer Lesemappe für den Parteivorstand zusammenstellte. Später gehörte Fritz Heine dem Vorstand der Friedrich-Ebert-Stiftung an.

Gruppenaufnahme im Büro der „Kasse" der SPD mit Fritz Heine, Rudolf Leeb und Paul Neumann, um 1926 (v. l. n. r.)

Rechte: AdsD, 6/FOTA080264

SPD-Kassierer Konrad Ludwig, um 1932

Rechte: AdsD, 6/FOTA007919

Rechte: Museum Neukölln

Schüler des ersten Arbeiter-Abiturienten-Kurses in Berlin-Neukölln (1923–1926), die sich zusätzlich als Reinigungskräfte ihr Geld verdienten. 2. v. l.: Bruno Gleitze

Unterstützung begabter Arbeiterkinder

Zweck der Friedrich-Ebert-Stiftung war, so das Jahrbuch der Deutschen Sozialdemokratie für 1926, „jungen befähigten Proletariern Beihilfen für einen Studiengang an staatlich anerkannten Instituten zu geben"[5]. Die Friedrich-Ebert-Stiftung bestand in den ersten Jahren also ausschließlich aus der Studienförderung und eröffnete jungen Männern und Frauen aus Arbeiter:innenfamilien Möglichkeiten für eine höhere Bildung. Schließlich war ein Studium in den 1920er-Jahren „noch immer ein Vorrecht der Kinder aus wohlhabenden Kreisen"[6], wie der *Vorwärts* anmerkte. Nur zwei Prozent der deutschen Studierenden stammten aus Arbeiter:innenfamilien. Für die meisten jungen Männer und Frauen aus dem Arbeitermilieu waren die bis zu 15.000 Reichsmark unerschwinglich, die ein Studium im Schnitt kostete. Die wenigen Studierenden aus Arbeiter:innenfamilien „hungern […] sich durch das Studium durch"[7], so der *Vorwärts*. Denn vor Gründung der Friedrich-Ebert-Stiftung gab es kaum finanzielle Unterstützung für sie. Die 1921 ins Leben gerufene und zum Teil mit öffentlichen Mitteln finanzierte Wirtschaftshilfe der deutschen Studentenschaft konzentrierte sich auf Student:innenspeisungen und vergab keine Stipendien. Mit der 1925 gegründeten Studienstiftung des deutschen Volkes entstand zwar erstmals ein Begabtenförderungswerk, doch stammten in den 1920er-Jahren nur zwölf Prozent der Geförderten aus Arbeiter:innenfamilien.

Gleichzeitig wollte die Friedrich-Ebert-Stiftung die junge Demokratie stärken. Denn die SPD war überzeugt: Weil die traditionellen Eliten der Weimarer Republik mit ihrer parlamentarischen Demokratie oft ablehnend gegenüberstanden, brauchte es in Verwaltung und Rechtsprechung dringend mehr engagierte Demokrat:innen. Viele Arbeiter:innen waren zwar von Rechtsstaat und Demokratie überzeugt, doch war ihnen ohne höhere Bildungsabschlüsse der Weg in Positionen als Lehrer:innen, Richter:innen oder Verwaltungsbeamt:innen verschlossen. Das versuchte die Friedrich-Ebert-Stiftung zumindest ansatzweise zu ändern. Zwischen 1925 und 1931 unterstützte die Stiftung 295 Studierende mit insgesamt 51.960,50 Reichsmark. Im Schnitt erhielten die Geförderten während ihres gesamten Studiums 176 Reichsmark und erreichten damit oft trotz Förderung „nie das Existenzminimum"[8], so Willi Eimert, einer der ersten Stipendiat:innen der Friedrich-Ebert-Stiftung. Dennoch konnten auch geringe Beträge eine große Wirkung haben. So half die Unterstützung durch die Friedrich-Ebert-Stiftung Kurt Hirche, einige Monate zu überbrücken, bis er ein Stipendium der Studienstiftung erhielt. Anders als später gab es für die Gewährung der Stipendien zunächst kaum Vorgaben. Einzige Bedingung war eine Empfehlung des Parteivorstands.

Anfangs unterstützte die Friedrich-Ebert-Stiftung vor allem Studierende in Berlin: 1926 besuchte mehr als die Hälfte der 54 Stipendiat:innen Einrichtungen in der Hauptstadt. Im Laufe der Zeit erweiterte die Stiftung den Radius und förderte Studierende an Hochschulen und Lehranstalten in ganz Deutschland sowie einige wenige im Ausland. Welche Studiengänge die ersten Stipendiat:innen der Friedrich-Ebert-Stiftung belegten, geht aus den Quellen nicht hervor. Es ist nicht unwahrscheinlich, dass sich die Geförderten wie die übrigen aus Arbeiter:innenfamilien stammenden Studierenden vor allem für Volkswirtschaft und Jura einschrieben oder Lehrer:innen werden wollten.

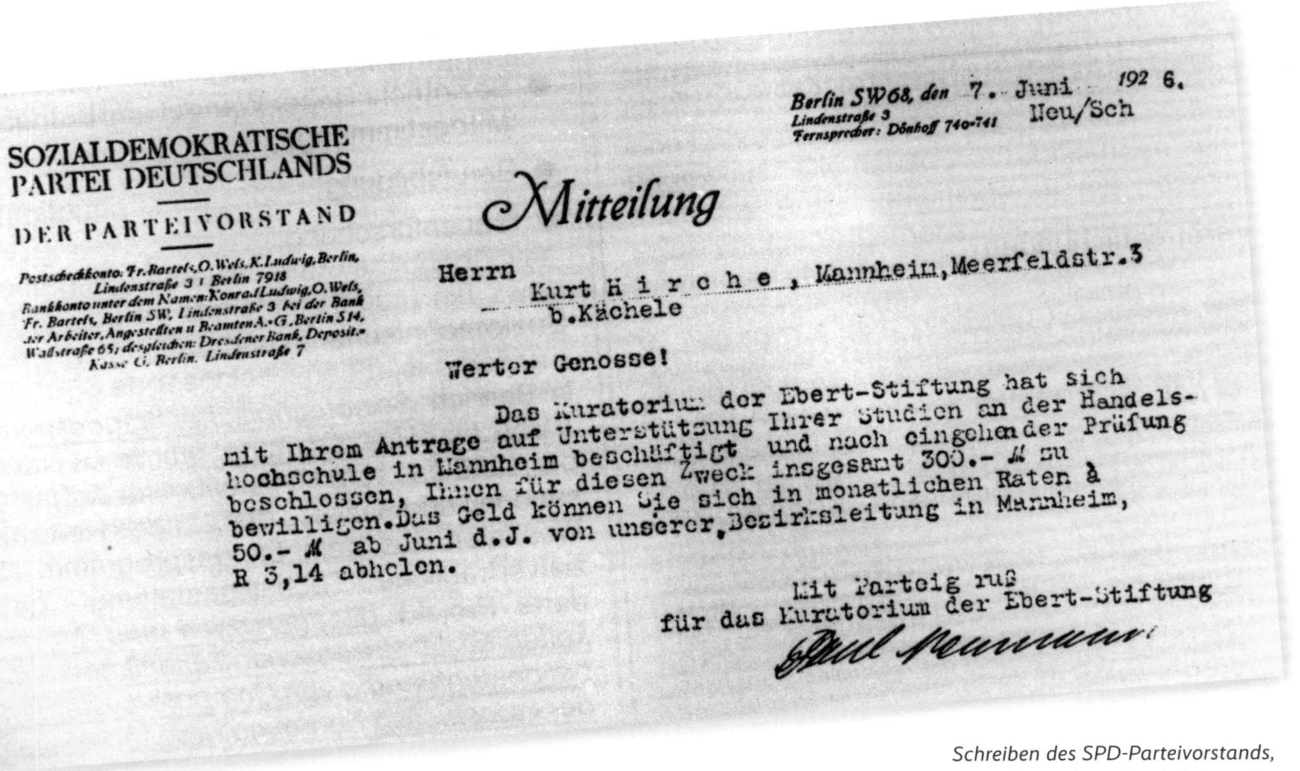
SOZIALDEMOKRATISCHE
PARTEI DEUTSCHLANDS

DER PARTEIVORSTAND

Postscheckkonto: Fr. Bartels, O. Wels, K. Ludwig, Berlin,
Lindenstraße 3 | Berlin 7918
Bankkonto unter dem Namen: Konrad Ludwig, O. Wels,
Fr. Bartels, Berlin SW, Lindenstraße 3 bei der Bank
der Arbeiter, Angestellten u Beamten A.-G., Berlin S 14,
Wallstraße 65; desgleichen: Dresdener Bank, Deposit.-
Kasse G, Berlin, Lindenstraße 7

Berlin SW68, den 7. Juni 1926.
Lindenstraße 3
Fernsprecher: Dönhoff 740-741
Neu/Sch

Mitteilung

Herrn
Kurt H i r c h e , Mannheim, Meerfeldstr. 3
b. Kächele

Werter Genosse!

Das Kuratorium der Ebert-Stiftung hat sich mit Ihrem Antrage auf Unterstützung Ihrer Studien an der Handelshochschule in Mannheim beschäftigt und nach eingehender Prüfung beschlossen, Ihnen für diesen Zweck insgesamt 300.- M zu bewilligen. Das Geld können Sie sich in monatlichen Raten à 50.- M ab Juni d.J. von unserer Bezirksleitung in Mannheim, R 3,14 abholen.

Mit Parteigruß
für das Kuratorium der Ebert-Stiftung

Rechte: AdsD, 6/FOTA061482

Schreiben des SPD-Parteivorstands, in dem mitgeteilt wird, dass das Kuratorium der FES eine Unterstützung von 300 RM gewährt

Neben Studierenden an regulären Hochschulen förderte die Friedrich-Ebert-Stiftung auch junge Männer und Frauen, die an Reforminstitutionen studierten wie der Deutschen Hochschule für Politik in Berlin, einem Vorläufer des Otto-Suhr-Instituts für Politikwissenschaft. Etwa jede:r zehnte der zwischen 1925 und 1931 durch die Friedrich-Ebert-Stiftung Geförderten war hier eingeschrieben. Die 1920 gegründete Hochschule strebte laut Satzung „die Verbreitung und Vertiefung politischer und staatsbürgerlicher Bildung in allen Schichten der Bevölkerung“[9] an. Daher konnte man dort auch ohne Abitur studieren und fehlende formale Qualifikationen durch andere Leistungen wie mündliche Prüfungen ersetzen. Vorlesungen gab es kaum, stattdessen lernten die Studierenden vor allem in Arbeitsgemeinschaften und Seminaren. Im Laufe der 1920er-Jahre gewann die Hochschule zahlreiche renommierte Dozent:innen, darunter den späteren Bundespräsidenten Theodor Heuss und den Nationalökonom und sozialdemokratischen Politiker Rudolf Breitscheid.

Auch die Akademie der Arbeit in Frankfurt am Main hatte sich die „hochschulmäßige Ausbildung“ von „nicht akademisch vorgebildeten Personen aus den Kreisen der Arbeiter, Angestellten und Beamten“[10] zum Ziel gesetzt. Hier erhielten elf Studierende eine Förderung durch die Friedrich-Ebert-Stiftung. Die 1921 vom preußischen Unterrichtsministerium und den Spitzenverbänden der Arbeiter:innen, Angestellten und Beamt:innen ins Leben gerufene Akademie war der Universität Frankfurt angegliedert. In den neunmonatigen Kursen stand neben Recht und Wirtschaft auch „Lebenslehre“ mit Veranstaltungen zu historischen und psychologischen Themen auf dem Stundenplan.

In ihren ersten Jahren unterstützte die Friedrich-Ebert-Stiftung auch sechs Schüler:innen an Wohlfahrtsschulen. Die von konfessionellen Vereinen oder Kommunen getragenen Institutionen boten jungen Männern und Frauen die Möglichkeit, nach zwei Jahren das Wohlfahrtsexamen in Gesundheitsfürsorge, Jugendwohlfahrt oder wirtschaftlicher Fürsorge abzulegen. 1928 eröffnete die Arbeiterwohlfahrt eine eigene Wohlfahrtsschule in Berlin und förderte dort gezielt Frauen. Im ersten Jahrgang waren fast 90 Prozent der Schüler:innen weiblich. Sie nahmen „rege“ und mit „größte[r] Freude“ am Unterricht teil, so Schulleiterin Hedwig Wachenheim.[11]

Förderung für ein Berliner Schulreformprojekt

In der Anfangszeit vergab die Friedrich-Ebert-Stiftung auch Stipendien an angehende Abiturient:innen: Die Stiftung förderte 20 junge Männer und Frauen aus Arbeiter:innenfamilien, die am Kaiser-Friedrich-Realgymnasium (ab 1930 Karl-Marx-Schule) das Abitur erlangten. Die Schule in Berlin-Neukölln war die erste integrierte Gesamtschule in ganz Deutschland. 1923 führte Direktor Fritz Karsen mit Unterstützung des SPD-Reichstagsabgeordneten und Stadtrats für Volksbildungswesen Kurt Löwenstein Abiturkurse für Arbeiter:innen mit Berufsausbildung ein – und legte damit den Grundstein für den zweiten Bildungsweg in Deutschland. Denn anders als in Hamburg und Stuttgart, wo junge Männer und Frauen aus Arbeiter:innenfamilien nur zeitweise in Einzelkursen ihr Abitur nachholen konnten, etablierte sich am Kaiser-Friedrich-Realgymnasium als einziger deutscher Schule dauerhaft ein entsprechender Lehrgang.

Als im Juni 1923 der erste Kurs mit 20 Teilnehmenden anlief, gab es für das Reformprojekt keine finanzielle Unterstützung. Der Bezirk Neukölln stellte den angehenden Abiturient:innen zwar kostenlos Unterrichtsmaterialien und Wohnplätze zur Verfügung, doch für ihr tägliches Auskommen mussten die Schüler:innen selbst sorgen. Viele arbeiteten daher halbtags als Putzkräfte oder Hausmeister:innen. Erst als die Abiturkurse in der zweiten Hälfte der 1920er-Jahre staatlich legitimiert wurden, stellten Städte, Regierungsbezirke und Länder finanzielle Beihilfen für einzelne Schüler:innen zur Verfügung. Vermutlich auf Anregung von Kurt Löwenstein unterstützte die Friedrich-Ebert-Stiftung seit ihrer Gründung alle Teilnehmenden der Abiturkurse, die der SPD angehörten.

Die angehenden Abiturient:innen waren zwischen 20 und 30 Jahre alt – und hatten drei arbeitsame Jahre vor sich. Da die meisten trotz finanzieller Unterstützung darauf angewiesen waren, Geld zu verdienen, begann der Unterricht morgens um sechs Uhr. Ab der Mittagszeit arbeiteten die Schüler:innen, um anschließend bis in die späten Abendstunden Hausaufgaben zu erledigen und sich auf Vorträge und Prüfungen vorzubereiten. Nicht ohne Grund empfahl Kurt Löwenstein die Abiturkurse „nur […] für besonders energische und besonders begabte junge Leute“[12].

Von den 20 Teilnehmenden des ersten Kurses bestanden 17 das Abitur, darunter sechs Frauen. Insgesamt erlangten an der Karl-Marx-Schule 150 Arbeiter:innen aus ganz Deutschland die Hochschulreife. Die meisten wurden Lehrer:innen oder Ärzt:innen oder schlugen Karrieren in Politik und Verwaltung ein. Trotz dieser Erfolgsbilanz standen in der Arbeiter:innenbewegung einige den Abiturkursen skeptisch gegenüber: Weil sie fürchteten, die Abiturient:innen verlören die „Fühlung mit ihren Klassengenossen“[13], lehnten sie das Reformprojekt ab. Grundsätzliche Kritik an der Förderung von jungen Männern und Frauen aus Arbeiter:innenfamilien kam aus konservativen und rechten Kreisen. Nur wenige Monate nach Beginn der nationalsozialistischen Herrschaft wurden die Abiturkurse eingestellt, Direktor Fritz Karsen musste ins Ausland fliehen.

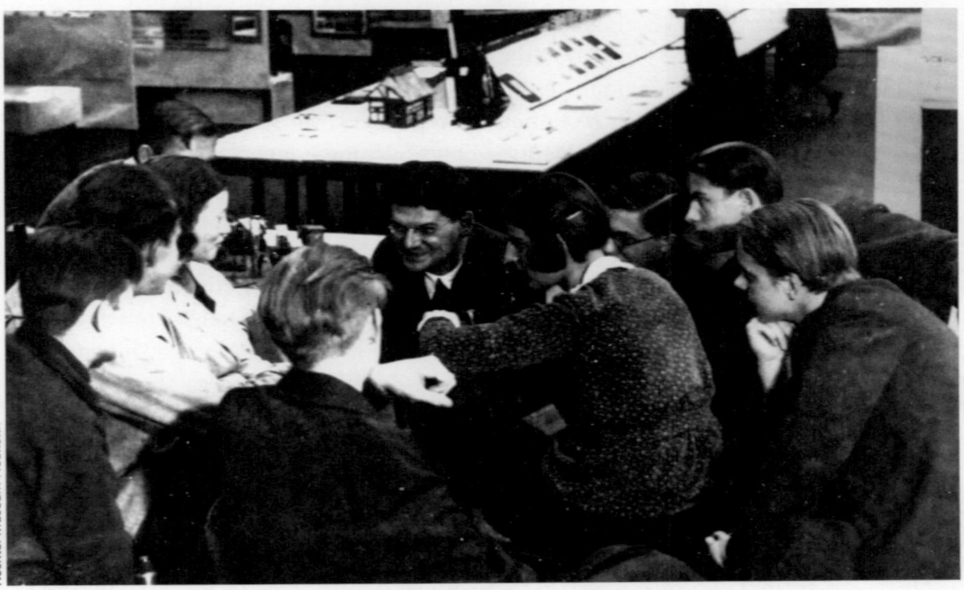

Rechte: Museum Neukölln

Naturwissenschaftlicher Unterricht an der Karl-Marx-Schule in Berlin-Neukölln, um 1930

„Traum und Wirklichkeit umarmten mich“

Die ersten Stipendiat:innen der Friedrich-Ebert-Stiftung waren keine gewöhnlichen Schüler:innen und Studierenden. Sie waren „Bildungsbesessene, die jede freie Minute der Vervollständigung ihres Wissens opferten“[14]. Meist hatten sie schon früh jede Möglichkeit zur Weiterbildung genutzt, Vorträge besucht und an Abendkursen sowie Lehrgängen teilgenommen. Zusätzlich zu ihrem Engagement in der SPD schrieben viele von ihnen Artikel für Partei- und Gewerkschaftszeitungen oder gaben ihr Wissen als Referent:innen an Jugendgruppen weiter. Gemeinsam war den Stipendiat:innen der frühen Friedrich-Ebert-Stiftung darüber hinaus vor allem eines: Sie waren fest entschlossen, ihre Chance zu nutzen – so wie Artur Sticht, der sich aus einfachen Verhältnissen zum Schulleiter hocharbeitete.

Artur Sticht kam 1904 in Hamburg als Sohn eines ungelernten Arbeiters zur Welt. Nachdem er zunächst Hilfsarbeiter auf der Deutschen Werft und Laufbursche in einem Telegrafenbüro gewesen war, absolvierte er eine Lehre in einer Mannheimer Textilhandlung. Mit 18 Jahren trat Artur Sticht der SPD bei und wurde in Mannheim Vorsitzender der Jungsozialisten. Als er 1926 am Kaiser-Friedrich-Realgymnasium in Berlin den Abiturkurs begann, erhielt er wie die übrigen sozialdemokratischen Schüler:innen ein Stipendium der Friedrich-Ebert-Stiftung: „Es war unsagbar, was in mir vorging, Traum und Wirklichkeit umarmten mich“[15], beschrieb er später seine Freude über die Zusage. Während der Schulzeit verdiente sich Artur Sticht seinen Lebensunterhalt unter anderem als Maurer und Fensterputzer. Nach dem Abitur studierte er in Heidelberg Germanistik, Geschichte und Geografie und promovierte 1934. Während der NS-Zeit war er unter anderem für das Topografische Amt Karlsruhe und das Vermessungsamt Stuttgart tätig. Nach Ende des Zweiten Weltkriegs übernahm Artur Sticht in Ludwigshafen die Leitung der Gesamtberufsschule und des Berufsfortbildungswerks des Deutschen Gewerkschaftsbunds (DGB).

Manche der frühen Stipendiat:innen blieben der Stiftung auch nach Abschluss ihres Studiums verbunden, wie Kurt Hirche. Er studierte in den 1920er-Jahren mit Unterstützung durch die Friedrich-Ebert-Stiftung an der Mannheimer Handelshochschule und leitete ab Mitte der 1950er-Jahre die Parlamentarische Verbindungsstelle des DGB. Im Laufe seines Lebens baute Kurt Hirche eine umfangreiche Buch- und Zeitschriftensammlung mit Klassikern der sozialistischen Theorie auf, die er in den 1980er-Jahren teilweise der Friedrich-Ebert-Stiftung überließ. Nach seinem Tod ging 1999 die komplette Sammlung an die Stiftung über.

Neben Kurt Hirche und Artur Sticht förderte die Friedrich-Ebert-Stiftung in den 1920er-Jahren den späteren nordrhein-westfälischen Wirtschafts- und Verkehrsminister Bruno Gleitze sowie mit großer Wahrscheinlichkeit auch Georg Eckert, der später dem Kuratorium der Friedrich-Ebert-Stiftung angehörte und 1961 das „Archiv für Sozialgeschichte“ gründete. Obwohl bis heute trotz intensiver Recherchen nur männliche Stipendiaten aus der Anfangszeit der Stiftung bekannt sind, ist es sehr wahrscheinlich, dass die Friedrich-Ebert-Stiftung in den 1920er-Jahren auch junge Frauen unterstützte.

Rechte: SPD-Fraktion Ludwigshafen

Artur Sticht als Schüler des Arbeiter-Abiturienten-Kurses in Berlin-Neukölln in den 1920er-Jahren

„Wanderlehrer“ und „Weltanschauungsschule“

Mit ihren bescheidenen finanziellen Mitteln beschränkte sich die Friedrich-Ebert-Stiftung in den 1920er-Jahren auf die Studienförderung. Politische Bildung, für die in der Nachkriegszeit neu gegründete Stiftung ein zentrales Anliegen, war in der SPD zu dieser Zeit Aufgabe des Reichsausschusses für sozialistische Bildungsarbeit. Dieser war 1906 ins Leben gerufen und direkt dem Parteivorstand zugeordnet worden. In den 1920er-Jahren verstärkte der Reichsausschuss seine Aktivitäten, ergänzte damit das Schulungsprogramm der Ortsvereine und lokalen Bildungsausschüsse – und schuf eine Blaupause für die politische Bildungsarbeit der Friedrich-Ebert-Stiftung ab den 1950er-Jahren.

Da in der Weimarer Zeit die Versuche scheiterten, die 1906 eröffnete und im Zuge des Ersten Weltkriegs geschlossene SPD-Parteischule wiederzugründen, standen dem Reichsausschuss für sozialistische Bildungsarbeit in den 1920er-Jahren für Veranstaltungen keine eigenen Räumlichkeiten zur Verfügung. Im Auftrag des Reichsausschusses hielten daher zwei „Wanderlehrer“ jährlich fast 70 Kurse mit bis zu 4.600 Teilnehmenden in ganz Deutschland ab. Im Zentrum standen die Geschichte der Arbeiter:innenbewegung und Fragen wie „Was ist Sozialismus?“. Daneben bot der Reichsausschuss in Zusammenarbeit mit den Bezirken Ferienkurse an, klassische Funktionärsschulungen, die unter anderem das 1925 von der SPD verabschiedete Heidelberger Programm sowie „Strömungen der deutschen Arbeiterbewegung“[16] behandelten. Außerdem informierten die Kurse über wirtschaftliche Themen wie „das Reparationsproblem und die deutsche Wirtschaft“ sowie den „Strukturwandel der Weltwirtschaft und der heimischen Volkswirtschaft“.[17] In der zweiten Hälfte der 1920er-Jahre baute der Reichsausschuss für sozialistische Bildungsarbeit das Ferienprogramm deutlich aus, von acht Kursen im Jahr 1925 auf 26 vier Jahre später. Die Zahl der Teilnehmenden stieg im selben Zeitraum von rund 270 auf über 730.

Zusätzlich zu den allen SPD-Mitgliedern offenstehenden Ferien- und Wanderkursen veranstaltete der Reichsausschuss 1926 erstmals einen zwölftägigen zentralen Speziallehrgang für Parteiredakteur:innen. Weil die Schulung als „vollständig geglückt“[18] galt, bot der Reichsausschuss für sozialistische Bildungsarbeit im Jahr darauf zusätzlich spezielle Frauenkurse sowie Lehrgänge für Parteifunktionär:innen an. Ab 1929 fanden die Schulungen vor den Toren Berlins in einem Hotel in der Märkischen Schweiz statt. Im Rahmen von Exkursionen in die Hauptstadt besichtigten die Teilnehmenden unter anderem Partei-, Gewerkschafts- und Kommunalbetriebe. Schwerpunkt der Kurse waren Geschichte und Aufbau der SPD; daneben behandelten die Referent:innen, darunter auch Hauptkassierer Konrad Ludwig, das Gesetzgebungsverfahren in Deutschland.

Um „eine Schicht qualifizierter Hörer und Hörerinnen zu selbständigen wissenschaftlichen Arbeiten an[zu]halten“[19], eröffnete der Reichsausschuss 1926 die Freie Sozialistische Hochschule in Berlin. Den Auftakt bildete ein Vortrag des renommierten Arbeitsrechtlers Hugo Sinzheimer im ehemaligen preußischen Herrenhaus. Neben Vorträgen bot die Freie Sozialistische Hochschule mehrmonatige Seminare unter anderem zu Wirtschaftsgeschichte an. Anfang der 1930er-Jahre besuchten pro Jahr über 6.500 Personen die Veranstaltungen. Im Zentrum standen nun vor allem aktuelle Themen wie „Faschismus als Nationalsozialismus“ und „Weltwirtschaftskrise und Arbeitslosenproblem“[20].

Rechte: AdsD, 6/FOTB015862

Kurs für Arbeitssuchende in der preußischen Provinz Grenzmark Posen-Westpreußen, veranstaltet vom Reichsausschuss für sozialistische Bildungsarbeit, 1930

Weiterbildungsmöglichkeiten für SPD-Funktionär:innen boten in der Weimarer Zeit schließlich Heimvolkshochschulen, meist auf dem Land gelegene internatsähnliche Einrichtungen. Bei Sozialdemokrat:innen besonders beliebt war die Heimvolkshochschule Tinz. Sie war 1919 von dem Arbeiterbibliothekar und Bildungssekretär Gustav Hennig auf einem Schloss bei Gera als sozialistische „Weltanschauungsschule" initiiert worden".[21] In manchen der jeweils 50 Schüler:innen umfassenden Jahrgänge gehörten fast alle Teilnehmenden der SPD an, die in der Regel für Parteifunktionär:innen die Lehrgangskosten übernahm. Auch Alfred Nau durchlief einen der fünfmonatigen Kurse – und brachte seine Erfahrungen in der Nachkriegszeit in die Gründung der stiftungseigenen Heimvolkshochschulen ein. Schwerpunkte der Lehrgänge in Tinz waren Volkswirtschaftslehre, Arbeitsrecht, die Geschichte der Arbeiter:innenbewegung und Rhetorik. Daneben standen Exkursionen zu Industriebetrieben sowie literarische Abende auf dem Stundenplan. Spezielle Veranstaltungen für Teilnehmerinnen widmeten sich neben allgemeinen Themen auch der Geschichte der Frauenbewegung. Weil die Schule auf Schloss Tinz den Nationalsozialist:innen ein Dorn im Auge war, kürzte der neue Innen- und Volksbildungsminister in Thüringen Wilhelm Frick kurz nach seiner Ernennung 1930 die staatlichen Mittel. Mit Frick stellte die Nationalsozialistische Deutsche Arbeiterpartei (NSDAP) in einer Koalitionsregierung ihren ersten Minister in der Weimarer Republik. Nach der „Machtübernahme" durch die Nationalsozialist:innen wurde die Schule ebenso wie andere der Arbeiter:innenbewegung nahestehende Heimvolkshochschulen geschlossen.

Neben Angeboten der politischen Bildung begründete die SPD mit der Reichsforschungsstelle für Wirtschaftspolitik 1925 eine wissenschaftliche Einrichtung, die als Vorläufer für das Anfang der 1960er-Jahre gegründete Forschungsinstitut der Friedrich-Ebert-Stiftung betrachtet werden kann. Damit bestanden in der Weimarer Zeit bereits viele Tätigkeitsfelder, die in den 1950er- und 1960er-Jahren Anknüpfungspunkte für die Friedrich-Ebert-Stiftung boten.

Leere Kassen und Auflösung in der NS-Zeit

Als Konrad Ludwig 1931 einen Schlaganfall erlitt, verlor die frühe Friedrich-Ebert-Stiftung ihren Mentor. Weil die Stiftung nicht in der Partei verankert, sondern weitgehend vom Engagement des Parteikassierers abhängig gewesen war, kamen nach seiner schweren Erkrankung keine neuen Gelder mehr herein. Ende 1931 waren „die Mittel der Stiftung […] völlig erschöpft"[22], wie das Jahrbuch der Deutschen Sozialdemokratie festhielt. Gleichzeitig scheiterte die SPD-Reichstagsfraktion mit ihrem Vorstoß, begabte Arbeiter:innenkinder mit öffentlichen Mitteln zu fördern. Denn obwohl die Reichsverfassung „für den Zugang Minderbemittelter"[23] zu höheren Schulen die Bereitstellung von Staatsgeldern vorsah, lehnten die anderen Parteien mit öffentlichen Geldern finanzierte Stipendien ab. Anfang der 1930er-Jahre gab es damit für junge Männer und Frauen aus Arbeiter:innenfamilien fast keine Unterstützungsmöglichkeiten mehr, zumal die Studienstiftung des deutschen Volkes ihnen den Zugang zur Förderung nun immer häufiger verwehrte und sich stattdessen auf die Unterstützung von Kindern aus dem Mittelstand konzentrierte.

In der NS-Zeit endete die Tätigkeit der frühen Friedrich-Ebert-Stiftung. Fünf Wochen nach der Ernennung von Adolf Hitler zum Reichskanzler besetzten SA-Männer und Polizisten am 6. März 1933 das Lindenhaus, die SPD-Parteizentrale in der Berliner Lindenstraße. Eine Gruppe junger Sozialdemokrat:innen, darunter Alfred Nau und Fritz Heine, hatte kurz zuvor Unterlagen beiseitegeschafft und den Panzerschrank im Zimmer des Parteikassierers mit wertlosen Geldscheinen aus der Inflationszeit gefüllt: „Vorweggenommene Schadenfreude über die langen oder wütenden Gesichter der Nazischergen entschädigte für einiges andere"[24], so Willy Brandt später in seiner Trauerrede für Alfred Nau. Am 10. Mai 1933 wurde das gesamte Vermögen der SPD beschlagnahmt, am 22. Juni 1933 wurde die Partei verboten.

Als Angehörige der Arbeiter:innenbewegung wurden einige ehemalige Stipendiat:innen der Friedrich-Ebert-Stiftung verhaftet, darunter Bruno Gleitze, der als Mitglied des Vorstands des Allgemeinen Deutschen Gewerkschaftsbunds in „Schutzhaft" im Gefängnis Plötzensee genommen wurde. Artur Sticht widersetzte sich der Diktatur und verteilte illegale Schriften. Auch Alfred Nau leistete Widerstand. Nachdem er mit dem

Besetzung des SPD-Parteivorstandsgebäudes in der Berliner Lindenstraße durch die SA, 1933

Quelle: AdsD, 6/FOTB015669; Rechte: Nicht ermittelbar

Besprechung des Vorstandsmitglieds Fritz Heine (hinten, 3. v. l.), der Widerstand und Fluchthilfe organisierte, Marseille 1940

Quelle: AdsD, 6/FOTA135105; Rechte: Nicht ermittelbar

Verbot der SPD seine Anstellung verloren hatte, nutzte er seine Reisetätigkeit als Versicherungskaufmann, um im Untergrund Netzwerke aufzubauen. Obwohl Alfred Nau nach Willy Brandts Erinnerung „einer der Geschicktesten [war], wo es darum ging, verbotene Aktivitäten zu camouflieren“[25], wurde er mehrmals verhaftet und verbrachte insgesamt in der NS-Zeit 14 Monate im Gefängnis.

Wie viele Deutsche passten sich einige ehemalige Stipendiat:innen der Friedrich-Ebert-Stiftung an, traten der NSDAP bei oder wurden für NS-Organisationen tätig, so Kurt Hirche, der für ein Forschungsinstitut der Deutschen Arbeitsfront (DAF) arbeitete. Mit Beginn des Zweiten Weltkriegs wurden zahlreiche einstige Stipendiaten zur Wehrmacht eingezogen. Auch der spätere Geschäftsführer der Friedrich-Ebert-Stiftung Günter Grunwald musste an die Front, zunächst nach Russland und später nach Frankreich. Die deutsche Kapitulation am 8. Mai 1945 erlebte er in US-amerikanischer Kriegsgefangenschaft.

Rechte: J. H. Darchinger/FES; AdsD, 6/FJHD009003

Besprechung Kurt Schumachers mit Fritz Heine, Erich Ollenhauer, Alfred Nau und Hans Striefler in der SPD-Zentrale in Hannover am 31.3.1946

Neuanfang

Bereits drei Wochen vor Kriegsende hatte Mitte April 1945 eine Gruppe Sozialdemokrat:innen in Hannover beschlossen, die SPD so schnell wie möglich wiederzugründen. Dem Zirkel um den späteren Parteivorsitzenden Kurt Schumacher gehörte bald auch Alfred Nau an. Auf dem ersten Nachkriegsparteitag wurde er 1946 zum Schatzmeister der SPD gewählt. Angesichts der leeren Parteikasse und der zahlreichen drängenden Probleme in den ersten Nachkriegsmonaten hatte die Wiedergründung der Friedrich-Ebert-Stiftung für viele Sozialdemokrat:innen zunächst keine Priorität. Anders für sozialdemokratische Studierende: Als im September 1946 der Sozialistische Deutsche Studentenbund (SDS) als politischer Studierendenverband der SPD gegründet wurde, stimmten die Delegierten geschlossen dafür, der SPD nahezulegen, die „Friedrich-Ebert-Stiftung für notleidende Studenten wieder aufzunehmen“.[26]

Ausschlaggebend für den Appell des SDS war die miserable Lage vieler Studierender. Denn in den ersten Nachkriegssemestern fehlte es den jungen Männern und Frauen an fast allem: Essen, Heizmaterial, Kleidung, Wohnraum und Bücher. Einer Umfrage der Universität Köln zufolge waren 1947 95 Prozent der dort eingeschriebenen Studierenden unterernährt. Dass geschwächte Zuhörer:innen in Vorlesungen zusammenbrachen, gehörte zum Universitätsalltag. Die wiederzugründende Friedrich-Ebert-Stiftung sollte, so forderte der SDS, junge Männer und Frauen aus Arbeiter:innenfamilien finanziell unterstützen und ihnen damit trotz der besonders schwierigen Rahmenbedingungen in der Nachkriegszeit ein Studium ermöglichen. Neben „menschliche[r] Gerechtigkeit“ führte der SDS als Grund an: „Weil nur eine Durchsetzung der Hochschule mit Arbeitern eine Garantie dafür bietet, daß die Hochschulen nicht wieder Hochburgen des Nationalismus und der Reaktion werden.“[27]

Die Aufforderung des SDS stieß vor allem bei Alfred Nau auf offene Ohren: Der SPD-Schatzmeister wurde zur „treibende[n] Kraft“[28] für die Wiedergründung der Stiftung, auch wenn bis heute unklar ist, wann genau die Friedrich-Ebert-Stiftung wieder ins Leben gerufen wurde. Es gab zahlreiche Absichtserklärungen und Ankündigungen, die Stiftung zu gründen. Fest steht: Im Herbst 1947 schuf Alfred Nau Fakten und trat nach außen als Vertreter des Stiftungskuratoriums auf. Einige Mitglieder bestimmte er kurzerhand selbst und bat sie erst im Nachhinein um ihren Beitritt, darunter prominente Sozialdemokraten wie den niedersächsischen Kultusminister Adolf Grimme und Carlo Schmid, Justizminister von Württemberg-Hohenzollern. Außerdem erreichte Alfred Nau, dass der SPD-Parteivorstand erstmals 10.000 Reichsmark für die Studienförderung bereitstellte. Wie in der Weimarer Zeit hatte die Friedrich-Ebert-Stiftung auch jetzt keine Geschäftsführung und kein eigenes Büro, sondern wurde vorerst als Fonds vom SPD-Schatzmeister verwaltet und war beim Parteivorstand in der Odeonstraße 15/16 in Hannover untergebracht.

Dank der SPD-Mittel konnte die Stiftung für das Wintersemester 1947/48 die ersten Stipendien vergeben: Ab November 1947 erhielten zehn Studierende 150 Reichsmark pro Monat. Über die Vergabe entschieden Alfred Nau und SDS-Bundessekretär Wolfgang Zeidler. Gefördert wurden zunächst ausschließlich SDS-Mitglieder, die finanziell bedürftig waren und deren Zeugnisse „eine ausreichende wissenschaftliche Qualifikation erkennen lassen“[29], so ein Rundschreiben des SDS. Nach dem erfolgreichen Neustart stockte die Stiftungstätigkeit allerdings bereits im Juli 1948 wieder: Wegen der Währungsreform konnten die Unterstützungsleistungen vorerst nicht ausbezahlt werden. Erst im Laufe des Sommers liefen die Zahlungen wieder an, nun in der Regel in Höhe von 75 D-Mark pro Monat.

Bis 1950 förderte die Friedrich-Ebert-Stiftung rund 300 Studierende, darunter viele junge Männer und Frauen, „die wegen ihrer positiven Einstellung zur Demokratie die Ostzone verlassen mußten“[30], so ein stiftungsinternes Schreiben von 1950. Der berühmteste Stipendiat der ersten Nachkriegsjahre war der spätere Bundeskanzler Helmut Schmidt. Weil er sich „mit seiner Frau und seinem Kind in schwieriger wirtschaftlicher Lage“ befand und sich dennoch als Vorsitzender des SDS „unermüdlich der Sozialistischen Bewegung zur Verfügung“[31] stellte, so SDS-Bundessekretär Ernst Heinsen, gewährte ihm die Friedrich-Ebert-Stiftung ab 1948 ein Stipendium für sein Staatswissenschafts- und Volkswirtschaftsstudium. Auch der spätere Kölner

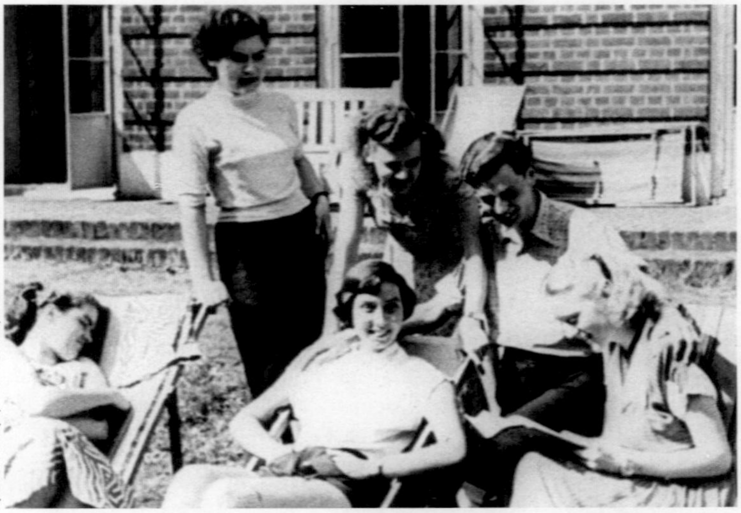

Quelle: AdsD, 6/FOTA114890; Rechte: Nicht ermittelbar

Gruppenaufnahme mit Mitgliedern des SDS (Ruth Cummerl, Herta List, Hansjoachim Ottenweller) und der „Sozialistischen Deutschen Jugend – Die Falken“ (Annegret Schwirkmann, Inge Regus, Gisela Stauffenbeil), undatiert

Quelle: BKHS; Rechte: Nicht ermittelbar

Helmut Schmidt im Gespräch mit Kommilitonen, 1948

Oberbürgermeister John van Nes Ziegler profitierte von der Studienförderung der wiedergegründeten Stiftung: „Überaltert aus dem Krieg zurückgekehrt" mussten er und seine Kommiliton:innen „Steine [...] klopfen, aus denen die Universitäten wieder errichtet werden sollten"[32], wie er sich später erinnerte. Dass die Friedrich-Ebert-Stiftung ihn in dieser Zeit finanziell unterstützte, ermöglichte John van Nes Ziegler sein Jurastudium – und damit auch seine politische Karriere.

Im Laufe der Zeit wurde die Vergabe der Stipendien zunehmend komplexer. So legte der SDS 1949 Länderquoten fest, nach denen die Unterstützungsleistungen gewährt wurden. Ab 1950 mussten die Stipendiumsbewerber:innen detaillierte Angaben unter anderem zu ihrem bisherigen Bildungsweg, dem eigenem Verdienst und dem Einkommen der Eltern machen. Die Studierenden, die in die Förderung aufgenommen wurden, hatten außerdem regelmäßig Berichte über ihre Studientätigkeit zu verfassen sowie „eine Stellungnahme, in welcher Weise sie noch am Leben im SDS Anteil haben"[33], wie die Delegiertenkonferenz des Studentenbunds im Herbst 1950 beschloss. Außerdem lag die Entscheidung über die Vergabe der Stipendien ab Anfang der 1950er-Jahre ausschließlich beim Kuratorium der Friedrich-Ebert-Stiftung; der SDS-Bundesvorstand leitete die Anträge nun lediglich weiter.

Anfangs stammten die Gelder für die Studienförderung ausschließlich von der SPD, doch Alfred Nau bemühte sich nach Kräften, weitere Geldquellen zu erschließen. Bereits im Herbst 1947 hatte er „eine Reihe von Briefen mit der Aufforderung von Spendenzahlungen für die Stiftung an finanzkräftige Unternehmen und Freunde"[34] geschrieben. Spätestens 1950 hatte er Erfolg: Für dieses Jahr ist erstmals eine Zahlung des nordrhein-westfälischen Kultusministeriums aus Zuwendungen des Nordwestdeutschen Rundfunks in Höhe von 15.000 D-Mark dokumentiert, weitere 10.000 D-Mark stellte der Senat Bremen bereit. In den kommenden Jahren stiegen die Einnahmen weiter an – und eröffneten der Stiftung zusätzlich zur Studienförderung neue Möglichkeiten.

Der stellvertretende SDS-Bundesvorsitzende Claus Arndt im Gespräch mit Mitgliedern des SDS-Bundesvorstands Günter Bantzer und Egon Erwin Müller auf der VIII. Bundesdelegiertenkonferenz des SDS in Hamburg, 14.10.1953

Rechte: AdsD, 6/FOTA020485

Auf dem Weg zur politischen Stiftung

Alfred Nau hatte von Anfang an sehr viel größere Pläne für die Friedrich-Ebert-Stiftung als die Parteispitze in den 1920er-Jahren: „Er wollte mehr als nur ein paar Stipendien“[35], so Willy Brandt später. Bereits 1947 umriss der SPD-Schatzmeister bei einer Besprechung mit SDS-Vertreter:innen die Zukunft der Friedrich-Ebert-Stiftung als Trägerin der parteipolitischen Bildungsarbeit mit Ferienkursen und Lehrgängen in heimvolksschulähnlichen Einrichtungen. Nach außen hin ging er noch einen Schritt weiter und kündigte dem Oberfinanzpräsidenten von Münster 1948 an, die Stiftung wolle mit Kursen für „verschiedene Schichten der Bevölkerung“ einen „wesentlichen Beitrag für die demokratische Erziehung des deutschen Volkes leisten“.[36] Angesichts der überschaubaren finanziellen Mittel war das in den Anfangsjahren allerdings noch Zukunftsmusik.

Unabhängig von Alfred Naus Überlegungen lief in der Nachkriegszeit die politische Bildungsarbeit der SPD wieder an. 1946 hatte der Parteivorstand die sozialistische Kulturzentrale ins Leben gerufen, die als Nachfolgerin des Reichsausschusses für sozialistische Bildungsarbeit Funktionärsschulungen organisieren sollte. Dafür sollte eine Parteischule entstehen. Doch obwohl der SPD-Parteivorstand bis Anfang der 1950er-Jahre mehrfach geeignete Areale ins Auge fasste, darunter das Landerziehungsheim Walkemühle, ein ehemaliges sozialistisches Ausbildungszentrum in der Nähe von Kassel, zerschlugen sich die Pläne immer wieder ebenso wie Ideen für eine internationale sozialistische Akademie – vor allem aus einem Grund: „Mangel an Geld“[37], so Parteivorstandsmitglied Willi Eichler.

Ohne Parteischule waren die SPD-Bezirke in der Pflicht. Viele stellten ein breit gefächertes Veranstaltungsprogramm auf die Beine mit Rhetorikschulungen sowie mehrtägigen Kursen unter anderem zur Geschichte der Sozialdemokratie, zur Frauenbewegung und zum politischen System in Deutschland. Um die Referent:innen vor Ort zu unterstützen, liefen 1952 zentrale Schulungskurse für hauptamtliche Bildungssekretär:innen der SPD an. Sie boten einen Überblick über Methoden und technische Hilfsmittel in der Bildungsarbeit.

Um zusätzlich zu den Aktivitäten der Bezirke Parteifunktionär:innen zu schulen, griff die SPD auf ein bewährtes Konzept aus der Weimarer Zeit zurück: Ab 1952 hielten im Auftrag des Parteivorstands zwei

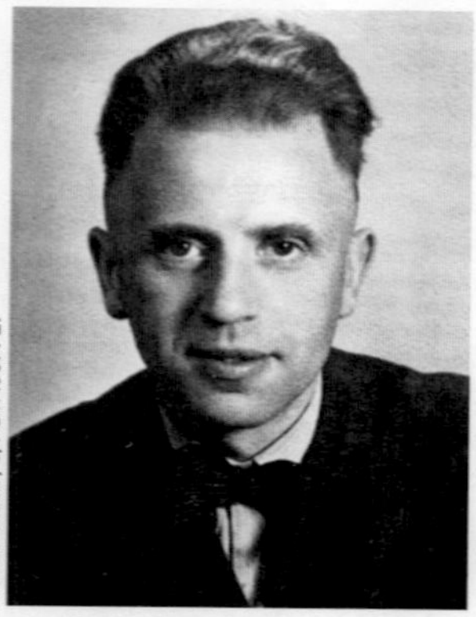

Rechte: AdsD, 6/FOTA007727

Alfred Nau, Mitglied des SPD-Parteivorstands, um 1946

„Wanderlehrer“ in der ganzen Bundesrepublik Wochenend- und Abendkurse zu Geschichte und Nationalökonomie ab. Daneben konnten sich Sozialdemokrat:innen in den neu gegründeten Heimvolkshochschulen weiterbilden, allen voran in der ab 1948 von Waldemar von Knoeringen und Wilhelm Hoegner aufgebauten Georg-von-Vollmar-Schule in Kochel. Finanziert durch den sogenannten Kochelzehnerl, eine Pflichtabgabe aller bayerischen SPD-Mitglieder, bot die Schule auf Schloss Aspenstein bald schon vielfältige Veranstaltungen zu politischen und wirtschaftlichen Themen an, auch für Teilnehmende, die nicht aus Bayern stammten.

Nach dem ernüchternden Ergebnis bei der Bundestagswahl am 6. September 1953 – die SPD erzielte über 16 Prozentpunkte weniger als die Christlich Demokratische Union Deutschlands (CDU) Konrad Adenauers – nahm die Debatte um eine zentrale Parteischule Fahrt auf. Um in Zukunft die Parteimitglieder besser auf Wahlkämpfe vorzubereiten und eine weitere Niederlage zu vermeiden, entschied der Parteivorstand, das Projekt Parteischule nun mit Energie in Angriff zu nehmen. Das war Alfred Naus Stunde: Am 7. Oktober 1953 brachte er auf einer Sitzung des Parteivorstands die Friedrich-Ebert-Stiftung als Trägerin ins Spiel. Damit der Schule neben Parteigeldern auch öffentliche Mittel zur Verfügung gestellt werden konnten, schlug er außerdem vor, die Stiftung in einen gemeinnützigen Verein zu überführen – und überzeugte damit die übrigen Parteivorstandsmitglieder. Parteivorsitzender Erich Ollenhauer war darüber hinaus der Meinung, die neue Einrichtung sollte „de[n] Name[n] Parteischule […] verme[i]den […], einmal um nicht den Eindruck einer Funktionärdrillanstalt aufkommen zu lassen und zum anderen, um öffentl[iche] Mittel erhalten zu können“.[38] Damit war der Weg frei für die Gründung der Friedrich-Ebert-Stiftung als Verein und für die Errichtung der ersten stiftungseigenen Heimvolkshochschule.

1954

Bildung für die Soziale Demokratie in einer geteilten Welt

Das Ende der NS-Herrschaft und des Kriegs in Europa im Mai 1945 bedeutete für die deutschen Gesellschaft einen radikalen Zusammenbruch. Viele Menschen sahen dies als Chance, in fast allen gesellschaftlichen Bereichen neu anzufangen. Im Zentrum stand die Bewältigung der materiellen, ideellen und mentalen Verwüstungen während des „Dritten Reichs", und man wollte aus den politischen Fehlern der Weimarer Republik lernen.

Besonders die Erziehung und Ausbildung von Kindern und Jugendlichen sowie die Befähigung der Menschen zu eigenständigem Handeln und Urteilen sollten grundlegend neu gestaltet werden, wie schon der zentrale Begriff der „Umerziehung" aller Alliierten anzeigte. Dabei wurden viele Vorstellungen aus der Weimarer Republik aufgegriffen und nun unter der Voraussetzung eines pädagogischen Neuanfangs und neuer Herausforderungen umgesetzt. Mitglieder der Jugendbewegungen, Reformpädagog:innen, Vertreter:innen der gewerkschaftlichen Arbeiter:innenbildung und andere Akteur:innen etablierten unter der Aufsicht alliierter Besatzungsmächte Schulen und Bildungseinrichtungen. Dabei spielten neben der Aufgabe, den Erwerb von Wissen sicherzustellen, die Frage nach den Ursachen und Wirkungen des Nationalsozialismus oder die Suche nach neuen demokratischen Formen des Gemeinwesens eine Rolle.

Neuansätze in der Bildungsarbeit und auch die politische Betätigung konnten in den ersten Jahren der Nachkriegszeit nur in dem von den alliierten Besatzungsmächten vorgegebenen Rahmen entfaltet werden. Bereits im September 1945 wurde mit der Erziehungskontrollverordnung Nr. 21 die Bildung von Volkshochschulen zugelassen. Schnell erwiesen sich die Volkshochschulen und Bildungseinrichtungen wie die aus der Weimarer Republik tradierten Heimvolkshochschulen als Zentren pädagogischer und politischer Selbstreflexion: Der niedersächsische Kultusminister Adolf Grimme hob 1946 die Volkshochschule als „Stätte der Besinnung" hervor.[39]

Links: Umbenennung der DGB-Bundesschule in Hattingen in Hans-Böckler-Schule, 1952

Auch die gewerkschaftliche Bildungsarbeit griff Impulse der Weimarer Zeit auf, die eine demokratische und sozial gerechte Ausgestaltung des Bildungswesens als Voraussetzung einer gesellschaftlichen Demokratisierung verstanden. Dabei stand die Bewältigung der nationalsozialistischen Herrschaft im Zentrum: So formulierte der Bundesvorstand des Deutschen Gewerkschaftsbunds (DGB) 1949 als Kern gewerkschaftlicher Bildungsarbeit eine „allgemein politische und menschliche Erziehungsaufgabe, die am Erbe der zwölf Jahre nazistische Diktatur zu leisten“ sei, die „Schulung des gewerkschaftlichen Nachwuchses in charakterlicher und willensmäßiger Hinsicht“ und die „Weiterbildung“ von am organisatorischen Aufbau beteiligten Gewerkschaftsmitgliedern.[40] An den Lehrgängen der neun über das Bundesgebiet verteilten Bundesschulen des DGB nahmen zu Beginn der 1950er-Jahre bereits jährlich 5.000 bis 7.000 Menschen teil.

Auch die wiedergegründete SPD definierte ihre Ziele in der Bildungstradition der Arbeiter:innenbewegung. Der spätere SPD-Vorsitzende Kurt Schumacher sprach im Oktober 1945 davon, „den Menschen ökonomisch zu befreien, um ihm die Voraussetzungen für die politische und moralische Freiheit zu schaffen“.[41] Nachdem zunächst bis Ende 1945 zwei konkurrierende Zentren der deutschen Sozialdemokratie in Hannover unter Kurt Schumacher und in Berlin unter Otto Grotewohl entstanden waren, gerieten in der Sowjetischen Besatzungszone mit der erzwungenen Vereinigung von KPD und SPD zur Sozialistischen Einheitspartei Deutschlands (SED) im April 1946 ostdeutsche Sozialdemokrat:innen unter zunehmenden Anpassungs- und Verfolgungsdruck. Damit war die SPD nur noch in den Westzonen aktiv, wo sich neue regionale Schwerpunkte jenseits der traditionellen Milieuzentren in Sachsen und Thüringen bildeten.

Angesichts der großen Herausforderungen beim Aufbau der Partei in den unmittelbaren Nachkriegsjahren verzögerte sich die Entfaltung eigener Bildungsstrukturen allerdings. Der Kulturpolitische Ausschuss des SPD-Vorstands betonte im Rahmen der Ziegenhainer Konferenz vom August 1947 die besondere Bedeutung der Volkshochschulen für den Aufbau der sozialen Demokratie. Und die Teilnehmer:innen einer einwöchigen Konferenz der politischen Lehrkräfte der SPD im Januar 1948 in Franken stellten fest, dass „ein Ausbau des Kulturreferates auf allen Organisationsstufen und insbesondere der politischen Schulung in der SPD erforderlich“ sei.[42] Die ab 1947 vergebenen Stipendien des „Friedrich-Ebert-Fonds“ waren hier lediglich ein Tropfen auf den heißen Stein. Sie zielten auf eine Überbrückung sozialer Hürden für Studierende und boten darüber hinaus erste Ansätze, eine fachliche Qualifizierung von SPD-Mitgliedern zu organisieren. Sie zählten zur Domäne des Sozialistischen Deutschen Studentenbunds (SDS), der mit der SPD immer wieder politische Differenzen austrug, unter anderem in der Deutschlandpolitik, was 1961 schließlich zum Bruch führte.

Die politische Schulung innerhalb der Partei entwickelte sich aber langsam und stand für die SPD-Führung unter Kurt Schumacher lange hinter anderen drängenden Fragen der deutschen Politik zurück. Die erste Bundestagswahl im September 1949 hatte die Sozialdemokratie in die Opposition gebracht. Sie kritisierte die erste Bundesregierung unter Konrad Adenauer für viele grundsätzliche Entscheidungen: Die Westbindung Adenauers vertiefe die deutsche Teilung und ein bundesdeutscher Wehrbeitrag liefe auf den Aufbau einer neuen deutschen Armee keine zehn Jahre nach dem Ende des Zweiten Weltkriegs hinaus. Den Vorrang der deutschen Einheit im Blick plädierte die SPD in den 1950er-Jahren für ein europäisches Sicherheitssystem anstelle der beiden militärischen Blöcke NATO und Warschauer Pakt. Auch wenn die politische Zugehörigkeit Deutschlands zur westlichen Wertegemeinschaft für die SPD-Führung zu keinem Zeitpunkt infrage stand, verabschiedete sich die Sozialdemokratie erst Ende des Jahrzehnts von den Vorstellungen eines ganz Europa umfassenden Sicherheitssystems.

Die politischen Mitwirkungsmöglichkeiten der SPD in der jungen Bundesrepublik wurden nicht zuletzt von der starken Stellung der Länder im Verfassungsgefüge des westdeutschen Staats bestimmt. Die SPD stellte Ministerpräsidenten bzw. Bürgermeister:innen in fünf Bundesländern sowie in West-Berlin. Zu diesen zählten so durchsetzungsfähige und gut vernetzte Landespolitiker wie Max Brauer in Hamburg und Wilhelm Kaisen in Bremen, Hinrich-Wilhelm Kopf in Niedersachsen und Georg-August Zinn in Hessen. In wichtigen Bereichen wie der Bildungs- und regionalen Wirtschaftspolitik konnten einzelne sozialdemokratische „Landesväter“ – und es waren in dieser Zeit ausschließlich Männer – bedeutende Akzente setzen und den grundsätzlichen politischen Gestaltungsanspruch der SPD unterstreichen. Ähnliches galt für die kommunale Ebene, wo Sozialdemokrat:innen insbesondere in größeren Städten oft wichtige Schlüsselstellungen bekleideten.

Rechte: picture-alliance/dpa/dpa

Bau der Berliner Mauer mit Mauererhöhung an der Bernauer Straße, 1961

Seit Beginn der 1950er-Jahre prägte der Ost-West-Konflikt die Handlungsoptionen und Wahrnehmungsmuster der Politik. Das geteilte Deutschland befand sich an einer der zentralen Konfrontationslinien dieses Konflikts, wodurch die Teilung des Landes augenscheinlich verstetigt wurde, insbesondere mit dem überraschenden Mauerbau durch die DDR am 13. August 1961. Zugleich erlebten die beiden deutschen Staaten durch die Unterstützung der „Supermächte" USA und UdSSR einen Zuwachs an politischer Bedeutung, in Westdeutschland zudem verbunden mit einer unerwartet rasanten wirtschaftlichen Erholung. Dadurch entstand die paradoxe Situation, dass das Land, das den Zweiten Weltkrieg entfesselt hatte, partiell prosperierte, während die Länder, die das nationalsozialistische Deutschland unter Aufbietung aller Kräfte niedergerungen hatten – allen voran das Vereinigte Königreich und Frankreich – wirtschaftliche Schwierigkeiten und politische Instabilitäten zu bewältigen hatten.

Hinzu kam der sich mit dem Ende des Zweiten Weltkriegs abzeichnende Zerfall der europäischen „Kolonialreiche". Während das britische Königreich seine „Kronkolonie" Indien im Sommer 1947 in die Unabhängigkeit entließ und mit einer Commonwealth-Struktur nachkoloniale Übergänge abzufedern versuchte, entschied sich Frankreich, in seinen asiatischen Kolonien militärisch gegen die Unabhängigkeitsbewegungen vorzugehen. Die verheerende Niederlage französischer Kolonialtruppen im Mai 1954 im vietnamesischen Diên Biên Phu, der Verlauf der anschließenden „Indochina-Konferenz" in Genf unter Beteiligung der USA und nicht zuletzt das Verhalten der USA und der Sowjetunion während der Suez-Krise im Herbst 1956 zeigten deutlich, dass die bisherige Kolonialpolitik der europäischen Mächte nicht fortgesetzt werden konnte. Zugleich blieben alle politischen

Rechte: picture-alliance/dpa/dpa

Während des Indochina-Kriegs landen französische Truppen vor Diên Biên Phu, 1954.

Alternativen im Rahmen des Ost-West-Konflikts verankert. So war die Politik gegenüber den afrikanischen Staaten – als erstes afrikanisches Land wurde Ghana im Frühjahr 1957 unabhängig – von der politischen und wirtschaftlichen globalen Systemkonkurrenz bestimmt. Damit trugen auch Konzeptionen der „Entwicklungshilfe" für den Globalen Süden den Stempel der Blockkonfrontation. Sie zielten grundsätzlich darauf, den Einfluss der jeweils gegnerischen Seite einzudämmen, und waren von den oft genug überlegen-paternalistischen Vorstellungen gesellschaftlicher Modernität geprägt.

Die deutschen Sozialdemokrat:innen beantragten Mitte der 1950er-Jahre im Bundestag Fördermittel für eine wirtschaftliche Unterstützung dekolonisierter Länder. So sollten zwar ähnliche Maßnahmen der DDR konterkariert werden, was ins Schema der Systemkonkurrenz passte, doch zugleich waren die Initiativen auf der europäischen Ebene abgestimmt und dokumentierten die wieder erreichte gute Vernetzung der organisierten deutschen Arbeiter:innenbewegung mit europäischen und internationalen Partner:innen. Die damit einhergehende sogenannte Westernisierung von SPD und DGB erwies sich in den 1950er- und 1960er-Jahren als ein wichtiger innen- und außenpolitischer Aktivposten der deutschen Sozialdemokratie, und Günter Grunwald, ab Mai 1956 Geschäftsführer der Friedrich-Ebert-Stiftung, konnte diese Entwicklung in der Stiftung zur Geltung bringen.

Kapitel 2

Die Erfindung der politischen Stiftung
1954 – 1968

Rechte: J. H. Darchinger/FES; AdsD, 6/FOTA007748

Gerhard Weisser, Vorsitzender der Friedrich-Ebert-Stiftung 1954 bis 1970, um 1955

Rechte: J. H. Darchinger/FES; AdsD, 6/FOTA027683

Vereinsgründung

Am 1. Februar 1954 kamen in Bonn zehn Männer zusammen, um die Friedrich-Ebert-Stiftung auf eine neue institutionelle Grundlage zu stellen und damit den Weg für die Errichtung einer SPD-nahen Heimvolkshochschule zu ebnen. Zu den Gründern des gemeinnützigen Vereins „Friedrich-Ebert-Stiftung zur Förderung demokratischer Volkserziehung e. V." gehörten neben SPD-Schatzmeister Alfred Nau weitere hochrangige Sozialdemokraten. Die meisten hatten sich schon in der Weimarer Republik politisch und gewerkschaftlich engagiert, viele waren während des Nationalsozialismus im Widerstand oder in der Emigration gewesen, hatten Verfolgung und Haft überlebt. Alle hatten daran mitgewirkt, die SPD nach dem Zweiten Weltkrieg wiederzugründen. Sie waren verbunden durch die Ideale von Freiheit, Gleichheit und Solidarität und wollten diese nun in die Stiftung und ihre Heimvolkshochschule einbringen.

Aus den eigenen Reihen wählten die Anwesenden „auf Zuruf" und „einstimmig" den Kölner Hochschullehrer Gerhard Weisser zum Vorsitzenden des Vorstands. Weisser hatte einen Lehrstuhl für Sozialpolitik und Genossenschaftswesen an der Universität zu Köln inne und verband akademische Expertise mit politischen Erfahrungen. Den Vorsitz der Stiftung übte er ehrenamtlich neben seiner Arbeit an der Kölner Universität aus. Sein Stellvertreter wurde Alfred Nau. Als früherer Mitarbeiter von Konrad Ludwig stand er für eine personelle Verbindung mit der Gründungszeit der Stiftung und eine enge Anbindung an die Parteifinanzen. In den Vorstand wählte die Versammlung außerdem den sozialdemokratischen Vordenker Willi Eichler, im SPD-Vorstand für Kulturfragen zuständig, den ehemaligen schleswig-holsteinischen Minister Walter Damm sowie Fritz Steinhoff, den SPD-Spitzenkandidaten und späteren Ministerpräsidenten in Nordrhein-Westfalen. Zu den Gründungsmitgliedern gehörten außerdem noch der Geschäftsführer der parteieigenen Konzentration GmbH Carl Storbeck, Kaufmann Willy Kube, Rechtsanwalt Dr. Herbert Allerdt, Versicherungskaufmann Max Kukil, der während der NS-Zeit Kontakte zum Widerstandskreis um Wilhelm Leuschner hatte, und der Journalist Dr. Christian Gneuss.

Links: Die Mitglieder des SPD-Parteivorstands Alfred Nau, Fritz Heine, Erich Ollenhauer, Wilhelm Mellies und Willi Eichler auf dem SPD-Parteitag in Berlin am 20.7.1954 (v. l. n. r.)

Die Versammlung verabschiedete auch die Satzung: Ausschließlicher Zweck des neuen Vereins war es, „die demokratische Erziehung des deutschen Volkes zu fördern."[43] Damit fasste die Friedrich-Ebert-Stiftung ihr Aufgabenfeld sehr viel weiter als in der Weimarer Republik und in den ersten Jahren nach ihrer Wiedergründung, als sie ausschließlich Studierende gefördert hatte. Noch unter dem Eindruck der nationalsozialistischen Diktatur sollte die politische Bildungsarbeit nun deutlich über die reine Schulung von Funktionär:innen hinausgehen. Mit Erwachsenenkursen und eigenen „Schulungsheimen" wollte die Stiftung den „demokratischen Gedanken" in der Bundesrepublik fördern. Daneben bestand die Studienunterstützung fort: Laut Satzung sollte der Verein „wissenschaftlich hervorragend begabte und nach ihrer Persönlichkeit besonders geeignete Studenten" unterstützen. Dritte Aufgabe des Vereins war es, die „internationale Verständigung zu vertiefen" und dazu „Auslandsreisen junger Menschen [zu] finanzieren" – die Keimzelle für die internationale Arbeit der Friedrich-Ebert-Stiftung.[44] Damit umriss die Satzung bereits drei der heutigen fünf Säulen der Stiftungsarbeit, die in den folgenden Jahren durch die Bereiche wissenschaftliche Arbeit sowie politische Beratung und Analyse ergänzt werden sollten.

Die Satzung sah außerdem ein Kuratorium vor, das die Vereinsarbeit überwachte und begleitete. In den Tagen nach der Gründung schrieben die Vorstandsmitglieder Alfred Nau und Willi Eichler mögliche Kandidat:innen für dieses Gremium an und warben für das Vorhaben, „durch Errichtung einer Heimvolkshochschule aktiv an der Erziehung von jungen Menschen im Sinne und Geiste des ersten Präsidenten der Deutschen Republik mitzuwirken."[45] Bereits im März 1954 war das Kuratorium komplett: Ihm gehörten Persönlichkeiten aus Politik, Gewerkschaften, Universitäten, Erziehung und Medien an, darunter Männer, die Alfred Nau schon 1947 ins Kuratorium der Friedrich-Ebert-Stiftung berufen hatte, wie der Generaldirektor des Nordwestdeutschen Rundfunks Adolf Grimme und der führende Verfassungsrechtler der SPD und „Vater des Grundgesetzes" Carlo Schmid. Neu im Kuratorium waren der Kultursoziologe Alfred Weber, der Braunschweiger Hochschullehrer Georg Eckert und der in Nordrhein-Westfalen gut verankerte Heinz Kühn, der sich besonders für den Aufbau der Heimvolkshochschule in Bergneustadt engagierte. Die ehemalige Berliner Oberbürgermeisterin Louise Schroeder und die aus der Emigration zurückgekehrte Pädagogin Minna Specht waren die beiden einzigen Frauen. Weitere Frauen wirkten in den frühen Jahren der Stiftung im Hintergrund, etwa die Ehefrau und engste Mitarbeiterin von Willi Eichler Susanne Miller, die sich später als Wissenschaftlerin in der Kommission für Geschichte des Parlamentarismus und der politischen Parteien mit der Geschichte der Arbeiter:innenbewegung und der SPD auseinandersetzen sollte und 1982 zur ersten Vorsitzenden der Historischen Kommission beim SPD-Parteivorstand ernannt wurde.

Mit der Gründung des Vereins bekam die Friedrich-Ebert-Stiftung eine neue institutionelle Grundlage und klar definierte Aufgaben. Gleichzeitig war es als Verein leichter, öffentliche Gelder einzuwerben. Im Vorstand waren mit Gerhard Weisser, Alfred Nau und Willi Eichler drei Persönlichkeiten vertreten, die die Stiftungsarbeit über Jahrzehnte hinweg prägen sollten, und durch das hochkarätig besetzte Kuratorium war die Friedrich-Ebert-Stiftung in der jungen Bundesrepublik bestens vernetzt.

Die ersten Jahre der neuen Stiftung

Der zentrale Auftrag der Friedrich-Ebert-Stiftung bestand im Aufbau einer eigenen Bildungsstätte. Ein Standort für das eigene Haus war schon gefunden: Die unweit von Bonn im Oberbergischen Land gelegene Stadt Bergneustadt erklärte sich Ende 1953 dazu bereit, der Friedrich-Ebert-Stiftung ein Grundstück zur Verfügung zu stellen.

Willi Eichler prägte die Bildungsarbeit der Friedrich-Ebert-Stiftung, Mai 1957

Rechte: J. H. Darchinger/FES; AdsD, 6/FJHD003115

Rechte: J. H. Darchinger/FES; AdsD, 6/FOTA140656

Der Vorsitzende der marokkanischen Unabhängigkeitspartei Allal al-Fassi (m.) trifft bei seinem Besuch der Friedrich-Ebert-Stiftung Willi Eichler (l.) und Heinrich Junker (r.), 12.2.1958.

Viel diskutiert wurde der Charakter der Schule. Der Wunsch, wieder eine „Parteischule" zu haben, war schon in der Weimarer Republik formuliert und in den Nachkriegsjahren insbesondere von Alfred Nau aufgegriffen worden. Die Partei brauchte die Heimvolkshochschule vor allem, um „politischen Nachwuchs [...] heran[zu]bilden"[46], also haupt- und ehrenamtliche Funktionär:innen für die konkrete Arbeit vor Ort, etwa für Wahlkämpfe oder Mitgliederwerbung, zu schulen. Die Bildungsstätte sollte außerdem viele Seminare und Ferienkurse bündeln, die die SPD bisher in Zusammenarbeit mit Gewerkschaften oder anderen Institutionen wie der bayerischen Georg-von-Vollmar-Akademie durchgeführt hatte. Fest stand, dass sich die Schule eng mit „der Bildungsarbeit aller Ebenen der Parteiorganisation" abstimmen sollte.[47] Doch während einige eine reine Parteischule vor Augen hatten, fassten andere, wie etwa Willi Eichler, das Konzept weiter: Er wollte mit der Heimvolkshochschule eine „Stätte der Begegnung" schaffen, die auch „andersdenkenden Demokraten" offenstehen sollte.[48] Eichler kümmerte sich in der Gründungsphase, auch im Rahmen einer eigens eingesetzten Lehrplankommission, federführend um die Programmatik der Bildungsstätte. Zusammen mit Alfred Nau sorgte er dafür, dass die Heimvolkshochschule Bergneustadt beides wurde: „Parteischule" und „Begegnungsstätte".

Finanziert wurde der Bau der Heimvolkshochschule Bergneustadt vor allem aus Spenden und Mitteln des Landes Nordrhein-Westfalen. Dass Überschussmittel des Nordwestdeutschen Rundfunks in die Errichtung flossen, war auch Heinz Kühn, Mitglied des nordrhein-westfälischen Landtags und wichtige Stimme im Kuratorium der Friedrich-Ebert-Stiftung, zu verdanken. Mit diesen Geldern entstand nach den Plänen des Bonner Architekten Joachim Steinecke in der idyllischen Landschaft außerhalb von Bergneustadt ein schlichtes einstöckiges Gebäude mit drei Hörsälen, verschiedenen Seminarräumen, einer Bibliothek, einem Speisesaal sowie Ein- und Zweibettzimmern für rund 50 Gäste.

Unterdessen suchte die SPD noch nach einem geeigneten Leiter der Heimvolkshochschule. Der Wunschkandidat, Friedrich Borinski, ehemals Leiter der Heimvolkshochschule Göhrde bei Lüneburg und Mitglied im SPD-Kulturausschuss, sagte ab, eine erste Bewerbungsrunde scheiterte. Unter den drei Dutzend Bewerbungen „waren keine brauchbaren",[49] konstatierte Willi Eichler in einer Vorstandssitzung. Auf Vorschlag des „Büros", des einflussreichen Zirkels der besoldeten SPD-Vorstandsmitglieder, stellte die Friedrich-Ebert-Stiftung schließlich den Agrarreferenten der SPD Harri Bading zum 1. Februar 1956 zunächst für ein Jahr auf Probe als Leiter der Schule ein. Das „Büro" führte zu dieser Zeit de facto die Geschäfte der SPD, seine Mitglieder, die alle dem Vorstand angehörten, kümmerten sich um das Alltagsgeschäft und die interne Organisation der Partei. Stellvertreter von Harri Bading wurde Heinrich Junker, einer der ehemaligen Wanderlehrer der SPD. Neben diesen beiden angestellten Lehrkräften sollten Gastdozent:innen in Bergneustadt unterrichten.

Bergneustadt: „Eine Stätte der Bildung und Erziehung“

Am 28. Februar 1956 bekam das kleine Bergneustadt hohen Besuch: Bundespräsident Theodor Heuss reiste an, um die Heimvolkshochschule der Friedrich-Ebert-Stiftung zu eröffnen. Entlang der Straße, die zur Bildungsstätte führte, standen viele Neugierige, und „unzählige Schulkinder“ winkten und schwenkten schwarz-rot-goldene Fähnchen, als die Kolonne mit dem Auto des Staatsoberhaupts vorbeirollte.

Dass Heuss nach Bergneustadt kam, war ein großer Erfolg für die junge Friedrich-Ebert-Stiftung. Es gab ihrer neu gegründeten Bildungsstätte Gewicht und „besondere Bedeutung“,[50] wie es der stellvertretende Vorsitzende Alfred Nau in seiner Begrüßung ausdrückte. Theodor Heuss, der der FDP angehörte, hatte sich als erster Bundespräsident überparteilichen Respekt verdient. Seine guten Beziehungen zur SPD reichten bis in die Zeit der Weimarer Republik zurück, als er sich etwa zusammen mit Kurt Schumacher und Heinz Kühn im überparteilich organisierten Reichsbanner Schwarz-Rot-Gold für die Demokratie eingesetzt hatte. Die Einladung des SPD-Vorsitzenden Erich Ollenhauer, die Heimvolkshochschule zu eröffnen, nahm Heuss daher sofort an: „Ich habe gesehen, dass der 28. Februar noch ein ‚Freitag‘ ist und [...] nun ‚Bergneustadt, Friedrich Ebert‘ eingetragen. Ich werde also gerne kommen“, schrieb er am 14. Januar 1956 an Ollenhauer.[51]

In seiner Eröffnungsrede würdigte Heuss den ersten deutschen Reichspräsidenten Friedrich Ebert, in dessen Nachfolge er sich als erster Bundespräsident sah. In seinen Augen war es die Hauptaufgabe der Heimvolkshochschule, die Menschen im Umgang mit der demokratischen Verwaltung des Staats vertraut zu machen,

Die Heimvolkshochschule Bergneustadt im Jahr ihrer Eröffnung 1956

Rechte: J. H. Darchinger/FES; AdsD, 6/FOTB087217

mit dem „Apparaturmäßigen des gesellschaftlich-staatlichen Seins“, wie er es formulierte. Sein freiheitlich geprägtes politisches Grundverständnis durchdrang die ganze Rede, auch als er weiter ausführte: „Denn es geht ja nicht im politischen Leben, im Werden eines Volkes, in dem Sich-Bewahren gegenüber der Geschichte um das Funktionieren der Paragraphenordnung, sondern um das Lebendig-Machen, das Lebendig-Halten der Gesinnungen. Gesinnung heißt nicht Ausrichten auf ‚Linientreue‘, sondern die Freiheit wahren und den Menschen erziehen im Fragen-Können und im Antwort-Finden.“[52]

Die Eröffnung der Heimvolkshochschule Bergneustadt wirkte nach, auch für Bundespräsident Theodor Heuss. Als seine Partei ein Jahr später an der Gründung einer eigenen politischen Stiftung arbeitete, schlug der Bundespräsident vor, dabei ähnlich vorzugehen wie die SPD. So wurde die Friedrich-Ebert-Stiftung bereits kurz nach ihrer Neugründung als Verein zu einem Modell für die der FDP nahestehende Friedrich-Naumann-Stiftung, nicht zuletzt durch die eigene Bildungsstätte.

→ *Fortsetzung auf Seite 46*

Das erste Faltblatt der Heimvolkshochschule Bergneustadt mit ihrem Auftaktprogramm 1956

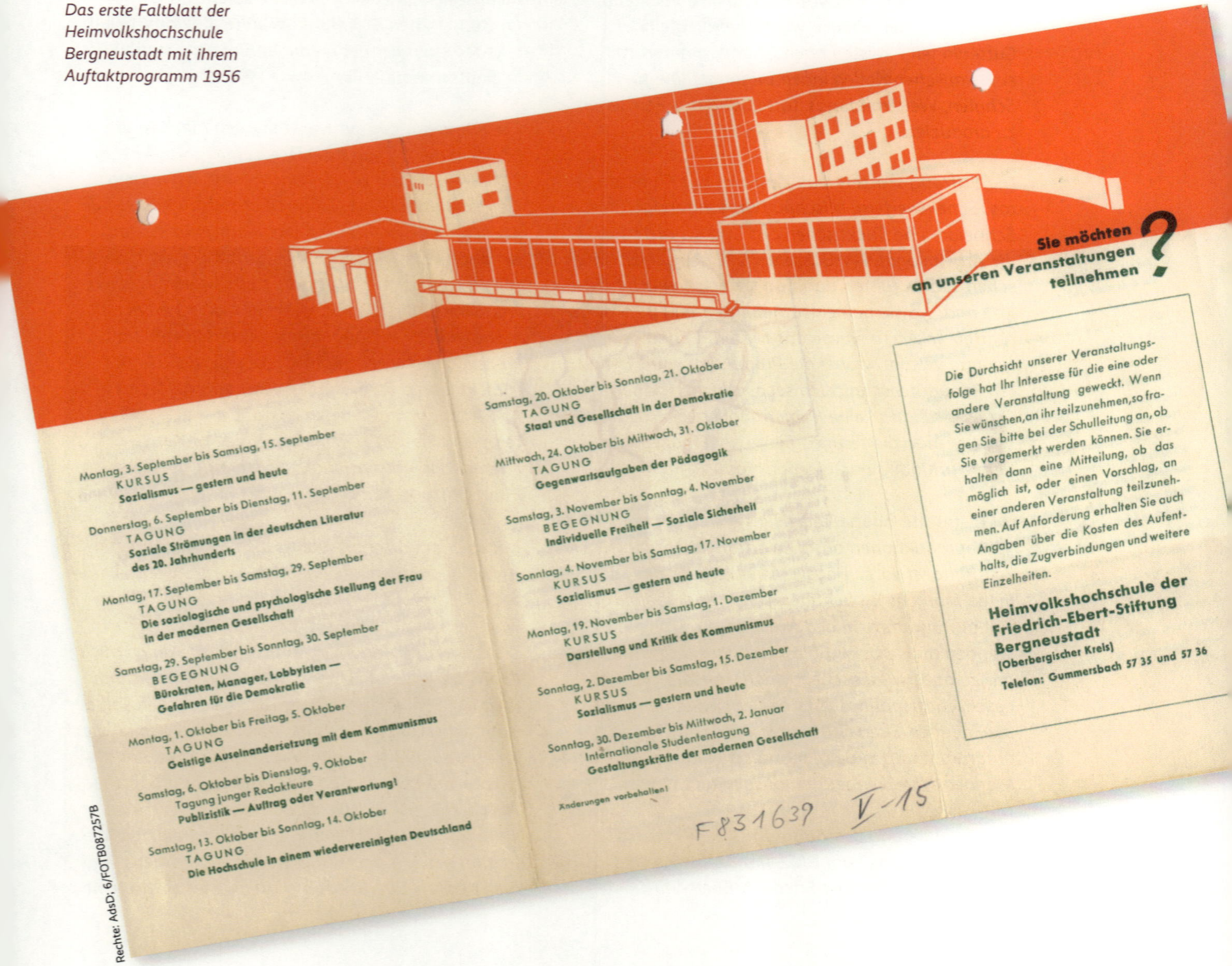

Montag, 3. September bis Samstag, 15. September
KURSUS
Sozialismus — gestern und heute

Donnerstag, 6. September bis Dienstag, 11. September
TAGUNG
Soziale Strömungen in der deutschen Literatur des 20. Jahrhunderts

Montag, 17. September bis Samstag, 29. September
TAGUNG
Die soziologische und psychologische Stellung der Frau in der modernen Gesellschaft

Samstag, 29. September bis Sonntag, 30. September
BEGEGNUNG
Bürokraten, Manager, Lobbyisten — Gefahren für die Demokratie

Montag, 1. Oktober bis Freitag, 5. Oktober
TAGUNG
Geistige Auseinandersetzung mit dem Kommunismus

Samstag, 6. Oktober bis Dienstag, 9. Oktober
Tagung junger Redakteure
Publizistik — Auftrag oder Verantwortung!

Samstag, 13. Oktober bis Sonntag, 14. Oktober
TAGUNG
Die Hochschule in einem wiedervereinigten Deutschland

Samstag, 20. Oktober bis Sonntag, 21. Oktober
TAGUNG
Staat und Gesellschaft in der Demokratie

Mittwoch, 24. Oktober bis Mittwoch, 31. Oktober
TAGUNG
Gegenwartsaufgaben der Pädagogik

Samstag, 3. November bis Sonntag, 4. November
BEGEGNUNG
Individuelle Freiheit — Soziale Sicherheit

Sonntag, 4. November bis Samstag, 17. November
KURSUS
Sozialismus — gestern und heute

Montag, 19. November bis Samstag, 1. Dezember
KURSUS
Darstellung und Kritik des Kommunismus

Sonntag, 2. Dezember bis Samstag, 15. Dezember
KURSUS
Sozialismus — gestern und heute

Sonntag, 30. Dezember bis Mittwoch, 2. Januar
Internationale Studententagung
Gestaltungskräfte der modernen Gesellschaft

Änderungen vorbehalten!

Sie möchten an unseren Veranstaltungen teilnehmen?

Die Durchsicht unserer Veranstaltungsfolge hat Ihr Interesse für die eine oder andere Veranstaltung geweckt. Wenn Sie wünschen, an ihr teilzunehmen, so fragen Sie bitte bei der Schulleitung an, ob Sie vorgemerkt werden können. Sie erhalten dann eine Mitteilung, ob das möglich ist, oder einen Vorschlag, an einer anderen Veranstaltung teilzunehmen. Auf Anforderung erhalten Sie auch Angaben über die Kosten des Aufenthalts, die Zugverbindungen und weitere Einzelheiten.

Heimvolkshochschule der Friedrich-Ebert-Stiftung Bergneustadt
(Oberbergischer Kreis)
Telefon: Gummersbach 57 35 und 57 36

Rechte: AdsD; 6/FOTB087257B

Pilotprojekt der Medienarbeit: Bildungsfernsehen in Ghana

1965 baute die Friedrich-Ebert-Stiftung in Kooperation mit dem Fernsehsender Ghana Television ein Medienzentrum in der ghanaischen Hauptstadt Accra auf. Mehr als zwanzig deutsche Fachleute – Journalist:innen ebenso wie Kameraleute oder Cutter:innen – reisten nach Ghana, um dort mit einheimischen Kolleg:innen Bildungsfilme für Schulen, Weiterbildungsstätten und das Fernsehen zu produzieren.

Die Stiftung stattete das Zentrum mit Filmkameras, Scheinwerfern, Mischpulten, Tonbandgeräten, Schneide- und Tricktischen aus und schaffte für die Arbeit sogar VW-Busse an. Die deutsch-ghanaischen Teams fuhren darin an unterschiedliche Orte im Land, wo sie gemeinsam drehten und Interviews führten. In Accra wurde das Material dann geschnitten und vertont, wobei die Produktion von 15 Minuten Film durchschnittlich sechs Wochen dauerte. Da es in Ghana keine Kopiermöglichkeiten gab, brachte man die fertigen Filme per Flugzeug zur Vervielfältigung nach Deutschland.

1966 strahlte Ghana Television die ersten rund 30 Koproduktionen aus. Die naturwissenschaftlichen Lehrfilme, etwa zu Physik, Chemie oder Biologie, liefen morgens im Schulfernsehen und abends im Hauptprogramm. In der zweiten Projektphase entstanden ab Herbst 1966 rund 100 weitere Filme nicht nur zu naturwissenschaftlichen, sondern auch zu gesellschaftspolitischen Themen. Außerdem legte die Friedrich-Ebert-Stiftung in Accra ein Trainingsprogramm auf, in dem ghanaische Frauen und Männer in Medienberufen ausgebildet wurden.

Eine Evaluierung bestätigte 1967 die Pionierrolle des Projekts, das vom BMZ finanziert wurde: Das „Ghana-Fernsehen der Friedrich-Ebert-Stiftung“, so berichtete ein Gutachter an das Ministerium, sei „von einer breiten entwicklungspolitischen Konzeption getragen“ und stelle mit der Kombination von Medienproduktion und Berufsausbildung gleichzeitig einen „Vorstoß in […] entwicklungspolitisches Neuland“ dar.[53] Dem Projekt lag die damals in der Entwicklungszusammenarbeit sehr verbreitete Vorstellung zugrunde, dass ökonomischer Aufstieg und gesellschaftlicher Fortschritt durch Bildung erreicht werden könnten und dass dazu lediglich eine Übertragung eigener Konzepte notwendig sei. Gleichzeitig passte das Projekt auch in eine Zeit, in der überall auf der Welt – in Form von Schulfilmen, aber auch mit Sprachlaboren oder Overheadprojektoren – Medientechnik Einzug in die Klassenzimmer hielt. Im Bayerischen Rundfunk startete 1967 das Telekolleg, der Klassiker der medialen Erwachsenenbildung in Deutschland.

Die Filme aus Ghana weckten auch in anderen Ländern der Region Interesse: „Eine große Anzahl […] afrikanischer Länder übernimmt inzwischen die Produktionen des Ghana Fernseh-Projektes zur Ausstrahlung in ihren eigenen Fernsehanstalten“, berichtete die Friedrich-Ebert-Stiftung 1969.[54] Sie führte zu diesem Zeitpunkt bereits weitere Medienworkshops durch, etwa in der kenianischen Hauptstadt Nairobi, wo angehende Filmfachleute halbstündige Dokumentarfilme produzierten. Dieses Projekt wurde vom Bundespresseamt gefördert und kam auch deswegen zustande, weil der Chefredakteur des Partnersenders Voice of Kenya ein ehemaliger internationaler Stipendiat der Friedrich-Ebert-Stiftung war.

Mit ihrer gesellschaftspolitischen Medienarbeit in Afrika begründete die Friedrich-Ebert-Stiftung in den 1960er-Jahren eine Tradition, die bis in die Gegenwart reicht – und die später auch viele Projekte in Südamerika sowie Asien umfasste (allerdings mit etwas anderen Akzenten). Seit den 1990er-Jahren liegt der Schwerpunkt in Afrika im südlichen Teil des Kontinents, wo die Stiftung den Aufbau von Medieninstitutionen und Community Radios unterstützt. Das Medienprojekt Südliches Afrika, heute fesmedia Africa, mit Sitz in Windhoek/Namibia setzt sich seit 2002 für Meinungs- und Informationsfreiheit in der Region ein. Mit dem African Media Barometer hat die Friedrich-Ebert-Stiftung ein eigenes Instrument

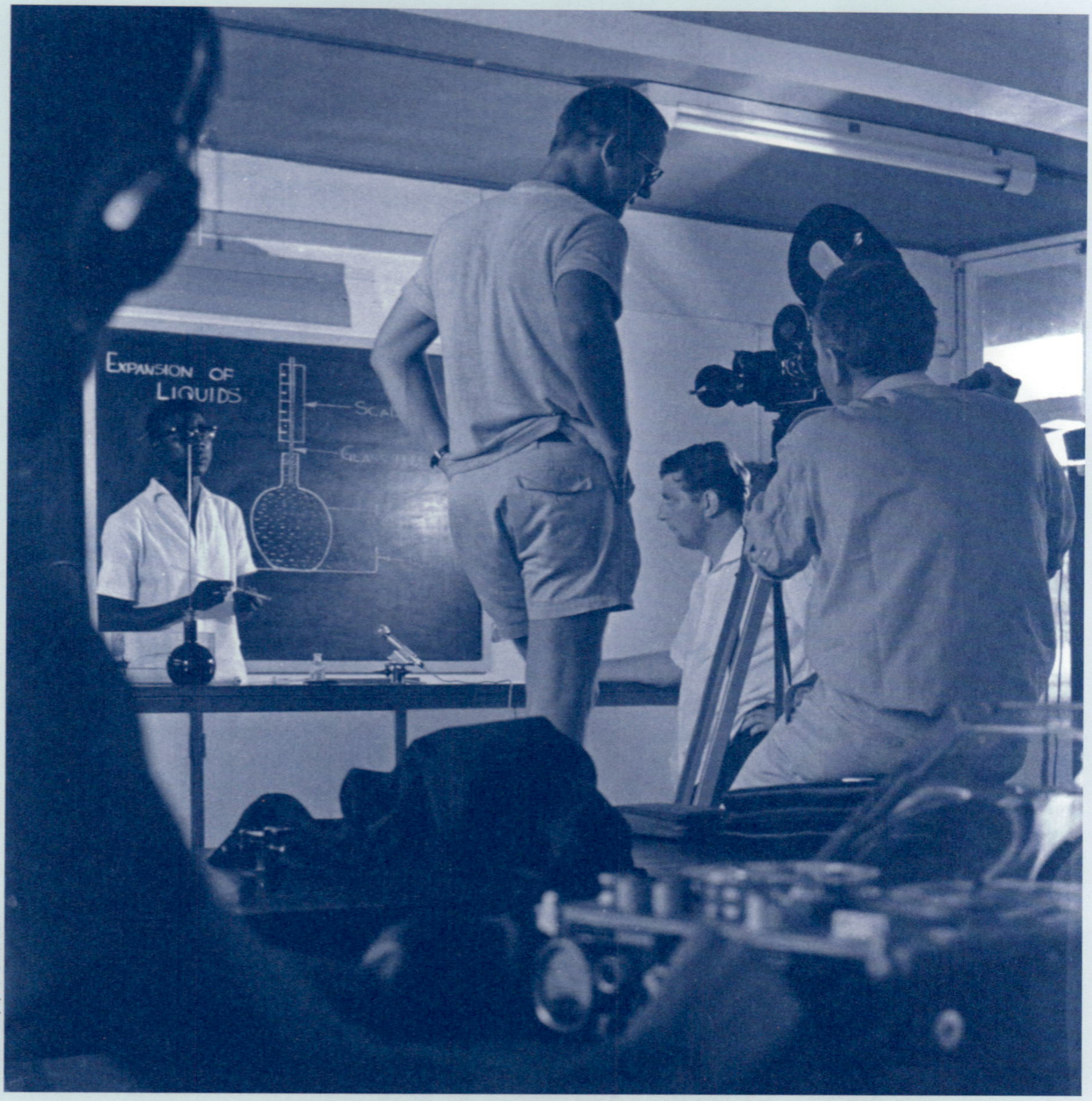

Rechte: AdsD, 6/FOTB087487

Ghanaische Goldschmiede mit Mitarbeitern der FES bei der Filmproduktion, Accra/Ghana, 1960er-Jahre

entwickelt, das es erlaubt, den Grad der Medien- und Informationsfreiheit in einzelnen Ländern Afrikas zu analysieren und zu bewerten. Dies zeigt auch, wie sich die inhaltliche Ausrichtung der Medienarbeit in Afrika im Laufe der Jahrzehnte verändert hat: Stand in den 1960er-Jahren die Idee von Fortschritt durch Bildung im Fokus, zielt die Friedrich-Ebert-Stiftung heute vor allem darauf, durch Bildung und Medien politische Freiheit und Demokratie zu fördern.

Seminare und Begegnungen

Begegnung „Afrika und Europa – kulturelle, wirtschaftliche und politische Beziehungen“ in Bergneustadt mit den internationalen Gästen Hammadoun Dicko (Französischer Staatssekretär), Esther Hayfon (Vertreterin Ghanas) und Mongi Sahli (Vertreter Tunesiens), hier Foto mit Willi Eichler (stehend), Februar 1958

Rechte: J. H. Darchinger/FES; AdsD, 6/FOTA190774

Das erste Seminar an der Heimvolkshochschule Bergneustadt begann im März 1956, gut zwei Wochen nach der Eröffnung. Einer der Teilnehmenden war August Kerger, Sozialdemokrat seit 1925 und ebenfalls früheres Reichsbannermitglied. Kerger war schon bei der Anreise beeindruckt: „Von waldreichen Bergen umgeben, stand die nach modernen architektonischen Grundsätzen gebaute Schule vor unseren Augen. Technische Vollkommenheit verband sich […] mit wirklicher Schönheit dieses Baues. Unser Eindruck wurde noch verstärkt, als wir in das lichtdurchflutete Gebäude eintraten und die Innenräume sahen.“[55]

Zwölf Tage lang beschäftigten sich die Teilnehmer – Parteisekretäre, Gewerkschafter und Betriebsratsmitglieder – mit dem Thema „Sozialismus gestern und heute“, hörten Referate und arbeiteten in kleineren Gruppen zu historischen, wirtschaftlichen und kulturellen Aspekten. „Die Phasen der industriellen Revolution“ standen ebenso auf dem Stundenplan wie „Wege und Möglichkeiten der Gesellschaftsgestaltung“ und die „Psychologie der öffentlichen Meinung“. Abends fanden Filmvorführungen oder Konzerte statt. Neben Harri Bading und Heinrich Junker unterrichteten unter anderem Gerhard Weisser, Willi Eichler und Alfred Nau als Gastdozenten. August Kerger lobte die „päda-

Rechte: J. H. Darchinger/FES; AdsD, 6/FOTB087424

Asiatische und ostafrikanische Teilnehmer eines Fortbildungsprogramms für genossenschaftliche Fachkräfte, um 1965/1966

gogisch gute und geschickte Form der Wissensvermittlung“ und das dichte Kursprogramm. Auch der Rahmen stimmte: „Der geregelte Ablauf, die gute Verpflegung, die menschlich so erfreuliche Atmosphäre“ trugen seiner Meinung nach dazu bei, „daß die Kursisten, die durch berufliche, politische und gewerkschaftliche Tätigkeit sonst so in die Hatz des Alltags eingespannt sind, hier einmal aufatmen konnten.“[56]

Zugeschnitten auf haupt- und ehrenamtliche Funktionär:innen aus Partei und Gewerkschaften war der zweiwöchige Kurs zu verschiedenen Aspekten des Sozialismus in den ersten Jahren Kern des Lehrprogramms an der Heimvolkshochschule. Dabei ging es dezidiert auch um die Abgrenzung des Sozialismus vom Kommunismus. Ausschließlich an Genossinnen richteten sich zudem spezielle mehrtägige Frauenkurse. Da sie für Berufstätige gedacht waren, dauerten die Seminare sehr viel kürzer als Kurse in der Weimarer Republik, als etwa die Heimvolkshochschule Tinz fünfmonatige Schulungen angeboten hatte.

Neben den mehrtägigen Kursen organisierte die Friedrich-Ebert-Stiftung in Bergneustadt auch Wochenendseminare und Begegnungen mit hochrangigen Redner:innen, um so den Austausch unterschiedlicher Positionen zu ermöglichen und „politisch aktive und interessierte Menschen zu freimütigen Aussprachen“ zusammenzubringen.[57] Diskutiert wurden Themen wie „gemeinschaftliches Eigentum“, „christliches Abendland“ oder die „Stellung der Frau“. Für internationale Begegnungen kamen schon in den ersten Jahren bekannte Persönlichkeiten nach Bergneustadt, darunter der dänische Ministerpräsident Hans Christian Svane Hansen oder der spätere kenianische Ministerpräsident Joseph Murumbi. In der Heimvolkshochschule trafen sich bei Seminaren zudem die Stipendiat:innen der Friedrich-Ebert-Stiftung und tauschten sich mit „Persönlichkeiten des politischen, wirtschaftlichen, sozialen und kulturellen Lebens in der Bundesrepublik“ aus.

Mit ihrem breit gefächerten Programm entwickelte sich die Heimvolkshochschule Bergneustadt rasch zu einer wichtigen Adresse in der Bonner Republik und zum internationalen Treffpunkt. Und schon bald gab es „Überlegungen, das System von Bergneustadt, weil das positiv geklappt hat, auf andere Länder zu übertragen und weitere Schulen zu eröffnen“, so der langjährige Geschäftsführer der Friedrich-Ebert-Stiftung Günter Grunwald im Rückblick.[58] Damit wurde die Heimvolkshochschule Bergneustadt zum Modell für die Gründung weiterer Bildungseinrichtungen, zunächst in „Entwicklungsländern“ und später auch in Deutschland.

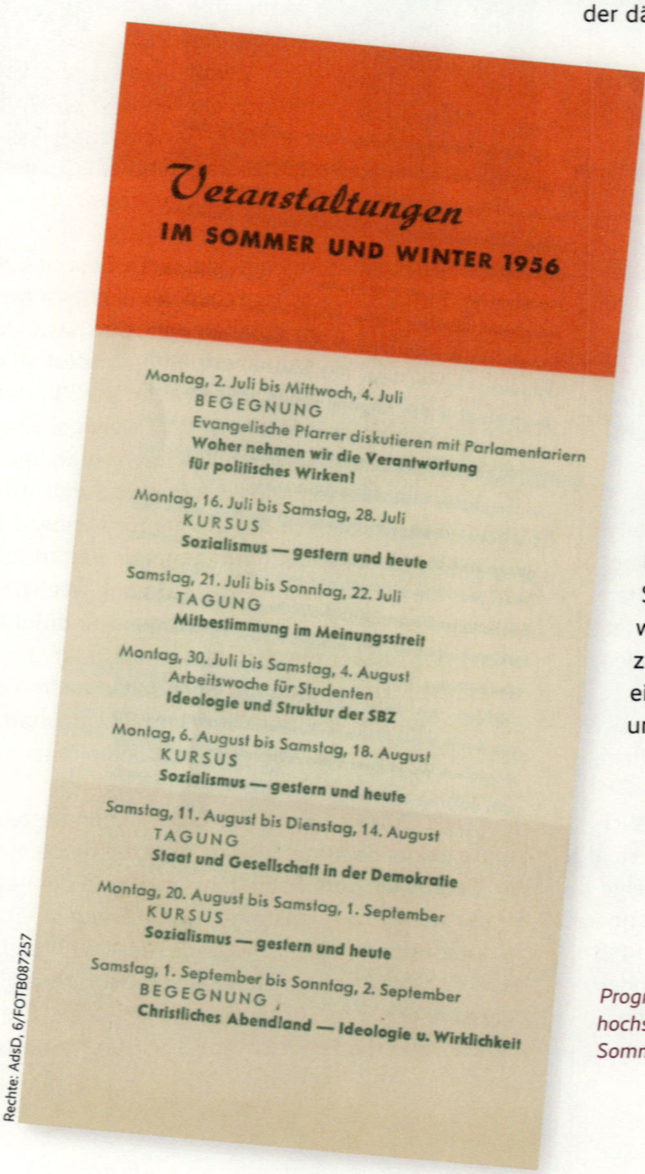
Veranstaltungen
IM SOMMER UND WINTER 1956

Montag, 2. Juli bis Mittwoch, 4. Juli
BEGEGNUNG
Evangelische Pfarrer diskutieren mit Parlamentariern
Woher nehmen wir die Verantwortung für politisches Wirken!

Montag, 16. Juli bis Samstag, 28. Juli
KURSUS
Sozialismus — gestern und heute

Samstag, 21. Juli bis Sonntag, 22. Juli
TAGUNG
Mitbestimmung im Meinungsstreit

Montag, 30. Juli bis Samstag, 4. August
Arbeitswoche für Studenten
Ideologie und Struktur der SBZ

Montag, 6. August bis Samstag, 18. August
KURSUS
Sozialismus — gestern und heute

Samstag, 11. August bis Dienstag, 14. August
TAGUNG
Staat und Gesellschaft in der Demokratie

Montag, 20. August bis Samstag, 1. September
KURSUS
Sozialismus — gestern und heute

Samstag, 1. September bis Sonntag, 2. September
BEGEGNUNG
Christliches Abendland — Ideologie u. Wirklichkeit

Rechte: AdsD, 6/FOTB087257

Programm der Heimvolkshochschule Bergneustadt für Sommer und Winter 1956

Der Geschäftsführer ist immer dabei, aber selten im Vordergrund: Günter Grunwald auf einer Tagung der Friedrich-Ebert-Stiftung zum Thema „Wirtschafts- und Entwicklungshilfe" in Bergneustadt, Januar 1961.

Rechte: J. H. Darchinger/FES; 6/FOTA139475

„Was draus machen"

Wenige Wochen nach der Eröffnung der Heimvolkshochschule Bergneustadt gewann die SPD-Spitze einen neuen Mitarbeiter für die praktische Arbeit der Stiftung: Zum 2. Mai 1956 wurde Günter Grunwald Kulturreferent im SPD-Parteivorstand und sollte in dieser Funktion die Friedrich-Ebert-Stiftung voranbringen. Der promovierte Historiker kam aus der internationalen Arbeit der Gewerkschaftsbewegung und hatte gute Beziehungen in den SPD-Parteivorstand. Seit 1952 war er in der Auslandsabteilung des Deutschen Gewerkschaftsbunds (DGB) als rechte Hand des späteren Vorsitzenden Ludwig Rosenberg für Auswanderungspolitik und die Sozialreferenten an den deutschen Auslandsvertretungen zuständig. Außerdem kümmerte sich Grunwald für den DGB um die Verbindung zum SPD-Parteivorstand. Dadurch stand er in Kontakt unter anderem mit Erich Ollenhauer, Alfred Nau und Willi Eichler – und wurde, zumindest laut seiner Darstellung, von ihnen schlichtweg abgeworben.

Engagiert, zupackend, bestens vernetzt in der Partei und den Gewerkschaften, zudem mit Erfahrungen in der Bildungsarbeit war Günter Grunwald der ideale Kandidat, um die Friedrich-Ebert-Stiftung weiterzudenken und fortzuentwickeln. „Was draus machen", lautete der Auftrag, den ihm der Parteivorsitzende Erich Ollenhauer mitgab. „Es muss endlich mal was werden, es muss wirklich mal eine Stiftung werden", wünschte sich auch Alfred Nau und sicherte Grunwald größtmögliche Freiheit zu.[59]

Noch wurde die Vereinsarbeit fast ausschließlich durch Spenden finanziert, und die Stiftung konnte sich weder einen besoldeten Geschäftsführer noch ein eigenes Büro leisten. Günter Grunwald war daher in Bonn zunächst beim Parteivorstand untergebracht. Erst 1958 bezog die Friedrich-Ebert-Stiftung eigene Räumlichkeiten, ein Büro in der Koblenzer Straße 54, nur wenige Schritte vom Bahnhof Bad Godesberg entfernt. Dort widmete sich Günter Grunwald, zunächst mit einer einzigen Mitarbeiterin, dem Aufbau der Stiftung und erschloss neue Finanzierungsquellen, insbesondere bei den Bundesministerien und den Bundesländern. Für die Bildungsarbeit warb er Mittel der Bundeszentrale für politische Bildung und des Ministeriums für Gesamtdeutsche Fragen ein, bei internationalen Projekten arbeitete er erfolgreich mit dem Auswärtigen Amt zusammen. Im Bereich der Studienförderung knüpfte Grunwald Kontakte zum Innenministerium. Auch von den Bundesländern kam Unterstützung: Weitere Überschussmittel des Nordwestdeutschen Rundfunks sowie Gelder des Landes Niedersachsen flossen in die Stiftungsarbeit, zusammen mit Spenden etwa von den Gewerkschaften, der Bank für Gemeinwirtschaft und von Persönlichkeiten, die der Sozialdemokratie nahestanden.

Die Unterstützung aus öffentlichen Mitteln erlaubte es der Stiftung, weitere Mitarbeitende einzustellen. Bereits ein Jahr nach dem Umzug in die Koblenzer Straße waren 24 Angestellte für die Friedrich-Ebert-Stiftung tätig. In dieser Phase des raschen Wachstums habe ihm der Parteivorstand weitgehend freie Hand gelassen, erzählte Günter Grunwald später: „Die SPD merkte, dass die Friedrich-Ebert-Stiftung wirklich eine

Institution war, die Leistung vollbringen konnte."[60] So prägte Grunwald Ausrichtung und Charakter der Stiftung, die sich in den folgenden Jahren in ideeller Nähe, aber institutioneller Unabhängigkeit von der SPD und der Gewerkschaftsbewegung entfalten sollte.

Günter Grunwald arbeitete in den Aufbaujahren nicht nur eng mit dem SPD-Vorstand zusammen, sondern auch mit seinem früheren Vorgesetzten Ludwig Rosenberg beim DGB und mit Wissenschaftler:innen wie Georg Eckert. Differenzen entwickelten sich allerdings im Verhältnis zum Vorstandsvorsitzenden der Friedrich-Ebert-Stiftung Gerhard Weisser. Dessen Vorstellung, „daß ich mindestens einmal in der Woche in sein Forschungsinstitut an der Universität Köln kommen sollte, um mit ihm alles zu besprechen"[61], konnte und wollte Grunwald nicht nachkommen. Die Spannungen zwischen den beiden wuchsen. Als Grunwald 1958 einen Termin für die Mitgliederversammlung festgelegt hatte, ohne sich mit Weisser vorab darüber verständigt zu haben, schrieb dieser ihm erbost: „Ich bin [...] in der Großzügigkeit des Gewährenlassens extrem weit gegangen. Das darf ich mir angesichts des letzten Vorfalls nicht mehr gestatten".[62] Gegenüber Alfred Nau fragte Gerhard Weisser, wer Grunwald überhaupt zum „Geschäftsführer" gemacht habe – „etwa vielleicht er selbst?".[63] Zum vollständigen Bruch kam es jedoch nicht, sicherlich auch weil Gerhard Weisser die Leistungen Günter Grunwalds für die Stiftung erkannte.

Neue Grundlage für die Studienförderung

Die Studienförderung lief nach der Vereinsgründung zunächst einige Jahre unverändert weiter. Bewerber:innen mussten in einem Fragebogen Auskunft zu sich selbst, zu ihrem bisherigen Bildungsweg und zum Verdienst der Eltern machen und während der Förderung über ihre Studien sowie ihr sozialistisches Engagement berichten. In der Regel reichte der Bundesverband des SDS Vorschläge ein – und verfolgte bei der Vorauswahl durchaus auch eigene strategische Interessen. So rief der besoldete Sekretär des Bundesvorstands Johannes Reinhold im Sommer 1955 die Ortsgruppen auf, dem Sekretariat „außerhalb der offiziellen Antragsunterlagen, also gewissermaßen privat", mitzuteilen, „ob der Antragsteller [...] bereit wäre, für die Zeit seines Stipendiums an eine Hochschule zu gehen, an der die örtliche SDS-Gruppe dringend eines Zuwachses bedarf".[64] Hier ging es also weniger um die akademische und persönliche Eignung der geförderten Studierenden als vielmehr darum, lokale Gruppen zu stärken. Erst 1956 endete die enge Zusammenarbeit mit dem SDS, als die Friedrich-Ebert-Stiftung ihr Auswahlverfahren neu gestaltete.

Im selben Jahr gründete die Friedrich-Ebert-Stiftung mit den vier weiteren damals bestehenden Studienförderwerken – der Studienstiftung des Deutschen Volkes, dem katholischen Cusanuswerk, dem Evangelischen Studienwerk Villigst und der Stiftung Mitbestimmung der Gewerkschaften – die Arbeitsgemeinschaft der Begabtenförderwerke. Der Zusammenschluss, dem sich später weitere Institutionen anschlossen, diente dem Austausch untereinander und ermöglichte ein gemeinsames Auftreten gegenüber Politik und Verwaltung. Ab 1957 erhielten die Förderwerke

Rechte: AdsD, 6/FOTA140232

Geschäftsführer Günter Grunwald im Gespräch mit deutschen geförderten Studierenden, um 1957

Rechte: Landesbildstelle Berlin

Willy Brandt mit Geförderten der FES auf dem 5. „NATO-Studenten-Seminar" 1963 in Berlin

Mittel vom Bundesinnenministerium, um begabte Studierende und Promovierende zu fördern. In die Vereinbarung über die Auswahlkriterien, die künftig für alle Förderwerke galten, brachte die Friedrich-Ebert-Stiftung die Klausel ein, „wonach der zu fördernde Student nicht nur eine überdurchschnittliche wissenschaftliche Eignung und eine ausgeprägte charakterliche Reife haben müsse, sondern auch staatsbürgerliches Verantwortungsbewusstsein".[65] Damit erhielt die Friedrich-Ebert-Stiftung das Engagement für die Demokratie als zentrales Förderprinzip der Studienförderung, neben herausragenden Leistungen und dem persönlichen Profil der Studierenden.

Mit der öffentlichen Finanzierung änderte sich das Auswahlverfahren grundlegend. Kandidat:innen wurden nun nicht mehr vom SDS vorgeschlagen, sondern von Professor:innen. Der Friedrich-Ebert-Stiftung nahestehende Hochschullehrer:innen – die sogenannten Vertrauensdozent:innen – erstellten anschließend Gutachten, über die Förderung entschied ein Auswahlausschuss, dem unter anderem Alfred Nau, Georg Eckert und Günter Grunwald angehörten.

Die Stipendiat:innen erhielten in den ersten drei Semestern eine Förderung von 150 D-Mark monatlich. Ab dem vierten Semester stieg der Betrag auf 195 D-Mark, etwa die Hälfte des damaligen Durchschnittslohns in der Bundesrepublik, hinzu kamen 15 D-Mark Büchergeld. Das sollte es dem „Stipendiat[en] in der Hauptförderung" ermöglichen, „sich ausschließlich seinem Studium und der Vorbereitung auf die Prüfungen [zu] widmen".[66] Die finanzielle Unterstützung war damit sehr viel höher als in der unmittelbaren Nachkriegszeit und in der Weimarer Republik, als Geförderte teilweise als Reinigungskräfte an der eigenen Bildungseinrichtung hatten arbeiten müssen, um ihren Lebensunterhalt zu sichern.

Auch Ende der 1950er-Jahre kamen die meisten Stipendiat:innen aus bescheidenen Verhältnissen. Oft waren sie die ersten in ihrer Familie, die sich an einer Hochschule einschrieben. Nach ihrem Studium wollten sie bevorzugt als Lehrkräfte und Jurist:innen oder in der Wissenschaft arbeiten. Die Friedrich-Ebert-Stiftung förderte auch Promovierende und ermutigte die Stipendiat:innen, zusätzlich ein Jahr ins Ausland zu gehen.

Ganz im Sinn der Stiftungsziele wollte die Friedrich-Ebert-Stiftung weiterhin jungen Männern und Frauen aus Arbeiter:innenfamilien ein Studium und damit Aufstiegschancen ermöglichen. Als einziges der Förderwerke legte sie den Schwerpunkt damit auf Begabte mit bildungsfernem Hintergrund. Im Vergleich zu den Anfängen 1925, als es ausschließlich um die Unterstützung von Arbeiter:innen gegangen war, fasste die Friedrich-Ebert-Stiftung das Konzept der Studienförderung nun aber noch weiter und passte die Förderbedingungen an. Es ging ihr nun auch darum, „politisches Engagement zu fördern" und den Stipendiat:innen „ein vertieftes Verständnis politisch-gesellschaftlicher Probleme und demokratischer Praxis" zu vermitteln.[67] Hier berührten sich die beiden ersten Säulen der Friedrich-Ebert-Stiftung, die Studienförderung und die politische Bildung. Die Stipendiat:innen kamen zu Seminaren und Begegnungen in der Heimvolkshochschule Bergneustadt zusammen.

Dort befassten sie sich mit Themen wie „Wirksamkeit europäischer Institutionen", „Lehren der Weimarer Republik", „Wirtschaft ohne Utopie" oder „Entwicklungsländer – Partner oder Satelliten?". Außerdem fuhren sie gemeinsam auf Exkursionen und hatten die Möglichkeit, an Seminaren im Ausland teilzunehmen, zum Beispiel bei den Vereinten Nationen in Genf und bei europäischen Institutionen in Luxemburg, Straßburg und Paris.

Das internationale Stipendienprogramm

Ende der 1950er-Jahre förderte die Friedrich-Ebert-Stiftung mit Mitteln aus der Kulturabteilung des Auswärtigen Amts erstmals auch begabte Frauen und Männer aus dem Ausland. Die ersten internationalen Stipendiat:innen kamen aus politisch und ökonomisch sehr unterschiedlichen Ländern wie Afghanistan, Guinea, Jugoslawien, Kenia, Korea und Marokko, den USA, Spanien und Israel. Bei der Auswahl stellte die Stiftung „an die ausländischen Bewerber die gleichen Anforderungen [...] wie an die deutschen [...]: Es muss sowohl die wissenschaftliche Befähigung als auch die charakterliche Eignung vorliegen." Um Unterstützung im Alltag zu geben, stellte die Friedrich-Ebert-Stiftung ihnen deutsche Stipendiat:innen als Mentor:innen zur Seite. Dank dieses „Huckepack-Systems" wurde es für die deutschen Stipendiat:innen zur „Selbstverständlichkeit, [...] mit jungen Menschen aus afrikanischen und asiatischen Ländern zu arbeiten und zu leben".[68] Bei gemeinsamen Seminaren in Bergneustadt oder auf studentischen Exkursionen entstanden oft Freundschaften fürs Leben. So erlebte es auch James O. C. Jonah aus Sierra Leone, der 1960 mit einem Postgraduiertenstipendium zur Friedrich-Ebert-Stiftung kam. In Bonn lernte er Günter Grunwald kennen, den er rückblickend als einen „Mann ganz ohne Vorurteile" beschrieb: „Er tat alles, damit ich [...] mich gut aufgehoben fühlte. [...] Ich berichtete Dr. Grunwald von meinem Interesse daran, genauere Kenntnis über die Entwicklung im geteilten Deutschland

Studierende auf Besuch bei der Schering AG in Berlin im Rahmen eines Seminars des Landesbüros Berlin für Stipendiat:innen der FES, März 1963

Quelle: AdsD, 6/FOTB087006; Rechte: Nicht ermittelbar

Die FES-Referentin Nora Walter (r.) im Gespräch mit Wirtschaftsminister Jean-Marie Kititwa (l.), dem Präsidenten der Gewerkschaft Fédération Générale des Travailleurs Raphael Bintou (2. v. l.) und dem Gewerkschaftsberater O. Bolsch (2. v. r.) auf dem Nachkontakt-Seminar der Friedrich-Ebert-Stiftung in Kinshasa, Kongo, September 1966

Rechte: AdsD, 6/FOTA140472

zu erwerben.“[69] Gemeinsam stellten die beiden einen Arbeitsplan auf: Jonah absolvierte zunächst einen Deutschkurs und verbrachte anschließend einige Zeit in München, bevor die Heimvolkshochschule Bergneustadt sein fester Standort wurde. Er forschte zur deutschen Teilung und verfasste in Berlin eine Studie über die Haltung ostdeutscher Student:innen zu einer möglichen Wiedervereinigung. „Mit diesem Projekt war ich beschäftigt, als die Mauer errichtet wurde“,[70] erinnerte er sich später.

In Bergneustadt lernte James O. C. Jonah Persönlichkeiten wie Herbert Wehner und den peruanischen Politiker Victor Raúl Haya de la Torre kennen. Die Zeit in Deutschland formte sein Denken und prägte ihn für sein Leben. Nach der Promotion machte Jonah Karriere bei den Vereinten Nationen in New York und wurde später Minister in seinem Heimatland Sierra Leone. Damit erfüllte er geradezu idealtypisch die Hoffnungen, die die Friedrich-Ebert-Stiftung in ihre ausländischen Geförderten setzte, nämlich dass sie später in ihren Heimatländern „verantwortliche Tätigkeiten im Bereich der Wirtschaft, der Hochschulen, der Forschung, Verwaltung und Industrie“ übernahmen.[71] Auch nach dem Ende der Förderung blieb die Friedrich-Ebert-Stiftung mit „ihren ehemaligen Gästen in dauernder Verbindung“ und baute sich so ein hochkarätiges internationales Netzwerk auf. „Diese festen Beziehungen werden für die Bundesrepublik bessere Früchte tragen als rein wirtschaftliche Hilfe“, formulierte die Stiftung 1961 selbstbewusst.[72]

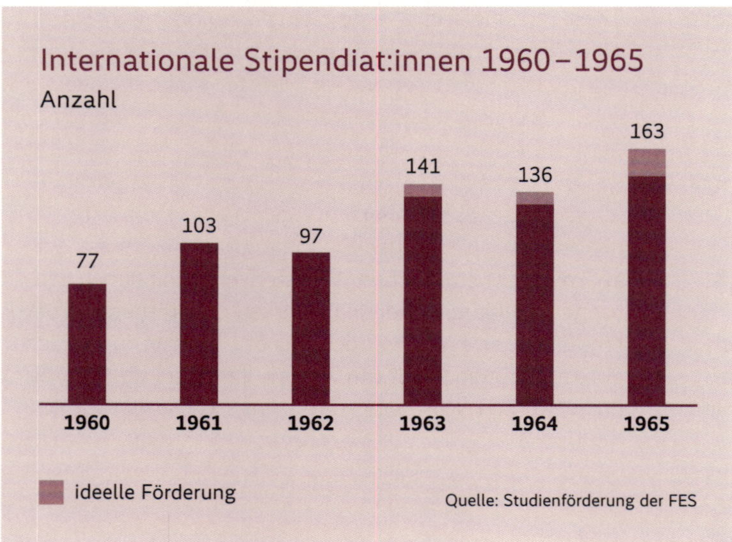

Die Zahl der Stipendiat:innen stieg kontinuierlich an: Hatte die Friedrich-Ebert-Stiftung 1960 227 deutsche und 77 ausländische Studierende gefördert, so waren es 1966 bereits 394 aus Deutschland und 183 aus dem Ausland, die meisten stammten aus Indien, Israel und Griechenland. Seit 1961 gab es für deutsche und internationale Studierende, deren Studium durch das Elternhaus oder eigene Einkünfte finanziell gesichert war, die Möglichkeit einer „ideellen Förderung“. Diese Stipendiat:innen bekamen keine finanzielle Unterstützung, hatten aber Zugang zu allen Veranstaltungen und Angeboten der Studienförderung.

Erste Ansätze der Stiftungsarbeit im Ausland

In den ersten Jahren nach der Gründung als Verein hatte die Friedrich-Ebert-Stiftung noch keine Mittel, um größere Projekte durchzuführen, Mitarbeiter:innen ins Ausland zu entsenden oder gar eigene Büros zu eröffnen. Doch sie verfügte über ein hervorragendes Netzwerk: Sowohl die SPD als auch die Gewerkschaften waren traditionell international orientiert und verfügten über weitreichende persönliche Verbindungen. Für viele ihrer Führungspersönlichkeiten, wie etwa Willi Eichler oder Ludwig Rosenberg, kamen die Kontakte hinzu, die sie während der NS-Zeit im Exil geknüpft hatten. Sozialdemokratie und Gewerkschaften waren prädestiniert für eine Vorreiterrolle in der internationalen Arbeit – und mit ihnen die Friedrich-Ebert-Stiftung.

Dabei ging es zu dieser Zeit vor dem Hintergrund der Dekolonisation und des Ost-West-Konflikts vor allem um Projekte in „Entwicklungsländern". Die politische Landkarte veränderte sich rasch, als das Vereinigte Königreich, Frankreich, die Niederlande, Belgien, Portugal, die USA und Japan ihre kolonialen Besitzungen verloren. In der sich verschärfenden Systemkonkurrenz zwischen den kommunistischen Ländern des Ostblocks und den Demokratien im Westen konkurrierten beide Seiten um Einfluss auf die neu entstehenden Staaten des Globalen Südens.

Diese Konstellation prägte die entwicklungspolitische Ausrichtung der Bundesrepublik als Teil der westlichen Welt. Auch aufgrund der besonders stark aufgeladenen Konkurrenz zur DDR als zweitem deutschen Staat zielte die bundesdeutsche Entwicklungspolitik parteiübergreifend immer darauf ab, den kommunistischen Einfluss „einzudämmen". Die SPD propagierte zudem in diesen Jahren in Abgrenzung zur „Entwicklungshilfe" eine „Entwicklungspolitik". Dieser neuartige Ansatz zielte darauf, gesellschaftliche Strukturen in den Ländern des Globalen Südens zu demokratisieren und zu verändern, etwa durch Bildungsprojekte und Maßnahmen zur Selbsthilfe.

Insgesamt war die Auslandsarbeit der Friedrich-Ebert-Stiftung anfangs stark gewerkschaftlich ausgerichtet. Das lag nicht nur an der Nähe der SPD zu den Gewerkschaften, sondern auch an der Person Günter Grunwald. Als dieser 1956 aus der Auslandsabteilung des Deutschen Gewerkschaftsbunds zur Friedrich-Ebert-Stiftung wechselte, brachte er nicht nur sein Netzwerk mit, sondern auch Projekte, wie etwa Kurse für junge Gewerkschafter:innen bei den Vereinten Nationen in Genf. In Zusammenarbeit mit dem DGB leistete die Friedrich-Ebert-Stiftung ab 1958 gewerkschaftliche Bildungsarbeit in Algerien und begann damit, künftige Führungskräfte aus „Entwicklungsländern" in Deutschland zu schulen. Die jungen Männer und Frauen absolvierten einen Sprachkurs und hospitierten über mehrere Monate hinweg in gewerkschaftlichen oder genossenschaftlichen Institutionen, um danach mit neuen Kompetenzen in ihre Heimatländer zurückzukehren. Finanziert wurde das Programm vom Auswärtigen Amt.

Die Zusammenarbeit zwischen der Friedrich-Ebert-Stiftung und dem DGB wurde noch enger, als Ludwig Rosenberg 1962 DGB-Vorsitzender wurde und die gesamte entwicklungspolitische Arbeit des DGB in die Hände der Friedrich-Ebert-Stiftung legte. Ein wichtiger Partner in der beginnenden Auslandsarbeit war auch das Institut für Internationale Begegnungen, mit dem die Friedrich-Ebert-Stiftung nicht nur zusammenarbeitete, sondern auch personell eng verbunden war. So gehörte Günter Grunwald seit 1960 zum Vorstand des Instituts und gewann immer wieder Mitarbeiter:innen aus dem Umfeld für die eigene internationale Arbeit. Ab Mitte der 1970er-Jahre wurde das über lange Zeit eigenständige Institut von einem Mitarbeiter der FES geleitet.

In den ersten Jahren waren entwicklungspolitische Projekte in der Bundesrepublik von verschiedenen Ministerien finanziert worden. Mit der Gründung des Bundesministeriums für wirtschaftliche Zusammenarbeit (BMZ) Ende 1961 änderte sich das und die Friedrich-Ebert-Stiftung suchte sofort enge Anbindung an das neue Ressort. Noch am Tag der Ernennung besuchte Günter Grunwald den neuen Minister Walter Scheel von der FDP und übergab ihm ein Papier, in dem die Friedrich-Ebert-Stiftung Projekte mit „Genossenschaften, Gewerkschaften [und] politische[n] Parteien" in „Entwicklungsländern" sowie Forschungsprojekte skizzierte.[73] In der Folgezeit zeigte das BMZ ein großes Interesse daran, mit nicht staatlichen Akteuren wie politischen Stiftungen und kirchlichen Hilfswerken zusammenzuarbeiten. Es dauerte jedoch noch, bis das Ministerium, nach einem längeren Streit um Zuständigkeiten, ab 1963/64 die Mittel und Kompetenzen bekam, um entwicklungspolitische Projekte zu finanzieren.

→ *Fortsetzung auf Seite 56*

„Unikat in der geschichtswissenschaftlichen Forschungslandschaft“: Das Archiv für Sozialgeschichte

Die Anfänge der wissenschaftlichen Zeitschrift Archiv für Sozialgeschichte (AfS) sind eng mit dem Braunschweiger Hochschullehrer Georg Eckert verbunden. Der Leiter des Internationalen Schulbuchinstituts in Braunschweig und spätere Präsident der deutschen UNESCO-Kommission war nicht nur die zentrale Gründerfigur, sondern hielt als alleiniger Herausgeber auch lange die Fäden in der Hand. Zusammen mit dem Geschäftsführer der Friedrich-Ebert-Stiftung Günter Grunwald entwickelte Eckert Ende der 1950er-Jahre das Konzept für eine sozialhistorische Zeitschrift, die mit ihren Themen bewusst an zwei Vorbilder anknüpfen sollte: Carl Grünbergs Archiv für die Geschichte des Sozialismus und der Arbeiterbewegung (erschienen 1911 bis 1930) sowie dessen Nachfolger, Max Horkheimers Zeitschrift für Sozialforschung (erschienen 1932 bis 1941, ab 1933 in Paris und ab 1939 in New York).

In einer Sitzung des Kuratoriums der Friedrich-Ebert-Stiftung in Braunschweig präsentierte Eckert im Oktober 1959 das Projekt. Zwei Jahre später erschien der erste, aus Spenden finanzierte Band. Der Vorstandsvorsitzende der Stiftung, der Kölner Universitätsprofessor Gerhard Weisser, unterzeichnete das Vorwort, hegte aber Zweifel, dass sich in Deutschland neben der renommierten Vierteljahresschrift für Sozial- und Wirtschaftsgeschichte eine zweite sozialhistorische Zeitschrift würde etablieren können. Die wissenschaftliche Alleinverantwortung für das AfS lag dann bei Georg Eckert.

Im Mittelpunkt der einmal jährlich erscheinenden AfS-Bände standen in den ersten Jahren Untersuchungen zur Ideen- und Organisationsgeschichte der frühen Arbeiter:innenbewegung sowie zu einzelnen Vordenker:innen des Sozialismus. Neben deutschen Wissenschaftler:innen publizierten international renommierte Forscher:innen wie etwa Jacques Droz, Shlomo Na'aman, Edmund Silberner, Walter Grab, Miklós Molnar und Jiří Kořalka. Indem die Zeitschrift Themen besetzte, die auch in der marxistisch-leninistischen Geschichtswissenschaft eine bedeutende Rolle spielten, schuf sie immer wieder auch ein westdeutsches Gegengewicht zu Deutungen aus der DDR-Forschung.

Anfang der 1970er-Jahre veränderte sich die Zeitschrift, als mit Kurt Klotzbach, Hans Pelger und Dieter Dowe neue Redaktionsmitglieder hinzukamen. Sie weiteten den Blick auf die Geschichte der sozialen Emanzipationsbewegungen aus und nahmen Impulse aus der seit den 1960er-Jahren boomenden Sozial- und Gesellschaftsgeschichte auf. Dieter Dowe charakterisierte die vom AfS eingeschlagene Richtung daher rückblickend auch als „politische Gesellschaftsgeschichte“.[74] Georg Eckert unterstützte und begleitete diese Neuausrichtung bis zu seinem Tod 1974.

Die Bände des AfS widmen sich seit 1974 übergreifenden Themen, zum Beispiel „Arbeit, Armut und Arbeitslosigkeit“ oder „SPD und Kommunalpolitik im Deutschen Kaiserreich“. Außerdem wurde der Rezensionsteil in den 1980er-Jahren neu strukturiert und ausgebaut. Eine Besonderheit des AfS sind die Forschungsberichte, in denen über normale Sammelbesprechungen neuerer Literatur hinaus wissenschaftliche Felder vermessen werden. Auch in den 1990er-Jahren bewies das Archiv für Sozialgeschichte, in den Worten des Historikers Jürgen Kocka, die „Fähigkeit, neue Fragen und Themenstellungen aufzunehmen und auf ihre Erforschung Einfluss zu nehmen“.[75] Kocka publizierte im Archiv für Sozialgeschichte ebenso wie namhafte Kolleg:innen wie Hans-Ulrich Wehler, Heinrich August Winkler oder Ute Frevert. Nach dem Ende der Ost-West-Konkurrenz gewannen kulturgeschichtliche Themen an Bedeutung, die in der Zeitschrift jedoch stets in sozialgeschichtlicher Ausrichtung behandelt wurden.

Im neuen Jahrtausend ist der Bezug zur reinen Arbeiter:innengeschichte weiter zurückgegangen. Um die wissenschaftliche Reputation und die Unabhängigkeit der Zeitschrift zu gewährleisten, wurden seit den 2010er-Jahren profilierte Professor:innen aus dem Umfeld der Stiftung als Redaktionsmitglieder hinzugewonnen. Die Redaktion identifizierte nun vermehrt Themen, die sowohl in der historischen Forschung als auch für die Arbeit der Friedrich-Ebert-Stiftung relevant waren. So widmete sich eine Ausgabe 2008 etwa der Dekolonisierung und transnationalen Verflechtung, 2016 erschien ein Band zur Sozialgeschichte des Kapitalismus und eine jüngere Ausgabe behandelte 2023 das Thema „Rechtsextremismus seit 1945". Zudem erscheinen die Rezensionen seit 2000 im Online-Auftritt der Stiftung, der alle Bände mit Ausnahme der neuesten Publikationen bereitstellt.

Jürgen Kocka hat das Archiv für Sozialgeschichte in einer Würdigung als „Unikat in der deutschen, vielleicht in der europäischen geschichtswissenschaftlichen Forschungslandschaft" und als „zentrales Organ für die Sozialgeschichte" beschrieben – alleine schon, weil es von einer politischen Stiftung herausgegeben wird.[76] Bis heute hat die Zeitschrift ihren Platz unter den großen, international anerkannten geschichtswissenschaftlichen Fachzeitschriften.

Geben und Nehmen: Die Stiftung und das Godesberger Programm

Als die regierende CDU/CSU unter Bundeskanzler Konrad Adenauer bei den Bundestagswahlen im September 1957 die absolute Mehrheit gewann und die SPD, haushoch und zum dritten Mal in Folge, verlor, setzte bei der Partei ein grundsätzliches Umdenken ein – mit Konsequenzen auch für die Friedrich-Ebert-Stiftung. Ausgehend von der Analyse, dass die traditionellen Arbeitermilieus in Auflösung begriffen waren, musste sich die SPD neuen Wähler:innenschichten öffnen. 1958 beschloss der Parteitag das Ende der Besoldung der Parteivorstandsmitglieder und wählte zwei seiner Mitglieder, Herta Gotthelf und Fritz Heine, nicht mehr in den Vorstand. Zudem drängte der SPD-Vorsitzende Erich Ollenhauer darauf, dass eine bereits bestehende Kommission unter dem Vorsitz von Willi Eichler ihre Arbeit an einem neuen Parteiprogramm beschleunigte.

Mit dem am 15. November 1959 nach mehreren Abstimmungsrunden verabschiedeten „Godesberger Programm" löste die SPD mit 323 Ja- und nur 16 Nein-Stimmen das „Heidelberger Programm" von 1925 ab. Durch die bewusste Öffnung für Wähler:innenschichten über die Arbeiter:innenschaft hinaus und die Streichung marxistischer Bezugnahmen signalisierte das Programm eine Wende: den Aufstieg der Sozialdemokratie von der Klassenpartei zur linken Volkspartei. Der demokratische Sozialismus blieb weiterhin Fernziel, aber die Sozialdemokratie bekannte sich nun zur Marktwirtschaft. Dem Staat wurde dabei die aktive Rolle zugeschrieben, soziale Ungleichheit zu bekämpfen und wirtschaftliche Stabilität zu garantieren. Auch akzeptierte die SPD die Kirchen als gesellschaftliche Akteure. Kurz darauf bejahte sie zudem die Mitgliedschaft der Bundesrepublik in der NATO und rückte von der Wiedervereinigung als zentraler Prämisse ihrer Politik ab. Für den neuen Kurs, für Aufbruch und Zukunft, stand der Berliner Regierende Bürgermeister Willy Brandt, den die SPD zum Kanzlerkandidaten bestimmte. Bei den Bundestagswahlen 1961 erzielte die Partei mit mehr als 36 Prozent der Stimmen ihr bis dahin bestes Ergebnis. Gleichzeitig leitete die Neuorientierung den Bruch zwischen der SPD und dem Sozialistischen Deutschen Studentenbund SDS ein, der 1961 endgültig erfolgte.

Als „Vater des Godesberger Programms" gilt der Vorsitzende der Programmkommission Willi Eichler, der zugleich dem Vorstand der Friedrich-Ebert-Stiftung angehörte. Auch Gerhard Weisser nahm als führendes Mitglied der Kommission Einfluss auf das neue Profil der Partei. Vertreter:innen der Friedrich-Ebert-Stiftung waren damit eng in die Formulierung des Grundsatzprogramms eingebunden. Weil das Godesberger Programm die Bildungsarbeit aufwertete, gewann die Stiftung zudem innerhalb der SPD weiter an Bedeutung. Außerdem erweiterten sich mit der Öffnung der Partei auch die Zielgruppen der Stiftung.

Rechte: J. H. Darchinger/FES; AdsD, 6/FJHD010856

Willi Eichler auf dem außerordentlichen SPD-Parteitag in Bad Godesberg, November 1959

Rechte: J. H. Darchinger/FES; AdsD, 6/FOTA141095

Horst Heidermann (l.) mit dem Ökonomen und Vizepräsidenten der Weltbank Simon Aldewereld (r.) anlässlich Aldewerelds Vortrag zum Thema „Entwicklungshilfe als Herausforderung" in der Friedrich-Ebert-Stiftung in Bonn, 11.5.1966

Aufbau des Forschungsinstituts

Zur vierten Säule der Friedrich-Ebert-Stiftung wurde ab Ende der 1950er-Jahre die wissenschaftliche Arbeit. Es war das erste Feld, das über die in der Satzung festgeschriebenen Stiftungsziele – die Studienförderung, die Bildungsarbeit und die internationale Verständigung – hinausging. Die neue Säule entwickelte sich parallel zur internationalen Kooperation. Treibende Kraft war dabei neben Alfred Nau, Günter Grunwald und Gerhard Weisser der Braunschweiger Hochschullehrer Georg Eckert, der eng mit Grunwald befreundet und Mitglied des FES-Kuratoriums war. Eckert hatte bereits direkt nach dem Krieg beim „Büro Schumacher", dem späteren SPD-Parteivorstand in Hannover, angeregt, wieder ein Parteiarchiv zu begründen. Das alte Parteiarchiv hatte die SPD 1933 in Teilen nach Prag retten können, musste dies zur Finanzierung der illegalen Arbeit aber 1935 an die sozialdemokratische Centrale Arbeiders-Verzekerings-en Deposito-Bank (Zentrale Arbeiterversicherung und Depositenbank) verkaufen. Diese überließ es dem eigens zur Rettung gefährdeter Archive gegründeten Internationalen Institut für Sozialgeschichte in Amsterdam, wo es sich noch heute befindet. Nach 1945 brachte der Parteivorstand weit verstreutes, verstecktes Material zusammen und baute mit den Unterlagen der Exil-SPD das Parteiarchiv neu auf. In Gesprächen zwischen der SPD und der Friedrich-Ebert-Stiftung und unter wesentlicher Mitwirkung von Erich Ollenhauer entstand so Ende der 1950er-Jahre die Konzeption des Archivs der sozialen Demokratie: Dieses sollte nicht nur das Archiv und die Bibliothek des Parteivorstands übernehmen, sondern darüber hinaus die Geschichte der Gewerkschaften, der Genossenschaften und der sonstigen Einrichtungen sowie Organisationen der Arbeiterbewegung archivalisch erfassen und betreuen, so Alfred Nau 1968.

Parallel dazu arbeitete Georg Eckert mit Günter Grunwald an der Gründung einer wissenschaftlichen Zeitschrift, die in der Tradition des „Grünberg'schen Archivs" des Austromarxisten Carl Grünberg stehen sollte. Viele Hindernisse waren zu überwinden, bis der erste Band des Archivs für Sozialgeschichte (AfS) 1961 publiziert werden konnte (vgl. S. 54 f.). So stand der Vorstandsvorsitzende Gerhard Weisser dem Projekt skeptisch gegenüber und die Deutsche Forschungsgemeinschaft lehnte eine Förderung ab, weil sie die Zeitschrift für „ideologisch gebunden" hielt.[77] Daher musste der erste Band mit Spenden finanziert werden, so Grunwald später: „Wir wollten ja ein Exemplar, um den Nachweis zu erbringen,

[…] dass wir weiter auf dieser [wissenschaftlichen] Ebene tätig werden wollen."[78] Der Plan ging auf, und rasch etablierte sich das AfS in der Fachwelt, auch weil es dem jungen Forschungsfeld Sozialgeschichte wertvolle Impulse gab: „Mit der Gründung des AfS sprang die Friedrich-Ebert-Stiftung […] nicht auf einen längst fahrenden Zug auf, sondern sie […] setzte ein Zeichen: für eine Sozialgeschichte in gesellschaftskritischer Absicht und in linker intellektueller Tradition", würdigte der Historiker Jürgen Kocka die Zeitschrift später.[79] Bis heute gehört das Archiv für Sozialgeschichte zu den großen, international anerkannten geschichtswissenschaftlichen Fachzeitschriften.

Mit dem Ziel, die Anstrengungen auf wissenschaftlichem Gebiet zu bündeln, richtete die Friedrich-Ebert-Stiftung 1960 in ihrer Zentrale in der Koblenzer Straße eine kleine Forschungsstelle ein, die später zum Forschungsinstitut der Friedrich-Ebert-Stiftung wurde. Als erster Mitarbeiter untersuchte Samuel Karres im Auftrag der SPD die Lage der „Energiewirtschaft", weitere Arbeiten zu aktuellen wirtschaftspolitischen Themen folgten. Kurz darauf rief die Friedrich-Ebert-Stiftung zudem die Forschungsgruppe „Entwicklungsländer" ins Leben, die später in der „Abteilung Entwicklungsländerforschung" (ELFO) aufgehen sollte. Anfang der 1960er-Jahre erschienen hier Studien unter anderem zur Erwachsenenbildung in Marokko oder zu Gewerkschaften in Nordafrika. An der Spitze des Forschungsinstituts stand seit 1961 Horst Heidermann. Er sollte in den folgenden Jahrzehnten nicht nur die wissenschaftliche Arbeit, sondern als stellvertretender Geschäftsführer auch die Stiftungsarbeit stark prägen.

Während das Forschungsinstitut wuchs und durch eine Gruppe von Historikern des Instituts für Sozialgeschichte Braunschweig-Bonn ergänzt wurde, blieb der Blick auf die Länder des Globalen Südens lange Zeit vom Ost-West-Konflikt bestimmt. Die eigenständige Forschungsgruppe „Ostblock und Entwicklungsländer" sah Mitte der 1960er-Jahre ihre Aufgabe darin, „die Bemühungen des Ostblocks um die Entwicklungsländer" darzustellen, zu messen und zu bewerten, um so „sowohl der deutschen Außenpolitik als auch der deutschen Außenwirtschaft wertvolle Anhaltspunkte für ihre eigenen entwicklungspolitischen Maßnahmen" zu bieten.[80] Zu diesem Zweck gab die Friedrich-Ebert-Stiftung seit 1960 die Vierteljahresberichte „Der Ostblock und die Entwicklungsländer" heraus (vgl. S. 66 f.). 1964 installierte die Stiftung zudem den international besetzten Forschungsbeirat „Ostblock und Entwicklungsländer" unter der Leitung des Politikwissenschaftlers Richard Löwenthal vom Otto-Suhr-Institut an der FU Berlin. Im selben Jahr war das Forschungsinstitut der Friedrich-Ebert-Stiftung auch an der Gründung der Internationalen Tagung der Historiker der Arbeiterbewegung (ITH), heute *International Conference of Labour and Social History*, beteiligt. Die ITH diente mit ihren jährlichen Konferenzen im österreichischen Linz, als einem neutralen Ort, dem Austausch zwischen Intellektuellen aus Ost und West. Mit dem Ende des globalen Systemkonflikts nahm die ITH eine engere fachwissenschaftliche Ausrichtung an.

Organisierte Politikberatung: Der Gesprächskreis Wissenschaft und Politik

Die politische Beratungstätigkeit war eng mit dem Ausbau des Forschungsinstituts verbunden. Ein erster Rahmen dafür entstand, als Willy Brandt 1963 Persönlichkeiten aus Wissenschaft und Politik zu einem „Gedankenaustausch" nach Berlin einlud, um „Forschungsergebnisse der Wissenschaft und Gestaltungsmöglichkeiten der Politik genauer aufeinander zu beziehen".[81] Daraus wurde bald ein festes Format bei der Friedrich-Ebert-Stiftung: der Gesprächskreis Wissenschaft und Politik. Die Teilnehmenden erarbeiteten eine Zukunftsstudie, die politische Herausforderungen in Bereichen wie Bildung, Gesundheit, Stadtplanung und Verkehr aus wissenschaftlicher Sicht diskutierte. Die 1965 daraus hervorgegangene Denkschrift „Deutschland 1975" war nichts weniger als „ein Versuch, Politikberatung zu praktizieren", schrieb Willy Brandt im Vorwort.[82] Heute betrachtet sich die Friedrich-Ebert-Stiftung als Thinktank. Idee und Begriff für diese Art von Politikberatung stammen aus den USA und dem Vereinigten Königreich. In Deutschland hielt der Begriff erst später Einzug, in der Stiftungsarbeit war eine solche Tätigkeit aber bereits in den frühen 1960er-Jahren angelegt.

Zu einem kleinen Skandal kam es, als Brandt 1964 in einer Rede auf dem SPD-Parteitag von einem „Kreis anerkannter wissenschaftlicher Berater" sprach, der ihm mit dem Gesprächskreis Wissenschaft und Politik „zur Seite" stehe. Nachdem die SPD-Pressestelle daraufhin die Namen der 36, übrigens ausschließlich männlichen, Wissenschaftler veröffentlicht hatte, protestierten zwei der Genannten dagegen, „ungefragt als

Berater einer Partei präsentiert" zu werden, ein Dritter schloss sich ihnen an. Zeitungen griffen die Geschichte auf und stellten auch die Rolle der Stiftung infrage: „Ist die Friedrich-Ebert-Stiftung eine nachgeordnete Partei-Organisation?", fragte ein Journalist im Rheinischen Merkur provokant.[83]

Die Aufregung um die vermeintlichen Parteiberater ebbte jedoch bald ab, während der Gesprächskreis Wissenschaft und Politik bestehen blieb und zu einer festen Einrichtung wurde. Die Friedrich-Ebert-Stiftung brachte hier in den folgenden Jahren Wissenschaftler:innen und Politiker:innen zu Vorträgen, Diskussionen oder in Arbeitsgemeinschaften zusammen. Schon in den 1960er-Jahren bot die Stiftung also wissenschaftlich basierte Politikberatung an, indem sie einerseits Gesprächsformate organisierte und gestaltete, andererseits im eigenen Forschungsinstitut zu politisch und wirtschaftlich relevanten Themen arbeitete.

Die Spielräume für Beratung und Einflussnahme erweiterten sich, als die SPD 1966 in eine Koalition mit der CDU unter Bundeskanzler Kurt Georg Kiesinger eintrat und damit erstmals in der Bundesrepublik in Regierungsverantwortung kam: „Manches von dem, was wir uns ausgedacht hatten, fand in der Großen Koalition Eingang in die Gesetzgebung", erinnerte sich ein Mitarbeiter des Forschungsinstituts später.[84] Dem Gesprächskreis Wissenschaft und Politik stand ab 1967/68 ein eigenes Clubhaus zur Verfügung, zunächst in der Zitelmannstraße, später in einer Villa neben dem neu erbauten Archiv der sozialen Demokratie in Bad Godesberg. Bundesminister der SPD wie Willy Brandt, Hans-Jürgen Wischnewski, Herbert Wehner oder Georg Leber gingen hier ein und aus, ebenso wie der 1966 gewählte nordrhein-westfälische Ministerpräsident Heinz Kühn. Im mitunter rauchgeschwängerten „Politischen Club" schuf die Friedrich-Ebert-Stiftung eine Atmosphäre, die „wesentlich zum Gelingen der Gespräche" im Thinktank beitrug, so der Jahresbericht 1968.[85]

Gespräche zwischen dem DGB und Gewerkschafter:innen aus elf afrikanischen Ländern in Bergneustadt, 24.10.1960

Quelle: AdsD, 6/FOTB087055; Rechte: Nicht ermittelbar

Rechte: J. H. Darchinger/FES; AdsD, 6/FOTB087013

Fortbildungsprogramm für genossenschaftliche Fachkräfte aus Malaysia vom 1.10.1965 bis 1.8.1966 in der Heimvolkshochschule Bergneustadt

„Unter Freunden“: Die Entsendung von Gewerkschaftsberatern

„Neben der Erziehung zur Demokratie im Inland“ habe sich „die internationale Verständigung zu einem wichtigen Arbeitsbereich“ der Stiftung entwickelt, schrieb Alfred Nau 1963 an Hans-Jürgen Wischnewski und lud ihn ein, an einem neuen Ausschuss für Entwicklungsländerfragen der Stiftung mitzuwirken. Dieses Gremium mit rund 30 Mitgliedern besprach die Auslandsprojekte der Stiftung „in größerer Runde“[86] – und Wischnewski übernahm den stellvertretenden Vorsitz. Wischnewski, dessen Spitzname „Ben Wisch“ auf seiner Unterstützungsarbeit für die algerische Befreiungsbewegung beruhte, wurde Ende 1966 Bundesminister für wirtschaftliche Zusammenarbeit in der Großen Koalition.

Unter seinem Amtsvorgänger Walter Scheel war das BMZ in den 1960er-Jahren zum wichtigsten Geldgeber der Friedrich-Ebert-Stiftung in der Auslandsarbeit geworden. Anders als die internationale Studienförderung hatte sich die Weiterbildung von Gewerkschafter:innen aus „Entwicklungsländern“ in Deutschland seit Ende der 1950er-Jahre als kostspielig und wenig effizient erwiesen. In Zusammenarbeit mit dem DGB und dieses Mal finanziert vom BMZ ging die Friedrich-Ebert-Stiftung daher nun dazu über, eigenes Personal in Länder des Globalen Südens zu schicken, um vor Ort freie und demokratische Gewerkschaften durch Weiterbildung und Beratung zu fördern.

1964 machten sich die ersten 18 Gesandten, allesamt Männer, auf die Reise in Länder wie Sambia, Kenia, Madagaskar, Indien, Sri Lanka und Indonesien sowie Chile und Peru. Die jüngsten waren gerade einmal 22 Jahre alt, aber auch ein sechzigjähriger Pädagoge war dabei. Die Gewerkschaft Erziehung und Wissenschaft hatte ihn ausgewählt, weil er lange als Lehrer an deutschen Schulen in Lateinamerika unterrichtet hatte. Alle hatten Erfahrungen in der Gewerkschaftsarbeit und waren sechs Monate auf ihre Tätigkeit vorbereitet worden.

An ihrem Einsatzort angekommen arbeiteten die Gesandten zunächst unter einfachsten Bedingungen, ohne eigene Büros und mit geringem Budget. „Die Arbeit des Gewerkschaftsberaters ist nicht leicht“, resümierte Günter Grunwald einige Jahre später: „Stets muß er daran denken, daß er als Gewerkschafter bei Gewerkschaftern zu Gast ist, er darf kein Lehrmeister und erst recht kein Abenteurer sein; er ist Freund unter Freunden.“[87]

Die Voraussetzungen für gewerkschaftliche Arbeit waren von Land zu Land sehr unterschiedlich: In Chile, wohin die Friedrich-Ebert-Stiftung drei Berater entsandte, gab es bereits eine Vielzahl an Gewerkschaften, die miteinander konkurrierten. Hier ging es vor allem darum, den Aufbau von demokratischen und freien Dachverbänden zu unterstützen. 1965 organisierte die Stiftung dazu fünf Schulungen in unterschiedlichen Regionen und Betrieben. Ein Jahr später legte sie in der chilenischen Hauptstadt mit der Gründung des *Instituto Latinoamericano de Investigaciones Sociales* (ILDIS) den Grundstein für eines der ältesten Büros weltweit.
In Sambia im südlichen Afrika beriet ein Mitarbeiter der Friedrich-Ebert-Stiftung zur gleichen Zeit die Regierung dabei, ein Betriebsverfassungsgesetz zu erarbeiten. Andere Länder wie Somalia wiederum boten noch nicht einmal Grundlagen für die gewerkschaftliche Arbeit.

Mit der Entsendung dieser Mitarbeiter übernahm die Friedrich-Ebert-Stiftung in gewisser Weise die Außenvertretung des DGB in „Entwicklungsländern". Für die im Wachstum begriffene Stiftung war das Entsendeprogramm zudem Teil der Personalpolitik: Viele Mitarbeitende, die sich im Ausland bewährt hatten, übernahmen später verantwortliche Positionen in der Friedrich-Ebert-Stiftung.

„Feste Plätze" für die internationale Arbeit

Die Friedrich-Ebert-Stiftung exportierte auch das erfolgreiche Konzept der Heimvolkshochschule ins Ausland. Teils arbeitete sie dabei mit bestehenden Institutionen zusammen, teils gründete sie neue Bildungsstätten.
So nahm 1965 in Madagaskar die nach dem dortigen Präsidenten benannte *Fondation Philibert Tsiranana* den Lehrbetrieb auf. Sie bot jedes Jahr Schulungen für rund 300 Führungskräfte aus Verwaltung und Politik. In Uganda unterstützte die Friedrich-Ebert-Stiftung Mitte der 1960er-Jahre die *Milton Obote Foundation* dabei, eine Bildungsstätte für Erwachsene aufzubauen, während sie in Kenia mit dem *Kenyatta Educational Institute* kooperierte. Diese Schule in der Nähe von Nairobi führte ab 1966 auch Bildungsveranstaltungen im Bereich Genossenschaftswesen, Sozial- und Jugendarbeit durch. Alle drei Heimvolkshochschulen wurden von den einheimischen Regierungen protegiert, was einerseits die Arbeit der Stiftung vor Ort erleichterte, andererseits zu Problemen führen konnte, sobald es einen Machtwechsel gab. In den ersten Jahren bewährte sich das Konzept der „feste[n] Plätze", wie die Friedrich-Ebert-Stiftung

Eröffnung der Heimvolkshochschule der Friedrich-Ebert-Stiftung in Madagaskar mit dem madegassischen Präsidenten Philibert Tsiranana, dem Architekten Jörg Anders und dem stellvertretenden Geschäftsführer der Friedrich-Ebert-Stiftung Horst Heidermann

Rechte: AdsD, 6/FOTA140331

diesen Teil der Auslandsarbeit – vor Ort und in eigenen Räumlichkeiten – bezeichnete,[88] und bald eröffneten weitere Heimvolkshochschulen in Costa Rica, Sambia, Indonesien und Sri Lanka.

Im arabischen Raum setzte die Friedrich-Ebert-Stiftung ebenfalls auf Präsenz. In der libanesischen Hauptstadt Beirut richtete die Stiftung 1965 ihr *Regional Office for the Middle East* ein. Ein Auslandsmitarbeiter baute hier eine wissenschaftliche Informations- und Dokumentationsstelle auf und begründete die gewerkschaftliche Fachzeitschrift *Al Ihlam*. Sie hatte 1967 bereits eine Auflage von 1.200 Exemplaren und wurde nicht nur im Libanon, sondern auch in den Nachbarländern an Gewerkschaften, Universitäten und Forschungseinrichtungen verteilt.

Eine besondere Stellung nahm der Staat Israel ein. Dorthin hatte die Friedrich-Ebert-Stiftung schon Kontakte aufgebaut, bevor Deutschland und Israel am 12. Mai 1965 diplomatische Beziehungen aufnahmen. Bereits 1960 besuchte Willi Eichler eine internationale Konferenz am Weizmann-Institut im israelischen Rehovot, auf der es um die Förderung von „Entwicklungsländern" ging. Das sozialistisch geprägte Israel galt als vorbildlich für einen demokratischen Staat im Aufbau, der Menschen aus unterschiedlichen Ländern erfolgreich integrierte. Eichler führte Gespräche und ebnete den Weg für den ersten Besuch einer Delegation der Friedrich-Ebert-Stiftung in Israel im Jahr darauf. Zwölf Tage lang reiste Eichler mit Alfred Nau, Günter Grunwald und weiteren Vorstandsmitgliedern im Dezember 1961 durch das Land, um „Kooperationspartner für zukünftige gemeinsame Projekte" zu finden.[89] Über die „sehr positiven Eindrücke" dieser „Informationsreise" berichtete Günter Grunwald nach der Rückkehr dem Auswärtigen Amt sowie dem Bundespräsidialamt.[90] Als wertvoll erwiesen sich in dieser Frühphase auch die Verbindungen,

Teilnehmende eines FES-Seminars für Gewerkschafts- und Genossenschaftsmitglieder in Santiago de Chile (Viña del Mar), 1.3. bis 12.4.1964, mit den Referenten der Friedrich-Ebert-Stiftung Stephan G. Thomas (3. v. r.) und Wolfgang Hirsch-Weber (3. v. l.)

Rechte: AdsD, 6/FOTB087129

FES-Seminar in Tokio unter Leitung von Willi Eichler (r.), Oktober 1968

Rechte: AdsD, 6/FOTB062166

die der DGB-Vorsitzende Ludwig Rosenberg, der selbst jüdische Wurzeln hatte, nach Israel und insbesondere zum gewerkschaftlichen Dachverband Histadrut aufgebaut hatte.

Die offizielle Arbeit im Land begann im Oktober 1967 mit der Gründung der Fritz-Naphtali-Stiftung in Tel Aviv. Treibende Kraft war Walter Hesselbach, der Gründer der genossenschaftlichen Bank für Gemeinwirtschaft, der zu diesem Zeitpunkt das Kuratorium der Friedrich-Ebert-Stiftung leitete. Sein Gegenüber auf israelischer Seite war Akiva Lewinsky, Direktor der gewerkschaftlichen Bank Hapoalim. Die Bundesregierung sollte sich einige Jahre später dankbar auf die guten Beziehungen der Friedrich-Ebert-Stiftung nach Israel stützen. Als Willy Brandt 1973 erstmals dorthin reiste, bat er Walter Hesselbach, ihn zu begleiten.

1967 richtete die Friedrich-Ebert-Stiftung in Japan das *Asian Labour Institute* ein, um von hier aus Gewerkschaften und Genossenschaften im asiatischen Raum zu fördern. Bei einem Besuch in Tokio äußerte sich Willi Eichler begeistert über die „ausgezeichneten" Räume „in einem neu gebauten Hochhaus, im Zentrum der Stadt, in einer sehr guten Lage […] mit einer wunderschönen Aussicht". Außer Büroräumen stand hier auch ein großer Konferenzsaal zur Verfügung. In Tokio organisierte die Friedrich-Ebert-Stiftung erstmals 1967 die Konferenz „One World Only", die Persönlichkeiten aus verschiedenen Ländern der Region über Sprach- und Religionsgrenzen hinweg ins Gespräch miteinander brachte. Die Idee stammte von Willi Eichler und spiegelte dessen universalistische Grundeinstellung wider: „Es gibt ‚One World Only' oder keine, die den Namen der menschlichen Gemeinschaft verdient", so Eichler.[91] Damit knüpfte die Friedrich-Ebert-Stiftung auch an die Debatte über „eine Welt" an, die zu dieser Zeit global geführt wurde.

In Afrika engagierte sich die Friedrich-Ebert-Stiftung nicht nur mit Gewerkschaftsberatung und politischer Bildungsarbeit, sondern auch mit Medienprojekten. Mitte der 1960er-Jahre baute sie in Ghana ein Produktionszentrum für Fernsehen und Hörfunk auf, es bildete die Blaupause für viele folgende Medienprojekte der Friedrich-Ebert-Stiftung.

Rechte: J. H. Darchinger/FES; AdsD, 6/FOTA196206

Fritz Erler (3. v. l.), Willy Brandt (5. v. l.), Herbert Wehner (7. v. l.) und Alfred Nau (r.) mit Stipendiaten in der Heimvolkshochschule Bergneustadt, 14.12.1964

Zwischen Arbeiterfortbildung und Demokratieschulung

Im Inland war die Heimvolkshochschule in Bergneustadt nicht nur ein bekanntes Begegnungszentrum für deutsche und ausländische Persönlichkeiten. Sie bewährte sich auch in ihrer ursprünglichen Konzeption als „Parteischule", in der sich Mitarbeitende der Gewerkschaften und der SPD weiterbildeten. Als Mitglied des Parteipräsidiums kam 1959 Herbert Wehner nach Bergneustadt und nahm an einem mehrtägigen Grundkurs für Parteisekretär:innen teil. „Wehner war nicht nur ‚Kamingast'", so sein Biograf Christoph Meyer: „Er notierte und stenographierte mit, und er stieg tief in die Diskussion [...] ein."[92] Günter Grunwald erinnerte sich später, dass Wehner großen Wert auf gewerkschaftliche Themen gelegt habe und für eine Vertiefung der Kontakte zwischen Parteisekretär:innen und Gewerkschafter:innen eintrat.

Ein weiterer inhaltlicher Schwerpunkt waren Seminare zum Thema „Auseinandersetzung mit dem Kommunismus". Die Kurse wurden von der DDR sehr sorgfältig beobachtet. In vielen Stasi-Akten finden sich Berichte, Fotos und Listen von Teilnehmer:innen und Dozent:innen. In den Jahren vor dem Mauerbau, als Bürger:innen aus der DDR noch an den Seminaren teilnehmen konnten, gab es wohl kaum einen Kurs in Bergneustadt, der nicht überwacht wurde.

Um mehr Menschen zu erreichen, wurde die Heimvolkshochschule 1964 ausgebaut und um ein Geschoss erweitert. Zudem intensivierte die Friedrich-Ebert-Stiftung ihre Zusammenarbeit mit der Gesellschaft für politische Bildung in Würzburg und der Georg-von-Vollmar-Akademie im oberbayerischen Kochel. Anfang 1968 wurde eine zweite Heimvolkshochschule in Saarbrücken eröffnet, die aus einem Seminargebäude und einem „Internat" bestand. Wegen der geografischen Nähe zu Frankreich engagierte sich diese Schule besonders für die deutsch-französische Verständigung und auf europäischer Ebene.

Nachdem die rechtsradikale Nationaldemokratische Partei Deutschlands (NPD) 1966 in die Landtage von Hessen und Bayern eingezogen war, rückte die Verteidigung der Demokratie gegen den aufkeimenden Rechtsextremismus in den Fokus der politischen Bildungsarbeit. Anfang 1967 kamen in Bergneustadt 37 Experten und eine Expertin zu einem Arbeitsgespräch über „Erscheinungsformen des Rechtsradikalismus und die Möglichkeiten der Auseinandersetzung" zusammen. Kurz darauf leitete die Friedrich-Ebert-Stiftung ein Bündel an Maßnahmen ein, schulte Angehörige der Bundeswehr und Journalist:innen, organisierte Fachkonferenzen und sammelte in Bergneustadt Materialien und Dokumente zum Thema. Das Forschungsinstitut bekam zudem den Auftrag, rechtsextreme Einstellungen in der Bevölkerung zu untersuchen. Die „Sicherung der Demokratie war [...] im Jahre 1967 das oberste Gesetz des Handelns in allen Aufgabenbereichen der Friedrich-Ebert-Stiftung", resümierte Günter Grunwald in seinem Jahresbericht.[93] Hier zeigte sich ein enger Zusammenhang von politischer Bildung und wissenschaftlicher Arbeit, der für die Friedrich-Ebert-Stiftung bis heute prägend ist.

Dass an dem Arbeitsgespräch zum Rechtsextremismus nur eine Frau teilnahm, war Ende der 1960er-Jahre keine Ausnahme. Auch Dozentinnen waren an den Heimvolkshochschulen eine Seltenheit, denn die Bildungsarbeit der Friedrich-Ebert-Stiftung entfaltete sich zu einer Zeit, in der Männer und männliche Perspektiven Gesellschaft, Wirtschaft und Politik dominierten. Auch in den Gewerkschaften und der SPD war die Organisation und Vertretung von Frauen zu dieser Zeit kein vorrangiges Ziel. Als die SPD 1966 erstmals in Regierungsverantwortung kam, gab es im Kabinett Kiesinger gerade einmal eine SPD-Ministerin, Käte Strobel. Sie gehörte, wie auch die Vorsitzende des SPD-Bundesfrauenausschusses Annemarie Renger sowie Susanne Miller, zu den wenigen Frauen mit etwas Einfluss in der Partei.

„Als Frau ist es schwer, sich Geltung zu verschaffen", stellte auch eine Teilnehmerin des zweiwöchigen Grundkurses „Demokratie in Gesellschaft, Staat und Wirtschaft" im März 1968 fest, als sie in ihrem Abschlussbericht über allgemeine Vorurteile gegen Frauen berichtete: „Sehr oft wird uns vorgeworfen, wir seien inaktiv, desinteressiert und unlogisch". Sie brach eine Lanze für Gleichberechtigung und Bildung und lobte insbesondere die Zusammensetzung des Seminars mit Menschen aus unterschiedlichen Regionen und mit verschiedenen beruflichen und Bildungs-Hintergründen.[94]

→ *Fortsetzung auf Seite 68*

Rechte: AdsD, 6/FOTB054216

Heimvolkshochschule Kochel am See, 1969

Die Welt im analytischen Blick: Von den Vierteljahresberichten zum ipg-journal

Das ipg-journal *der Friedrich-Ebert-Stiftung – die Anfangsbuchstaben ipg stehen für „Internationale Politik und Gesellschaft" – versteht sich als Debattenforum für Fragen internationaler und europäischer Politik. Mit Berichten, Interviews und Kommentaren regt die Online-Plattform Diskussionen an und trägt zu ihnen bei. Den Grundwerten der sozialen Demokratie verpflichtet transportiert das* ipg-journal *eine große Bandbreite an unterschiedlichen Perspektiven und Positionen.*

Das ipg-journal *geht zurück auf die Vierteljahresberichte* Der Ostblock und die Entwicklungsländer, *die das Forschungsinstitut der Friedrich-Ebert-Stiftung 1960 erstmals veröffentlichte. Gründungsredakteur war der Leiter der Abteilung Außenpolitik und DDR-Forschung Kurt Müller, als einstiger Funktionär der Kommunistischen Partei Deutschlands ein intimer Kenner der Sowjetunion, der nach seinem Bruch mit dem Kommunismus wegen seiner Überzeugungen von 1950 bis 1955 in der DDR und der Sowjetunion inhaftiert gewesen war.*

Die von ihm ins Leben gerufenen Vierteljahresberichte Der Ostblock und die Entwicklungsländer *standen anfangs ganz im Zeichen der Dekolonisierung und des Ost-West-Konflikts. In einer Zeit, in der die neu entstehenden Staaten etwa in Afrika und Asien „in immer stärkerem Maße […] in die Ost-West-Auseinandersetzung einbezogen" wurden, berichtete die Zeitschrift „über die vielfältigen Erscheinungsformen kommunistischer Betätigung in den Entwicklungsländern", wie es in einem internen Schreiben hieß. Abnehmer der Zeitschrift waren 1965 „Ministerien, Wirtschaftsvereinigungen, Industriebetriebe, Universitätsinstitute sowie namhafte Presseorgane des In- und Auslands", denen die Vierteljahresberichte „als hieb- und stichfeste […] Quellen" dienten.[95] 1962 und 1964 veröffentlichte die Friedrich-Ebert-Stiftung zudem Sonderausgaben, die auf Englisch, Französisch und Spanisch auch über die Botschaften der Bundesrepublik und vom Deutschen Gewerkschaftsbund verteilt wurden.*

Im Zuge der Entspannungspolitik verlagerte sich der thematische Schwerpunkt auf die Situation in den „Entwicklungsländern". Für die Zeitschrift, die jetzt den Untertitel Probleme der Entwicklungsländer *bekam, schrieben immer mehr Autor:innen aus Afrika, Asien und Südamerika, aber auch prominente SPD-Politiker wie Willy Brandt, Helmut Schmidt oder Hans-Jürgen Wischnewski. Die Zahl der englischsprachigen Beiträge stieg.*

Kurt Müllers Nachfolger Winfried Veit beschritt diesen Weg nach 1983 konsequent weiter und nahm unter dem neuen Untertitel Problems of International Cooperation *das gesamte Feld der internationalen Zusammenarbeit in den Blick. Die Auflage betrug 1989 3.000 Exemplare, von denen 1.500 als Gratisausgaben an ehemalige FES-Stipendiat:innen in den „Entwicklungsländern" verteilt wurden.*

Nach dem Ende des Kalten Kriegs erfand die Friedrich-Ebert-Stiftung die Publikation neu: Aus den Vierteljahresberichten wurde 1994 die Zeitschrift Internationale Politik und Gesellschaft, die in einem kleineren handlichen Format erschien. Die Zeitschrift weitete dabei ihren Blick und widmete sich nun unterschiedlichen Fragen globaler Politik aus deutscher und internationaler Perspektive. Um „den Blick zu schärfen für die Staaten-übergreifenden Zusammenhänge, die heute und morgen die Herausforderungen für nationale und internationale Politik mitprägen",[96] gewann die Redaktion renommierte Autor:innen: SPD-Außenpolitiker:innen wie Heidemarie Wieczorek-Zeul oder Rolf Mützenich ebenso wie international bekannte Persönlichkeiten, etwa Jacques Delors, David Miliband oder Amitai Etzioni.

2011 beschlossen Vorstand und Geschäftsführung, die Zeitschrift mehr als 50 Jahre nach ihrer Gründung in eine ausschließliche Online-Publikation umzuwandeln. Seitdem hat sich das ipg-journal zu einer Plattform für kritische Analysen und Debatten im Netz entwickelt. Themen der Außen-, Sicherheits- und Entwicklungspolitik haben hier ebenso ihren Platz wie Fragen der europäischen Integration oder des globalen Klimaschutzes. „Wir wollen nicht nur beschreiben, sondern auch Impulse geben durch kritische Interpretationen und Bewertungen", heißt es auf der Website.[97] In der Zeitschrift erscheinen zudem Übersetzungen relevanter internationaler Beiträge. Sie erscheint selbst neben Deutsch in englischer, russischer und ukrainischer Sprache und hat Redaktionen in London und Tiflis – in Moskau musste die Friedrich-Ebert-Stiftung ihre Arbeit einstellen. Wie auch seine Vorgängerinnen profitiert das ipg-journal sehr vom weltweiten Netzwerk der Friedrich-Ebert-Stiftung.

Von der Projekt- zur Globalfinanzierung

Mit ihren Angeboten und Veranstaltungen wurde die Friedrich-Ebert-Stiftung auch in der Öffentlichkeit immer sichtbarer. Im Juli 1965 richtete sie beispielsweise den Festakt zum 40. Todestag von Friedrich Ebert im Reichstagsgebäude in Berlin aus. Bundespräsident Heinrich Lübke hielt die Festrede, der Berliner Regierende Bürgermeister und SPD-Vorsitzende Willy Brandt sprach ebenfalls. Gerhard Weisser begrüßte für die Friedrich-Ebert-Stiftung die Gäste und freute sich später über das große Presseecho. Auch auf europäischer Ebene wurde die Friedrich-Ebert-Stiftung wahrgenommen: So reisten auf Einladung der Kommission der Europäischen Wirtschaftsgemeinschaft Vorstand und Kuratorium 1964 zu einem zweitägigen Besuch nach Brüssel.

Als älteste politische Stiftung war die Friedrich-Ebert-Stiftung das Modell, an dem sich die anderen orientierten. Schon bei der Gründung der FDP-nahen Friedrich-Naumann-Stiftung 1958 hatte der damalige Bundespräsident Theodor Heuss vorgeschlagen, die Friedrich-Ebert-Stiftung zum Vorbild zu nehmen. Und auch die konservativen Parteien folgten dem Beispiel und gründeten eigene Stiftungen: 1964 entstand die CDU-nahe Konrad-Adenauer-Stiftung mit ihrer Akademie Eichholz, 1966 rief die CSU die Hanns-Seidel-Stiftung ins Leben.

Die politischen Stiftungen finanzierten ihre Arbeit vorwiegend mit projektgebundenen Mitteln aus unterschiedlichen Bundesministerien sowie mit Bundeszuschüssen zur politischen Bildungsarbeit. Die Bundesmittel flossen direkt an die Parteien und wurden von diesen an die Stiftungen weitergegeben. Doch 1966 kam das Bundesverfassungsgericht zu dem Schluss, dass dies nicht verfassungskonform sei. Die Bundesregierung wiederum wollte die demokratische Bildungsarbeit, auch angesichts der Wahlerfolge der NPD, weiterführen und stellte die Finanzierung der Stiftungen auf eine neue Grundlage: 1967 zahlte sie erstmals „Globalzuschüsse" an die parteinahen Stiftungen, womit diese nun projektungebundene Steuermittel erhielten. Der Übergang zur Globalfinanzierung war ein Wendepunkt und veränderte das Selbstverständnis der politischen Stiftungen in Deutschland: Die politischen Stiftungen waren zwar in ihrer Existenz weiterhin an die ihnen nahestehenden Parteien gebunden, aber sie wurden durch die unmittelbare Finanzierung aus dem Bundeshaushalt nun selbstständiger. Gleichzeitig stand ihnen durch die Globalmittel erstmals eine verlässliche Basisfinanzierung zur Verfügung.

Auf dem Weg zum eigenen Haus

Mitte der 1960er-Jahre beschäftigte die Friedrich-Ebert-Stiftung allein in Bonn und Bad Godesberg mehr als 100 Mitarbeitende. Die meisten von ihnen arbeiteten in der Gotenstraße 27, weitere Büros befanden sich in der Koblenzer Straße 54. Dort war zunächst auch das Forschungsinstitut untergebracht, bevor es in die Gotenstraße umzog. Das schnelle Wachstum in allen Stiftungsbereichen, insbesondere im Forschungsinstitut mit seiner Bibliothek, führte zu logistischen Schwierigkeiten, wie Günter Grunwald später resümierte: „Wir waren […] in verschiedenen Häusern untergebracht und dieses war in der letzten Konsequenz nicht machbar, um die Stiftung als einheitliche Institution zu koordinieren". Der „Gedanke zu einem eigenen Haus" kam ihm daher schon früh.[98] Anfang der 1960er-Jahre begann Günter Grunwald, Standorte in Bonn zu sondieren. Doch der Parteivorstand war anfangs skeptisch. Schließlich hatte auch die SPD in Bonn keine Parteizentrale im eigentlichen Sinn, sondern war in der als Provisorium bis zu einem Umzug nach Berlin gedachten „Baracke" untergebracht. Doch gemeinsam mit Alfred Nau, der das mühsame Alltagsgeschäft an unterschiedlichen Standorten kannte, weil er eng in die Stiftungsarbeit eingebunden war, konnte Günter Grunwald Willy Brandt und den Parteivorstand für die Idee erwärmen. Dazu trug schließlich auch ein Zufallsfund bei: In Schweden tauchten Schriften und Akten des SPD-Vorstands aus dem Prager Exil auf – wertvolles Quellenmaterial, das im neu zu gründenden Archiv aufbewahrt und erforscht werden sollte.

Nachdem die SPD signalisierte, ihre Bibliothek samt Parteiarchiv zur Verwahrung an die Friedrich-Ebert-Stiftung abgeben zu wollen, beantragte Günter Grunwald 1966 bei der Volkswagen-Stiftung die Finanzierung eines Archivs, das auch die anderen Abteilungen der Friedrich-Ebert-Stiftung aufnehmen sollte. Als Mitglied im Kuratorium der VW-Stiftung konnte Grunwald selbst Überzeugungsarbeit für das Vorhaben leisten,

Rechte: J. H. Darchinger/FES; AdsD, 6/FJHD010879

Willy Brandt bei der Grundsteinlegung des Archivs der sozialen Demokratie, 12.12.1967

während Georg Eckert das Gutachten zum Antrag schrieb. Nützlich waren zweifellos auch die guten Beziehungen der beiden zum niedersächsischen Innenminister Otto Bennemann, der wie Willi Eichler oder Susanne Miller über den Internationalen Sozialistischen Kampfbund (ISK) zur SPD gefunden hatte. Gemeinsam bildeten die Männer ein „magisches Dreieck",[99] so Grunwald.

Die Friedrich-Ebert-Stiftung überzeugte die VW-Stiftung davon, dass es zu ihren „klassischen, weil ungewöhnlichen Aufgaben [...] gehöre, das durch Hitlers Schergen ausgelöschte Gedächtnis der deutschen Arbeiterbewegung zu rekonstruieren", wie es der Leiter des Forschungsinstituts Horst Heidermann ausdrückte.[100] Die VW-Stiftung erwarb für den Neubau ein Grundstück in Bad Godesberg an der Kölner Straße, der heutigen Godesberger Allee. Für die Errichtung des Archiv- und Bibliotheksgebäudes standen insgesamt 1,5 Millionen Mark zur Verfügung, hinzu kamen Gelder zum Erwerb weiterer Bestände. Mit eigenen Mitteln sowie Zuschüssen aus dem Innenministerium wollte die Friedrich-Ebert-Stiftung auf demselben Grundstück und als Teil des Archivgebäudes die Stiftungszentrale errichten, in der alle Abteilungen Platz finden sollten.

Der Grundstein für den Neubau wurde am 17. Dezember 1967 gelegt. In seiner Festrede betonte Willy Brandt, dass er das Archiv der SPD bei der Friedrich-Ebert-Stiftung in bester „Obhut" wisse: „Ihr Ziel wird es sein, die Quellen weiterhin [...] zu sammeln, sie sachgemäß zu archivieren, sie in wissenschaftlichen Arbeiten auszuwerten und die gewonnenen Erkenntnisse umzusetzen in politische Bildungsarbeit – nicht nur in Deutschland, sondern auch international."[101]

Um die historische Bearbeitung zu leisten, wurde das Institut für Sozialgeschichte Braunschweig-Bonn gegründet. Darin arbeiteten Historiker an Ausstellungen und historischen Darstellungen. Die erste Ausstellung des Archivs wurde 1973 in Recklinghausen gezeigt – sie behandelte die Geschichte des Widerstands gegen den Nationalsozialismus. Seitdem wurden Ausstellungen zu einem Herzstück in der historischen Vermittlungsarbeit.

Die Lage des Hauses war Ideal: Direkt nebenan befand sich ein großes Grundstück mit einer Villa, die von der Bonner Familie Riegel, den Gründern von HARIBO, 1922 gebaut worden war. Nach dem Erwerb wurde auf dem hinteren Teil 1974 ein Anbau für Büros errichtet, während die Villa fortan als „Politischer Club" genutzt wurde. Günter Grunwald freute sich über die kurzen Wege „zu unseren Partnern im Bundestag, in den Ländervertretungen, zu den diplomatischen Missionen, aber besonders zu den uns befreundeten Bundesministerien".[102]

Karl-Marx-Haus Trier: „Nicht nur ein Museum im üblichen Sinne"

1968 erhielt die Friedrich-Ebert-Stiftung vom SPD-Vorstand eine weitere Aufgabe. Zum 150. Geburtstag von Karl Marx planten die deutsche UNESCO-Kommission, die SPD sowie die Stadt Trier ein internationales Symposium sowie die Neugestaltung des Geburtshauses in Trier. Die Friedrich-Ebert-Stiftung sollte es übernehmen, denn der Parteivorstand traute ihr zu, das Karl-Marx-Haus neu aufzustellen. Es gehörte seit 1928 der SPD, die dort 1947 auch ein kleines Museum eingerichtet hatte. Hier sollten nun „eine ständige Ausstellung sowie eine Dokumentations- und Informationsstelle zur Marx-Forschung"[103] entstehen und Alfred Nau versicherte im Mai 1968, die Stiftung werde „alles [...] tun, damit dies [...] nicht nur ein Museum im üblichen Sinne bleibt".[104]

Rechte: AdsD, 6/FOTB088066

Die Fassade des Museums Karl-Marx-Haus in Trier, 2015

Das Grundkonzept für die Ausstellung entwickelte Georg Eckert als Kuratoriumsmitglied der Stiftung. Die neue Präsentation sollte einerseits der internationalen Bedeutung von Marx Rechnung tragen, andererseits möglichst wenig politisch aufgeladen sein. In der Umsetzung stellte die Friedrich-Ebert-Stiftung frühe Schriften und die Biografie von Karl Marx in den Mittelpunkt. Bei der Neukonzeption des Hauses mit einer eigenen Bibliothek und Forschungsstelle ging es auch darum zu verhindern, dass Karl Marx ganz von der DDR und der SED vereinnahmt würde.

Die Eröffnung des Hauses am 4. Mai 1968 durch Willy Brandt fand in einer politisch aufgeheizten Atmosphäre statt. Wenige Wochen zuvor war auf die Ikone der Student:innenbewegung Rudi Dutschke ein Attentat verübt worden. Vor dem Museum protestierten Hunderte Menschen, die meisten von ihnen Studierende. Ein großes Polizeiaufgebot schützte die Veranstaltung. Die Debatten rund um Marx und der Streit, wem Marx „gehörte", verstärkten das Interesse an seinem Geburtshaus. In den ersten sechs Monaten nach der Eröffnung sahen mehr als 10.000 Menschen die neue Ausstellung. Mit Mitteln aus dem Verfügungsfonds des CDU-Ministerpräsidenten von Rheinland-Pfalz Helmut Kohl konnte die Stiftung zudem eine wertvolle Sammlung von Erstausgaben und Handschriften erwerben.

Studienförderung in Zeiten des Protests rund um „1968"

Nicht nur bei der Eröffnung des Karl-Marx-Hauses in Trier gab es Proteste, überall in der Bundesrepublik zogen 1968 junge Menschen auf die Straße. Nach dem Tod von Benno Ohnesorg, der bei einer Demonstration gegen den Besuch des Schahs in Berlin Anfang Juni 1967 von einem Polizisten erschossen worden war, hatte sich eine studentisch geprägte Protestbewegung als Teil der außerparlamentarischen Opposition APO formiert. Sie demonstrierte gegen einen als autoritär empfundenen Staat, gegen die alten Eliten und die fehlende Auseinandersetzung mit dem Nationalsozialismus, gegen Kapitalismus und – beeinflusst durch die Student:innenbewegung in den USA – gegen den Vietnamkrieg. Die Universitäten befanden sich im Ausnahmezustand. Studierende besetzten Hörsäle und stürmten Seminare, sie demonstrierten für Mitbestimmung und gegen den „Muff von 1.000 Jahren unter den Talaren".

„Die politische Entwicklung in der deutschen Studentenschaft" sei „weder an den von der Friedrich-Ebert-Stiftung geförderten Studenten noch an der Stiftung selbst spurlos vorbeigegangen", konstatierte Günter Grunwald in einem Rückblick auf das Jahr 1967 und kündigte an, „die politische Bildungsarbeit für Studenten wesentlich zu intensivieren".[105]

Doch die Situation spitzte sich weiter zu: Am 11. April 1968 wurde Rudi Dutschke vor der Zentrale des Sozialistischen Studentenbunds auf dem Kurfürstendamm in Westberlin von dem jungen Hilfsarbeiter und Antikommunisten Josef Bachmann angeschossen und schwer verletzt. Am folgenden Tag protestierten Tausende vor dem Verlagshaus Axel Springer und verhinderten die Auslieferung von Zeitungen, weil sie den Verlag mitverantwortlich für das Attentat auf Dutschke machten. Auch in vielen anderen Städten gab es in den Wochen der „Osterunruhen" teilweise gewalttätige Proteste. Sie richteten sich auch gegen die Ende Mai 1968 im Bundestag von CDU/CSU und SPD verabschiedeten Notstandsgesetze.

Die Friedrich-Ebert-Stiftung bot ihren Stipendiat:innen in dieser aufgeheizten Atmosphäre immer wieder Gelegenheiten für den Austausch über die Studienbedingungen an den westdeutschen Hochschulen. Sie nahm die Forderungen der Studierenden, den Universitätszugang zu erleichtern und die Arbeitsmöglichkeiten für Akademiker:innen zu verbessern, ernst. Ein Forschungsprojekt untersuchte zudem, inwieweit „Reformpläne und Reformvorschläge" an den in dieser Zeit neu gegründeten deutschen Universitäten, etwa in Konstanz oder Bielefeld, tatsächlich umgesetzt wurden.[106]

Für ihre Heimvolkshochschulen entwickelte die Friedrich-Ebert-Stiftung angesichts der Proteste neue Bildungsangebote: Der Kurs „Konflikte in der demokratischen Gesellschaft" richtete sich vor allem an Polizeikräfte und war gut besucht. Das Interesse an dem Seminar „Kritik, Protest und Engagement der Jugend", in dem es um „Ideologie und Aktivität der APO [...] vor dem Gesamtbild der Jugend in der Gesellschaft" ging, war sogar so groß, dass die Friedrich-Ebert-Stiftung überlegte, dafür andere Kurse einzustellen.[107] Auch in den Seminaren für Funktionär:innen in Bergneustadt wurde die Frage diskutiert, ob die „Kritik an den Gesellschafts- und Herrschaftsverhältnissen in der BRD von Seiten der APO [...] berechtigt" sei.[108] Dabei schwang bei der SPD in diesen Jahren durchaus auch die Befürchtung mit, die junge Generation an die APO zu verlieren.

Die zunehmende Radikalisierung von Teilen der Studierendenbewegung erwies sich für die Friedrich-Ebert-Stiftung aber auch als schwieriger Balanceakt. Einerseits versicherte der Leiter der Studienförderung, von den Stipendiat:innen „weder ‚stipendiensicherndes Verhalten‘ noch Konformismus“ zu erwarten. Andererseits fand er 1969 auch klare Worte, als er warnte, dass „sich die Studienförderung der Friedrich-Ebert-Stiftung weder zu einer Einrichtung der außerparlamentarischen Opposition noch zu einem ersatzpolitischen Studentenverband ‚umfunktionieren‘“ lasse.[109]

Ende der 1960er-Jahre formierte sich Protest unter Studierenden hinsichtlich der Verhältnisse an Hochschulen und in der Gesellschaft. Neben dem Vietnamkrieg spielte die Diskussion um die Notstandsgesetze in Westdeutschland eine wichtige Rolle, wie hier in Düsseldorf, 30.5.1968.

Quelle: AdsD, 6/FOTB008069; Rechte: Hans-Helmut Bauer

Kontakte nach Osteuropa

Mit Willy Brandt als Außenminister und Vize-Kanzler hatte die Bundesrepublik schon unter Bundeskanzler Kurt Georg Kiesinger eine behutsame Entspannungspolitik eingeleitet. Auch die Friedrich-Ebert-Stiftung bahnte, gemäß der von Egon Bahr geprägten Formel „Wandel durch Annäherung", Kontakte in die Länder des Ostblocks an. In Akten aus dem Jahr 1968 finden sich, nach Ländern gegliedert, lange Listen mit „Persönlichkeiten in Osteuropa" aus Universitäten, Medien, Gewerkschaften oder Wirtschaft, die der Stiftung als Ansprechpartner:innen zur Verfügung standen.[110] Mit der Tschechoslowakei, mit Ungarn, Rumänien und Polen bestanden 1968 Stipendien- und wissenschaftliche Austauschprogramme. Zudem lud die Stiftung osteuropäische Medienvertreter:innen zu Informationsreisen in die Bundesrepublik ein.

Im August 1968 war eine Gruppe von sechs Journalisten aus der Tschechoslowakei auf Einladung der Friedrich-Ebert-Stiftung und ihres engen Kooperationspartners, des Instituts für Internationale Begegnungen, zu Gast in der Bundesrepublik. Das zweiwöchige Programm war dicht und diente dazu, „direkte Kontakte" zwischen den tschechoslowakischen Journalisten und westdeutschen „Vertretern von Politik, Wirtschaft und Kultur" herzustellen. Die Reise erfolgte unter dem Eindruck des „Prager Frühlings", der vorsichtigen Öffnung der Tschechoslowakei. Seit Anfang 1968 versuchten die Kommunisten unter Alexander Dubček dort, einen „Sozialismus mit menschlichem Antlitz" zu verwirklichen und bürgerliche Freiheiten zu gewähren. Die Kontakte in den Westen und zur Bundesrepublik intensivierten sich.

Auf ihrer Informationsreise tauschten sich die Gäste in Bonn in den ersten Tagen mit deutschen Journalist:innen aus, sie trafen Politiker wie etwa Hans-Jürgen Wischnewski, besuchten Ministerien und das Forschungsinstitut der Friedrich-Ebert-Stiftung. Günter Grunwald lud die Journalisten zum Abendessen zu sich nach Hause ein, bevor sie weiter zu Gesprächen nach Frankfurt, Wiesbaden und am 18. August 1968 schließlich nach Hamburg reisten.

In der Nacht zum 21. August 1968 wurde der Leiter der Studienreise Hans-Jürgen Lasse mit den „ersten noch fragmentarischen Meldungen über die Invasion"[111] in Prag in seinem Hotelzimmer geweckt. Kurz darauf verfolgte die ganze Reisegruppe über einen Kurzwellenempfänger, was geschah: Sowjetische und verbündete Truppen marschierten in die Tschechoslowakei ein. Sie beendeten den „Prager Frühling" und schlugen das reformkommunistische Experiment gewaltsam nieder.

Bei den sechs tschechoslowakischen Journalisten waren Schrecken und Unsicherheit groß. In der Stiftungszentrale wurde beschlossen, die Reise sofort abzubrechen. Am nächsten Tag fuhr die Gruppe wieder nach Bonn, um sich mit Günter Grunwald und Hans-Jürgen Wischnewski zu beraten. Vier Teilnehmer kehrten Ende August über Wien zunächst zurück nach Prag. Einer davon suchte wenig später Zuflucht in der Bundesrepublik, er blieb im Westen und arbeitete als Korrespondent für deutsche Zeitungen. Die übrigen beiden Journalisten traten Mitte September die Rückreise in die Tschechoslowakei an.

Die Friedrich-Ebert-Stiftung und das Institut für internationale Begegnungen bewerteten die Reise trotz des jähen Endes positiv. Die tschechoslowakischen Journalisten hätten „ein differenziertes Bild des politischen Lebens in der Bundesrepublik" gewonnen. Vor allem aber hätten die dramatischen Tage nach dem Einmarsch in Prag Gastgeber und Gäste zusammengeschweißt und gezeigt, „daß die Teilnehmer über alle von Anfang an gegebene Gesprächsbereitschaft hinaus bereit sind, die angeknüpften Beziehungen bei einer Besserung der Gesamtlage vertiefen und festigen zu wollen".[112]

In einer internen Aussprache nach der Niederschlagung des Prager Frühlings beschloss die Friedrich-Ebert-Stiftung, ihre „kulturelle Arbeit" in Osteuropa weiterzuführen, dabei aber besondere Vorsicht walten zu lassen: Es dürfe „in den entsprechenden osteuropäischen Staaten nicht der Eindruck aufkommen, wir wollten die politischen Barrieren unterlaufen",[113] hielt das Protokoll der internen Aussprache fest. Insbesondere „bei der derzeitig prekären Situation in der CSSR" sei Zurückhaltung angebracht. Die wissenschaftlichen Kontakte zur Tschechoslowakei liefen in den Wochen nach dem Einmarsch zunächst ungehindert weiter. Weil die Friedrich-Ebert-Stiftung ein Sonderprogramm für tschechoslowakische Stipendiat:innen aufgelegt hatte, befanden sich Ende 1968 23 Studierende in Deutschland. Auch im „Politischen Club" wurde 1968 „in kleinerem Kreis […] wiederholt über die Entwicklung in der CSSR unter Anwesenheit von Freunden aus Prag diskutiert und gesprochen."[114]

Ab 1969 sollte sich das Engagement der Friedrich-Ebert-Stiftung in Osteuropa deutlich verstärken, denn die sozial-liberale Regierung veränderte mit ihrer neuen Ostpolitik die Rahmenbedingungen für Kontakte zu den Menschen hinter dem „Eisernen Vorhang".

1969

Soziale Demokratie und neue Kommunikationsformen in einer komplexen Welt

Das Jahr 1968 bildet bis heute eine Chiffre für den tiefgreifenden gesellschaftlichen und kulturellen Wandel seit den 1960er-Jahren. Die Gleichberechtigung der Menschen, eine gerechte Gestaltung der sozialen Welt und das Verhältnis des Menschen in der industriellen Gesellschaft zu seinen natürlichen Lebensgrundlagen blieben in den folgenden Jahrzehnten zentrale Anliegen. In außenpolitischer Hinsicht bildet eher 1969 eine Zäsur, da hier drei Politiker in Entscheidungspositionen kamen, die im Ost-West-Konflikt in Deutschland, Europa und der Welt neue Akzente setzten. Der neue Präsident der USA, Richard Nixon, führte die durch Kennedy begonnene Entspannungspolitik durch Verhandlungen mit der Sowjetunion und eine diplomatische Öffnung zur Volksrepublik China in eine neue Phase, die trotz aller inneren Widersprüche die Konfrontationsphase des „Kalten Kriegs" im Ost-West-Konflikt für einige Jahre dämpfte. Der französische Staatspräsident Georges Pompidou ermöglichte nach der Ausgrenzung des Vereinigten Königreichs durch seinen Vorgänger Charles de Gaulle die Erweiterung der Europäischen Gemeinschaft. Willy Brandt schließlich initiierte als Bundeskanzler der sozial-liberalen Koalition eine „Neue Ostpolitik", die das Verhältnis der Bundesrepublik Deutschland zu den mittel- und osteuropäischen Staaten und zur DDR auf eine neue Grundlage stellte.

Dabei war insbesondere der Regierungswechsel in Westdeutschland keineswegs absehbar gewesen. Während die Friedrich-Ebert-Stiftung Anfang 1969 das Vorjahr selbstbewusst bilanzieren konnte und einer wesentlichen Erweiterung ihrer Arbeitsmöglichkeiten entgegensah, drohte die SPD in eine politische Schieflage zu geraten. Sie regierte seit Ende 1966 in der Großen Koalition erstmals auf Bundesebene mit und Willy Brandt als Außenminister sowie Karl Schiller als Wirtschaftsminister konnten sichtbare Anstöße für außen-, deutschland- und wirtschaftspolitische Reformen geben.

Links: Bundespräsident Gustav Heinemann empfängt das frisch vereidigte Bundeskabinett von Bundeskanzler Willy Brandt auf den Stufen der Villa Hammerschmidt, 22.10.1969.

Allerdings verlor die SPD in verschiedenen Landtagswahlen an Rückhalt, während die CDU weitgehend stabil blieb und die rechtsextreme Nationaldemokratische Partei Deutschlands (NPD) in sieben Landesparlamente einzog, zuletzt im April 1968 in Baden-Württemberg. Im September 1969 verfehlte die NPD knapp den Einzug in den Bundestag, sodass die Unionsparteien mit rund 46 Prozent der Zweitstimmen in der komfortablen Position schienen, entweder die Große Koalition mit der SPD fortsetzen zu können oder mit der FDP ein Regierungsbündnis zu bilden. Doch dann kam die Stunde von Willy Brandt und dem FDP-Vorsitzenden Walter Scheel, die noch am Wahlabend die Aufnahme von Koalitionsverhandlungen vereinbarten. Innerhalb kurzer Zeit einigten sich die Delegationen beider Parteien auf ein Regierungsbündnis, sodass Willy Brandt am 21. Oktober 1969 vom Deutschen Bundestag zum Bundeskanzler gewählt wurde.

Brandts Regierungserklärung mit der paradigmatischen Aussage, „mehr Demokratie wagen“ zu wollen, war der Auftakt für eine ganze Reihe außen- und innenpolitischer Neuansätze und Reformvorhaben. Das Wort des im März 1969 gewählten Bundespräsidenten Gustav Heinemann, seine Wahl sei „ein Stück Machtwechsel“, wurde in der Folge zum Begriff, der die Lebens- und Wandlungsfähigkeit der westdeutschen Demokratie unter Beweis stellte. Die Außenpolitik der sozial-liberalen Koalition erwies sich zunächst als wichtigste und zugleich umstrittenste grundsätzliche Weichenstellung seit der von Konrad Adenauer durchgesetzten Westbindung der Bundesrepublik in den frühen 1950er-Jahren. Innenpolitisch nahm die neue Regierung wichtige Reformen im Bildungsbereich, in der Arbeitswelt und im Städtebau in Angriff. In vielen Bereichen strebte die Regierung „Reformen“ an, und die Vorstellung von einer durchdringenden gesellschaftlichen Wirksamkeit politischer Maßnahmen durch Planung dominierte die praktische Politik.

In der Außenpolitik knüpfte die neue Regierung an Konzepte an, die Willy Brandt als Außenminister der Großen Koalition ab 1966 gemeinsam mit Egon Bahr, dem Leiter des Planungsstabes im Auswärtigen Amt, entwickelt hatte. Im Mittelpunkt standen Gespräche und Verhandlungen mit der Sowjetunion, Polen, der Tschechoslowakei und der DDR. Kommunikation war während Brandts Kanzlerschaft „ein handlungsleitender Schlüsselbegriff“ (Gottfried Niedhart). Zwei Prämissen lagen dem Vorgehen der Bundesregierung zugrunde: Man wollte erstens durch einen ausdrücklichen

Rechte: J. H. Darchinger/FES; AdsD, 6/FJHD003647

Willy Brandt am Fenster des Hotels Erfurter Hof anlässlich des Besuchs in der DDR zum innerdeutschen Gipfelgespräch in Erfurt, 19.3.1970

Gewaltverzicht glaubwürdig vermitteln, dass die Bunderepublik Deutschland die gegenwärtigen Staatsgrenzen respektierte. Zweitens aber sollten Grenzveränderungen (insbesondere der innerdeutschen Grenze) zukünftig im Rahmen der Selbstbestimmung der europäischen Völker grundsätzlich möglich bleiben. Dieser schwierige Spagat bot der politischen Opposition im Deutschen Bundestag und dem anderen deutschen Staat, der ein misstrauischer Kontrahent blieb, vielfältige Angriffspunkte. Immerhin war das Ziel der deutschen Einheit im Grundgesetz verankert, sodass die Bundesregierung die DDR zwar staatsrechtlich respektierte, nicht aber völkerrechtlich anerkannte. Diese Unterscheidung war der westdeutschen Öffentlichkeit nicht einfach zu vermitteln, und viele Menschen empfanden die Politik als schwer erträgliche Festschreibung der deutschen Teilung.

Diplomatisch war die „Neue Ostpolitik" ebenso komplex wie letztlich erfolgreich. Neben offiziellen Verhandlungen wurden sogenannte *back channels* etabliert, die schwierige diplomatische Positionen absicherten, den Rückhalt des US-amerikanischen Bündnispartners stärkten und die grundsätzliche Verständigung mit der Sowjetunion und der Volksrepublik Polen beschleunigten. Der Moskauer Vertrag wurde am 12. August 1970 unterzeichnet, der Warschauer Vertrag am 7. Dezember 1970. Mit der Anerkennung des Status quo durch Gewaltverzicht und der Zustimmung zu einer von der Sowjetunion angestrebten europäischen Sicherheitskonferenz gelang es der Bundesregierung, die DDR über deren Verbündete zu bewegen, von der Maximalforderung einer völkerrechtlichen Anerkennung durch die Bundesrepublik abzurücken, auch wenn die ostdeutsche Führung weiterhin argwöhnisch blieb.

Innenpolitisch spielte die Verknüpfung der bundesdeutschen Ostverträge mit dem zeitgleich verhandelten Viermächteabkommen über den Status Berlins eine wichtige Rolle. An diesen Gesprächen nahmen die beiden deutschen Staaten zwar nicht teil, aber selbst die CDU/CSU, die als parlamentarische Opposition die Ostverträge vehement ablehnte, hatte

Rechte: AdsD, 6/FOTA135758

Bundestagswahlkampf 1972 in Lübeck, 18.11.1972

ein Interesse am Zustandekommen der interalliierten Berlin-Vereinbarung.

Die Verleihung des Friedensnobelpreises Ende 1971 bezeugte die Anerkennung von Willy Brandts Haltung in der ganzen Welt. Aber während die internationale Reputation Brandts und seiner Regierung zunahm, verschärften sich die innenpolitischen Konflikte um die Ratifizierung der Ostverträge. Denn die Opposition warf der Regierung vor, substanzielle Positionen gegenüber der Sowjetunion aufzugeben, um vage Versprechen auf Entspannung zu erhalten. Nachdem mehrere SPD- und FDP-Abgeordnete zur CDU/CSU-Fraktion gewechselt hatten, versuchte die Opposition Ende April 1972 unter Führung des CDU-Vorsitzenden Rainer Barzel, Bundeskanzler Willy Brandt durch konstruktives Misstrauensvotum abzulösen. Das misslang knapp, und so ratifizierte der Bundestag im Mai 1972 die Ostverträge bei Enthaltung der Unionsabgeordneten.

Die Kommunikationsstrategien der Entspannungspolitik wandte die bundesdeutsche Regierung auch in anderen Regionen und außenpolitischen Bereichen an, etwa im Umgang mit den iberischen und lateinamerikanischen Diktaturen, denn auch hier ergänzten informelle Gespräche die offiziellen diplomatischen Kontakte. Gerade für die Friedrich-Ebert-Stiftung eröffnete sich damit ein wichtiges Arbeitsfeld. Sie stellte ihre wachsende Expertise im wissenschaftlichen Bereich und bei der Beratung unter Beweis und gewann gegenüber der Regierungspartei SPD zunehmend an Selbstbewusstsein.

In ihrer innenpolitischen Agenda wandte sich die sozial-liberale Koalition drängenden gesellschaftlichen Aufgaben zu. Willy Brandt nannte in seiner ersten Regierungserklärung Ende Oktober 1969 als Ziel seiner Regierung eine „demokratische Gesellschaft, zu der alle mit ihren Gedanken zu einer erweiterten Mitverantwortung und Mitbestimmung beitragen" sollten. Dabei setzte er Bildung und Ausbildung, Wissenschaft und Forschung an die „Spitze der Reformen". „Reformen" – oft in der Mehrzahl gebraucht – wurde zu einem Schlüsselbegriff der Regierungspolitik. Von den zum Teil schwer umkämpften Neuerungen in den Bereichen Bildung und Wissenschaft, Arbeit und Mitbestimmung sowie soziale Sicherung profitierten junge Menschen, Frauen und die neuen Mittelschichten, mithin jene „Kräfte der Zukunft" (Franz Walter), die in den 1970er-Jahren eine wichtige politische Basis der deutschen Sozialdemokratie darstellten. So eröffnete das Bundesausbildungsförderungsgesetz (BAföG) vom September 1971 Bildungszugang und berufliche Aufstiegschancen für viele bisher vom Bildungssystem benachteiligte Menschen.

Die Reformabsichten stießen indes bald nicht nur an finanzielle Grenzen, was sich angesichts der Wirtschaftskrisen ab 1973/74 noch verstärkte. Hinzu kam, dass traditionelle Eliten in der Wirtschaft und an den Hochschulen ihre Machtpositionen durch die angestrebte Demokratisierung und eine Ausweitung betrieblicher Mitbestimmung gefährdet sahen. Zugleich wurden manche Reformhoffnungen von Anhänger:innen der politischen Linken enttäuscht. Dies führte in den 1970er-Jahren zur Herausbildung der Neuen Sozialen Bewegungen, die sich damit auch begrifflich von der „alten" Arbeiter:innenbewegung abgrenzten.

Die Atmosphäre der späten 1970er- und frühen 1980er-Jahre war durch wirtschaftliche Krisen mit rasant steigenden Arbeitslosenzahlen und einem wachsenden ökologischen Bewusstsein von den Grenzen des Wachstums und den Gefahren der Nutzung der Atomkraft zur Energiegewinnung geprägt. Der eskalierende Terrorismus von links und von rechts, zunehmender Rassismus und eine neuerliche Verschlechterung des Ost-West-Konflikts trugen zu einem allgemeinen Krisenbewusstsein bei. Allerdings bildeten die Errungenschaften der sozial-liberalen Koalition auch in den 1980er-Jahren wichtige Grundlagen für die innen-, außen- und deutschlandpolitische Entwicklung der Bundesrepublik Deutschland.

Kapitel 3

Demokratiebildung in Zeiten der Systemkonkurrenz

1969 – 1988

Aufbruchstimmung

Am 6. Juni 1969 war es so weit: Eineinhalb Jahre nach der Grundsteinlegung eröffneten der Stiftungsvorsitzende Gerhard Weisser und der SPD-Vorsitzende Willy Brandt im Beisein von zwei Staatssekretären der Bundesregierung sowie mehrerer Botschafter das Archiv der sozialen Demokratie in Bonn-Bad Godesberg. Das Gebäude ist bis heute Sitz der Friedrich-Ebert-Stiftung. Der helle Atriumbau in der Kölner Straße 149 (heute Godesberger Allee) beherbergte Räumlichkeiten für das Archiv und die Bibliothek, einen Leseraum für Benutzer:innen, einen großen Konferenzsaal sowie über 100 Büros und Besprechungszimmer. Nachdem die rund 120 in Bonn beschäftigten Stiftungsmitarbeitenden zuvor auf zehn Standorte verteilt gewesen waren, arbeiteten sie nun erstmals unter einem Dach, was, so Günter Grunwald, „die gesamte Tätigkeit der Stiftung" vereinfachte und wirksamer gestaltete.[115] Außerdem konnte die Friedrich-Ebert-Stiftung jetzt Tagungen und die jährliche Kuratoriumssitzung im eigenen Haus abhalten.

Der Umzug in den Neubau fiel in den Bundestagswahlkampf, in den die Stiftung stärker als bisher eingebunden war. Denn die Leitung der Friedrich-Ebert-Stiftung war zu dem Schluss gekommen, dass es der SPD bei den vorherigen Wahlen nicht gelungen sei, „einen ständigen Kontakt" zwischen Wahlkampfleitung und Parteibasis herzustellen und „neue Techniken der Wahlkampfführung in den einzelnen Wahlkreisen durchzusetzen".[116] Um das zu ändern, schulte die Stiftung sozialdemokratische Multiplikator:innen in ihren Heimvolkshochschulen, insbesondere in „Techniken des Gesprächs mit dem Bürger" sowie „Formen und Methoden des Argumentierens".[117]

Nachdem die Friedrich-Ebert-Stiftung schon in den Jahren zuvor vor rechtsextremistischen Tendenzen gewarnt hatte, lieferten das Erstarken der NPD und deren drohender Einzug in den Bundestag 1969 einen dringlichen Anlass, um sich noch intensiver mit dem Thema zu befassen. Seminare in den Heimvolkshochschulen beschäftigten sich mit rechten Argumentationsmustern, und die Stiftung verteilte 100.000 Exemplare der eigens für das Wahljahr erstellten Broschüre „Gegen die NPD. Argumente für die Demokratie" an Verbände, Parteien und kirchliche Institutionen. Als „praktische Auseinandersetzung mit der NPD" widerlegte das rund 60-seitige Heft rechtsextreme Aussagen unter anderem zu Wirtschaft, Sozialpolitik sowie Staat und Verfassung und gab engagierten Bürger:innen Ratschläge, wie sie vor Ort auf NPD-Veranstaltungen reagieren sollten: „Krawalle und Störaktionen sind in jedem Falle ungeeignet."[118] Stattdessen sollten falsche Behauptungen durch Gegenargumente entlarvt werden. Bei der Bundestagswahl 1969 konnte sich die NPD nicht behaupten: Die Partei scheiterte knapp an der Fünf-Prozent-Hürde und verlor in den folgenden Jahren rasch an Bedeutung.

Für die Friedrich-Ebert-Stiftung begann im Herbst 1969 ein neues Kapitel, denn mit dem Regierungsantritt der sozial-liberalen Koalition unter Bundeskanzler

Einweihung der Friedrich-Ebert-Stiftung in Bonn. In der ersten Reihe (v. l. n. r.): Heinz Kühn (Ministerpräsident von Nordrhein-Westfalen), Horst Heidermann (stellv. Geschäftsführer der Friedrich-Ebert-Stiftung), Willi Eichler (FES-Vorstandsmitglied), Egon Franke (SPD-Parteivorstand), Bruno Kreisky (SPÖ-Vorsitzender), Hans Hermsdorf (MdB) und Willy Brandt

Rechte: Hellmuth Hansen, H&G Hansen & Gieraths EDV Vertriebs GmbH

Links: Diskussion zwischen dem ehemaligen DGB-Vorsitzenden Ludwig Rosenberg (r.) und dem DGB-Vorsitzenden Willi Richter (l.) auf einer internationalen entwicklungspolitischen Tagung der Friedrich-Ebert-Stiftung in Bonn, im Hintergrund der Kuratoriumsvorsitzende der Friedrich-Ebert-Stiftung und Vorstandsvorsitzende der Bank für Gemeinwirtschaft Walter Hesselbach (l.) sowie Günter Grunwald, 18.6.1970

Quelle: Bibliothek der FES

Christian Bockemühl: Gegen die NPD – Argumente für die Demokratie, Bad Godesberg 1969

Willy Brandt war zum ersten Mal seit Bestehen der Bundesrepublik die „Zielsetzung einer Bundesregierung identisch […] mit der gesellschaftspolitischen Zielsetzung der Friedrich-Ebert-Stiftung", so Günter Grunwald im Dezember 1969.[119] Vor allem auf internationaler Ebene profitierte die Stiftung von Willy Brandts Renommee, umso mehr, nachdem dieser 1971 den Friedensnobelpreis erhalten hatte. Für die Bundesregierung wiederum etablierte sich die Friedrich-Ebert-Stiftung als wertvoller informeller Informationskanal, weil sie als Nichtregierungsorganisation vor allem in diktatorisch regierten Staaten vielfältigere Kontakte als die offizielle bundesdeutsche Diplomatie unterhalten konnte.

Das Eis brechen

Eine besondere Bedeutung kam der Stiftungsarbeit in Osteuropa zu. Bereits während der Großen Koalition hatte die Friedrich-Ebert-Stiftung erste Kontakte in die sozialistischen Staaten geknüpft. Als die Regierung unter Willy Brandt mit ihrer „Neuen Ostpolitik" einen neuen Kurs einschlug und auf Austausch statt Konfrontation setzte, konnte sie sich auf die Unterstützung der Friedrich-Ebert-Stiftung verlassen. Die Stiftung füllte das Vertragswerk der Ostpolitik mit Leben, baute vielfältige Beziehungen nach Osteuropa auf und trug damit zur Annäherung zwischen der Bundesrepublik und den Staaten des Ostblocks bei – argwöhnisch beobachtet von der DDR, die diese Aktivitäten genau registrierte.

Bereits wenige Wochen nach dem Regierungswechsel kündigte Günter Grunwald im Dezember 1969 an, die Stiftung werde „das Ihre zur Verdeutlichung der Ziele der Friedenspolitik der Bundesrepublik Deutschland" beitragen.[120] Weil die Errichtung von Büros oder die Entsendung von Mitarbeitenden nicht infrage kamen, entschied sich die Stiftung, über Delegationsbesuche die Kontakte nach Osteuropa auszubauen. Neben Beziehungen auf wissenschaftlicher Ebene wurde vor allem der Medienbereich genutzt: Mit ihren Austauschprogrammen für osteuropäische Journalist:innen schuf die Friedrich-Ebert-Stiftung „eine wertvolle Ergänzung des allgemeinen Besucherprogramms" der Bundesregierung, so das Bundespresseamt.[121] 1972 reisten neben je zwei Delegationen aus Ungarn und Polen erstmals auch Medienvertreter:innen aus der Sowjetunion nach Westdeutschland. Nachdem der Besuch einer tschechoslowakischen Gruppe 1968 von der Niederschlagung des „Prager Frühlings" überschattet gewesen war, schloss die ČSSR eine erneute Reise zunächst kategorisch aus. Erst 1973 „war das Eis endlich gebrochen", so ein Stiftungsmitarbeiter, und auch tschechoslowakische Journalist:innen besuchten nun wieder regelmäßig die Bundesrepublik.[122]

Der Ablauf der Reisen ähnelte sich: Die osteuropäischen Gäste besuchten Industrieunternehmen, tauschten sich mit westdeutschen Kolleg:innen aus und trafen Politiker:innen, mit denen sie vor allem über aktuelle Fragen der Deutschland- und Ostpolitik sprachen. Dabei revidierte manch ein Besucher seine Meinung über die Bundesrepublik: So ließ ein ungarischer Journalist, der vom NS-Regime verfolgt worden war, die Stiftungsmitarbeitenden im Herbst 1972 beim Abschied wissen, er habe auf seiner Reise „ein anderes Deutschland" kennengelernt.[123]

Neben Reisen osteuropäischer Journalist:innen in die Bundesrepublik organisierte die Stiftung auch Gegenbesuche. So reisten 1973 bundesdeutsche Medienvertreter:innen nach Ungarn, Polen und in die Sowjetunion. 1974 kam erstmals ein Besuch in der Tschechoslowakei zustande, für den Generalsekretär des dortigen Journalist:innenverbands eine „Pioniertat", mit der die Stiftung einen wichtigen Beitrag zur Normalisierung des Verhältnisses zwischen den beiden Staaten leistete.[124] Allerdings gehörte die Reise nach Einschätzung eines Stiftungsmitarbeiters „zu den politisch schwierigsten" Besuchen, die die Stiftung bis dato in Osteuropa organisiert hatte.[125] Denn im Gegensatz zu Reisen in andere osteuropäische Staaten stellten die bundesdeutschen Gäste bei den tschechoslowakischen Gesprächspartner:innen eine deutliche Distanz fest. Dazu trug sicherlich auch das Gastgeschenk eines der westdeutschen Journalisten bei, der einen Band mit Karikaturen seiner Zeitung überreichte, darunter auch Bilder zum „Prager Frühling".

Zusätzlich zum Austauschprogramm unterstützte die Friedrich-Ebert-Stiftung osteuropäische Journalist:innenverbände und Ausbildungsstätten durch die Bereitstellung von Fachliteratur und technischen Hilfsmitteln wie Mikrofilmleseausrüstungen. Ab 1974 organisierte die Stiftung außerdem gemeinsam mit dem rumänischen Journalist:innenverband in Bukarest ein mehrtägiges Kolloquium für Medienvertreter:innen aus beiden Staaten. Dabei war die Stimmung „gelöst" und „von großer Herzlichkeit geprägt", wie der Leiter der westdeutschen Journalist:innengruppe 1975 festhielt.[126] Wegen Begegnungen wie dieser hielt das ostdeutsche Ministerium für Staatssicherheit (MfS) die Friedrich-Ebert-Stiftung für ein „Instrument zur ideologischen Unterwanderung der sozialistischen Gemeinschaft".[127]

Für die Bundesregierung und andere westdeutsche Nichtregierungsorganisationen nahmen die Beziehungen zu Polen eine Sonderstellung ein: Vor dem Hintergrund der nationalsozialistischen Verbrechen hatte die Aussöhnung mit Polen Priorität. Der Warschauer Vertrag und der Kniefall Willy Brandts am Ehrenmal für die Helden des Warschauer Ghettos am 7. Dezember 1970 beschleunigten diese Entwicklung. Bereits 1970 erhielt die Stiftung hochrangigen Besuch, als der Generalsekretär der staatlichen Presseagentur Interpress zu Gesprächen nach Bonn reiste. Besuche deutscher und polnischer Journalist:innen waren ab Anfang der 1970er-Jahre fester Bestandteil des Austauschprogramms für Medienvertreter:innen, und auch im wissenschaftlichen Bereich knüpfte die Stiftung Kontakte, allen voran zum in Poznań angesiedelten Instytut Zachodni, das zu Westeuropa forschte. Ab 1974 fanden regelmäßig gemeinsame Konferenzen statt, die sich unter anderem mit den Perspektiven der deutsch-polnischen Beziehungen befassten. Vor diesem Hintergrund förderte die Bundesregierung die Aktivitäten der Stiftung in Polen und finanzierte einzelne Projekte. 1975 versprach das Auswärtige Amt, die Friedrich-Ebert-Stiftung „erforderlichenfalls noch mehr als bisher in ihrem Bemühen um eine Verbesserung des deutsch-polnischen Verhältnisses zu unterstützen".[128]

Besonders war das Verhältnis zu Polen auch, weil Reisen im Namen der Stiftung mehrfach eine dezidiert außenpolitische Dimension hatten. So traf Alfred Nau, seit 1970 Gerhard Weissers Nachfolger als Stiftungsvorsitzender, bei seinem Besuch in Polen im März 1975 auch mit Vertreter:innen des Außenministeriums und der Auslandsabteilung des Zentralkomitees der Kommunistischen Partei zusammen. Nachdem er sich im Vorfeld mit Bundeskanzler Helmut Schmidt abgestimmt hatte, trug Alfred Nau nun dessen Positionen vor, unter anderem zur Entschädigung polnischer NS-Opfer und Ausreise polnischer Bürger:innen deutscher Herkunft; im Herbst 1975 schlossen Polen und die Bundesrepublik ein Abkommen über die Abgeltung polnischer Rentenansprüche, einen Milliardenkredit und Ausreisemöglichkeiten für über 120.000 Menschen. Ein Jahr später diente ein Besuch polnischer Journalist:innen auf Einladung der Stiftung der Vorbereitung für die bevorstehende Deutschlandreise von Edward Gierek, dem Vorsitzenden der Polnischen Vereinigten Arbeiterpartei. Die Medienvertreter:innen trafen daher unter anderem Helmut Schmidt und Außenminister Hans-Dietrich Genscher.

Rechte: AdsD, 6/FOTA138206

Eine sowjetische Gewerkschaftsdelegation besuchte während ihres Aufenthalts in der Bundesrepublik auch die Friedrich-Ebert-Stiftung, Mai 1970.

Ausbau zum „zentralen Archiv zur Geschichte der deutschen Arbeiterbewegung“

Grundstock des 1969 in der neuen Stiftungszentrale eröffneten Archivs der sozialen Demokratie waren die bestehende Bibliothek und das Archiv der SPD. Weil Willy Brandt im Sommer 1969 sämtliche SPD-Gliederungen in der Bundesrepublik bat, der Friedrich-Ebert-Stiftung die Akten zur Verfügung zu stellen, die für den laufenden Betrieb nicht mehr benötigt würden, füllte sich das Magazin rasch. Vor allem Parteivorstand und Presseabteilung gaben laufend Material an das Archiv der sozialen Demokratie ab. Dazu kamen im ersten Jahr des Bestehens Briefe von Karl Marx an Friedrich Engels, Redemanuskripte des 1963 verstorbenen SPD-Parteivorsitzenden Erich Ollenhauer sowie Unterlagen aus dem Privatbesitz von Willi Eichler, unter anderem zur Entstehung des Godesberger Programms. Anfang der 1970er-Jahre übernahm die Friedrich-Ebert-Stiftung die Nachlässe von SPD-Politikern wie Fritz Erler und Walter Auerbach sowie Plakate und Flugblätter. Außerdem konnten die bis dato auf Stockholm und London verteilten Akten des SPD-Exilvorstands aus der Zeit ab 1933 zu einer Einheit zusammengeführt werden. Innerhalb kürzester Zeit wurde das Archiv der sozialen Demokratie so zum „zentralen Archiv zur Geschichte der deutschen Arbeiterbewegung“.[129]

Öffentliche Bekanntheit erlangte das Archiv Anfang der 1970er-Jahre mit der Ausstellung „Die deutsche politische Emigration 1933 bis 1945“. Die Schau umfasste rund 400 Dokumente aus dem Archiv der sozialen Demokratie, darunter neben legalen und

Besuch von Bundespräsident Gustav Heinemann im Archiv der sozialen Demokratie mit dem stellvertretenden Geschäftsführer der Friedrich-Ebert-Stiftung Horst Heidermann, 9.7.1971

Rechte: AdsD, 6/FOTB087109

illegalen Publikationen viele unveröffentlichte Briefe von Emigrant:innen. Die Ausstellung wurde am 30. Januar 1972, dem Jahrestag der nationalsozialistischen „Machtergreifung“, vom nordrhein-westfälischen Ministerpräsidenten Heinz Kühn in Oberhausen eröffnet und war anschließend auch in Düsseldorf und Hannover zu sehen. Ein Katalog zeigte die wichtigsten Exponate. Die Ausstellung stieß auf starkes Interesse: Selbst der „Tagesanzeiger“ aus Zürich berichtete darüber und lobte die Schau als „bemerkenswert“.[130] Immer wieder stellte das Archiv Dokumente auch für andere Ausstellungen und für Fernsehdokumentationen zur Verfügung.

Die Bibliothek wuchs ebenfalls rasch, von 65.000 Bänden im Jahr der Eröffnung auf 200.000 Mitte der 1970er-Jahre. Um den Bestand um „sonst schwer erreichbare Literatur [...] zur Geschichte der Arbeiterbewegung“[131] zu ergänzen, nahm die Friedrich-Ebert-Stiftung Tauschbeziehungen zu anderen Institutionen auf, denen sie im Gegenzug Publikationen aus dem eigenen Haus zukommen ließ. 1973 stand die Bibliothek in Kontakt mit 150 Forschungseinrichtungen in aller Welt, darunter viele osteuropäische Institutionen wie die Lenin-Bibliothek und die Bibliothek der Lomonossow-Universität in Moskau. Neben Büchern umfasste der Bibliotheksbestand bereits Anfang der 1970er-Jahre rund 3.000 Zeitungen und Zeitschriften, auch eine seltene vollständige Ausgabe der „Weltbühne“, einer ab 1905 erschienenen Zeitschrift für Politik, Kunst und Wirtschaft, die in den 1920er-Jahren unter der Leitung von Carl von Ossietzky zum Sprachrohr der bürgerlichen Linken wurde. Weil Bibliothek und Archiv ihre Bestände ausbauten, stieß die Stiftung schon bald an Kapazitätsgrenzen und ließ das Magazin ab 1974 erweitern. Die Bibliothek nutzte die erweiterten Kapazitäten ihrerseits und übernahm im Jahr 1976, finanziell gefördert durch die Deutsche Forschungsgemeinschaft, die Aufgabe, sogenannte graue Parteien- und Gewerkschaftsliteratur in Deutschland und Westeuropa systematisch zu sammeln.

Im großzügigen Lesesaal fanden bis zu 60 Wissenschaftler:innen aus aller Welt Platz, um dort zu recherchieren. Die ersten Besucher:innen kamen kurz nach der Eröffnung im Juli 1969. In den folgenden Jahren machte sich das Archiv der sozialen Demokratie in Wissenschaftskreisen einen Namen und zog immer mehr Forschende an: So zählte die Bibliothek beispielsweise im Jahr 1975 rund 2.100 Nutzer:innentage; das Archiv wurde in diesem Jahr von insgesamt 160 Wissenschaftler:innen und anderen Forschenden aufgesucht, teilweise für mehrere Monate.

Erweiterung der Heimvolkshochschulen

Anfang der 1970er-Jahre baute die Stiftung die Heimvolkshochschulen als Kern der politischen Bildungsarbeit aus. 1971 kam das Haus Münstereifel (später: Kurt-Schumacher-Akademie) hinzu, ursprünglich ein kleines Kurhotel im nordrhein-westfälischen Erholungsort Bad Münstereifel, in den sich die SPD-Spitze bevorzugt zu informellen Treffen zurückzog. Zwei Jahre später eröffnete die Friedrich-Ebert-Stiftung die Heimvolkshochschule Ahrensburg in der Nähe von Hamburg, um von dort aus die Zusammenarbeit mit Institutionen in Skandinavien zu intensivieren. 1974 folgten die Fritz-Erler-Akademie im baden-württembergischen Schömberg und die Heimvolkshochschule Freudenberg im Kreis Siegen, sodass die Stiftung nun über acht Bildungsstätten verfügte. Weil die Geschäftsführung den Schulleiter:innen große Gestaltungsfreiheit ließ, entwickelten die meisten Heimvolkshochschulen im Laufe der Zeit eigene Schwerpunkte: So konzentrierte sich das Haus Münstereifel auf literarische Veranstaltungen, während Saarbrücken einen Schwerpunkt auf die deutsch-französische Verständigung sowie Europa legte.

Mit der Eröffnung neuer Bildungseinrichtungen konnte die Friedrich-Ebert-Stiftung ihr Angebot erweitern, von rund 790 Veranstaltungen mit 21.400 Teilnehmenden im Jahr 1971 auf 1.150 Veranstaltungen mit 31.200 Teilnehmenden im Jahr 1975. Die Stiftung reagierte damit auf die Reform der Betriebsverfassung von 1972 und die neu geschaffenen Bildungsurlaube ab 1974. Denn in vielen Bundesländern hatten Betriebsratsmitglieder und Arbeitnehmer:innen nun einen gesetzlich verankerten Freistellungsanspruch auf Bildungsurlaub, den sie auch für politische Bildung nutzen konnten. Bis heute gilt der Bildungsurlaub allerdings nicht in allen Bundesländern.

Das Seminarprogramm für die Heimvolkshochschulen legten Schulleiter:innen und Stiftungsvorstand einmal im Jahr auf einer mehrtägigen Konferenz fest. Dabei ließen sie immer auch Spielräume für aktuelle Themen. Außerdem entwickelte die Stiftung 1971 erstmals für verschiedene Seminararten Kernthemen, die den Dozent:innen vor Ort als „roter Faden“ dienen sollten und die sie in Absprache mit den Teilnehmenden um weitere Aspekte ergänzen konnten.[132] Übergeordnetes Ziel aller Seminare war die „Entwicklung eines kritischen Bewußtseins [...], um gesellschaftliche und politische Zusammenhänge verstehen und werten zu

Rechte: AdsD, 6/FOTB054219

Heimvolkshochschule Freudenberg der Friedrich-Ebert-Stiftung in der Krottorfer Straße (später: Gustav-Heinemann-Akademie), undatiert

Rechte: AdsD, 6/FOTB040337

Heimvolkshochschule der Friedrich-Ebert-Stiftung in Bad Münstereifel (später: Kurt-Schumacher-Akademie), undatiert

können".[133] Daneben sollten Kurse wie „Mitbestimmung in Wirtschaft und Gesellschaft" sowie „Theorie und Praxis des Demokratischen Sozialismus" den Teilnehmenden Kenntnisse und Fähigkeiten vermitteln, die für eine aktive Mitarbeit in der SPD, den Gewerkschaften oder Verbänden wichtig waren.

Inhaltlich fächerte sich das Angebot immer weiter auf: Anfang der 1970er-Jahre bot die Friedrich-Ebert-Stiftung unter anderem Seminare zu Wirtschaft, Bildung und Sozialfragen an, Schulungen für Redner:innen sowie spezielle Kurse zur Mitbestimmung vor allem für Betriebs- und Personalräte. Einen Schwerpunkt bildeten Veranstaltungen zur bundesdeutschen Außenpolitik und speziell zur Ostpolitik sowie Seminare, die sich mit der DDR befassten: 1972 machten diese Kurse fast ein Viertel aller in den Heimvolkshochschulen durchgeführten

Veranstaltungen aus. Das hing auch damit zusammen, dass die Bundesregierung entsprechende Bildungsangebote finanziell förderte, um so die bisweilen sehr emotional geführte Diskussion um die Ostverträge und die Annäherung an die Ostblockstaaten zu versachlichen.

Für die Kurse an den Heimvolkshochschulen versuchte die Friedrich-Ebert-Stiftung, vor allem Multiplikator:innen zu gewinnen, also Personen wie Gewerkschaftsmitglieder, Lehrer:innen oder Sozialarbeiter:innen, von denen die Stiftung annahm, dass sie „in Gesprächen am Arbeitsplatz, im Freundes- und Bekanntenkreis die von ihnen gewonnenen Einsichten [...] weitergeben" würden.[134] Daneben boten die Heimvolkshochschulen verstärkt Seminare an, die auf bestimmte Gruppen wie Polizeiführungskräfte oder Angehörige der Bundeswehr zugeschnitten waren. Ab 1974 organisierte die Stiftung außerdem spezielle Jugendseminare. Weil im selben Jahr das Volljährigkeitsalter von 21 auf 18 Jahre gesenkt wurde, sollten die neuen Kurse bei den jungen Männern und Frauen „ein wahlbewusste[s] Verhalten" erzeugen und sie zur „aktive[n] Mitarbeit an der Lösung von politischen Problemen des Alltags" motivieren.[135] Das Programm der ersten elf Kurse bestimmten die rund 250 Teilnehmenden selbst; ein Thema war beispielsweise die Frage, welche Rechte Jugendliche ab 18 Jahren hatten.

Didaktisch ging die Friedrich-Ebert-Stiftung Anfang der 1970er-Jahre neue Wege und griff Konzepte auf, die sich bereits unter anderem in der gewerkschaftlichen Bildungsarbeit bewährt hatten. Nachdem die Georg-von-Vollmar-Akademie in Kochel 1971 verstärkt auf „Gruppenselbstarbeit" gesetzt hatte, tauschten sich Dozent:innen aller Heimvolkshochschulen ein Jahr später auf einer Klausurtagung im Haus Münstereifel zu neuen Vermittlungsansätzen aus.[136] Der „traditionelle Seminarbetrieb" mit „vortragenden Referenten und rezipierendem Zuhörerkreis" wurde bald durch Gruppenarbeit und eigene Präsentationen der Teilnehmenden abgelöst.[137] Außerdem kamen Filme und Tageslichtprojektoren zum Einsatz sowie vor allem in den Rhetorikseminaren Videorekorder, um die Beiträge der Teilnehmenden mitzuschneiden und zu analysieren. In längeren Seminaren insbesondere zur Mitbestimmung setzten die Dozent:innen auch Planspiele ein, die weniger der Wissensvermittlung dienten, sondern den Teilnehmenden „Entscheidungen abverlangen und sie zu Stellungnahmen und zum Hineindenken in bestimmte Situationen zwingen" sollten.[138]

Bildungsarbeit vor Ort

Weil die Friedrich-Ebert-Stiftung „mit ihrem Bildungsprogramm nicht nur innerhalb der eigenen vier Wände" bleiben wollte, bot sie seit Anfang der 1970er-Jahre zunehmend Veranstaltungen außerhalb der Heimvolkshochschulen an.[139] 1971 waren es 660 Bildungsveranstaltungen vor Ort, darunter fast 400 Vorträge. Dafür konnte die Stiftung hochkarätige Redner:innen gewinnen, unter anderem den Bundesminister für wirtschaftliche Zusammenarbeit Erhard Eppler, den Philosophieprofessor Hermann Lübbe und die Historikerin Renate Lepsius. Zusätzlich baute die Stiftung Kontakte zu Verbänden, Vereinen und Bürgerinitiativen auf, um sie bei der Planung und Organisation von Veranstaltungen zu beraten. Einen Schwerpunkt bildeten ländliche Regionen wie das Münsterland, wo es kaum Bildungsangebote gab.

In Zusammenarbeit mit Partnern organisierte die Stiftung jährlich rund 260 externe Tages-, Wochenend- und Wochenseminare, vor allem für Zielgruppen, die über die Heimvolkshochschulen weniger gut erreichbar waren. So brachten ab 1973 Familienseminare zu „Formen und Probleme[n] familiarer und außerfamiliarer Erziehung" Vätern und Müttern Strategien zur gewaltfreien Konfliktlösung nahe.[140] Damit auch Eltern von kleinen Kindern an den Kursen teilnehmen konnten, sorgte die Stiftung für Betreuungsmöglichkeiten. Ab Mitte der 1970er-Jahre wandten sich die Familienseminare auch politischen Themen wie dem Systemvergleich zwischen Bundesrepublik und DDR zu. Dabei wurden die älteren Kinder in die Kurse eingebunden und erarbeiteten gemeinsam mit den Erwachsenen beispielsweise die Unterschiede zwischen den Bildungssystemen in Ost- und Westdeutschland.

Für Jugendliche, Schüler:innen und Jugendgruppenleiter:innen sowie junge Menschen, die sich ehrenamtlich in Sportvereinen engagierten, veranstaltete die Stiftung ebenfalls Kurse außerhalb der Heimvolkshochschulen. In den Seminaren setzten die Dozent:innen bevorzugt neue didaktische Methoden wie ein „Utopiespiel" ein, bei dem die Jugendlichen ihre Vorstellungen einer idealen Vereinsarbeit in Form einer Wandzeitung sammelten.

Ein besonderes Profil hatten die Veranstaltungen in West-Berlin, wo die Friedrich-Ebert-Stiftung ein eigenes Büro am Savignyplatz in Charlottenburg unterhielt. Hier, an einem der zentralen Schauplätze des Kalten

Kriegs, fanden ab 1973 Seminare vor allem zur Geschichte der deutschen Teilung und zu aktuellen Herausforderungen im deutsch-deutschen Verhältnis statt. Diese Kurse wurden einmal mehr intensiv von der DDR beobachtet, was nicht nur an den Themen lag, sondern auch an der Auseinandersetzung um den Status von West-Berlin und der Interpretation des Viermächteabkommens von 1971. Denn dort war festgelegt, dass West-Berlin faktisch zur bundesdeutschen Rechts-, Gesellschafts- und Wirtschaftsordnung gehörte, staatsrechtlich aber kein Bestandteil der Bundesrepublik war. Mit Blick darauf wollte die DDR jede Form von „Bundespräsenz in Westberlin" verhindern, meinte damit aber nicht nur Behörden, sondern auch Nichtregierungsorganisationen und fürchtete, die Stiftung könne ihre Zentrale in die geteilte Stadt verlegen.

Stipendien: Netzwerke und „menschliche Begegnungen"

Der Regierungswechsel von 1969 leitete grundlegende Veränderungen in der Bildungspolitik ein. Die sozialliberale Koalition strebte mehr Chancengleichheit im Bildungswesen an, vor allem mit dem Bundesausbildungsförderungsgesetz (BAföG), das 1971 für alle Studierenden einen Rechtsanspruch auf Ausbildungsförderung festschrieb. Die soziale Zusammensetzung an den deutschen Hochschulen änderte sich nun grundlegend: Im Laufe der 1970er-Jahre stieg der Anteil von Studierenden, deren Eltern Arbeiter:innen waren, auf fast 20 Prozent. Dazu trug auch die Förderung der Friedrich-Ebert-Stiftung bei. Denn ab Ende der 1960er-Jahre baute die Stiftung die Stipendiat:innenförderung deutlich aus, von rund 630 deutschen Studierenden und Promovierenden im Jahr 1969 auf 800 im Jahr 1973. 1970 erhöhte die Stiftung außerdem den monatlichen Fördersatz von 350 D-Mark auf 450 D-Mark – für die meisten Geförderten eine substanzielle Unterstützung, stammte doch mehr als die Hälfte der deutschen Stipendiat:innen aus Elternhäusern, denen pro Monat netto weniger als 1.000 D-Mark zur Verfügung standen.

Zusätzlich zur finanziellen Unterstützung bot die Stiftung ihren Stipendiat:innen im Sinn einer ideellen Förderung verstärkt Weiterbildungsmöglichkeiten. So fanden 1972 13 mehrtägige Kurse ausschließlich für Stipendiat:innen statt, unter anderem zum Bildungssystem in den beiden deutschen Staaten und zur Situation migrantischer Arbeitnehmer:innen und Studierender in Deutschland. Ab Mitte der 1970er-Jahre wurden die Stipendiat:innen in das Seminarprogramm eingebunden und führten eigene Seminare durch. Diese fanden zum Teil auch im Anfang der 1970er-Jahre neu erworbenen Gästehaus der Stiftung in Bonn-Venusberg statt.

Eröffnung des Clubraums für ausländische Stipendiat:innen der Friedrich-Ebert-Stiftung in Berlin, 14.2.1969

Rechte: AdsD, 6/FOTA140046

Das erste von Stipendiat:innen für Stipendiat:innen durchgeführte Seminar, hier im Garten des Hauses auf dem Venusberg, August 1975

Quelle: AdsD, 6/FOTB088089; Rechte: Gabriele Gehlen

Rechte: AdsD, 6/FOTA140625

Übergabe der „Willy-Brandt-Stipendien" in Mexiko mit dem Arbeitsminister Mexikos Porfirio Muñoz Ledo und dem Repräsentanten der Friedrich-Ebert-Stiftung in Mexiko Dieter Koniecki, 2.11.1974

Damit ehemalige Stipendiat:innen in Verbindung mit der Stiftung bleiben und Netzwerke untereinander aufbauen konnten, entstand 1969 das Referat „Nachkontakte", das die Kontaktpflege mit den damals über 800 ehemaligen deutschen Stipendiat:innen übernahm. Außerdem lud die Stiftung zu Jahrestreffen ein, zum Teil mit prominenten Gästen. So hielt der Schriftsteller Günter Grass auf dem Ehemaligentreffen 1970 in der Heimvolkshochschule Bergneustadt einen Vortrag zum Thema „Deutschland – zwei Staaten – eine Nation?".

Auch die internationale Stipendiat:innenförderung wurde erweitert: Während die Friedrich-Ebert-Stiftung 1969 rund 340 Studierende und Promovierende aus dem Ausland unterstützte, waren es vier Jahre später bereits 500. 1970 wurde die monatliche Unterstützung von 400 D-Mark auf 500 D-Mark erhöht. Für ihre internationalen Studierenden und Promovierenden organisierte die Stiftung zusätzlich zum regulären Seminarangebot spezielle Veranstaltungen, unter anderem zu Berufschancen in ihren Herkunftsländern.

Einer Idee der internationalen und deutschen Stipendiat:innen folgend rief die Stiftung 1971 den Solidaritätsfonds für geflüchtete Studierende und Promovierende ins Leben (vgl. S. 90 f.). Der in erster Linie von Spenden aktueller und ehemaliger Geförderter getragene Fonds ermöglicht seitdem Geflüchteten eine wissenschaftliche Ausbildung in Deutschland.

Die Geförderten im Stipendienprogramm der Friedrich-Ebert-Stiftung stammten Anfang der 1970er-Jahre aus 120 Staaten, die meisten – jeweils rund 40 Prozent – aus Europa und Asien. Mehrfach legte die Stiftung Sonderprogramme für einzelne Länder auf, so 1969 für 40 Studierende aus Griechenland, die vor der Militärdiktatur hatten fliehen müssen. Im Rahmen eines Austauschprogramms mit der Fritz-Naphtali-Stiftung kamen Anfang der 1970er-Jahre außerdem 20 Wissenschaftler:innen und Studierende aus Israel in die Bundesrepublik. Rund 25 Jahre nach Ende der NS-Herrschaft schrieb die Friedrich-Ebert-Stiftung neben den wissenschaftlichen Kontakten vor allem den „menschlichen Begegnungen" der Gruppe eine große Bedeutung zu.[141]

Im Zuge der Entspannungspolitik vergab die Friedrich-Ebert-Stiftung ab Anfang der 1970er-Jahre zunehmend auch Stipendien an Studierende und Wissenschaftler:innen aus Osteuropa. 1972 förderte die Stiftung 56 Männer und Frauen aus der Tschechoslowakei, Bulgarien, Ungarn, Rumänien und Polen, wobei tschechoslowakische Studierende und Wissenschaftler:innen mit 47 Personen die mit Abstand größte Gruppe waren. Anfangs war es oft nicht einfach, einen Modus Vivendi bei der Auswahl der Stipendiat:innen zu finden. So pochten vor allem die polnischen Partner:innen wie das Instytut Zachodni in Poznań darauf, sämtliche Stipendien in Eigenregie zu vergeben, und ließen sich erst nach langen Verhandlungen darauf ein, dass auch die Friedrich-Ebert-Stiftung einen Teil der Stipendiat:innen auswählte. Zu diesen zählte beispielsweise die Rechtswissenschaftlerin Hanna Suchocka, damals Mitglied der Demokratischen Partei. In den 1990er-Jahren sollte sie die erste Ministerpräsidentin Polens werden.

Zeit stiegen die jährlichen Einnahmen stetig an, von rund 42.000 D-Mark im Jahr der Gründung auf aktuell etwa 400.000 Euro.

Bis heute unterstützte der Solidaritätsfonds mehr als 1.200 Studierende und Promovierende, die in ihren Herkunftsländern aus rassistischen, politischen oder religiösen Gründen, wegen ihres Geschlechts oder ihrer sexuellen Orientierung verfolgt wurden. Anfangs wurden vor allem einmalige Beihilfen gewährt, zum Beispiel für Sprachkurse oder die Einreise nach Deutschland. Dabei leistete der Fonds immer wieder schnell und unbürokratisch Hilfe, etwa für ein Ehepaar, das sich in den 1980er-Jahren in einem diktatorisch regierten Land des globalen Südens der Protestbewegung angeschlossen hatte und deswegen inhaftiert werden sollte. Die beiden konnten vermutlich nur deswegen rechtzeitig nach Deutschland ausreisen, weil auf ihren Flugtickets die Friedrich-Ebert-Stiftung als Käufer vermerkt war und eine Verhaftung zu internationalem Protest geführt hätte.

Heute werden die Leistungen in der Regel als monatliche Stipendien gewährt. Die Stipendiat:innen erhalten die Mittel unabhängig vom Stand ihres Asylverfahrens. Pro Jahr ermöglicht der Fonds rund 20 Geflüchteten eine wissenschaftliche Ausbildung – und damit einen Neuanfang. So auch Najeeb N. aus Afghanistan, der mit seiner Familie zunächst nach Pakistan und in den Iran floh, in sein Herkunftsland zurückkehrte und ein zweites Mal, nun nach Deutschland, flüchtete. Hier konnte Najeeb 2020 mit Unterstützung des Solidaritätsfonds ein Studium der Politik- und Verwaltungswissenschaften aufnehmen.

Signal der Solidarität

Um geflüchtete Studierende und Wissenschaftler:innen zu unterstützen, gründete die Friedrich-Ebert-Stiftung am 21. Mai 1971 den Solidaritätsfonds. Die Idee dazu kam von den Stipendiat:innen selbst, die damit eine Lücke in der Studienförderung schlossen: Wegen ihrer gebrochenen Biografien fallen Geflüchtete bis heute oft durch das Raster der bestehenden Stipendienprogramme und haben damit kaum Möglichkeiten, eine wissenschaftliche Ausbildung in Deutschland zu beginnen oder fortzusetzen.

Von Anfang an speiste sich der Solidaritätsfonds vor allem aus Spenden der aktuellen und ehemaligen Stipendiat:innen der Friedrich-Ebert-Stiftung. Bereits im ersten Jahr des Bestehens unterstützte mehr als die Hälfte der damaligen Stipendiat:innen den Fonds; vier Jahre später spendeten fast alle ein Prozent ihres Stipendiums – ein beeindruckendes Signal der Solidarität. Im Laufe der

Rechte: AdsD, 6/FOTB088109

Einführungsseminar für internationale Stipendiat:innen in der Kurt-Schumacher-Akademie in Bad Münstereifel, 2010

Globaler Süden und DDR im Fokus der Forschung

Wie die anderen Stiftungsbereiche wuchs auch das Forschungsinstitut ab Anfang der 1970er-Jahre und differenzierte sich weiter aus. Die Themen reichten allein im Bereich Wirtschaftspolitik vom Städtebau in Ballungsgebieten über Möglichkeiten der berufsbezogenen Weiterbildung bis hin zur Integration von Frauen in die Arbeitswelt.

Der Forschungsbereich Geschichte legte in der ersten Hälfte der 1970er-Jahre einen Schwerpunkt auf die Arbeiter:innenbewegung in der NS-Zeit, unter anderem mit einer Regionalstudie zu Widerstand und Verfolgung in Duisburg und einem von der Deutschen Forschungsgemeinschaft (DFG) geförderten Projekt zu Widerstand und Emigration im Saarland. Daneben nahm die Stiftung mit einer Gesamtdarstellung der deutschen Arbeiter:innenbewegung ein „sozialgeschichtliche[s] Großprojekt“ in Angriff.[142] Die von Gerhard A. Ritter konzipierte und herausgegebene Reihe zur „Geschichte der Arbeiter und der Arbeiterbewegung in Deutschland seit dem Ende des 18. Jahrhunderts“ war eine Antwort auf die 1966 vom Institut für Marxismus-Leninismus beim Zentralkomitee (ZK) der Sozialistischen Einheitspartei Deutschlands (SED) publizierte „Geschichte der deutschen Arbeiterbewegung“. Weil es bis zum Erscheinen der ersten Monografien einige Jahre dauerte – Heinrich August Winkler legte 1984 den ersten von drei Bänden zur Weimarer Zeit vor–, ist der Zusammenhang zwischen den beiden Reihen nicht auf den ersten Blick ersichtlich.

Für die Abteilung „Entwicklungsländer und internationale Fragen“ standen nach wie vor die Beziehungen zwischen den Staaten des Globalen Südens und den Ostblockländern im Zentrum. So werteten die Wissenschaftler:innen ab 1971 über 4.000 Abkommen aus, um die Konditionen der „Entwicklungshilfe“ aus Osteuropa zu analysieren. Gleichzeitig widmete sich das Forschungsinstitut zunehmend den Staaten des Globalen Südens selbst, unter anderem in Fallstudien zu den Militärregimen in Ghana und Ägypten. Außerdem erschienen die „African Biographies“, eine Loseblattsammlung mit den Lebensläufen von afrikanischen Persönlichkeiten, die bis 1974 auf 600 Biografien anwuchs.

Im Zuge der Entspannungspolitik der sozial-liberalen Regierung wandte sich die Stiftung Anfang der 1970er-Jahre einem weiteren Forschungsfeld zu: der DDR. Da es kaum Austausch zwischen beiden deutschen Staaten gab und im Kalten Krieg das Wissen über die DDR politisch umkämpft war, trugen die Wissenschaftler:innen möglichst sachliche Informationen über Ostdeutschland zusammen: „Man muß von der realen DDR ausgehen, nicht von negativen oder positiven Wunschbildern“, hieß es in einer Publikation der Stiftung zum 25-jährigen Bestehen der DDR.[143] Ab Anfang der 1970er-Jahre brachte das Forschungsinstitut die Reihe „Die DDR. Realitäten – Argumente“ heraus, deren Einzelhefte sich jeweils einem Thema wie Grundrechte, Frauen oder Gewerkschaften in beiden deutschen Staaten widmeten. In einzelnen Publikationen gingen die Autor:innen sicher über den damaligen sozialdemokratischen Konsens hinaus. So wurde in der Schrift zu den Gewerkschaften dem Freien Deutschen Gewerkschaftsbund (FDGB) in der DDR eine relative Eigenständigkeit als Gewerkschaft zugestanden – eine Position, die der Deutsche Gewerkschaftsbund (DGB) kaum teilte. Außerdem gestand diese Publikation der DDR teilweise Erfolge zu und begriff die ostdeutsche Diktatur damit als Herausforderung für die Bundesrepublik.

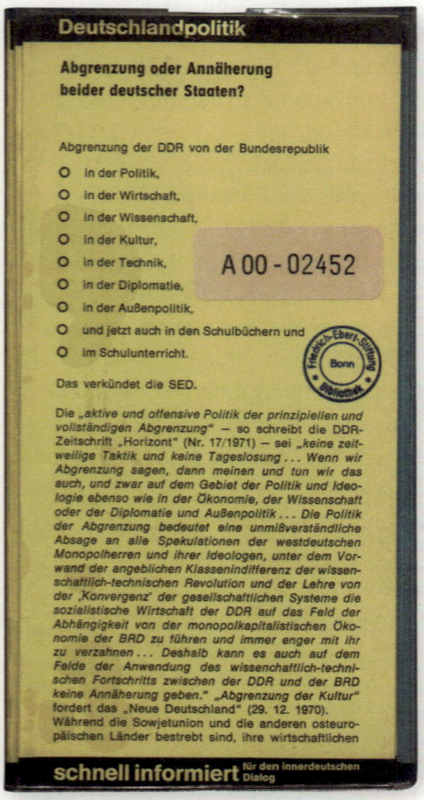
Deutschlandpolitik

Abgrenzung oder Annäherung beider deutscher Staaten?

Abgrenzung der DDR von der Bundesrepublik

- in der Politik,
- in der Wirtschaft,
- in der Wissenschaft,
- in der Kultur,
- in der Technik,
- in der Diplomatie,
- in der Außenpolitik,
- und jetzt auch in den Schulbüchern und
- im Schulunterricht.

A 00 - 02452
Friedrich-Ebert-Stiftung Bonn Bibliothek

Das verkündet die SED.

Die *„aktive und offensive Politik der prinzipiellen und vollständigen Abgrenzung“* – so schreibt die DDR-Zeitschrift „Horizont“ (Nr. 17/1971) – sei *„keine zeitweilige Taktik und keine Tageslosung ... Wenn wir Abgrenzung sagen, dann meinen und tun wir das auch, und zwar auf dem Gebiet der Politik und Ideologie ebenso wie in der Ökonomie, der Wissenschaft oder der Diplomatie und Außenpolitik ... Die Politik der Abgrenzung bedeutet eine unmißverständliche Absage an alle Spekulationen der westdeutschen Monopolherren und ihrer Ideologen, unter dem Vorwand der angeblichen Klassenindifferenz der wissenschaftlich-technischen Revolution und der Lehre von der ‚Konvergenz‘ der gesellschaftlichen Systeme die sozialistische Wirtschaft der DDR auf das Feld der Abhängigkeit von der monopolkapitalistischen Ökonomie der BRD zu führen und immer enger mit ihr zu verzahnen ... Deshalb kann es auch auf dem Felde der Anwendung des wissenchaftlich-technischen Fortschritts zwischen der DDR und der BRD keine Annäherung geben.“ „Abgrenzung der Kultur“* fordert das „Neue Deutschland“ (29. 12. 1970).
Während die Sowjetunion und die anderen osteuropäischen Länder bestrebt sind, ihre wirtschaftlichen

schnell informiert für den innerdeutschen Dialog

Quelle: Bibliothek der FES

Stichwortkarte: „Schnell informiert für den innerdeutschen Dialog“, 1971

Eine weitere Publikationsreihe, die Stichwortkarten „Schnell informiert für den innerdeutschen Dialog“, stellten Fakten zur DDR und zum Systemvergleich in kurzer und prägnanter Form zusammen. So listete die Karte zum Parteiensystem die bekanntesten Parteien in beiden deutschen Staaten auf, erläuterte ihren verfassungsrechtlichen Status und stellte für die DDR fest, dass die dortigen Blockparteien lediglich der Legitimation der Diktatur dienten: „Das Mehrparteiensystem in der DDR ist also nur eine Fassade, die den alleinigen Führungsanspruch der SED in einem demokratischen Licht erscheinen lassen soll.“[144] 1974 lagen bereits 45 Stichwortkarten und 24 Hefte vor. Abnehmer:innen waren Lehrer:innen, Bundeswehroffiziere, Betriebsrät:innen, Dozent:innen an Volkshochschulen sowie Jugendgruppenleiter:innen. Obwohl allein von den DDR-Heften bis Mitte der 1980er-Jahre mehr als 2,6 Millionen Exemplare erschienen, waren sowohl die Reihe als auch die Stichwortkarten zeitweise vergriffen – ein Zeichen dafür, wie groß das Informationsbedürfnis zum „anderen Deutschland“ in der Bundesrepublik war.

Zusätzlich zu eigenen Veröffentlichungen über Ostdeutschland arbeitete die Friedrich-Ebert-Stiftung eng mit der Herausgeber:in des DDR-Reports zusammen, der Gesellschaft für Politische Bildung Frankenwarte in Würzburg. Der Report wertete seit 1968 einmal im Monat bis zu 80 Zeitungen und Zeitschriften aus Ostdeutschland aus und erschien im sozialdemokratischen Verlag Neue Gesellschaft, der 1989 mit dem Verlag J. H. W. Dietz Nachf. fusionierte. Um die Kooperation mit dem Forschungsinstitut der Stiftung zu vertiefen, verlegte die Redaktion ihren Sitz 1972 nach Bonn. Wegen der großen Nachfrage – inzwischen wurde der DDR-Report auch an die bundesdeutschen Auslandsvertretungen verteilt – wurde die Auflage Mitte der 1970er-Jahre auf 2.500 Stück erhöht.

1972 erweiterte die Friedrich-Ebert-Stiftung den Forschungsbereich zur DDR um außenpolitische Fragestellungen. „Als Beurteilungs- und Entscheidungshilfe für die Politik“ erschienen nun unter anderem Studien zur Außenpolitik der Bundesrepublik aus polnischer Perspektive, zum neuen Kurs in den sowjetisch-US-amerikanischen Beziehungen und zur Außenpolitik der Volksrepublik China aus Sicht der Sowjetunion.[145]

Intensivierung der internationalen Arbeit

Mit Antritt der sozial-liberalen Koalition zog die Friedrich-Ebert-Stiftung international stärkeres Interesse auf sich und weitete ihre Tätigkeiten erheblich aus. Ab Ende der 1960er-Jahre waren die Aktivitäten so vielfältig, dass die Stiftung in ihren Jahresberichten nicht mehr alle Projekte aufzählen konnte, sondern nur noch ausgewählte Initiativen vorstellte.

Um die internationale Präsenz auszubauen, entsandte die Stiftung zusätzliche Vertreter:innen ins Ausland. Zwischen 1969 und 1975 stieg die Zahl der internationalen Mitarbeitenden von 73 auf 120. Neue Büros öffneten, unter anderem in Mexiko, Ghana und Thailand. Allerdings waren offizielle Repräsentanzen nicht überall gern gesehen, so in Tansania, wo die Regierung unter Julius Nyerere unter dem Schlagwort der *Self-reliance* (Eigenständigkeit) Unabhängigkeit von anderen Staaten vor allem im Bildungs- und Wirtschaftsbereich anstrebte. Als einer ausländischen Organisation schlug der Stiftung großes Misstrauen entgegen. Daher konnte Anfang der 1970er-Jahre zwar ein Mitarbeiter nach Daressalam entsandt werden, durfte dort jedoch kein Büro unterhalten.

Neben neuen Büros errichtete die Stiftung auch Bildungsstätten im Ausland – ein Konzept, das sich seit Mitte der 1960er-Jahre in Afrika bewährt hatte. So nahm 1973 das von der Stiftung kofinanzierte *President's Citizenship College* im sambischen Mulungushi den Betrieb auf; ein Jahr später eröffnete das College der *Sri Lanka Foundation* in Colombo. Bereits 1969 hatte sich die Friedrich-Ebert-Stiftung mit dem indonesischen Arbeitsministerium auf den Bau einer Schule in Jakarta geeinigt – und sich damit mit der Regierung von General Haji Mohamed Suharto arrangiert, der das Land seit 1967 diktatorisch regierte. Während die indonesische Seite das Grundstück für die Schule zur Verfügung stellte, war die Stiftung für den Bau sowie die Ausstattung des Gebäudes zuständig und erhielt dafür Mittel vom Bundesministerium für wirtschaftliche Zusammenarbeit und Entwicklung. Nach vier Jahren Bauzeit wurde das 14-stöckige Bildungszentrum 1977 in Jakarta eingeweiht. Dort führten nun rund 80 indonesische Mitarbeitende Veranstaltungen durch und trugen in einer der Schule angegliederten Forschungs- und Dokumentationsabteilung Informationen zum indonesischen Arbeitsmarkt zusammen. Obwohl die Friedrich-Ebert-

Rechte: AdsD, 6/FOTB087023

Die erste Konferenz der karibischen Gewerkschaftsjugend, gemeinsam organisiert vom guyanischen Gewerkschaftsbund, dem Karibischen Gewerkschaftsverband und der Friedrich-Ebert-Stiftung, 10. bis 22.3.1975 in Guyana

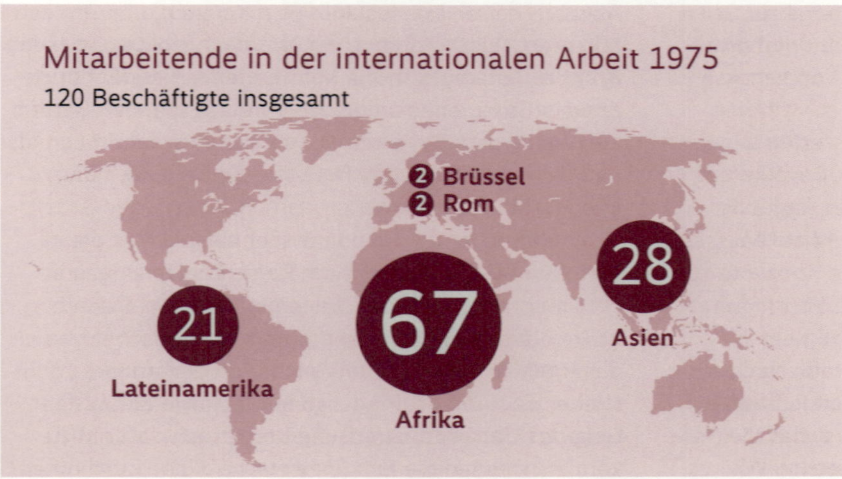

Quelle: Jahresbericht der FES, 1975

Inhaltlich konzentrierte sich die Friedrich-Ebert-Stiftung auf Genossenschafts-, Bildungs- und Medienprojekte, wobei sich die Schwerpunkte von Land zu Land unterschieden. Vor allem im Bildungsbereich verstärkte sie ihre Aktivitäten: Zwischen 1969 und 1975 stieg die Zahl der Teilnehmenden von 1.200 auf über 14.000. Die Veranstaltungen der Friedrich-Ebert-Stiftung deckten ein breites Spektrum ab, informierten über politische Themen oder vermittelten berufspraktische Kenntnisse.

Stiftung in den folgenden Jahren versuchte, in der Zusammenarbeit mit nicht staatlichen Akteur:innen demokratische Prozesse in Indonesien zu fördern, gelang ihr dies kaum; erst nach dem Rücktritt von Präsident Suharto vollzog das Land ab Ende der 1990er-Jahre den Wandel zur Demokratie.

Entsprechend groß war der Kreis der Teilnehmenden. Neben politischen Entscheidungsträger:innen besuchten Gewerkschaftsmitglieder, Angehörige von Genossenschaften, Lehrer:innen sowie Leiter:innen von Jugendgruppen die Seminare der Stiftung. Grundsätzlich waren alle Bildungsveranstaltungen als Anschubhilfe gedacht, nach einer kurzen

Quelle: AdsD, 6/FOTA140663; Rechte: Nicht ermittelbar

Eröffnung der Heimvolkshochschule der Friedrich-Ebert-Stiftung in Jakarta mit dem Präsidenten Indonesiens Mohamed Suharto und dem Ministerpräsidenten Nordrhein-Westfalens und stellvertretenden Vorsitzenden der Friedrich-Ebert-Stiftung Heinz Kühn, 1978

Anlaufzeit sollten lokale Partner:innen die Kurse in Eigenregie weiterführen.

Nachdem die Stiftung bereits in den 1960er-Jahren in ihrer internationalen Arbeit den Aufbau und die Etablierung vor allem von landwirtschaftlichen Genossenschaften gefördert hatte, baute sie dieses Tätigkeitsfeld nun weiter aus. So unterstützte Anfang der 1970er-Jahre in Ghana ein von der Stiftung entsandter Berater die Vorarbeiten zur Gründung einer Wohnungsbaugenossenschaft; in Nord-Sumatra standen drei Mitarbeiter den dort mit Förderung der Stiftung gegründeten Waren- und Kreditgenossenchaften unter anderem beim Aufbau eines zentralen Buchhaltungssystems zur Seite. Daneben führte die Stiftung Fachseminare und Fortbildungsveranstaltungen für Mitarbeitende von genossenschaftlichen Organisationen durch.

Um einen Beitrag „zu einem verbesserten allgemeinen Informationsstand" in der breiten Bevölkerung in Ländern des Globalen Südens zu leisten, legte die Friedrich-Ebert-Stiftung einen Schwerpunkt auf Massenmedien.[146] Dabei konnte sie auf bewährte Konzepte zurückgreifen und führte vor allem in Afrika Fortbildungsseminare für Journalist:innen durch, so 1969 einen mehrwöchigen Fernseh-Workshop in Nairobi. Nach einer theoretischen Einführung erstellten die Teilnehmenden einen eigenen Dokumentarfilm, auch wenn das die Stiftung vor technische Herausforderungen stellte. Weil es in Kenia keine Möglichkeiten gab, die Filme zu kopieren, mussten diese per Luftfracht nach Deutschland gebracht und dort vervielfältigt werden, damit jede:r Teilnehmende eine eigene Kopie für den Schnitt erhielt. Neben Seminaren organisierte die Friedrich-Ebert-Stiftung Fachtagungen, um Regierungsvertreter:innen, Journalist:innen und Mitglieder von Verlags- und Presseverbänden miteinander ins Gespräch zu bringen. 1969 ging aus einer derartigen Konferenz das *Asian Mass Communication Information and Research Centre* (AMIC) mit Sitz in Singapur hervor, eine von der Stiftung und 14 asiatischen Regierungen betriebene Forschungseinrichtung zu Massenmedien.

Obwohl es der Friedrich-Ebert-Stiftung in der ersten Hälfte der 1970er-Jahre gelang, ihr internationales Engagement zu intensivieren, musste sie auch Rückschläge hinnehmen. In Uganda war die Stiftung seit Mitte der 1960er-Jahre präsent und richtete 1970 ein Tonstudio ein, um Journalist:innen auszubilden. Doch im Januar 1971 putschte sich General Idi Amin an die Macht, überzog das Land mit Terror und griff im Jahr darauf das benachbarte Tansania an. Im Gegensatz zu anderen demokratischen Staaten sah die Bundesrepublik vom Abbruch der diplomatischen Beziehungen oder Protestnoten ab, selbst als Idi Amin öffentlich ein Denkmal für Adolf Hitler empfahl. Die Mitarbeitenden der Friedrich-Ebert-Stiftung blieben zunächst in Uganda und setzten auch nach dem Systemumbruch ihre Arbeit fort; erst als ihre Sicherheit gefährdet war, rief die Stiftung sie 1974 nach Deutschland zurück.

Die Arbeit in Uganda macht beispielhaft die begrenzten Möglichkeiten der politischen Stiftungen im Umgang mit autoritären Systemen deutlich. Denn bis heute bleibt den Stiftungen, und hier unterscheidet sich die Friedrich-Ebert-Stiftung nicht von den anderen politischen Stiftungen, ohne eigene Machtmittel nur das Gespräch. Um demokratische Kräfte unterstützen zu können, müssen die Stiftungen vor Ort sein, auch wenn sie sich damit auf einen Balanceakt einlassen und in der öffentlichen Wahrnehmung mit Diktaturen kooperieren.

Unterstützung für südeuropäische Demokrat:innen

Einen besonderen Stellenwert hatten die Aktivitäten der Friedrich-Ebert-Stiftung in Südeuropa. Seit dem Militärputsch 1967 in Griechenland setzte sich die Stiftung für Regimegegner:innen ein und erreichte, zum Teil mithilfe griechischer Stipendiat:innen, die Freilassung von Verhafteten. Weil die Demokratiebewegung in miteinander konkurrierende Gruppen zerfiel, beschränkte sich die Stiftung auf humanitäre Unterstützung und Stipendienprogramme für verfolgte griechische Wissenschaftler:innen. Nach dem Sturz der Diktatur nahm die Friedrich-Ebert-Stiftung 1974 die Zusammenarbeit mit demokratischen Kräften vor Ort auf. Ab Ende der 1970er-Jahre begleitete das neu eröffnete Stiftungsbüro in Athen die Vorbereitungen für den Beitritt Griechenlands zur Europäischen Gemeinschaft (EG).

Noch intensiver als das Engagement in Griechenland war die Stiftungsarbeit in Spanien und Portugal, beide bis Mitte der 1970er-Jahre repressive Diktaturen: „Dafür zu sorgen, dass [dort] die Voraussetzungen für eine demokratische Entwicklung gegeben wurden, [...] [war] eine der größten gesellschaftspolitischen Leistungen der Friedrich-Ebert-Stiftung", so Günter Grunwald im Rückblick.[147] Nachdem die Stiftung bereits Mitte der 1960er-Jahre Kontakte zu verbotenen sozialistischen Gruppierungen in Portugal aufgenommen hatte, unterstützte sie ab 1970 Mário Soares und vergab publizistische Aufträge an den im französischen Exil lebenden Kopf der Oppositionsbewegung. Nach der Gründung des *Partido Socialista* (PS) in der Bildungsstätte der Friedrich-Ebert-Stiftung in Bad Münstereifel im April 1973 (vgl. S. 96 f.) stand die Stiftung der jungen Partei beim Aufbau von Strukturen zur Seite und unterstützte sie finanziell. Sozialistische Oppositionelle erhielten außerdem Papier und Druckmaschinen, damit sie im Untergrund Handzettel und Plakate drucken konnten.

Als der bisherige Premierminister Marcelo Caetano im April 1974 im Zuge der Nelkenrevolution gestürzt wurde, begleitete die Friedrich-Ebert-Stiftung den Übergang zur Demokratie, indem sie Mitglieder des PS und der Gewerkschaften, Journalist:innen, Mandatsträger:innen sowie lokale Verwaltungsmitarbeitende schulte. Nach dem Amtsantritt von Mário Soares als erstem frei gewählten Ministerpräsidenten Portugals im Sommer 1976 konzentrierte sich die Stiftung, inzwischen von einem eigenen Büro in Lissabon aus, auf die Schulung von Medienvertreter:innen und den Aufbau einer demokratischen Gewerkschaftsbewegung. 1979 unterstützte die Stiftung die Gründung eines gewerkschaftlichen Dachverbands.

Zur spanischen Demokratiebewegung unterhielt die Friedrich-Ebert-Stiftung bereits seit den 1950er-Jahren Verbindungen. So wurden Angehörige unterschiedlicher Oppositionsgruppen in der Heimvolkshochschule Bergneustadt geschult. Ab Anfang der 1970er-Jahre arbeitete die Stiftung ausschließlich mit dem *Partido Socialista Obrero Español* (PSOE) zusammen, unter seinem Vorsitzenden Felipe González inzwischen die führende Linkspartei in Spanien. Ausgestattet mit einer Visitenkarte von González, auf der dieser ihn als Freund bezeichnete, brach Stiftungsmitarbeiter Dieter Koniecki im November 1975 zu einer Sondierungsreise nach Spanien auf – und erlebte ein Land im Umbruch. Denn nur wenige Tage nach seiner Ankunft starb Diktator Francisco Franco. Unter den neuen Bedingungen plante Koniecki weitere

→ *Fortsetzung auf Seite 98*

Quelle: AdsD, 6/FOTA156960; Rechte: Nicht ermittelbar

Der Generalsekretär der PSOE Felipe González mit Günter Grunwald und dem Leiter des Büros der Stiftung in Madrid Dieter Koniecki, 1979

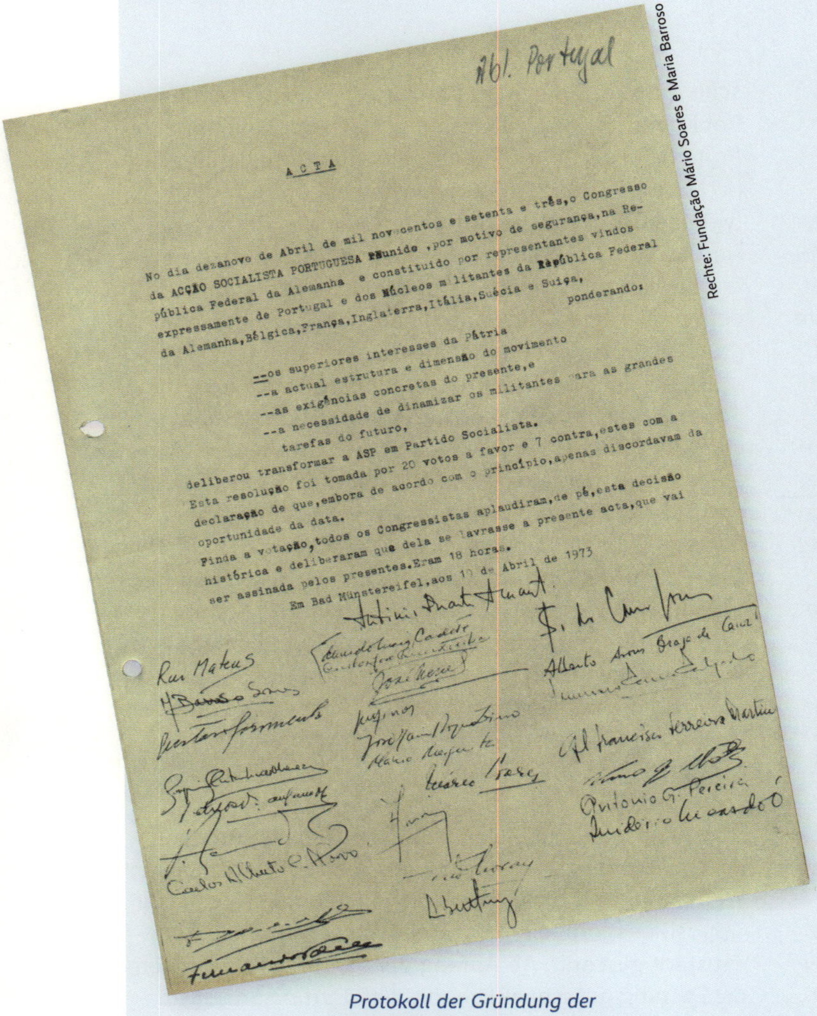

A C T A

No dia dezanove de Abril de mil novecentos e setenta e três, o Congresso da ACÇÃO SOCIALISTA PORTUGUESA reunido, por motivo de segurança, na República Federal da Alemanha e constituido por representantes vindos expressamente de Portugal e dos Núcleos militantes da República Federal da Alemanha, Bélgica, França, Inglaterra, Itália, Suécia e Suiça,

ponderando:

--os superiores interesses da Pátria
--a actual estrutura e dimensão do movimento
--as exigências concretas do presente, e
--a necessidade de dinamizar os militantes para as grandes tarefas do futuro,

deliberou transformar a ASP em Partido Socialista.

Esta resolução foi tomada por 20 votos a favor e 7 contra, estes com a declaração de que, embora de acordo com o princípio, apenas discordavam da oportunidade da data.

Finda a votação, todos os Congressistas aplaudiram, de pé, esta decisão histórica e deliberaram que dela se lavrasse a presente acta, que vai ser assinada pelos presentes. Eram 18 horas.

Em Bad Münstereifel, aos 19 de Abril de 1973

Rechte: Fundação Mário Soares e Maria Barroso

Protokoll der Gründung der Sozialistischen Partei in Bad Münstereifel, 19.4.1973

Starthilfe für den Partido Socialista

Vielen portugiesischen Sozialist:innen ist der Ort Bad Münstereifel ein fester Begriff, schließlich wurde im Frühjahr 1973 in der dortigen Bildungsstätte der Friedrich-Ebert-Stiftung die sozialistische Partei Portugals gegründet. Die Stiftung hatte bereits zur Vorgängerorganisation, der Acção Socialista Portuguesa (ASP), enge Beziehungen unterhalten. Als Mário Soares die Gruppe 1964 ins Leben rief, um die autoritäre Diktatur von António de Oliveira Salazar zu bekämpfen, erhielten er und seine Mitstreiter:innen von den sozialdemokratischen und sozialistischen Parteien Europas zwar viel Zuspruch, aber kaum konkrete Hilfe. Umso wichtiger war die Unterstützung durch die Friedrich-Ebert-Stiftung, die unter anderem die sozialistische Zeitung República *finanzierte, ein Sprachrohr der demokratischen Opposition in Portugal. Daneben rückte die Stiftung die ASP in den Blickpunkt der Medien, indem sie ihren charismatischen Anführer Mário Soares zu Vorträgen einlud und ihm Kontakte zu deutschen Journalist:innen vermittelte.*

Als das diktatorische Regime in Portugal, inzwischen unter Salazars Nachfolger Marcelo Caetano, für den Herbst 1973 Wahlen ansetzte, wurden in der ASP Stimmen laut, die Anfang der 1930er-Jahre

Rechte: Fundação Mário Soares e Maria Barroso

Gründungsmitglieder des Partido Socialista in Bad Münstereifel: (obere Reihe v. l. n. r.) Fernando Borges, Liberto Cruz, José Neves, Carlos Queixinhas, Jorge Campinos, António Arnaut; (mittlere Reihe v. l. n. r.) Maria Barroso, José Maria Roque Lino, Rui Mateus, Fernando Valle, Mário Soares, Carlos Carvalho, Francisco Ramos da Costa; (untere Reihe v. l. n. r.) Fernando Loureiro, Catanho de Menezes, Bernardino Gomes, António Gomes Pereira, Gustavo Soromenho, Desidério Lucas do Ó

Rechte: AdsD, 6/FOTB088103

Der portugiesische Premierminister Antonio Costa besuchte zusammen mit Soares' Tochter Isabel Barroso Soares (hinter Costa) anlässlich des 50. Jubiläums des Partido Socialista das Archiv der sozialen Demokratie, 21.11.2023.

aufgelöste sozialistische Partei wiederzugründen, um an der Abstimmung teilnehmen zu können. Gleichzeitig hofften Mário Soares und seine Anhänger:innen, dass sie mit einer Parteiorganisation international ernster genommen würden, auch wenn sie damit das Risiko eingingen, stärker als bisher von der portugiesischen Geheimpolizei überwacht zu werden. Da eine offene Diskussion in Portugal nicht möglich war und viele portugiesische Sozialist:innen im Exil lebten, bat Mário Soares die Friedrich-Ebert-Stiftung um Unterstützung und bereitete mithilfe der Internationalen Abteilung einen ASP-Kongress in Deutschland vor.

Am 16. April 1973 begann in der Bildungsstätte der Stiftung in Bad Münstereifel eine „Klausurtagung für portugiesische Erwachsenenbildner", so die offizielle Bezeichnung, die sicherstellen sollte, dass das Regime den Delegierten aus Portugal die Ausreise erlaubte. Neben ihnen nahmen auch im Exil lebende ASP-Angehörige an dem Kongress teil. In einer leidenschaftlichen Rede sprach sich Mário Soares für die Umwandlung der ASP in eine Partei aus – und konnte die meisten Teilnehmenden überzeugen.

Am 19. April 1973 stimmten 20 der 27 Delegierten für die Gründung des Partido Socialista (PS). Bei seiner Abreise trug sich Mário Soares in das Gästebuch der Bildungsstätte ein: „Mit herzlicher Anerkennung der Portugiesischen Sozialistischen Partei für alles, was die Friedrich-Ebert-Stiftung im Blick auf die Demokratie und den Sozialismus in Freiheit in Portugal getan hat."[148]

Auch wenn der Partido Socialista wegen Repressionen die Wahl im Herbst 1973 boykottierte, profilierte sich die Partei mit Unterstützung der Friedrich-Ebert-Stiftung als führende Kraft der portugiesischen Opposition. Auf Initiative der Stiftung lud die SPD Mário Soares im Frühjahr 1974 nach Bonn ein, wo er auch Bundeskanzler Willy Brandt treffen sollte. Doch dazu kam es nicht, denn am 25. April 1974 stürzte die Nelkenrevolution das Regime von Marcelo Caetano und Mário Soares reiste nach Lissabon. Nach dem Staatsstreich wurde der PS zur wichtigen Volkspartei in Portugal und spielte bei der Transformation zu einem demokratischen System eine zentrale Rolle.

Um an die Gründung des PS zu erinnern, kehrte Mário Soares mehrfach nach Bad Münstereifel zurück. Bis heute nimmt das kleine Städtchen in der Eifel im Bewusstsein der portugiesischen Sozialist:innen einen besonderen Platz ein. So besuchte 2023 der Premierminister und PS-Generalsekretär António Costa gemeinsam mit dem Stiftungsvorsitzenden Martin Schulz und dem SPD-Vorsitzenden Lars Klingbeil den Ort, an dem 50 Jahre zuvor die sozialistische Partei Portugals ins Leben gerufen worden war.

Aktivitäten wie Schulungen in Spanien und der Bundesrepublik sowie die Mitarbeit an Forschungsvorhaben und lotete vor Ort Kooperationsmöglichkeiten mit Partner:innen aus.

Als erste deutsche Stiftung eröffnete die Friedrich-Ebert-Stiftung im Frühling 1976 ein Büro in Madrid. Von dort förderte sie während der Transformationsphase den Dialog zwischen unterschiedlichen gesellschaftlichen Gruppen und lud unter anderem Gewerkschaftsvertreter:innen und Unternehmer:innen zu gemeinsamen Diskussionsrunden ein. 1976 fanden 20 derartige Veranstaltungen statt, in den folgenden beiden Jahren waren es 200. Daneben begleitete die Stiftung die Ausarbeitung der im Dezember 1978 verabschiedeten spanischen Verfassung, indem sie mehrere Fachtagungen zu verfassungsrechtlichen Fragen organisierte. Das Stiftungsbüro in Madrid war damit „eine Drehscheibe, auf der wichtige Bereiche der Demokratisierung Spaniens projektiert und vorgedacht wurden", so Der Spiegel.[149] Gleichzeitig förderte die Friedrich-Ebert-Stiftung den PSOE, schulte Parteimitarbeitende in Presse- und Öffentlichkeitsarbeit und unterstützte Wahlkampfaktivitäten. So trug sie dazu bei, dass mit der Regierungsübernahme durch die sozialistische Partei im Herbst 1982 erstmals in der spanischen Geschichte eine demokratische Machtübergabe gelang. Für seine Verdienste um die Demokratie erhielt Dieter Koniecki 1984 den spanischen Zivilverdienstorden, auch Günter Grunwald wurde vom spanischen König ausgezeichnet.

„Raum der Freiheit" in Chile

Anfang der 1970er-Jahre war die Friedrich-Ebert-Stiftung in Chile mit ILDIS fest etabliert. Das Forschungsinstitut führte internationale Konferenzen durch, erstellte politische Analysen und ermöglichte dank eines dichten Netzwerks Besucher:innen aus Deutschland den Austausch mit chilenischen Entscheidungsträger:innen. Doch dann änderte sich alles: Am 11. September 1973 putschte das Militär unter der Führung von General Augusto Pinochet gegen die demokratisch gewählte Regierung, Präsident Salvador Allende nahm sich bei der Erstürmung des Präsidentenpalasts das Leben. „Viele Freunde der Stiftung waren gezwungen, ins politische Exil zu gehen, oder wurden verhaftet", so die Friedrich-Ebert-Stiftung in ihrem Jahresbericht für 1973. „Wir haben getan, was wir konnten, und werden zeigen, daß für uns der Begriff ‚Solidarität' nicht nur ein leeres Wort ist."[150] Noch 1973 lief ein Sonderstipendienprogramm für chilenische Wissenschaftler:innen an. Es ermöglichte, zum Teil auch mit Mitteln aus dem Solidaritätsfonds, in den folgenden beiden Jahren mehr als 150 Verfolgten die Ausreise.

ILDIS blieb zunächst in Santiago de Chile bestehen, doch als die Räume durchsucht wurden, zog sich die Stiftung 1974 aus Chile zurück und verlagerte das Institut ins ecuadorianische Quito. Fortan unterstützte die Stiftung chilenische Demokrat:innen von den Nachbarländern aus. Dabei förderte sie vor allem den Dialog zwischen unterschiedlichen politischen Lagern. So fand 1975 im venezolanischen Colonia Tovar ein Seminar für Politiker:innen verschiedener chilenischer Parteien statt, das als Geburtsstunde der „Concertación"

Rechte: AdsD, 6/FOTB04016

Bibliothek im FES-Büro in Caracas; ILDIS, 1980

Quelle: AdsD, 6/FOTA114651; Rechte: Nicht ermittelbar

Internationales Seminar des Instituto Lationamericano de Investigaciónes Sociales (ILDIS) in Moneda mit dem Präsidenten Chiles Salvador Allende und dem Leiter von ILDIS Karl-Heinz Stanzick, 30.5.1973

gilt, eines breiten Bündnisses demokratischer Parteien, aus dem nach dem Ende der Militärdiktatur für viele Jahre alle demokratisch gewählten Präsident:innen hervorgingen.

Weil in Chile auf repressive Phasen immer wieder Zeiten größerer Toleranz folgten, kam die Führung der Friedrich-Ebert-Stiftung zu dem Schluss, dass chilenische Demokrat:innen nur vor Ort wirksam unterstützt werden konnten. Daher kehrte die Stiftung 1981 nach Chile zurück, allerdings nicht unter ihrem Namen, sondern mit dem formell von ihr unabhängigen Unternehmen „Estudios Financieros, Económicos y Sociales (Consultora EFES Limitada)". Ähnlich wie in Spanien und Portugal förderte EFES den Austausch zwischen unterschiedlichen oppositionellen Strömungen und unterstützte die Gewerkschaften, in Chile die stärkste demokratische Kraft während der Diktatur. Daneben beriet EFES kleine und mittelständische Betriebe, die besonders unter Pinochets auf Export ausgerichteter Wirtschaftspolitik litten und oft keinen Zugang zum chilenischen Kreditmarkt hatten.

Ein weiterer Schwerpunkt waren Forschungstätigkeiten, insbesondere zu gesellschaftspolitischen und verfassungsrechtlichen Fragen. So stand EFES in engem Austausch mit der Forschungsgesellschaft CIEPLAN, in der reformorientierte Sozialwissenschaftler:innen Szenarien für eine demokratische Entwicklung Chiles entwarfen. Ab 1982 arbeitete EFES auch mit den Jurist:innen der „Gruppe der 24" zusammen, die über alle politischen Lager hinweg eine demokratische Verfassung vorbereitete, und förderte unter anderem die Veröffentlichung des Verfassungsentwurfs. EFES wurde damit zu einem „Raum bedingungsloser Freiheit",[151] so der spätere chilenische Außenminister Alejandro Foxley, in dem sich Demokrat:innen austauschen und Strategien für die Rückkehr zur Demokratie erarbeiten konnten.

Als die Chilen:innen 1988 per Referendum über eine weitere Präsidentschaft von Augusto Pinochet abstimmten, unterstützte EFES die „Kampagne für das Nein", stellte oppositionellen Kräften Räumlichkeiten zur Verfügung und beriet die finanziell oft angeschlagenen reformorientierten chilenischen Zeitungen. Am 5. Oktober 1988 sprachen sich die Wähler:innen mehrheitlich gegen Pinochet aus – und machten den Weg frei für Wahlen und die Rückkehr Chiles zur Demokratie im Jahr darauf. Dass die Friedrich-Ebert-Stiftung langen Atem bewiesen und ihnen während der Militärdiktatur zur Seite gestanden hatte, trug erheblich zu ihrem Ansehen bei vielen chilenischen Demokrat:innen bei.

→ *Fortsetzung auf Seite 102*

Forum der Begegnung: Der Kocheler Kreis für Wirtschaftspolitik

Es sollte ein einmaliges Treffen sein, wurde jedoch zur Keimzelle für einen der wichtigsten Gesprächskreise der Friedrich-Ebert-Stiftung: Im Januar 1984 tauschten sich auf Einladung des stellvertretenden Vorsitzenden der SPD-Bundestagsfraktion Wolfgang Roth Wissenschaftler:innen und Politiker:innen in der Georg-von-Vollmar-Akademie im oberbayerischen Kochel zu wirtschaftspolitischen Fragen aus, darunter mehrere Bundestagsabgeordnete sowie die Professoren Jürgen Kromphardt von der Technischen Universität Berlin und Hans-Jürgen Krupp vom ebenfalls in Berlin ansässigen Deutschen Institut für Wirtschaftsforschung. Nach dem Vorbild des 1982 ins Leben gerufenen wirtschaftsliberalen Kronberger Kreises beschlossen die Teilnehmenden, künftig regelmäßig zusammenzukommen. Seitdem trifft sich der Kocheler Kreis als Zusammenschluss von Wirtschaftswissenschaftler:innen, leitenden Beamt:innen und Politiker:innen etwa einmal im Jahr.

Betreut vom Forschungsinstitut der Friedrich-Ebert-Stiftung wirkte der Gesprächskreis in der Anfangszeit vor allem im Hintergrund und beriet Stiftung und Partei zu wirtschaftspolitischen Fragen. Die wichtigsten auf den Treffen gehaltenen Vorträge wurden publiziert, unter anderem zur Beschäftigungspolitik, um auf die in den 1980er-Jahren stark gestiegene Arbeitslosigkeit zu reagieren. Nach der Friedlichen Revolution 1989/90 nahm der Gesprächskreis die Herausforderungen der deutschen Vereinigung in den Blick und untersuchte unter anderem den Transformationsprozess in den neuen Bundesländern sowie Ansätze zur Neuordnung des Finanzausgleichs.

Selbstdarstellung des Kocheler Kreises in der ersten Publikation, 1982 („Löhne, Arbeitsbedingungen und Beschäftigung")

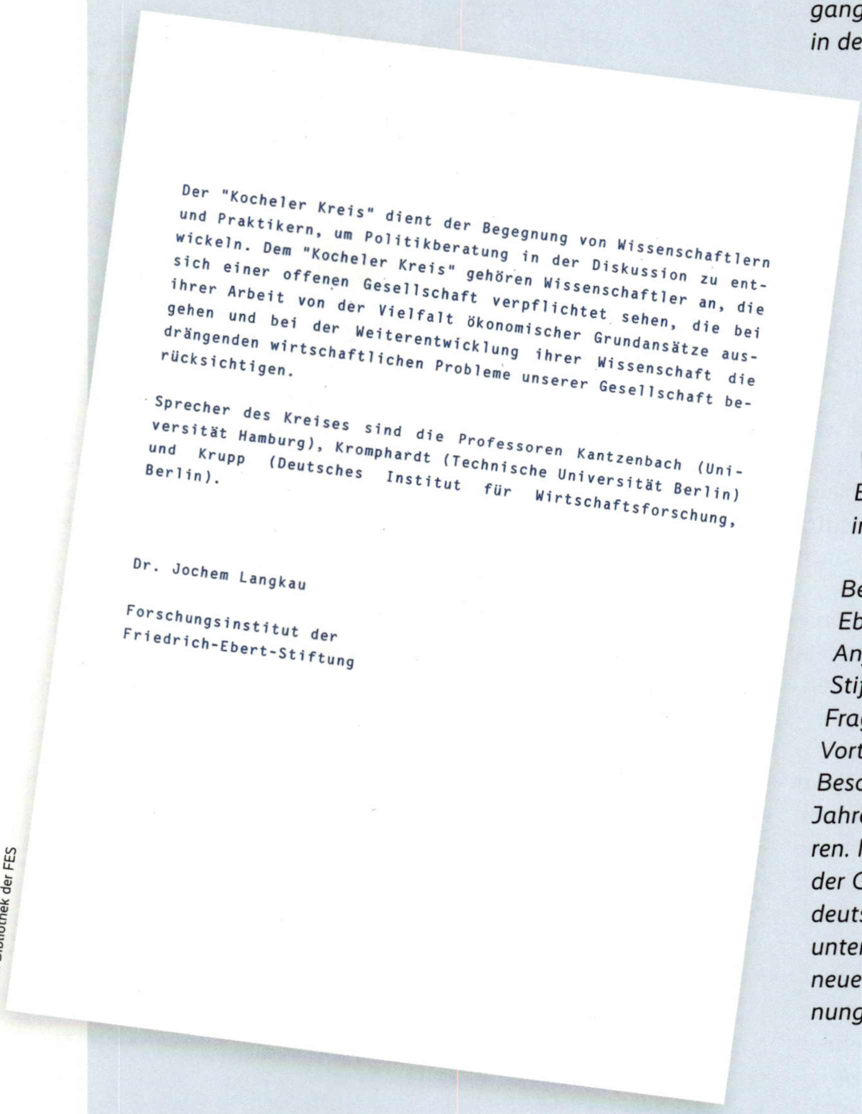

Der "Kocheler Kreis" dient der Begegnung von Wissenschaftlern und Praktikern, um Politikberatung in der Diskussion zu entwickeln. Dem "Kocheler Kreis" gehören Wissenschaftler an, die sich einer offenen Gesellschaft verpflichtet sehen, die bei ihrer Arbeit von der Vielfalt ökonomischer Grundansätze ausgehen und bei der Weiterentwicklung ihrer Wissenschaft die drängenden wirtschaftlichen Probleme unserer Gesellschaft berücksichtigen.

Sprecher des Kreises sind die Professoren Kantzenbach (Universität Hamburg), Kromphardt (Technische Universität Berlin) und Krupp (Deutsches Institut für Wirtschaftsforschung, Berlin).

Dr. Jochem Langkau

Forschungsinstitut der
Friedrich-Ebert-Stiftung

Quelle: Bibliothek der FES

Quelle: Bibliothek der FES

Publikation des Kocheler Kreises zur Wirtschafts- und Umweltpolitik in der Zeitenwende, 2023

Im Zuge der globalen Finanz- und Wirtschaftskrise meldeten sich die Expert:innen des Gesprächskreises zunehmend auch öffentlich zu Wort, analysierten in Stellungnahmen die Ursachen der Krise und zeigten Lösungsvorschläge auf. So forderte 2009 ein 10-Punkte-Programm des Kocheler Kreises eine „Doppelstrategie aus kurzfristigen konjunkturstimulierenden Maßnahmen und aus langfristigen Strukturmaßnahmen im Finanzsektor",[152] allen voran ein öffentliches Konjunkturprogramm mit einem Volumen von mindestens 50 Milliarden Euro sowie weltweit eine stärkere Regulierung der Finanzmärkte. Daneben befasste sich der Kocheler Kreis mit grundsätzlichen sozialen Fragen, die durch die Krise an Aktualität gewonnen hatten, wie eine gerechtere Verteilung des Wohlstands. 2014 analysierte der Gesprächskreis gemeinsam mit dem Kautsky-Kreis, einer Vereinigung sozialdemokratischer Ökonom:innen aus Österreich, die Ursachen der in vielen Industriestaaten immer weiter auseinanderklaffenden Wohlstandsschere und diskutierte Ansätze, um dieser Entwicklung beispielsweise im Rahmen der Steuerpolitik etwas entgegensetzen zu können.

Erhebliche Resonanz erfuhr auch die Dokumentation der Kocheler Tagung aus dem Jahr 2019, auf der empirische Befunde von Einkommens- und Vermögensungleichheit diskutiert wurden.

In den letzten Jahren befasst sich der Arbeitskreis Allgemeine Wirtschaftspolitik/Kocheler Kreis mit den vielfach verschränkten Herausforderungen der Gegenwart: den Folgen der Corona-Pandemie, der Unterbrechung der globalen Lieferketten, der Inflation, den Auswirkungen des Ukraine-Kriegs auf die Energieversorgung und dem Klimawandel.[153]

Aufklärungsarbeit gegen Links- und Rechtsextremismus

Angesichts des zunehmenden Linksextremismus setzte sich die Friedrich-Ebert-Stiftung in den 1970er-Jahren kritisch mit dessen zugrunde liegenden Denkmustern auseinander, unter anderem in einer Broschüre zu den K-Gruppen, wie die radikalen kommunistischen Splittergruppierungen genannt wurden, die zum Teil auch mit Gewalt die Staatsordnung der Bundesrepublik bekämpften. Auch in ihren Seminaren klärte die Stiftung über linksextreme Ideologien auf und versuchte, den Teilnehmenden die „Bruchstellen" der Argumentationsmuster vor Augen zu führen.[154]

Als die Rote Armee Fraktion (RAF) 1977 mehrere Wirtschafts- und Staatsvertreter ermordete, palästinensische Terrorist:innen zur Unterstützung der RAF eine Lufthansa-Maschine mit rund 90 Personen an Bord entführten und die Öffentlichkeit sehr emotional über den Terror und seine Bekämpfung debattierte, gewannen diese Themen auch für die Friedrich-Ebert-Stiftung an Bedeutung. Unter dem Eindruck der jüngsten Gewaltwelle im „Deutschen Herbst" tauschten sich Dozent:innen der Stiftung im November 1977 auf einem Tagesseminar mit Vertreter:innen des Bundeskriminalamts und des Verfassungsschutzes aus und erarbeiteten ein Argumentationspapier für künftige Diskussionen in Seminaren. 1977 und 1978 bot die Stiftung rund 150 Kurse zu Terrorismus und innerer Sicherheit an, in denen sich die Teilnehmenden mit den Zielen der RAF und rechtsstaatlichen Gegenmaßnahmen auseinandersetzten. Die Friedrich-Ebert-Stiftung versuchte so, „Verharmlosungstendenzen" ebenso entgegenzuwirken wie „hysterischen Reaktionen" und der Ansicht, die Bundesrepublik befinde sich in einem Bürgerkrieg.[155] Immer wieder beobachteten Dozent:innen, dass Teilnehmende im Laufe des Kurses ihre Meinung änderten und zu einer differenzierteren Einschätzung kamen. So gab es mehrfach Personen, die zu Beginn eines Seminars die Todesstrafe für die RAF-Terrorist:innen forderten, später jedoch von diesem Standpunkt abrückten.

Auch auf dem Höhepunkt des linksextremistischen Terrors hielt es die Friedrich-Ebert-Stiftung allerdings gleichsam „für notwendig, aufzuklären über die theoretischen Grundlagen des organisierten Rechtsextremismus in der Bundesrepublik und auf die latenten Gefahren des Faschismus hinzuweisen", so der Jahresbericht für 1977.[156] Als zu Beginn der 1980er-Jahre Rechtsradikale verstärkt Anschläge auf Migrant:innen sowie Jüdinnen und Juden

Seminar zur politischen Bildung in der Georg-von-Vollmar-Akademie in Kochel, um 1986

Rechte: AdsD, 6/FOTB043664

verübten, setzte sich die Stiftung noch intensiver als bisher mit Rechtsextremismus auseinander, insbesondere in Kursen zu rechten Denkmustern. Weil sie dort Anregungen für den Umgang mit rechtsradikalen Kolleg:innen bekamen, spielten die Seminare vor allem für Betriebsräte und Gewerkschafter:innen eine wichtige Rolle. Daneben brachte die Stiftung in Kursen „zum Abbau der Ausländerfeindlichkeit" vornehmlich in Deutschland geborene Lehrer:innen und Polizist:innen mit Migrant:innen und Vertreter:innen von migrantischen Organisationen in den Dialog.[157] Aus diesen Seminaren resultierte die Broschüre „Argumente gegen Ausländerfeindlichkeit", ein an Parteien, Gewerkschaften, Kirchen, Volkshochschulen und Jugendorganisationen verteiltes Heft, das die in den Kursen am häufigsten geäußerten rassistischen Stereotype durch Hintergrundinformationen widerlegte.

Zur Auseinandersetzung mit dem Rechtsextremismus gehörte für die Stiftung auch die Erinnerungsarbeit. Daher fanden Anfang der 1980er-Jahre mehrfach öffentliche Veranstaltungen mit Widerstandskämpfer:innen und Menschen statt, die in der NS-Zeit verfolgt worden waren. Die Stiftung hoffte, auf diese Weise die Erfahrungen der Zeitzeug:innen „nutzbar zu machen und sie in geeigneter Form besonders an junge Menschen weiterzugeben, die […] sich nur schwer eine Vorstellung vom Alltag im Faschismus machen können".[158] Als sich 1983 der Beginn der NS-Herrschaft zum 50. Mal jährte, veranstalteten das Haus Frankenwarte in Würzburg und andere Bildungsstätten Lesungen, Podiumsdiskussionen und Ausstellungen zur NS-Diktatur sowie eine Seminarreihe zum Thema „Nationalsozialismus und Rechtsextremismus – was haben wir aus unserer Geschichte gelernt?".

Ausbau der Studierendenförderung

Weil viele Studierende fürchteten, die Maßnahmen der SPD-geführten Bundesregierung gegen den RAF-Terror könnten den Rechtsstaat aushöhlen, kam es Ende der 1970er-Jahre auf Veranstaltungen der Stiftung zu „sehr hitzig[en]" Debatten zwischen Stipendiat:innen und Politiker:innen.[159] Wegen der inhaltlichen Nähe zur SPD sah sich die Friedrich-Ebert-Stiftung mit wachsendem Misstrauen konfrontiert – und steuerte gegen. So intensivierte die Stiftung den Kontakt zu den Geförderten und informierte sie stärker als bisher über Neuigkeiten, unter anderem im seit 1978 einmal pro Semester erscheinenden „Stipendiaten-Informationsblatt". Außerdem erhielten die Geförderten mehr Mitspracherechte, zunächst bei der Gestaltung der Stipendiat:innenseminare. Für eine „offene, möglichst weitgehende Kooperation mit dem Partner Studienförderung" rief die Friedrich-Ebert-Stiftung außerdem die Bundesvertretungskonferenz ins Leben, eine Versammlung von Geförderten, die von ihren Mitstipendiat:innen gewählt wurden.[160] Bei ihrem ersten Treffen im Juni 1982 diskutierten die Bundesvertreter:innen unter anderem, wie sich die Stipendiat:innen in die Regionaltreffen und das Informationsblatt für die Geförderten einbringen konnten.

Im Laufe der 1980er-Jahre weitete die Stiftung ihre Fördermöglichkeiten aus, unter anderem durch die 1981 gegründete Ernst-Strassmann-Stiftung. Die treuhänderisch von der Friedrich-Ebert-Stiftung geführte und nach dem Widerstandskämpfer Ernst Strassmann benannte Stiftung förderte Studien zur NS-Zeit und vergab Stipendien an begabte Studierende von Kunst- und Musikhochschulen. 1986 richtete die Friedrich-Ebert-Stiftung zum 80. Geburtstag des SPD-Politikers Herbert Wehner einen Sonderfonds ein, der wissenschaftliche Arbeiten unter anderem zu Parlamentarismus und Deutschlandpolitik unterstützte. Eine der ersten geförderten Studien war eine deutsch-polnische Gemeinschaftspublikation.

Nach wie vor baute die Stiftung die Studienförderung aus, von rund 1.400 Stipendiat:innen im Jahr 1980 auf 1.800 im Jahr 1988. Rund ein Drittel der Geförderten war weiblich; etwa 19 Prozent der deutschen Stipendiat:innen hatten das Abitur über den zweiten Bildungsweg erlangt. Dabei überstieg die Zahl der Bewerber:innen die der Geförderten um ein Vielfaches: Aus finanziellen Gründen und um auch weiterhin nur die Begabtesten zu unterstützen, berücksichtigte die Stiftung Ende der 1980er-Jahre von den jährlich mehr als 12.000 Anträgen nur rund 440.

Stärker als bisher bemühte sich die Friedrich-Ebert-Stiftung, den Blick der aus Deutschland stammenden Geförderten über die Grenzen der Bundesrepublik hinaus zu weiten. So absolvierten auf Anregungen seitens der Stiftung hin immer mehr Stipendiat:innen ein Auslandsstudium: 1983 gingen 50 geförderte Studierende ins Ausland, 1988 waren es bereits 140. Gleichzeitig bot die Stiftung vermehrt internationale Studien- und Informationsreisen für die Geförderten an, 1988 unter anderem nach Portugal als neues EG-Mitglied und nach Polen, das sich für politische Reformen zu öffnen begann.

Zwischen Entspannung und Aufrüstung

Um den „Forschungsbedarf der Politik“ zu decken, gründete die Stiftung 1978 die Studiengruppe „Sicherheit und Abrüstung“, die Analysen und Arbeitspapiere zu einem hochaktuellen und brisanten Themenfeld verfasste. Nachdem die USA und die Sowjetunion 1972 erfolgreich die *Strategic Arms Limitation Talks* (SALT I) über die Begrenzung der Raketenabwehr und das Einfrieren see- und landgestützter strategischer Atomwaffen abgeschlossen hatten, nahmen sie 1979 die Gespräche über Mittelstreckenwaffen auf (SALT II). Auch auf multinationaler Ebene suchten ost- und westeuropäische Staaten nach Möglichkeiten, um das Wettrüsten zu beenden, unter anderem im Rahmen der Konferenz über Sicherheit und Zusammenarbeit in Europa (KSZE). Gleichzeitig begann nach Jahren der Entspannungspolitik ein zweiter Kalter Krieg. Denn die Modernisierung älterer Raketensysteme durch die Sowjetunion führte am 12. Dezember 1979 zum sogenannten NATO-Doppelbeschluss. Dieser nicht zuletzt auf Bundeskanzler Helmut Schmidt zurückgehende Beschluss forderte die Sowjetunion auf, von der Modernisierung abzusehen; andernfalls würde die NATO ihrerseits atomare Mittelstreckenraketen in Europa stationieren. Nur wenig später verschärfte der Einmarsch sowjetischer Truppen in Afghanistan die Spannungen zwischen Ost und West weiter. Vor diesem Hintergrund publizierte die Friedrich-Ebert-Stiftung zeitweise mehr als 100 Beiträge pro Jahr zu sicherheitspolitischen Themen.

Mit Expert:innengesprächen und Fachtagungen zielte die Stiftung auf „einen kontinuierlichen Dialog zwischen Politik und Wissenschaft, zwischen der Administration und der Forschung“.[161] Ab Ende der 1970er-Jahre tauschten sich Vertreter:innen aus Ost- und Westeuropa sowie den USA regelmäßig im Gesprächskreis „Sicherheit und Abrüstung“ im Politischen Club der Stiftungszentrale aus. Daneben veranstaltete die Stiftung ab 1979 jährlich eine europäisch-US-amerikanische Fachtagung zur Sicherheitspolitik, an der immer wieder hochrangige Politiker:innen teilnahmen. Ein ähnliches Format gab es für den Austausch zwischen bundesdeutschen und sowjetischen Vertreter:innen. Auch führende Wissenschaftler:innen waren regelmäßig zu Gast bei der Stiftung. So skizzierte der US-amerikanische Historiker und ehemalige Diplomat George F. Kennan 1983 in einem Expert:innengespräch mögliche neue NATO-Strategien.

Rechte: J. H. Darchinger/FES; AdsD, 6/FOTA021790

Europäisch-US-amerikanischer Workshop zu Sicherheitsfragen in der Friedrich-Ebert-Stiftung in Bonn mit Günter Grunwald, dem Staatssekretär für politische Angelegenheiten im State Department Lawrence Eagleburger und Alfred Nau, 19.6.1981

Rechte: J. H. Darchinger/Friedrich-Ebert-Stiftung, 6/FOTA021752

Bundeskanzler Helmut Schmidt spricht auf dem europäisch-US-amerikanischen Workshop zu Sicherheitsfragen in der Friedrich-Ebert-Stiftung in Bonn, 25.6.1982. Gruppenaufnahme mit Günter Grunwald, Lawrence Eagleburger, Alfred Nau, Helmut Schmidt, den Mitarbeitern der Friedrich-Ebert-Stiftung Günter Bruns und Siegfried Bangert, Horst Heidermann sowie den Bundestagsabgeordneten Karsten D. Voigt und Horst Ehmke

Auch in der politischen Bildung spielten Sicherheit und Abrüstung eine immer größere Rolle. Die Stiftung bot ab Anfang der 1980er-Jahre mehr Seminare zu diesen Themen an – und griff damit angesichts der zunehmenden Spannungen zwischen Ost und West die Sorgen vieler Bürger:innen vor einem erneuten Rüstungswettlauf und einem Atomkrieg auf. In den Seminaren setzten sich die Teilnehmenden intensiv mit der Politik der SPD-Spitze und der Bundesregierung auseinander, denn dass Bundeskanzler Helmut Schmidt den NATO-Doppelbeschluss und die damit verbundene Stationierung US-amerikanischer Raketen in Westdeutschland befürwortete, stellte seine Partei vor eine Zerreißprobe: Als Anfang der 1980er-Jahre Hunderttausende gegen die Nachrüstung protestierten, waren unter den Demonstrant:innen auch Sozialdemokrat:innen und Gewerkschaft:innen. Entsprechend „temperamentvoll" verliefen manche Diskussionen in den Kursen der Friedrich-Ebert-Stiftung.[162] Wie stark das Interesse an sicherheitspolitischen Themen war, zeigten auch Veranstaltungen wie ein Vortrag von Bundesverteidigungsminister Hans Apel zur aktuellen Verteidigungspolitik im März 1980 in Saarbrücken, der wegen des großen Andrangs von der Bildungsstätte der Stiftung in die Kongresshalle der Stadt verlegt werden musste.

→ *Fortsetzung auf Seite 108*

Quelle: Bibliothek der FES

Eine Ausgabe der Nueva Sociedad vom Mai/Juni 1966

Für Gleichheit, Solidarität und Demokratie: Die Zeitschrift Nueva Sociedad

Die Zeitschrift Nueva Sociedad *(Neue Gesellschaft) wurde 1972 vor dem Hintergrund sozialer Kämpfe und tiefgreifender Veränderungen in Lateinamerika gegründet und entwickelte sich rasch zu einer der wichtigsten Publikationen der Friedrich-Ebert-Stiftung. Der Titel nahm Bezug auf die 1954 gegründete gleichnamige Theoriezeitschrift der SPD. In einer Zeit, in der in Europa sozialdemokratische Parteien und Bewegungen erfolgreich Reformen durchsetzten, vollzog sich auch in Lateinamerika ein politischer Wandel. Radikaler als in Europa verkörperte insbesondere Salvador Allende in Chile einen lateinamerikanischen Weg zum Sozialismus. In dieser dynamischen Zeit hatte Nueva Sociedad eine doppelte Aufgabe: Einerseits wollte sie Sozialwissenschaftler:innen und Analyst:innen aus dem progressiven lateinamerikanischen Lager eine Stimme geben. Anderseits wollte sie einen Beitrag zum Aufbau einer pluralistischen lateinamerikanischen Dialogkultur leisten und den Austausch mit europäischen sozialistischen Projekten fördern, allen voran mit den in der Sozialistischen Internationale (SI) organisierten Kräften und mit einflussreichen Persönlichkeiten wie Willy Brandt und dem schwedischen Sozialdemokraten Olof Palme. In dieser ersten Phase war die Redaktion der alle zwei Monate erscheinenden Zeitschrift in Costa Rica angesiedelt, wo der sozialdemokratische* Partido Liberación Nacional *(Nationale Befreiungspartei) an der Macht war.*

Als ab Mitte der 1970er-Jahre in vielen Ländern der Region die demokratischen Systeme beseitigt wurden, beschäftigte sich Nueva Sociedad *mit der Situation der politisch Verfolgten und engagierte sich entsprechend ihren Gründungswerten für die Demokratie. So erschien ein leidenschaftliches Plädoyer von Willy Brandt für die Demokratie als „die flexibelste und kraftvollste Form der menschlichen Organisation“.*[163] *1976 zog die Zeitschrift ins venezolanische Caracas um. Immer wieder thematisierte* Nueva Sociedad *das Verschwindenlassen und die Folter durch die repressiven Regime der Region, brachte die internationalen Verpflichtungen der sozialistischen Organisationen für die Zukunft der Demokratie zum Ausdruck und gab den demokratischen Kräften Raum für analytische Überlegungen. Als in den 1980er-Jahren in vielen Staaten Lateinamerikas Demokratisierungsprozesse einsetzten,* war Nueva Sociedad eine Ideenquelle für sozialistische Projekte, die sich der Wiederherstellung der Rechtsstaatlichkeit verschrieben hatten. Nachdem sich in vielen Ländern Lateinamerikas wieder demokratische Strukturen etabliert hatten, befasste sich die Zeitschrift kritisch unter anderem mit der Auslandsverschuldung, der Einmischung der USA in der Region und mit den neoliberalen Ausprägungen des Kapitalismus. Dabei ging es vor allem darum, wie man einen Rahmen schaffen konnte, um die soziale Frage wieder stärker in den Fokus zu nehmen.

Ab 2005 wurde die Zeitschrift in Buenos Aires herausgegeben und analysierte nun vor allem die „Linkswende" in Lateinamerika. Nueva Sociedad gab einen Anstoß zum Nachdenken über regionale Zusammenhänge und leistete gleichzeitig einen Beitrag zu einer Debatte über die globale Situation der Linken, analysierte aus soziologischer und historischer Perspektive die sozialistische Kultur sowie Möglichkeiten, Alternativen zum ungebremsten Kapitalismus zu entwickeln. Offen für unterschiedliche progressive Denkströmungen gab sich die Zeitschrift ein vielfältiges Profil, dessen Stil von akademischen Artikeln bis hin zu Essays reicht. Sie erscheint nach wie vor alle zwei Monate als gedruckte Ausgabe; zusätzlich liefert seit 2016 eine mehrmals in der Woche aktualisierte digitale Ausgabe den Leser:innen fundiertes Analysematerial zu verschiedenen Themen in der Region und der Welt. Mehr als 50 Jahre nach ihrer Gründung ist die Zeitschrift ein renommiertes Forum für Akademiker:innen und Forscher:innen sowie für politische Kräfte, die sich für fortschrittliche Projekte und die Ideale von Gleichheit, Solidarität und Demokratie einsetzen.

Die inzwischen hauptsächlich online erscheinende Zeitschrift organisiert auch Veranstaltungen, die in der Zeitschrift abgebildet und zugleich auf verschiedenen Kanälen verwendet werden. Hier ein Panel im Garten der Redaktion in Buenos Aires, 2022

Rechte: AdsD, 6/FOTB088102

„Integration ausländischer Mitbürger“

Nachdem die Friedrich-Ebert-Stiftung bereits Anfang der 1970er-Jahre erste Studien unter anderem zu „sozialen Aspekten der Ausländerbeschäftigung“ in Westdeutschland vorgelegt hatte, nahm das Forschungsinstitut ein Jahrzehnt später verstärkt die Situation von Migrant:innen und Integrationsmöglichkeiten in den Blick.[164] Schließlich hatte sich gezeigt, dass die seit den 1950er-Jahren als „Gastarbeiter“ angeworbenen Männer und Frauen vornehmlich aus Italien, Spanien, Griechenland und der Türkei nicht in ihre Herkunftsländer zurückkehrten, sondern in der Bundesrepublik blieben, hier aber wegen fehlender Sprach- und Bildungsförderungskonzepte mit vielfältigen Hürden konfrontiert waren. Um die rund 4,6 Millionen Menschen ohne deutsche Staatsbürgerschaft besser in die westdeutsche Gesellschaft zu integrieren, legte der erste „Ausländerbeauftragte“ der Bundesregierung und der spätere Vorsitzende der Friedrich-Ebert-Stiftung Heinz Kühn 1979 ein Memorandum vor. Die Stiftung analysierte zunächst die Situation von Eingewanderten und befragte ab 1980 für eine breit angelegte Repräsentativuntersuchung mehr als 6.000 Migrant:innen.

Zahlreiche Forschungen der Friedrich-Ebert-Stiftung zum Themenkomplex Gastarbeiter:innen und Integration wurden publiziert. Hier: Berufswahl und handwerkliche Berufsausbildung türkischer Jugendlicher. Ergebnisse eines Modellprojektes, Bonn 1988

Um Studien zu migrations- und integrationsspezifischen Aspekten zu erstellen und die Politik zu diesen Themenfeldern zu beraten, rief die Friedrich-Ebert-Stiftung 1982 die Arbeitsgruppe „Ausländerpolitik und Ausländerforschung“ ins Leben. Sie sollte außerdem Modellprojekte für die Integration von Eingewanderten durchführen – und entwickelte bereits ein Jahr später in Zusammenarbeit mit Jugendzentren in Dortmund und Düsseldorf sowie deutschen und migrantischen Jugendlichen Freizeitangebote, darunter eine Theatergruppe und Arbeitsgemeinschaft, die Videofilme drehte. Mit Förderung der nordrhein-westfälischen Landesregierung unterstützte die Stiftung außerdem ab 1984 türkische Jugendliche bei der Aufnahme einer Berufsausbildung. Schließlich hatten zu dieser Zeit von den jungen in Deutschland lebenden Männern und Frauen mit türkischen Wurzeln rund 75 Prozent keine abgeschlossene Ausbildung – und damit kaum Perspektiven. Erfolge stellten sich rasch ein: Nach einem Jahr begannen die ersten Jugendlichen eine handwerkliche Ausbildung.

Basierend auf den Erfahrungen in der Praxis veröffentlichte die Stiftung in den 1980er-Jahren unter anderem Studien zur Arbeit mit deutschen sowie migrantischen Jugendlichen und erstellte eine Typologie bereits bestehender Bildungsangebote für Migrant:innen als Grundlage für die Entwicklung zielgerichteter Maßnahmen. Dabei nahm die Friedrich-Ebert-Stiftung immer wieder explizit weibliche Eingewanderte in den Blick, so Mitte der 1980er-Jahre in einem Forschungsprojekt zur sozialen Situation von migrantischen Mädchen und Frauen in Nordrhein-Westfalen. Daneben erschienen erste vergleichende Arbeiten zu Integrationsprozessen auf kommunaler Ebene in Westdeutschland, Belgien und Frankreich. Den Blick über die Bundesrepublik hinaus weiteten auch Konferenzen wie 1985 eine internationale Fachtagung zur „Ausländerpolitik“ in Westeuropa, bei der sich Expert:innen unter anderem aus Westdeutschland, Frankreich, den Niederlanden und der Türkei miteinander austauschten.

Um „realistische Antworten auf Fragen zu entwickeln, die sich im Zusammenhang mit der Integration ausländischer Mitbürger in das gesellschaftliche und politische Leben der BRD immer stärker stellen“, bot die

Friedrich-Ebert-Stiftung seit Anfang der 1980er-Jahre Kurse für deutsche und zugewanderte Teilnehmende an, darunter Workshops für türkische und deutsche Familien.[165] Im November 1982 lief der erste Integrationskurs an: Im erst kurz zuvor als Jugendbildungsstätte eröffneten Haus Wasgau im Pfälzer Wald lernten junge Geflüchtete aus Vietnam und Kambodscha während eines fünftägigen Modellseminars das demokratische System der Bundesrepublik kennen. Bisweilen erwiesen sich die Seminare der Friedrich-Ebert-Stiftung als Initialzündung. So ging aus der Bildungsarbeit in Bielefeld ein „multinationaler Kreis“ hervor, der fortan gemeinsam mit der Stiftung Veranstaltungen zu Partizipationsmöglichkeiten für Migrant:innen anbot.

Ökonomie und Ökologie

Nachdem die sozial-liberale Regierung erste staatliche Umweltschutzmaßnahmen auf den Weg gebracht hatte, verstärkten die Ölpreiskrisen der 1970er-Jahre die öffentliche Diskussion über die „Grenzen des Wachstums“, so der Titel einer breit rezipierten Studie des Club of Rome zur begrenzten Verfügbarkeit wichtiger Ressourcen. In der SPD machte sich eine ökologisch sensibilisierte Strömung für Umweltthemen stark, darunter der Parteivorsitzende Willy Brandt und Hans-Jochen Vogel, der Brandt 1987 im Amt nachfolgen sollte. Weil die Friedrich-Ebert-Stiftung gleichzeitig angesichts der immer deutlicher zutage tretenden Umweltbelastung in den Industriestaaten eine „erhebliche Sensibilisierung großer Bevölkerungsgruppen für ökologische Fragestellungen“ feststellte, erweiterte sie Ende der 1970er-Jahre ihr Bildungsprogramm.[166] In Kursen zum Thema „Energie und quantitatives Wachstum – wie wollen wir künftig leben?“ tauschten sich die Teilnehmenden mit Expert:innen aus der Energieforschung und Angehörigen der Anti-Atomkraftbewegung aus, die zum Beispiel im schleswig-holsteinischen Brokdorf gegen den Bau neuer Kernkraftwerke protestierten. Mehrfach organisierte die Stiftung gemeinsame Seminare mit Naturschutzvereinen, um auf diese Weise die in der Umweltbewegung engagierten Bürger:innen zu motivieren, „an dem Entscheidungsprozeß durch die Unterstützung der sozialdemokratischen Position mitzuwirken“.[167]

Anfang der 1980er-Jahre gewannen Umweltthemen für die SPD weiter an Bedeutung. Vor allem die 1980 ins Leben gerufene Ökologiekommission beim Parteivorstand nahm maßgeblichen Einfluss auf umweltpolitische Vorstöße der SPD-Bundestagsfraktion. Auch die Stiftung erweiterte erneut ihr Bildungsprogramm und bot unter dem Titel „Ökonomie und Ökologie“ ab 1983 eine eigene Seminarreihe an, bei der die Teilnehmenden mit Vertreter:innen von Umweltinitiativen und Betriebsrät:innen aus der Industrie diskutierten. Als den Grünen im Herbst 1983 erstmals der Einzug in den Bundestag gelang, legte die Stiftung als „oberstes Ziel unserer gesellschaftspolitischen Erwachsenenbildung“ fest, „in harter, überzeugender Bildungsarbeit jenen Zulauf, den die ‚Grünen‘ insbesondere in der jüngeren Generation hatten, wieder in das Spektrum der demokratischen Institutionen zurückzuholen“.[168] Auch

→ *Fortsetzung auf Seite 112*

Quelle: AdsD, 6/FOTB043652; Rechte: Harro Wolter

Seminar zur politischen Bildung in Ahrensburg, 1987

Empowerment für Frauen

Angesichts der erstarkenden Emanzipationsbewegung richtete die Friedrich-Ebert-Stiftung im Lauf der 1970er-Jahre ihren Fokus vor allem in der politischen Bildung auf Frauen. Wegen ihrer „Unterrepräsentanz" in Veranstaltungen warb die Stiftung in Zusammenarbeit mit Vertreterinnen der Frauenbewegung und der Arbeitsgemeinschaft sozialdemokratischer Frauen verstärkt um Teilnehmerinnen.[169] Gleichzeitig wurden mehr Kurse zu frauenspezifischen Themen angeboten, unter anderem zur beruflichen Stellung von Frauen in Ost- und Westdeutschland sowie zur „Situation und Rolle von Mann und Frau in der Gesellschaft".[170] Erste Erfolge stellten sich bald ein: Zwischen 1974 und 1977 erhöhte sich der Anteil der Seminarteilnehmerinnen von 19 auf 28 Prozent. Damit auch Mütter sich fortbilden konnten, gab es in der Heimvolkshochschule Saarbrücken ab 1979 Kinderbetreuungsmöglichkeiten. Dass eine Pädagogin auf ihre Kinder aufpasste, während sie selbst einen Kurs belegten, empfanden die Teilnehmerinnen als „große Erleichterung".[171] Bald schon boten auch andere Bildungsstätten der Friedrich-Ebert-Stiftung Kinderbetreuung an.[172]

Workshop zur Vorbereitung der 4. Weltfrauenkonferenz mit u.a. der Leiterin des Gesprächskreises Frauenpolitik Monika Langkau-Hermann (stehend), MdB Ulla Schmidt (SPD), (3. v. r.) und der ehemaligen Bundesjustizministerin Katharina Focke (2. v. r.) in Bonn, 29.6.1995

Rechte: AdsD, 6/FOTB087593; Foto: Bernd Raschke

Rechte: AdsD, 6/FOTB087702

Rechte: AdsD, 6/FOTB087889; Foto: Bernd Raschke

Die stellvertretende DGB-Vorsitzende Ursula Engelen-Kefer spricht anlässlich des Internationalen Frauentags 1994 in der Friedrich-Ebert-Stiftung Bonn über das körperliche Selbstbestimmungsrecht der Frauen.

Ab Ende der 1970er-Jahre nahmen spezielle Frauenseminare mehr Raum im Bildungsprogramm ein. Nachdem es in den Jahren zuvor erste Modellkurse ausschließlich für Teilnehmerinnen gegeben hatte, bat eine SPD-Arbeitsgruppe zur Gleichstellung unter dem Vorsitz von Willy Brandt die Stiftung darum, Veranstaltungen zur Förderung von Frauen zu entwickeln. Schließlich machte die Arbeitsgruppe als Hauptgrund für den niedrigen Frauenanteil unter den Amts- und Mandatsträger:innen ihre geringere politische Bildung aus. Ab 1979 vermittelten daher spezielle Frauenkurse „Grundlagen für Kommunikations- und Gruppenverhalten", wenig später kam die Veranstaltungsreihe „Voraussetzungen zu politischem Handeln" für gesellschaftspolitisch interessierte Frauen hinzu.[173]

Links: Die spätere Bundesministerin für Familie, Senioren, Frauen und Jugend Renate Schmidt fordert im Gesprächskreis Frauenpolitik zum Thema „Frauen aus Wirtschaft und Politik im Gespräch: Aufbruch ins 21. Jahrhundert – Innovationen für Deutschland" am 26.6.1998 in München mehr partnerschaftliche Aufteilung der Arbeit.

Auch in anderen Bereichen spielten frauenspezifische Themen im Laufe der 1970er-Jahre eine wachsende Rolle. Angesichts der nach wie vor oft traditionellen Rollenaufteilung zwischen berufstätigen Männern und Hausfrauen suchten die Wissenschaftler:innen der Friedrich-Ebert-Stiftung nach Strategien, um Frauen besser in die Arbeitswelt zu integrieren. So liefen erste Modellseminare zur beruflichen Eingliederung von Frauen an, ebenso wie das Pionierprojekt „Mädchen in Männerberufen", bei dem die Stiftung gemeinsam mit Lehrer:innen, Berufsberater:innen und Schüler:innen nach Möglichkeiten suchte, um junge Frauen für als typisch männlich geltende Ausbildungsgänge zu begeistern.

Viele der bereits in den 1970er-Jahren aufgegriffenen Themen haben bis heute nicht an Aktualität verloren. Auf Konferenzen, in Publikationen und Seminaren sowie auf ihrem Online-Portal „Gender Matters" macht sich die Friedrich-Ebert-Stiftung daher nach wie vor für Geschlechtergerechtigkeit stark und ermuntert vor allem junge Frauen, ihre Handlungsspielräume in Politik und Gesellschaft wahrzunehmen.

wenn Sozialdemokrat:innen mit großer Skepsis und Distanz auf die neue Partei blickten, war Umweltschutz für die Friedrich-Ebert-Stiftung mehr als ein Themenfeld, das sie auf keinen Fall der „Konkurrenz" überlassen wollte. Seminare zu ökologischen Themen wurden aus eigenem Antrieb weiter ausgebaut und gehörten bald schon zu den am häufigsten angebotenen Kursen der Stiftung.

Inhaltlich konzentrierten sich die Veranstaltungen meist auf ein Problemfeld wie das Waldsterben oder die Luftverschmutzung. Nach der Katastrophe im Atomkraftwerk von Tschernobyl im April 1986 wurde der Kernenergie größere Aufmerksamkeit zuteil: Die Dozent:innen stellten alternative Formen der Energiegewinnung vor und diskutierten mit den Teilnehmenden über die Zukunft der Atomkraft. Teil vieler Umweltkurse waren „Elemente der direkten Naturwahrnehmung" wie Boden- und Wasserproben als kleine Experimente sowie Exkursionen.[174] So nahmen die Teilnehmenden der Umweltseminare an der Georg-von-Vollmar-Akademie geschädigte Bergwälder in der Gegend rund um Kochel in Augenschein; ein „Fahrrad-Seminar" der inzwischen in Julius-Leber-Akademie umbenannten Heimvolkshochschule Ahrensburg radelte zu Orten im Hamburger Umland, an denen Umweltprobleme besonders sichtbar waren.

Auch die Forschung widmete sich in den 1980er-Jahren verstärkt ökologischen Themen. So zeigte ein vom nordrhein-westfälischen Ministerium für Stadtentwicklung, Wohnen und Verkehr gefördertes Projekt mögliche Strategien auf, um bei der Erschließung neuer Gewerbe- und Industriegebiete Umweltbelange stärker zu berücksichtigen. Immer wieder tauschten sich die Wissenschaftler:innen der Friedrich-Ebert-Stiftung mit internationalen Kolleg:innen aus, so 1988 auf einer deutsch-polnischen Konferenz zu Umweltproblemen von industriell genutzten Räumen wie dem Ruhrgebiet und der schlesischen Stadt Katowice.

Schöne neue Arbeitswelt?

Als die Bundesrepublik zu Beginn der 1980er-Jahre in eine Rezession rutschte und sich die Wirtschaftsstruktur vor allem in traditionellen Industrieregionen zu ändern begann, schnellte die Arbeitslosenquote nach oben, von rund drei Prozent im Jahr 1980 auf mehr als acht Prozent im Jahr 1984. Dass damit über zwei Millionen Menschen ohne Erwerbstätigkeit waren, wurde zum größten sozialen Problem für Westdeutschland – und zu einem zentralen Thema für die Friedrich-Ebert-Stiftung. So analysierte das Forschungsinstitut unter anderem die Erwerbslosigkeit im Ruhrgebiet, das vom strukturellen Wandel besonders stark betroffen war, denn hier fielen vor allem im Bergbau und in der Schwerindustrie viele Arbeitsplätze weg. Daneben erschienen Studien zur beruflichen Wiedereingliederung von Langzeitarbeitslosen sowie von erwerbslosen Frauen. Um im Raum Bonn eine zentrale Anlaufstelle für Arbeitslose zu schaffen und die Betroffenen dabei zu unterstützen, neue Perspektiven zu entwickeln, förderte die Stiftung außerdem die Zusammenarbeit zwischen verschiedenen Initiativen.

Arbeitslosigkeit stand ab Anfang der 1980er-Jahre auch im Mittelpunkt der wirtschaftspolitischen Seminare der Stiftung. Viele der Kurse fanden im Ruhrgebiet statt. Die Dozent:innen erläuterten die Gründe für die hohe Erwerbslosigkeit in der Region und überlegten gemeinsam mit den Teilnehmenden, wie neue Arbeitsplätze geschaffen werden könnten. Ab 1984 nahmen in Zusammenarbeit mit dem Kinderschutzbund angebotene Seminare zu „Arbeitslosigkeit und Familie" vor allem die psychischen Auswirkungen von lang anhaltender Erwerbslosigkeit in den Blick.

Angesichts des rasch voranschreitenden Einsatzes von Computern in Wirtschaft und Verwaltung und pessimistischen Zukunftsszenarien, wonach deswegen bis zu 80 Prozent der Arbeitsplätze in Deutschland wegfallen könnten, setzte sich auch die Friedrich-Ebert-Stiftung mit der neuen Technik auseinander. So wurden ab 1980 in Computer-Seminaren die Funktionsweise der Geräte sowie Anwendungsmöglichkeiten von elektronischer Datenverarbeitung (EDV) in der Arbeitswelt erläutert. Als die Stiftung ab 1985 zunächst die Zentrale und später auch die Bildungsstätten auf EDV umstellte und die eigenen Mitarbeitenden entsprechend schulte, liefen in den Bildungsstätten der Friedrich-Ebert-Stiftung Trainingskurse für Arbeitnehmer:innen an. Weil die Resonanz „weit größer als erwartet ausfiel", bot die Stiftung schon bald zusätzliche Kurse an.[175] Neben praktischen Übungen am PC ging es in Lehrgesprächen und Diskussionen unter anderem um „Fragen des Datenschutzes, der Ergonomie, der Veränderung von Arbeitsinhalten und der Leistungskontrolle unter dem Zeichen der neuen Technologien".[176]

Zwischen Krise und Wachstum

Als nach dem Tod von Alfred Nau der ehemalige nordrhein-westfälische Ministerpräsident Heinz Kühn 1983 neuer Vorsitzender wurde, standen der Friedrich-Ebert-Stiftung unruhige Jahre bevor. Denn im Januar 1983 hatten Die Grünen vor dem Bundesverfassungsgericht Klage gegen die projektunabhängig an die politischen Stiftungen gezahlten Globalzuschüsse eingereicht – und damit die staatliche Finanzierung der Stiftungen infrage gestellt. Klarheit brachte das Bundesverfassungsgerichtsurteil vom 14. Juli 1986, das die Globalmittel für verfassungskonform erklärte und auf diese Weise „eindrucksvoll den Platz der politischen Stiftungen und ihre dem Gemeinwohl verpflichtete Tätigkeit bestätigte", wie die Friedrich-Ebert-Stiftung in ihrem Jahresbericht 1986 festhielt.[177] Gleichzeitig stellte das Bundesverfassungsgericht die Arbeit der politischen Stiftungen auf eine neue Grundlage. So untersagte es alle Aktivitäten, die unmittelbar in den Bereich der Mutterparteien fielen, und verbot den Stiftungen insbesondere, „in den Wettbewerb der politischen Parteien einzugreifen, indem sie etwa im Auftrag und für die ihnen nahestehenden Parteien geldwerte Leistungen oder Wahlkampfhilfe erbringen".[178] Außerdem hatten die Stiftungen darauf zu achten, dass es keine personellen Verflechtungen mit den ihnen nahestehenden Parteien gab. Daher dürfen seitdem Vorsitzender und Schatzmeister einer Partei nicht die gleichen Funktionen in der Stiftung ausüben. Einer weiteren Auflage des Bundesverfassungsgerichts kam die Friedrich-Ebert-Stiftung nach, indem sie ihre Revision direkt der Geschäftsführung unterstellte.

Für Unruhe in der Friedrich-Ebert-Stiftung sorgte vor allem, dass im Zuge der Flick-Parteispendenaffäre und der zahlreichen, Anfang der 1980er-Jahre in der Bundesrepublik anlaufenden Parteispendenverfahren die politischen Stiftungen in den Fokus gerieten. So sah sich die Friedrich-Ebert-Stiftung zunächst mit dem Vorwurf konfrontiert, Gelder aus einem Bundesministerium für die Finanzierung von SPD-Wahlwerbung verwendet zu haben. 1985 nahm die Staatsanwaltschaft Bonn Ermittlungen wegen Steuerhinterziehung gegen Walter Hesselbach auf, den langjährigen Vorsitzenden des Kuratoriums der Friedrich-Ebert-Stiftung und Vorstandsvorsitzenden der Bank für Gemeinwirtschaft. Anlass dafür war der Verdacht, die Friedrich-Ebert-Stiftung habe über Jahre hinweg Spenden aus der deutschen Wirtschaft über die israelische Fritz-Naphtali-Stiftung sowie das Institut für Internationale Begegnungen e. V. an die SPD weitergeleitet und dafür ein Schweizer Konto der israelischen Stiftung genutzt. Das Ermittlungsverfahren

Erweiterungsbau der Friedrich-Ebert-Stiftung Bonn: Baustelle und Teile des Rohbaus, 12.10.1984

Rechte: AdsD, 6/FOTB040369

Standorte der Friedrich-Ebert-Stiftung in Deutschland Mitte der 1980er-Jahre

gegen Walter Hesselbach wurde später eingestellt, ebenso wie staatsanwaltschaftliche Ermittlungen gegen Günter Grunwald. Der 1983 verstorbene Alfred Nau sowie in der Zwischenzeit ebenfalls verstorbene Bankmitarbeitende in Israel konnten nicht mehr befragt werden. Im Sommer 1987 verlor die Friedrich-Ebert-Stiftung wegen der am Ende nicht gänzlich aufklärbaren Transaktionen rückwirkend für die Jahre 1975 bis 1982 den Status der Gemeinnützigkeit und musste nachträglich Spenden in Millionenhöhe versteuern. Aus ähnlichen Gründen wurde zeitweise auch der FDP-nahen Friedrich-Naumann-Stiftung die Gemeinnützigkeit aberkannt.

Auch unter diesen schwierigen Bedingungen wuchs die Friedrich-Ebert-Stiftung: Zwischen 1985 und 1987 nahm die Zahl der Mitarbeitenden von 675 auf 734 zu. Davon waren 120 im Ausland tätig, 219 in Bildungseinrichtungen und Büros in Westdeutschland sowie 395 in der Zentrale in Bonn. Diese wurde ab 1984 erweitert, damit die erneut auf verschiedene Gebäude in Bonn verteilten Beschäftigten unter einem Dach arbeiten konnten. Den Ausbau begleitete ein neuer Geschäftsführer, denn Günter Grunwald hatte sich 1986 nach 30 Jahren in der Friedrich-Ebert-Stiftung in den Ruhestand zurückgezogen. Sein Nachfolger wurde Horst Heidermann, der Leiter des Forschungsinstituts. 1987 folgte ein erneuter Wechsel an der Spitze der Stiftung: Als Heinz Kühn aus gesundheitlichen Gründen als Vorsitzender zurücktreten musste, folgte ihm der ehemalige hessische Ministerpräsident Holger Börner. Der neue Geschäftsführer Dr. Jürgen Burckhardt, zuvor Staatssekretär im hessischen Ministerium für Wissenschaft und Kunst, bekam die Aufgabe, die Arbeit der Stiftung organisatorisch für die Zukunft abzusichern.

Rechte: Herzberg

Tagung der Friedrich-Ebert-Stiftung zum Thema „Gemeinsamer Markt für den Verbraucher – eine Utopie?", 11.5.1984. Podium (v. l.): Günter Grunwald, Helmut Lenders (Präsident der Arbeitsgemeinschaft der Verbraucher), N. N., Käte Strobel (Präsidentin der Gruppe „Verschiedene Interessen" im Wirtschafts- und Sozialausschuss der EG) und Klaus Wettig (MdEP, SPD)

Bildungsarbeit für Europa

Bereits in den 1950er-Jahren hatte die Friedrich-Ebert-Stiftung ihren Stipendiat:innen die Möglichkeit geboten, bei Exkursionen die europäischen Institutionen kennenzulernen. Vor der ersten Wahl zum Europäischen Parlament im Juni 1979 sollte nun auch die breite Bevölkerung angesprochen werden. Die Seminarreihe zu Europa lief allerdings in einer für die Stiftung „ungewohnte[n] Situation" an.[179] Denn die Wähler:innen waren „weitgehend desinteressiert" und selbst politisch informierte Bürger:innen hatten kaum Kenntnisse über das zu wählende Parlament, auch weil die Medien vor allem über dessen Machtlosigkeit berichteten. Daher warb die Stiftung in ihren Europa-Kursen für die Wahl als solche und vermittelte grundsätzliche Informationen über die historische Entwicklung der EG sowie die Arbeitsweise der europäischen Institutionen. Daneben erläuterten die Dozent:innen, „in welchen Bereichen die Bürger als Verbraucher, Arbeitnehmer usw. schon heute von den Entscheidungen auf europäischer Ebene betroffen" waren.[180] Nachdem die Stiftung vor der Europawahl 1984 erneut Kurse zu Europa angeboten hatte, verschwand das Thema in den kommenden Jahren fast vollständig von der Agenda. So widmeten sich 1985 nur fünf Kurse europapolitischen Themen, und auch für die übrige Stiftungsarbeit spielte Europa eine untergeordnete Rolle.

Das änderte sich Ende der 1980er-Jahre mit der fortschreitenden europäischen Integration. Als „tragende Säule der europapolitischen Arbeit" eröffnete 1988 ein neues Büro in London.[181] Um ein Austauschformat zu europäischen Themen jenseits der Tagespolitik für Politiker:innen und Repräsentant:innen von Unternehmen,

Gewerkschaften sowie Verbänden zu schaffen, entwickelte die Friedrich-Ebert-Stiftung außerdem ein Konzept für eine auf mehrere Jahre angelegte Konferenzreihe: Die ersten „Eurokolleg"-Veranstaltungen fanden 1989 in Brüssel, Rom und Paris statt.

Die Stiftung begleitete auch die Vorbereitungen für den Europäischen Binnenmarkt, der zum 1. Januar 1993 unter anderem freien Warenverkehr und Freizügigkeit für die Arbeitnehmer:innen brachte. Auf Veranstaltungen informierte sie über die Konsequenzen für Westdeutschland, unter anderem im Herbst 1988 bei Wirtschaftsgesprächen in Nürnberg zum Thema „Größerer Markt für Unternehmen – Chancen für Arbeitsplätze?". Weil die Stiftung fürchtete, Europa würde zunehmend als rein wirtschaftspolitischer Prozess verstanden werden, tauschte sie sich verstärkt mit Gewerkschaftsvertreter:innen zum geplanten Binnenmarkt aus. Auch das Forschungsinstitut befasste sich mit dem gemeinsamen Markt und analysierte unter anderem die beschäftigungs- und sozialpolitischen Voraussetzungen sowie die Folgen für den Investitionsstandort Deutschland.

In der Bildungsarbeit hatten europapolitische Themen inzwischen einen festen Platz. In den beiden Jahren vor der Europa-Wahl im Jahr 1989 nahmen rund 2.500 Interessierte an über 100 Europa-Kursen teil. Neben allgemeinen Seminaren unter anderem zur Verbraucher:innenpolitik der EG und zum europäischen Binnenmarkt standen nun auch spezielle Kurse für Frauen und Senior:innen auf dem Programm. Daneben veranstalteten einige Bildungsstätten Seminare in Zusammenarbeit mit europäischen Partner:innen, so die Georg-von-Vollmar-Akademie in Kochel mit der Arbeitsgemeinschaft demokratischer Sozialisten im Alpenraum. Um den Teilnehmenden einen Austausch mit Mitgliedern des Europäischen Parlaments zu ermöglichen, gehörten zu den Kursen der Bildungsstätte Saarbrücken und der Fritz-Erler-Akademie, die 1984 von Schömberg nach Freudenstadt umgezogen war, auch Exkursionen nach Straßburg.

Erste Kontakte nach China

Nachdem die Friedrich-Ebert-Stiftung bereits Anfang der 1970er-Jahre als eine der ersten westlichen Institutionen Verbindungen in die Volksrepublik China aufgenommen hatte, intensivierten sich die Beziehungen im Laufe der 1980er-Jahre, auch weil sich China unter Deng Xiaoping immer weiter öffnete. Mehrfach konnte die Stiftung vor allem im Karl-Marx-Haus in Trier hochrangige chinesische Delegationen begrüßen, und 1982 traf Außenminister Huang Hua bei seinem Deutschlandbesuch mit der Spitze der Friedrich-Ebert-Stiftung zusammen. Auch in China tauschten sich Repräsentant:innen der Stiftung mit chinesischen Politiker:innen aus. Als Heinz Kühn im März 1983 anlässlich des 100. Todestags von Karl Marx eine von der Stiftung zusammengestellte Ausstellung in Peking eröffnete, wurde die Delegation als einzige westliche Gruppe eingeladen, an der zentralen Marx-Gedenkfeier mit Hu Yaobang teilzunehmen, dem Generalsekretär der Kommunistischen Partei Chinas.

Für die Arbeit in China gab es keinen Masterplan und keine festen Erwartungen; stattdessen nutzte die Stiftung die sich nach und nach eröffnenden Möglichkeiten. Herzstück war zunächst die Förderung von chinesischen Studierenden und Wissenschaftler:innen. Auf Wunsch der chinesischen Regierung ermöglichte die Friedrich-Ebert-Stiftung seit 1979 Chines:innen einen Studienaufenthalt in der Bundesrepublik – und schuf damit nicht nur für sich, „sondern darüber hinaus für die auswärtige Kulturpolitik der Bundesrepublik neue Perspektiven".[182] Nach und nach erweiterte die Stiftung das Stipendienprogramm, von 40 Geförderten im Jahr 1981 auf 84 im Jahr 1984. Damit waren chinesische Studierende und Wissenschaftler:innen die größte von der Friedrich-Ebert-Stiftung geförderte internationale Gruppe, für die es eigene Seminare gab.

1980 erweiterte die Stiftung ihre Aktivitäten um Medienprojekte und vermittelte erstmals Hospitanzen für chinesische Journalist:innen bei westdeutschen Fernsehsendern. Auch in den folgenden Jahren wurden Medienvertreter:innen aus China in der Bundesrepublik geschult, wenn auch mit unterschiedlichen Erwartungen. Denn während die Stiftung chinesische Journalist:innen vor allem in inhaltlicher Hinsicht ausbilden und ihnen unter anderem verschiedene journalistische Darstellungsformen nahebringen wollte, war China in erster Linie an technischem Know-how interessiert.

Rechte: AdsD, 6/FOTA047497

Informationsseminar für Stipendiat:innen der Friedrich-Ebert-Stiftung aus der Volksrepublik China. Hier: Empfang durch den Oberbürgermeister von Recklinghausen Erich Wolfram, 28.4.1981

1981 entsandte die Stiftung einen Medienexperten nach Peking – und war damit erstmals dauerhaft vor Ort präsent. In den folgenden Jahren stand der Stiftungsmitarbeiter dem chinesischen Hörfunk- und Fernsehamt „beratend und ausbildend" zur Seite und erarbeitete mit Partner:innen vor Ort Konzepte für die Reorganisation der Medien.[183] Gleichzeitig knüpfte er neue Kontakte und betreute bundesdeutsche Delegationen, übernahm also faktisch Aufgaben einer offiziellen Vertretung. In der zweiten Hälfte der 1980er-Jahre baute die Stiftung die Zusammenarbeit im Medienbereich weiter aus, unter anderem mit einem Symposium zur Schaffung eines chinesischen Rundfunkgesetzes, an dem führende deutsche Medienvertreter:innen teilnahmen.

Eine Reise Willy Brandts nach China, wo er sich im Sommer 1984 mit Deng Xiaoping und Hu Yaobang traf, beschleunigte die Entwicklung. Nachdem im Herbst Delegationen der chinesischen Parteihochschule sowie der Chinesischen Gesellschaft für internationale Verständigung die Friedrich-Ebert-Stiftung besucht hatten, eröffnete die Stiftung im April 1985 in Shanghai erstmals eine offizielle Vertretung in China. Es war eine der ersten westlichen Repräsentanzen in der Volksrepublik. Das Büro konzentrierte sich auf den wirtschaftlichen Austausch und organisierte beispielsweise Ende 1985 eine Konferenz zu Wirtschaftssteuerung und Marktwirtschaft, an der unter anderem Vertreter:innen des Bundesverbands der Deutschen Industrie (BDI) sowie Mitarbeitende von chinesischen Forschungsinstituten und der chinesischen Zentralbank teilnahmen. 1987 folgte ein zweites Büro in Peking, das fortan sämtliche Stiftungsaktivitäten in China koordinierte und vor allem im Forschungsbereich neue Kontakte aufbaute.

1985 kam ein weiterer Arbeitsbereich hinzu: Zur Koordinierung von Strukturförderprojekten in der Provinz Sichuan im Südwesten Chinas eröffnete die Friedrich-Ebert-Stiftung ein Projektbüro in Chengdu. Dort beriet ein Mitarbeiter chinesische Partner:innen unter anderem beim Aufbau von kleinen und mittleren Industriebetrieben und leitete Fortbildungsreisen von

Rechte: AdsD, 6/FOTB087644

Gemeinsame Tagung der Stiftung mit dem Shanghai Institute for International Studies zu dem Thema „Das Nord-Süd-Verhältnis in der Sicht der Volksrepublik China und der Länder der Europäischen Gemeinschaft“ in Shanghai, 30.3. bis 2.4.1983

chinesischen Delegationen nach Westdeutschland in die Wege. Hauptansprechpartner der Stiftung war die Freundschaftsgesellschaft der Provinz Sichuan. Deren Vorsitzende war zwar mit der Zusammenarbeit sehr zufrieden, monierte allerdings auch die bisweilen fehlende Kontinuität der Stiftungsarbeit: „Die FES fördert Projekte, wie der Affe den Mais erntet. Wenn der Affe den zweiten Maiskolben nimmt, lässt er den ersten fallen.“[184]

Nach einer mehrjährigen Planungsphase legte die Stiftung 1988 den Grundstein für den Aufbau eines Berufsbildungszentrums in Nanchang im Zentrum Chinas, das Anfang der 1990er-Jahre den Lehrbetrieb aufnehmen sollte. An diesen Plänen hielt die Stiftung auch fest, als die chinesische Regierung im Juni 1989 den von protestierenden Studierenden besetzten Tian’anmen-Platz in Peking mit Gewalt räumen ließ und damit international für Empörung sorgte. Weil die Friedrich-Ebert-Stiftung der Meinung war, mit einem Rückzug aus China arbeite sie den reformfeindlichen Kräften im Land in die Hände, kehrten die Mitarbeitenden nach dem Massaker nicht nach Deutschland zurück. Allerdings wurden die Aktivitäten vorerst eingestellt. Im November 1989 nahm die Friedrich-Ebert-Stiftung mit einem Treffen für chinesische Altstipendiat:innen ihre Tätigkeit wieder auf.

Osteuropa: Wind of Change

Nachdem die Friedrich-Ebert-Stiftung seit Ende der 1960er-Jahre vielfältige Beziehungen zu staatlichen und staatsnahen polnischen Partner:innen aufgebaut hatte, änderte sich 1980 mit der Entstehung der Solidarność der Fokus der Arbeit. Nun unterstützte die Stiftung die regimekritische Gewerkschaft und ihr Eintreten für demokratische Reformen – anders als die SPD-geführte Bundesregierung, die die Beziehungen zur Staatsspitze nicht gefährden wollte und daher Kontakte zur Solidarność ablehnte. Wie der Deutsche Gewerkschaftsbund (DGB) stand die Friedrich-Ebert-Stiftung in Verbindung mit der polnischen Reformbewegung. Die westdeutschen Gewerkschaften unterstützten die Opposition finanziell, beim Druck ihrer Publikationen und dem sogenannten Kassettenprogramm: Die Solidarność produzierte ein wöchentliches Audioprogramm, das über Tonbandkassetten im Land vertrieben wurde. Eine wichtige Rolle in der Vermittlung von Kontakten spielte der Presseattaché in der Deutschen Botschaft in Warschau Klaus Reiff. Reiff war zuvor Leiter des Europa-Referats der Friedrich-Ebert-Stiftung und von 1980 bis 1983 für seine Tätigkeit in Warschau beurlaubt. Zum Missfallen einiger führender Sozialdemokrat:innen reiste auch Günter Grunwald nach Danzig und traf dort mit führenden Solidarność-Anhänger:innen zusammen.

Wegen der Unterstützung für die Reformbewegung herrschte zwischen der Friedrich-Ebert-Stiftung und der polnischen Regierung Eiszeit: Anfang der 1980er-Jahre wurde der Journalist:innenaustausch eingestellt. Obwohl sich die Stiftung weiterhin für die Solidarność stark machte, entspannte sich das Verhältnis zur polnischen Staatsspitze aber in der zweiten Hälfte der 1980er-Jahre wieder. So tauschten sich Medienvertreter:innen und Wissenschaftler:innen aus beiden Staaten aus, unter anderem 1985 auf einem deutsch-polnischen Expert:innengespräch zu den Perspektiven der Wirtschaftsbeziehungen. Außerdem konnte die Friedrich-Ebert-Stiftung 1984 auf dem jüdischen Friedhof von Wrocław das Grab von Ferdinand Lassalle restaurieren lassen, dem Begründer der ersten deutschen Arbeiter:innenpartei, dessen Vermächtnis sie nicht der DDR überlassen wollte. Zu den anderen osteuropäischen Staaten vertiefte die Stiftung die Beziehungen kontinuierlich, vor allem im Medienbereich. So besuchten Mitte der 1980er-Jahre jährlich rund 15 Journalist:innendelegationen aus Ungarn, Bulgarien, Jugoslawien, Rumänien und der Tschechoslowakei die Bundesrepublik. Das Stipendienprogramm für Osteuropa umfasste inzwischen 60 Geförderte, darunter vor allem Zeithistoriker:innen und Sozialwissenschaftler:innen. Auch in der Forschung intensivierte die Stiftung den Dialog, unter anderem mit dem Institut für Marxismus-Leninismus in Prag, dessen Mitarbeitenden 1987 erstmals zu Gast in der Bundesrepublik waren. Umgekehrt hielten sich auch Wissenschaftler:innen der Stiftung mehrfach in Prag auf und tauschten sich dort mit ihren tschechoslowakischen Kolleg:innen beispielsweise zum Widerstand während der deutschen Besatzung aus.

Noch enger als zu anderen Warschauer-Pakt-Staaten entwickelten sich die Verbindungen zur Sowjetunion, insbesondere nachdem dort ab 1985 Michail Gorbatschow als neuer Generalsekretär des Zentralkomitees der Kommunistischen Partei für Glasnost (Offenheit) und Perestroika (Umgestaltung) eintrat. So lief Mitte der 1980er-Jahre ein deutsch-sowjetischer Arbeitnehmer:innendialog an, in dessen Rahmen sich die Teilnehmenden einmal im Jahr unter anderem zu Umweltfragen austauschten. Auf Konferenzen und in gemeinsamen Seminaren diskutierten Wissenschaftler:innen aus beiden Staaten mehrfach die Reformpolitik von Michail Gorbatschow, so 1987 auf einer Tagung in Hamburg, an der auch der ausgebürgerte sowjetische Schriftsteller Lew Kopelew teilnahm.

Ende 1987 wurde der Weg frei für eine erste Stiftungsrepräsentanz in Osteuropa: Nach Gesprächen mit sowjetischen Vertreter:innen berichtete ein nach Moskau entsandter Stiftungsmitarbeiter: „Ein Büro der Friedrich-Ebert-Stiftung […] ist erwünscht.“[185] Bei den Verhandlungen über die Ausstattung der Repräsentanz machten die sowjetische Gesprächspartner:innen nicht nur deutlich, wie viel ihnen an dem Büro gelegen war, sondern gaben auch zu, dass sie der nicht zu Reformen bereiten DDR-Regierung zunehmend kritisch gegenüberstanden. Am 13. Dezember 1988 unterzeichnete die Stiftung ein Kooperationsabkommen mit dem Institut für Marxismus-Leninismus – und erhielt damit die Erlaubnis, eine Vertretung in Moskau zu eröffnen. Das Büro wurde im April 1989 eingeweiht, „ein außergewöhnlicher Schritt“, so der Stiftungsvorsitzende Holger Börner in seiner Eröffnungsansprache.[186]

→ *Fortsetzung auf Seite 122*

Rechte: AdsD, 6/FOTA141934

Der Stiftungsvorsitzende Heinz Kühn trifft sich mit dem Bischof von Wrocław Henryk Roman Gulbinowicz, um die Beziehungen zwischen der Stiftung und wichtigen polnischen Akteur:innen zu pflegen, August 1983.

Der Literaturpreis „Das politische Buch“

Um Publikationen zu würdigen, „die sich kritisch mit aktuellen gesellschaftspolitischen Fragestellungen auseinandersetzen, richtungsweisende Denkanstöße geben und diese Inhalte einem breiten Publikum zugänglich machen“,[187] zeichnet die Friedrich-Ebert-Stiftung seit 1982 herausragende Neuerscheinungen der politischen Essayistik und zeitgeschichtlichen Sachbuchliteratur mit dem Literaturpreis „Das politische Buch“ aus. Der gegenwärtig mit 10.000 Euro dotierte Preis wird von der Arbeitsgemeinschaft der Verleger, Buchhändler und Bibliothekare in der Friedrich-Ebert-Stiftung ausgelobt. Eine unabhängige Jury entscheidet über die Vergabe des ausgezeichneten Werks – in den ersten beiden Jahrzehnten waren es auch zwei oder drei Bücher. Mit der Bekanntgabe veröffentlicht die Stiftung eine Liste weiterer empfehlenswerter politischer Bücher.

Der Literaturpreis wird jedes Jahr im Rahmen einer Festveranstaltung verliehen, seit 2000 findet diese durchgehend in Berlin statt, auf der namhafte Laudator:innen die:den Autor:in des jeweils ausgezeichneten Buchs würdigen. Indem die Verleihung stets im Mai stattfindet, erinnert die Stiftung ausdrücklich an die nationalsozialistische Bücherverbrennung auf dem Berliner Opernplatz 1933 und unterstreicht damit die wesentliche Bedeutung, die politischer Literatur in einer demokratischen Gesellschaft zukommt.

Das inhaltliche und gesellschaftliche Spektrum der ausgezeichneten Bücher ist breit: Neben wichtigen autobiografischen Werken wie den Erinnerungen des sozialdemokratischen Jugendfunktionärs August Rathmann (1984) und Helmut Schmidts „Menschen und Mächte“ (1989) wurden auch zentrale geschichtswissenschaftliche Arbeiten gewürdigt, darunter Ulrich Herberts Biografie über Werner Best (1997) und Heinrich August Winklers Grundlagenwerk „Der lange Weg nach Westen“ (2001). Daneben fanden auch soziologische Arbeiten wie Wolfgang Sofskys „Die Ordnung des Terrors“ über die Konzentrationslager im Nationalsozialismus (1994) und essayistische Werke wie Hannelore Schlaffers „Die City“ (2014) über das Großstadtleben in einer ökonomisierten Welt Anerkennung. Die prämierten Bücher der letzten Jahre verweisen auf einige der drängendsten Herausforderungen dieser Zeit: von der Frage, wie „die Rechten nach der Macht greifen und wie wir sie stoppen können“ (Matthias Quent, 2020), über die Menschheitsgeschichte der Flucht (Andreas Kossert, 2021) bis zur weiblichen Freiheitsbewegung im Iran (Golineh Atai, 2023). Zuletzt ging der Preis an Steffen Mau, Thomas Lux und Linus Westheuser für ihre Studie „Triggerpunkte. Konsens und Konflikt in der Gegenwartsgesellschaft“, in der sie zeigen, dass die Gesellschaft weniger gespalten ist als häufig behauptet, sich Debatten bei bestimmten „Triggerpunkten“ aber besonders stark zuspitzen. Für die Jury ist das Buch „ein großer Wurf“: „Ohne die aktuellen Gefahren für unsere Demokratie zu verharmlosen, macht es in seiner Differenziertheit Mut. Zugleich appelliert es an unser aller Verantwortung“,[188] so ihre Begründung im Mai 2024.

Quelle: AdsD, 6/FOTA166649; Rechte: Vinxel-Foto, Brigitte Seelbach, Königswinter

René Böll, Alwin Meyer, Karl-Klaus Rae, Heinrich Böll, Otto Herbert Hajek, Ingeborg Baier und Björn Engholm auf der Verleihung des Preises „Das Politische Buch“ in der Friedrich-Ebert-Stiftung am 10.5.1982

Preisverleihung an Steffen Mau, Thomas Lux und Linus Westheuser für ihr Buch „Triggerpunkte. Konsens und Konflikt in der Gegenwartsgesellschaft“ am 14.5.2024, hier mit Martin Schulz (Vorsitzender der Friedrich-Ebert-Stiftung), Petra Köpping (Staatsministerin für Soziales und Gesellschaftlichen Zusammenhalt in Sachsen) und Werner Stephan (Sprecher der Jury)

Rechte: AdsD, 6/FOTB088101

Deutsch-deutsche Begegnungen

Im Gegensatz zu den übrigen Ostblockstaaten unterhielt die Friedrich-Ebert-Stiftung zur DDR vorerst keine direkten Verbindungen. Das änderte sich im Laufe der 1980er-Jahre. Mit dem Regierungswechsel von Helmut Schmidt zu Helmut Kohl 1982 befürchteten die Sozialdemokrat:innen, die neue Regierung würde mit der Entspannungspolitik der 1970er-Jahre brechen. Die SPD suchte nach eigenen Kontakten zu den kommunistischen Parteien Osteuropas, um den Dialog aufrechtzuerhalten und entwickelte eine – wie es die Kritiker:innen nannten – Nebenaußenpolitik. Insbesondere zur SED entstand in den 1980er-Jahren ein breites Geflecht an Beziehungen. Erich Honecker und der SPD-Fraktionsvorsitzende Vogel trafen sich beinahe jährlich und bis Anfang 1988 kam es zu etwa 130 Treffen führender westdeutscher Sozialdemokrat:innen mit SED-Vertreter:innen. Eines der zentralen Themen war eine „Sicherheitspartnerschaft" für Europa.

Die Friedrich-Ebert-Stiftung nahm zunächst im wissenschaftlichen Bereich den Kontakt nach Ostdeutschland auf, wo wiederum Karl Marx als erster Anknüpfungspunkt diente. So besuchte 1983 erstmals ein Stiftungsmitarbeiter eine von der SED organisierte Konferenz aus Anlass des 100. Todestags und tauschte sich in Ost-Berlin mit Kolleg:innen aus der DDR zum Thema „Karl Marx und unsere Zeit" aus. Kurz darauf besprachen Mitarbeitende des Studienzentrums Karl-Marx-Haus und Angehörige des ostdeutschen Instituts für Marxismus-Leninismus Kooperationsmöglichkeiten bei der Herausgabe der gesammelten Werke von Karl Marx und Friedrich Engels, aus der ein gemeinsames Kolloquium und Publikationen hervorgingen. Seit 1990 wirkt die Friedrich-Ebert-Stiftung in der vom Amsterdamer Internationalen Institut für Sozialgeschichte (IISH) initiierten Internationalen Marx-Engels-Stiftung mit und sichert so mit der Berlin-Brandenburgischen Akademie der Wissenschaften (BBAW) und einem russischen Archiv die weitere Herausgabe der Marx-Engels-Gesamtausgabe (MEGA). Außerdem diskutierten Wissenschaftler:innen aus beiden deutschen Staaten nun zunehmend auch politische Fragen, unter anderem 1985 auf einer gemeinsam von der Stiftung und DDR-Institutionen organisierten Konferenz in Bonn zur friedlichen Koexistenz von Ost und West. Auch im literarischen Bereich entstanden Dialogformate: 1985 stellten bei einem Werkstattseminar im Kurt-Schumacher-Bildungszentrum in Bad Münstereifel junge Autor:innen aus beiden deutschen Staaten ihre Texte vor.

Zwischen Mitte und Ende der 1980er-Jahre führte die Friedrich-Ebert-Stiftung mehrere Kolloquien mit der Akademie der Gesellschaftswissenschaften beim ZK der SED und dem DDR-Institut für Internationale Politik und Wirtschaft durch. Ihre Inhalte waren angelehnt an den von der Sozialdemokratie gesuchten Kontakt zur SED und die Gespräche über Sicherheitspolitik, die 1987 in ein gemeinsames Grundsatzpapier von SPD und SED mündeten: „Der Streit der Ideologien und die gemeinsame Sicherheit". Die Friedrich-Ebert-Stiftung bezog jedoch in ihre Kolloquien auch Vertreter:innen von Bundesministerien ein, beispielsweise als Referent:innen.

Um Westdeutschen die Möglichkeit zu geben, sich selbst ein Bild von der DDR zu machen, bot die Stiftung ab 1984 Exkursionen nach Ostdeutschland an, sowohl für Stipendiat:innen und Dozent:innen als auch als Bestandteil der Seminare zu deutsch-deutschen Fragen. So reisten im April 1985 23 Teilnehmende eines einwöchigen Kurses zur DDR für einen Tag nach Schwerin. Auf dem Programm standen ausschließlich touristische Aktivitäten wie die Besichtigung des Schlosses und der Altstadt; ein direkter Austausch mit DDR-Bürger:innen war nicht vorgesehen. Dennoch ordnete die Stasi „Sicherungs- und Kontroll- und Überwachungsmaßnahmen" an und ließ die bundesdeutschen Besucher:innen auf Schritt und Tritt beobachten.[189] So bemühte sich die inoffizielle Stasi-Mitarbeiterin „Melanie" als Reiseleiterin, von der westdeutschen Gruppe Informationen über aktuelle politische Debatten in der Bundesrepublik zu erhalten, und berichtete später detailliert über die Unterhaltungen und ihre Gesprächspartner:innen. Für Nervosität bei den zusätzlich eingesetzten Stasi-Beobachter:innen sorgte eine ungeplante Begegnung mit einer Kindergartengruppe, denn als die Kinder die erkennbar aus dem Westen stammenden Besucher:innen nach Kaugummi fragten, entspann sich ein kurzes Gespräch mit der Kindergärtnerin – Grund genug, um diese anschließend für längere Zeit zu beobachten.

Im Laufe der Zeit konnte die Stiftung die Exkursionen ausbauen und auch mehrtägige Besuche in der DDR anbieten, bei denen die Teilnehmenden verschiedene Städte besichtigten. Ab 1986 fanden außerdem Gespräche mit ausgewählten ostdeutschen Bürger:innen statt. Auch wenn nicht alle Kurse einen Aufenthalt in der DDR umfassten, stießen die Seminare auf überwältigendes Interesse: 1986 nahmen rund 13.000 westdeutsche

Rechte: AdsD, 6/FOTA139166

Besuch von Erich Honecker im Karl-Marx-Haus in Trier. Hier im Gespräch mit dem Ministerpräsidenten von Rheinland-Pfalz Bernhard Vogel, dem Vorsitzenden der Friedrich-Ebert-Stiftung Holger Börner und dem Leiter des Karl-Marx-Hauses Hans Pelger, 10.9.1987

Bürger:innen an den Kursen der Friedrich-Ebert-Stiftung zu Ostdeutschland und den deutsch-deutschen Beziehungen teil. Damit machten diese Angebote fast 40 Prozent des gesamten Bildungsprogramms der Stiftung aus.

Weil sich die Beziehungen zwischen den beiden deutschen Staaten in der zweiten Hälfte der 1980er-Jahre weiter normalisierten, spielten die DDR und das innerdeutsche Verhältnis für die Stiftung eine immer größere Rolle. Dies machte sich in einer Vielzahl an Veranstaltungen bemerkbar. So diskutierte Egon Bahr im Sommer 1987 mit Volker Rühe, dem stellvertretenden Vorsitzenden der CDU-Fraktion im Bundestag, die Frage „Wie geht es weiter in den deutsch-deutschen Beziehungen?". Wenige Wochen später besuchte der DDR-Staatsratsvorsitzende Erich Honecker zum ersten Mal die Bundesrepublik – und besichtigte auch das Karl-Marx-Haus in Trier, wo ihn der Stiftungsvorsitzende Holger Börner begrüßte. Ebenfalls 1987 vergab die Stiftung das erste Stipendium in die DDR und ermöglichte damit einer ostdeutschen Wissenschaftlerin einen mehrmonatigen Forschungsaufenthalt in der Bundesrepublik. Ein Jahr später begannen die Planungen für ein „große[s] neue[s] Projekt": Seminare und Vorträge zur „qualifizierte[n] Systemauseinandersetzung" mit Teilnehmenden auch aus Ostdeutschland – eine Veranstaltungsreihe, die angesichts des Umbruchs in der DDR an Aktualität gewann.[190]

Ob politische Bildung, Studienförderung oder wissenschaftliche Arbeit: In den 1970er- und 1980er-Jahren war der Ost-West-Konflikt der zentrale Bezugsrahmen für die Tätigkeit der Friedrich-Ebert-Stiftung. Die Mitarbeitenden förderten den Dialog über den Eisernen Vorhang hinweg, versuchten unvoreingenommen über die sozialistische Gesellschaftsordnung der DDR zu informieren und ermöglichten deutsche-deutsche Begegnungen. Daneben stand auch die internationale Arbeit im Zeichen der Systemkonkurrenz. Schließlich sollte das Engagement der Friedrich-Ebert-Stiftung im globalen Süden und in Ländern, die sich wie Portugal und Spanien in den 1970er-Jahren in einer Transformationsphase befanden, auch verhindern, dass diese Staaten in die Sphäre des Ostblocks abdrifteten. All dies sollte sich mit dem Ende des Ost-West-Konflikts 1989/90 grundlegend ändern.

1989/90

Paul Glaser, Pressefoto

Die deutsche Einheit

Die historische Zäsur, die mit dem Ende der kommunistischen Regime in Mittel- und Osteuropa und der Vereinigung der beiden deutschen Staaten heranbrach, veränderte auch die Arbeit der Friedrich-Ebert-Stiftung. Ihre DDR-bezogene Arbeit wurde zur politischen Bildungsarbeit in den neuen Bundesländern und erforderte die Überprüfung der Arbeitsansätze und eine grundlegende Erweiterung der Stiftungstätigkeit. Das Ende der Ost-West-Konfrontation schuf darüber hinaus für die europäische und internationale Arbeit der Stiftung völlig neue Herausforderungen und Arbeitsmöglichkeiten.

Wegbereiter und Vorbilder

Die Entstehung einer breiten Bürger:innenbewegung und die Ursachen für die Friedliche Revolution in der DDR werden von Zeitzeug:innen und der Forschung an verschiedenen Umständen festgemacht. So führten die Staatskrise und gravierenden Missstände in der DDR – darunter die Einschränkung der Grundfreiheiten, die Unterdrückung und Verfolgung Oppositioneller, die staatliche Diskriminierung der Kirche, die Manipulationen der Wahlen sowie die marode realsozialistische Planwirtschaft – in den 1980er-Jahren vermehrt zu Protestaktionen.

Viele Oppositionelle in der DDR und in Osteuropa bezogen sich auf die Schlussakte der Konferenz über die Sicherheit und Zusammenarbeit in Europa (KSZE) in Helsinki 1975, bei der 35 Vertreter:innen aus west- und osteuropäischen sowie nordamerikanischen Staaten eine gemeinsame Konvention unterschrieben, die unter anderem die Achtung der Menschenrechte und Grundfreiheiten vorsah. Die KSZE-Schlussakte war auch von der DDR unterzeichnet worden. Einen weiteren Impuls stellte die Reformpolitik von Glasnost (Offenheit) und Perestroika (Umgestaltung) des sowjetischen Generalsekretärs Michail Gorbatschow ab Mitte der 1980er-Jahre dar. Seine Überlegungen stießen bei der DDR-Spitze überwiegend auf Ab-

Links: Die Mauer fällt. Das Brandenburger Tor am 9.11.1989

lehnung, waren für Oppositionelle in den mittel- und osteuropäischen Staaten jedoch ein wichtiges Signal in Richtung möglicher Veränderungen in ihren Heimatländern. Der Umstand, dass selbst Reformansätze der propagandistisch als „großer Bruder“ idealisierten UdSSR in der DDR-Führung keinen Widerhall fanden, bekräftigten deren Wirkung noch. Vorbild- und Impulscharakter hatten zudem die politischen Entwicklungen in Polen, Ungarn und der ČSSR. In Polen entstand bereits in den 1970er-Jahren mit der Gründung des *Komitet Obrony Robotników* (Komitee zur Verteidigung der Arbeiter), das sich für inhaftierte Oppositionelle einsetzte, eine Reformgruppe, aus der sich in den 1980er-Jahren die Gewerkschaft Solidarność herausbildete. Ihr Vorsitzender, Lech Wałęsa, wurde zum weltweiten Symbol des Kampfs gegen die kommunistische Diktatur. Das polnische Regime reagierte auf diese Entwicklung im Dezember 1981 mit der Verhängung des Kriegsrechts. Die Solidarność wurde verboten und ihre Aktivist:innen verhaftet, aber die Opposition konnte dennoch nicht mundtot gemacht werden. Die andauernde politische Krise und die desolate Ökonomie führten schließlich 1989 dazu, dass die polnischen Kommunist:innen einen Runden Tisch mit der Opposition bildeten. Ein neues,

Michael Gorbatschow beim Gespräch mit Redakteuren des Magazins Der Spiegel in Moskau, 19.10.1988

Rechte: J. H. Darchinger/FES; AdsD, 6/FJHD002139

noch nicht vollständig frei gewähltes Parlament machte schließlich im August 1989 den oppositionellen Publizisten Tadeusz Mazowiecki zum Ministerpräsidenten. Im Dezember wurde die Verfassung geändert und bei den Präsidentschaftswahlen 1990 setzte sich Lech Wałęsa durch.

In Ungarn formierten sich ebenfalls in den 1980er-Jahren oppositionelle Gruppen, die immer mehr Zulauf erhielten. Sie forderten einen generellen Systemwechsel. Im Verlauf des Jahrs 1989 fanden Verhandlungen an Runden Tischen statt, die schließlich eine Annäherung an den Westen einleiteten. So begann Ungarn am 2. Mai 1989 mit dem Abbau der Sperrzäune an der Grenze zu Österreich. Diese schrittweise Öffnung Ungarns im Sommer 1989 löste in der DDR eine beispiellose Fluchtbewegung aus. In der ČSSR entwickelte sich in den 1970er-Jahren in direktem Bezug auf das KSZE-Abkommen vor allem im tschechischen Landesteil die Oppositionsbewegung Charta 77. Die Kritik am Staatssystem und der Ruf nach Reformen äußerten sich auch in der Tschechoslowakei vor allem über Streiks und Demonstrationen, die im Laufe der 1970er- und 1980er-Jahre brutal unterdrückt wurden. 1989 gründeten sich das *Občanské fórum* (OF, Bürgerforum) aus

Die Gründungsmitglieder der Sozialdemokratischen Partei in der DDR (SDP) in Schwante, 7.10.1989

Quelle: AdsD, 6/FOTA143732; Rechte: Nicht ermittelbar

Mitgliedern der Charta 77 und der slowakische *Verejnosť proti násiliu* (VPN, Öffentlichkeit gegen Gewalt). Diese traten in einen Verhandlungsprozess mit der kommunistischen Regierung, aus dem heraus 1990 freie Wahlen stattfanden, aus welchen OF und VPN als Sieger hervorgingen.

Der Herbst 1989 und der deutsche Vereinigungsprozess

Auch in der DDR nahmen in den 1980er-Jahren die oppositionellen Aktivitäten zu. Wichtige Themen der DDR-Opposition waren die gesellschaftliche Demokratisierung, der Umweltschutz, Abrüstung auf beiden Seiten des Eisernen Vorhangs und die Menschenrechte. Zu den bekanntesten Gruppen zählten die 1986 gegründete Initiative Frieden und Menschenrechte oder die im selben Jahr in der Ostberliner Zionskirchengemeinde aufgebaute Umweltbibliothek. Viele der Gruppen und Initiativen, die 1989 in der DDR gegründet wurden, entstanden unter dem Dach der Evangelischen Kirche der DDR, da viele Gemeinden ihnen Räumlichkeiten für die Versammlungen zur Verfügung stellten und ihnen zum großen Teil Kirchenmitglieder angehörten. In diesem Rahmen einer schon lange schwelenden inneren Opposition entstand auch Ende Juli 1989 die Initiative zur Gründung einer Sozialdemokratischen Partei in der DDR (SDP). Die Entwicklung beschleunigte sich, und neben der am 7. Oktober 1989 von etwa 40 Oppositionellen gegründeten SDP, die den Machtanspruch der SED gezielt infrage stellte, artikulierten sich weitere Initiativgruppen mit dem Ziel, Reformen des politischen Systems zu erwirken. Forderungen nach einem Abbau der Mauer oder gar einer deutschen Vereinigung wurden in der frühen Phase der Protestbewegungen nicht erhoben. Und auch nach Öffnung der Grenzen am 9. November 1989 wurde die Frage nach einer Vereinigung unter Bürgerrechtler:innen und unter den Demonstrant:innen eher ablehnend diskutiert.

Aus dem wichtigen Schutzraum der Kirchengemeinden heraus entwickelten sich im Herbst 1989 schließlich auch die Massenproteste. In Leipzig wurde ab September nach dem wöchentlichen Friedensgebet in der Nikolaikirche der Protest auf die Straße getragen. Die in Leipzig besonders prominenten, aber in der gesamten DDR stattfindenden Montagsdemonstrationen wuchsen von Woche zu Woche zu Massendemonstrationen heran und setzten das SED-Regime zunehmend unter Druck. Zusammen mit der Fluchtbewegung ab Sommer 1989 destabilisierten die Proteste das SED-Regime, das nach einer kurzen Eskalationsphase um den 40. Jahrestag der Gründung der DDR Anfang Oktober 1989 herum sein Handlungsvermögen einbüßte.

Die Übergangszeit, die mit der Öffnung der Grenzen begann und in der deutschen Vereinigung mündete, ging mit einer Demokratisierung der DDR einher. Am Zentralen Runden Tisch rangen Vertreter:innen der neugegründeten Reformgruppen und Parteien – neben der SDP etwa die Grüne Partei und die Vereinigte Linke – mit der noch immer regierenden SED (ab Dezember SED/PDS) und den ihr bisher nachgeordneten Blockparteien um die Neuausrichtung des Staats. Während bald die Mehrheit auf der Straße lautstark eine schnelle „Wiedervereinigung" forderte, war die Skepsis unter vielen Bürgerrechtler:innen groß. Bei der ersten freien Wahl der DDR am 18. März 1990 plädierten die antretenden Bündnisse und Parteien in unterschiedlicher Form für die deutsche Einheit, eine Konföderation beider Staaten oder auch eine souveräne DDR. Die aus der alten CDU-Blockpartei, der neu gegründeten Deutschen Sozialen Union (DSU) und dem Demokratischen Aufbruch (DA) gebildete Allianz für Deutschland gewann mit etwas über 48 Prozent deutlich die Volkskammerwahl gegenüber der SDP mit knapp 22 Prozent. Das Bündnis bildete mit den Liberalen und der SDP gemeinsam eine Große Koalition.

Zunächst war auch die Bonner Regierung von der Öffnung der Grenzen überrascht worden und hatte Vorschläge formuliert, um die Lage in der DDR zu stabilisieren und die Fluchtbewegungen zu begrenzen. Das Zehn-Punkte-Programm Helmut Kohls von Ende November 1989, mit dem er zunächst eine lockere Konföderation in Aussicht stellte, war noch aus einer umsichtigen Zurückhaltung auch gegenüber den Partnern im Ausland heraus entstanden. Doch mit der in Ost und West zunehmend populärer werdenden Forderung nach einer Vereinigung, der Zustimmung der Siegermächte und im Zuge des Einflusses der Bundesrepublik auf die Neuausrichtung der DDR gewann die westdeutsche Regierung das Selbstbewusstsein und die Handlungsmacht, den Einigungsprozess zu dominieren und den Einigungsvertrag faktisch zu diktieren.

In der westdeutschen SPD gab es unterschiedliche Stimmen zur Vereinigung mit der DDR. In den 1980er-Jahren war die Mehrheit der Sozialdemokrat:innen – wie überhaupt ein Großteil der westdeutschen Gesellschaft – der Auffassung, dass sie die Auflösung des Ostblocks und damit überhaupt die Möglichkeit einer deutschen Einheit nicht mehr erleben würden. Die Konservativen hegten zwar noch größere Hoffnungen auf einen Systemzusammenbruch im Osten, was vor allem in ihrer Sprache wirksam wurde. In ihrer realen Politik gegenüber der DDR unterschied sich die Kohl-Regierung jedoch nicht von der sozialdemokratischen Vorgängerregierung unter Helmut Schmidt. Sie setzte die Entspannungspolitik und damit eine realpolitische Akzeptanz der DDR fort. Im progressiven Lager der alten Bundesrepublik war jedoch auch der Gedanke verbreitet, dass die Teilung Deutschlands 1945 eine logische Konsequenz des Nationalsozialismus und des Zweiten Weltkriegs und zugleich Vorsichtsmaßnahme gegenüber einem neuen Großmachtdenken war. Aus dieser Haltung heraus wiesen auch einige Sozialdemokrat:innen nach Öffnung der Grenzen eine Vereinigung zurück. Aber auch in der Sozialdemokratie gab es Kräfte, die sich sehr früh und klar für die Einheit aussprachen. Zu ihren einflussreichsten Vertreter:innen zählte Willy Brandt. Der sozialdemokratische Kanzlerkandidat Oskar Lafontaine hingegen trat 1990 als Kritiker der Einheit auf und plädierte dafür, den Staatsvertrag im Bundestag und Bundesrat abzulehnen, und befürwortete eine schrittweise Annäherung. Die anfängliche Zurückhaltung vieler Sozialdemokrat:innen ging auf die Befürchtung zurück, eine überhastete und unkontrollierte Vereinigung könne massive wirtschaftliche und soziale Probleme verursachen. Schließlich jedoch trugen die SPD, und auch die SDP auf Regierungsseite der DDR, die Vereinigungspolitik der Regierung in ihren Grundsätzen mit und stimmten Währungsunion sowie Einigungsvertrag zu. Dabei war es Ziel der Sozialdemokratie in Ost und West, die Einheit sozial zu gestalten und vor allem die Arbeitslosigkeit für die Menschen in der DDR so gering wie möglich zu halten. Es konnten entsprechende Maßnahmen in die Staatsverträge eingeschrieben werden und es gelang, die Währungsunion um eine Sozialunion zu erweitern.

Die Deutsche Einheit wurde schließlich formell am 3. Oktober 1990 vollzogen. Unter der Erwartung „blühender Landschaften“ und in der schnellen Dynamik jener Ereignisse entwickelte sich jedoch jene einseitige Angleichung und erzwungene Anpassung der ostdeutschen an westdeutsche Verhältnisse, die von Stimmen aus der Bürger:innenbewegung befürchtet worden war und tatsächlich den Keim einer Enttäuschung und Verletzung in sich tragen sollte.

So war die Vereinigung mehrheitlich beidseitiger Volkswille: Das Verlangen nach Demokratie und die Erwartung, im Osten relativ schnell das Wohlstandsniveau des Westens erreichen zu können, trafen auf einerseits große Hilfsbereitschaft, aber auch auf westdeutschen Paternalismus und vor allem die Härten kapitalistischer Ökonomie.

Die demokratischen Revolutionen in Mittel- und Osteuropa, die Vereinigung der beiden deutschen Staaten und die Entwicklung der EG in den 1990er-Jahren standen in einem engen Zusammenhang. Mit dem Vertrag von Maastricht 1992, dem Beitritt vieler mittel- und ostmitteleuropäischer Staaten zur Europäischen Union sowie der Wirtschafts- und Währungsunion erreichte die europäische Einigung eine Qualität und Dynamik, wie sie in den Jahren der Blockkonfrontation von vielen Menschen nicht für möglich gehalten worden war. Zugleich aber brachen in Südosteuropa neue Konflikte um nationale Selbstbestimmung und die Formen des Zusammenlebens verschiedener Kulturen aus. Die föderative Tschechoslowakei löste sich zum Jahresanfang 1993 auf, und im früheren Jugoslawien brach der erste Krieg in Europa seit 1945 aus – was von vielen Menschen für undenkbar gehalten worden war.

Die 1990er-Jahre waren in vielfacher Hinsicht von politischen Ernüchterungen geprägt, manche Historiker:innen sprechen auch von „Täuschungen" (Edgar Wolfrum). Die wirtschaftliche Entwicklung Deutschlands nach der Vereinigung wurde ebenso falsch eingeschätzt wie die Aussicht, nach dem Sieg der liberalen Marktwirtschaft würde die Demokratie einen weltweiten Siegeszug antreten. Tatsächlich bestand eine wesentliche Selbsttäuschung darin, dass sich die meisten verantwortlichen Zeitgenoss:innen sehr spät darüber klar wurden, dass sie ab 1990 in Europa und der Welt einer grundlegend neuen Situation der Globalisierung gegenüberstanden. Für die neuen Herausforderungen gab es keine verlässlichen Handlungsmuster und sie ließen sich mit den vertrauten sozialstaatlichen und neoliberalen Konzepten nur unzureichend erfassen und gestalten. Die weitere Digitalisierung der Arbeitswelt, die Neugestaltung wirtschaftlicher Zusammenhänge im Sinn neoliberaler „Deregulierung" sowie nicht zuletzt die Verschiebungen der internationalen politischen und wirtschaftlichen Machtverhältnisse im Rahmen der in den 1990er-Jahren stattfindenden Globalisierung erforderten – und erfordern – neue Lernprozesse und Kommunikationsformen.

Kapitel 4

Politische Bildung in einer globalisierten Welt

1989 – 2007

Ostdeutschland im Mittelpunkt der Stiftungsarbeit

Mit dem Fall der Berliner Mauer am 9. November 1989 veränderten sich die Bedingungen für die Arbeit der Friedrich-Ebert-Stiftung grundlegend. Nachdem sie bisher in der DDR nicht vertreten gewesen war, eröffnete sich für sie jetzt die Möglichkeit, den Übergang zur Demokratie in Ostdeutschland zu begleiten und zu unterstützen. „Dies ist die Stunde der politischen Stiftungen", stellte der Vorsitzende der Stiftung Holger Börner fest, „sie haben jetzt ihren Sinn und ihre Leistungsfähigkeit in besonderer Weise unter Beweis zu stellen."[191] Ebenso wie Geschäftsführer Jürgen Burckhardt galt der ehemalige hessische Ministerpräsident Holger Börner als Innenpolitiker und stellte die Arbeit in Ostdeutschland nun konsequent in den „Mittelpunkt der Stiftungsarbeit".[192]

Die Friedrich-Ebert-Stiftung nahm rasch Verbindung zur Bürgerrechtsbewegung und zur SDP auf, der im Oktober 1989 gegründeten Sozialdemokratischen Partei der DDR. So war Gründungsmitglied Markus Meckel noch im November 1989 zu Gast in der Zentrale der Friedrich-Ebert-Stiftung in Bonn und sprach über die „gesellschaftliche Erneuerung in der DDR". Angesiedelt beim Vorstand in Bonn bündelte die neue „Arbeitsgruppe DDR" die vielfältigen deutschlandpolitischen Projekte aller Abteilungen des Hauses. Viele Gespräche fanden im West-Berliner Stiftungsbüro statt, das in diesen Monaten zum Ort des Austauschs zwischen Ost und West wurde. So erfuhr die Stiftung, was die demokratischen Reformgruppen benötigten, um die Arbeit aufzunehmen. In der Zentrale in Bonn gab es große Hilfsbereitschaft: Stiftungsmitarbeiter:innen fuhren Kopierer, Drucker, Telefone oder Faxgeräte in Kleintransportern von Bonn aus „zu den vielen Empfängern in der DDR", erinnerte sich Uwe Ziegler, der damals die Arbeit in Ostdeutschland koordinierte.[193] Außerdem stellte die Stiftung demokratischen Initiativen Literatur und Zeitungsabonnements zur Verfügung. Auch andere parteinahe Stiftungen wie die Konrad-Adenauer- und die Friedrich-Naumann-Stiftung engagierten sich zu dieser Zeit mit Sachlieferungen für Reformgruppen in der DDR.

Neben materieller Hilfe bot die Friedrich-Ebert-Stiftung Politikberatung, vornehmlich auf den Feldern Wirtschafts- und Kommunalpolitik sowie zu Verfassungsfragen. Das Berliner Büro veranstaltete im Dezember 1989 ein Seminar zum Thema „Sozialistische Marktwirtschaft? Erfordernisse, Ansätze und Konzepte für eine umfassende Reform der DDR-Wirtschaft", an dem Vertreter:innen etwa der SDP, des Neuen Forums, des Demokratischen Aufbruchs und von Demokratie Jetzt teilnahmen. „[Wir] wollen [...] mithelfen, in der DDR und den anderen ehemals kommunistischen Staaten lebendige Demokratien aufzubauen", so umriss Holger Börner das Ziel.[194] Auch wenn er klarstellte, dass sich die Friedrich-Ebert-Stiftung „bei ihrer Hilfe für die DDR an den Wünschen der Reformgruppen" orientiere und eine „Bevormundung" ablehne,[195] war die westdeutsche Haltung gegenüber dem Osten auch in der Friedrich-Ebert-Stiftung mitunter paternalistisch geprägt. Wer von wem zu lernen hatte, schien aus Sicht des Westens häufig sehr schnell klar zu sein.

Rechte: Sepp Spiegl/Friedrich-Ebert-Stiftung; AdsD, 6/FOTA139128

Knapp drei Wochen nach dem Fall der Mauer sprach der Mitbegründer der SDP Markus Meckel auf einer Veranstaltung der Friedrich-Ebert-Stiftung in Bonn, 30.11.1989.

Links: Eröffnung des Hauses der Friedrich-Ebert-Stiftung in Berlin, 13.12.1999. In der ersten Reihe (v. l. n. r.): Annemarie Renger (Mitglied im Kuratorium der Friedrich-Ebert-Stiftung), Anke Fuchs (stellv. Vorsitzende der Friedrich-Ebert-Stiftung), Bundeskanzler Gerhard Schröder und Jürgen Burckhardt (Geschäftsführer der Friedrich-Ebert-Stiftung)

Rechte: AdsD, 6/FOTA087398

Podium des Diskussionsforums „Von der Bürgerbewegung zur Partei. Die Gründung der Sozialdemokratie in der DDR" mit Markus Meckel (MdB, SPD) am Rednerpult; daneben auf dem Podium unter anderem (v. r. n. l.): Marianne Birthler (MdB, Bündnis 90/Die Grünen), Holger Börner, Wolfgang Thierse (MdB, SPD), Jürgen Burckhardt, 7.10.1992

Rechte: AdsD, 6/FOTA130121

Podium des „Bürgergesprächs" in Treffurt zur Frage „Wie geht es weiter in den deutsch-deutschen Beziehungen?" mit Holger Börner (2. v. l.), Egon Bahr (3. v. l.) und SDP-Mitbegründer Ibrahim Böhme und anderen, 26.1.1990

Als großen öffentlichen Auftakt für die Arbeit in der DDR organisierte die Stiftung im Januar 1990 ein „Bürgergespräch" im thüringischen Treffurt an der innerdeutschen Grenze. Rund 2.000 Menschen aus Ost und West kamen, um mit Egon Bahr in dessen Geburtsstadt zu diskutieren: „Wie geht es weiter in den deutsch-deutschen Beziehungen?". Nachdem das Berliner Büro anfangs zentraler Treffpunkt gewesen war, eröffnete die Friedrich-Ebert-Stiftung bereits im März 1990 als erste politische Stiftung ein Bildungszentrum in der DDR. Die Wahl fiel auf die Stadt Leipzig, Wiege der deutschen Arbeiter:innenbewegung und Ausgangspunkt der Friedlichen Revolution in der DDR. Das Büro wurde zum Modell für die weitere Bildungsinfrastruktur der Stiftung in Ostdeutschland. An anderen Orten in der DDR arbeitete die Friedrich-Ebert-Stiftung anfangs auch mit einem ostdeutschen Partner zusammen, dem im Januar 1990 in Ost-Berlin gegründeten Verein für Politische Bildung und Soziale Demokratie.

Partner auf Zeit: Der Verein für Politische Bildung und Soziale Demokratie

Für den Aufbau der politischen Bildungsarbeit der Friedrich-Ebert-Stiftung in der DDR brauchte es nach dem Mauerfall vor allem Menschen, die „Ortskenntnis sowie persönliche Verbindungen"[196] hatten, wie die Büroleiter:innen feststellten. Daher entwickelte der Vorstand schon im November 1989 die Idee, eine gemeinnützige Partnerorganisation im Umfeld der neuen Sozialdemokratie in Ostdeutschland auf den Weg zu bringen und zu unterstützen. Am 19. Januar 1990 gründeten ostdeutsche Persönlichkeiten, darunter Markus Meckel, der kurz darauf den Vorsitz der SDP übernahm, der Theologe Ulrich Kasparick und Friederike Costa, später Pfarrerin in Jena, den Verein für Politische Bildung und Soziale Demokratie in Ost-Berlin. Im März fand die erste Mitgliederversammlung statt und im Mai wurde der Verein offiziell rechtsfähig. Er sollte die „Entwicklung von politischem Bewusstsein und die Verbreitung von Werten der sozialen Demokratie und der Völkerverbundenheit"[197] fördern.

Ideell unterstützt und finanziert von der Friedrich-Ebert-Stiftung eröffneten in den folgenden Monaten unter der Geschäftsführung von Ulrich Kasparick Büros in Ost-Berlin, Greifswald, Rostock, Magdeburg, Weimar, Halle, Chemnitz und Dresden. Die Büroleiter kamen ebenso wie die Mitarbeitenden zumeist aus oppositionellen und bürgerrechtlichen Gruppierungen und waren in der DDR sozialisiert. Dies schien auch deswegen wichtig, weil „die meisten Probleme der Ostbürger nur vollständig demjenigen erschließbar sind, der die Zeit des Sozialismus, der Wende und der Hinwendung zur Kultur der westlichen Welt in der (ehemaligen) DDR miterlebt hat", wie es ein Mitarbeiter formulierte.[198]

Sehr rasch organisierte der Verein für Politische Bildung und Soziale Demokratie eine große Bandbreite an Veranstaltungen und Seminaren in Ostdeutschland. Man betrieb „Themenfindung mit Feuerwehrschlauch": „Wo es brennt, sofort löschen", erinnerte sich Ulrich Kasparick später.[199] Mitten in den gesellschaftlichen Umbrüchen griff der Verein auf, was den DDR-Bürger:innen auf den Nägeln brannte: insbesondere die Neuorganisation von Kommunen, Wirtschaft und Bildungseinrichtungen, aber auch Fragen des Miet-, Arbeits- und Steuerrechts.

Nachdem sie jahrzehntelang in der DDR mit „Staatsbürgerkunde" indoktriniert worden waren, fremdelten viele DDR-Bürger:innen mit dem Konzept der politischen Bildung. Gleichzeitig bemerkte die Friedrich-Ebert-Stiftung „einen Hunger nach politischer Bildung insbesondere bei jenen, die am demokratischen Neubeginn und Aufbau in den neuen Bundesländern tatkräftig mitwirken wollen".[200] Um Teilnehmer:innen zu gewinnen, schaltete der Verein Anzeigen und verteilte über Multiplikator:innen „stapelweise Einladungen zu Seminaren".[201] Mit Erfolg: Die etwa 200 Veranstaltungen des Vereins im Jahr 1990 erreichten rund 6.000 Menschen. Die Wiedervereinigung am 3. Oktober 1990 leitete jedoch das Ende der ostdeutschen Partnerorganisation ein. Die Friedrich-Ebert-Stiftung entschied sich, den Verein für Politische Bildung und Soziale Demokratie aufzulösen, um nach dem Vorbild des Leipziger Büros eine stiftungseigene Infrastruktur in Ostdeutschland aufzubauen. „Was sich von der Betriebslogik her aufdrängte, war zugleich eine politisch und menschlich schwierige Entscheidung", so Uwe Ziegler rückblickend.[202] Die Vereinsmitarbeiter:innen konnten in den neu aufzubauenden Stiftungsbüros als Referent:innen oder Sachbearbeiter:innen anfangen, ein Angebot, das einige auch annahmen. Mit Leitungsfunktionen betraute die Stiftung aber ausschließlich eigene Mitarbeiter:innen mit langjähriger Erfahrung in der internationalen Arbeit. Wie die Auflösung des Vereins war auch diese Entscheidung umstritten. „Da kommen dann Zypern-Experten", kommentierte ein ostdeutscher Mitarbeiter aus dem Verein verbittert gegenüber der Frankfurter Rundschau.[203] Tatsächlich trug die Personalpolitik dazu bei, dass anfangs Konzepte aus der klassischen „Entwicklungspolitik" die Arbeit in den neuen Bundesländern stark prägten.

Die Diskussionen rund um die Auflösung des Vereins spiegelten gleichzeitig allgemeine Herausforderungen der deutsch-deutschen Annäherung im Vereinigungsprozess wider. Die erste Euphorie verflog rasch, zu den Gefühlen der Freude und des Aufbruchs nach dem Mauerfall gesellten sich bald Sorgen, Ängste und Enttäuschungen. Insbesondere die Privatisierung der DDR-Wirtschaft durch die eigens dafür geschaffene Treuhandanstalt bedeutete eine immense Herausforderung: Die Transformation der ostdeutschen Wirtschaft mit Zehntausenden Betrieben und mehr als vier Millionen Beschäftigten leitete einen radikalen Strukturwandel ein, durch den viele Arbeitsplätze verloren gingen. Die Zahl der Beschäftigten in Ostdeutschland sank von

→ *Fortsetzung auf Seite 138*

Rechte: AdsD, 6/FOTA078792

Auf dem Weg zum Gesprächskreis Politik und Wissenschaft „Die Rolle der Beschäftigungs- und Qualifizierungsgesellschaft im Sanierungsprozess der ostdeutschen Wirtschaft" mit dem Präsidenten des Deutschen Industrie- und Handelstags Hans Peter Stihl (l.), dem Ministerpräsidenten des Saarlands Oskar Lafontaine (m.) und dem Präsidenten des Deutschen Instituts für Wirtschaftsforschung Hans-Jürgen Krupp (3. v. r.), 3.9.1991

Modell für die Arbeit in Ostdeutschland: Das Stiftungsbüro in Leipzig

Nur wenige Monate nach dem Mauerfall eröffnete die Friedrich-Ebert-Stiftung im März 1990 ein Büro in Leipzig. Dass das erste Bildungszentrum in Ostdeutschland gerade dort angesiedelt wurde, ging auf einen Vorschlag von Willy Brandt zurück. „Du hast uns […] aufgefordert, möglichst rasch in Leipzig eine Niederlassung der Stiftung zu gründen, um […] für die demokratische Erneuerung dieses Teils Deutschlands zu wirken“, so der Stiftungsvorsitzende Holger Börner 1990 in einer Ansprache gegenüber Willy Brandt.[204] Leipzig war nicht nur Gründungsort sowie historische Hochburg der Arbeiter:innenbewegung und Ausgangspunkt der Montags-Demonstrationen gewesen. Die Stadt hatte auch das Potenzial, sich wieder zu einem bedeutenden Handels-, Medien- und Wissenschaftszentrum zu entwickeln.

Anfang 1990 mietete die Friedrich-Ebert-Stiftung daher Räume im „Haus der Deutsch-Sowjetischen Freundschaft“ an, es lag unmittelbar gegenüber der ehemaligen Leipziger Stasi-Zentrale, der „Runden Ecke“. Von hier aus bauten die Mitarbeiter:innen zunächst Angebote für politische Beratung, Austausch- und Dialogformate auf. „Mit seinem anspruchsvollen und thematisch vielfältigen Veranstaltungsprogramm“ habe das Büro Leipzig „Pionierarbeit“ geleistet, stellte die Stiftung schon 1990 fest und berichtete von der Zusammenarbeit „mit demokratischen Reformkräften, Parteien, Gewerkschaften, Kirchen, mit der Wirtschaft, Wissenschaft und Kultur“.[205]

Anders als in den klassischen Heimvolkshochschulen in Westdeutschland gab es in der Bildungsstätte in Leipzig von Beginn an keine eigenen Übernachtungsmöglichkeiten oder größere Veranstaltungsräume. Vielmehr arbeitete das Büro flexibel, und zwar nicht nur in der Stadt, sondern auch in der Umgebung. So wurde Leipzig zum „Testfeld“ für die „künftige Bildungsinfrastruktur“ der Friedrich-Ebert-Stiftung in Ostdeutschland, wie es Uwe Ziegler, der Leiter der Abteilung Dialog Ostdeutschland, später beschrieb.[206] Vieles, was sich in Leipzig bewährt hatte, wurde übertragen, als die Stiftung 1991 weitere Standorte in Ostdeutschland eröffnete, die später zu Landes- und Regionalbüros wurden.

Aus Leipzig kamen zudem viele Ideen und Formate: Im August 1990 organisierte das Büro etwa das Medien-Forum Sachsen der Friedrich-Ebert-Stiftung, es entwickelte sich in den folgenden Jahren zu einer festen Einrichtung, auf der die großen medienpolitischen Fragestellungen diskutiert wurden. Im selben Jahr betraute der Vorstand der Stiftung das Büro damit, in Bautzen einen Dialog zwischen Verfolgten der Willkürjustiz der DDR und Vertreter:innen aus Politik, Wissenschaft und Medien zu organisieren. So entstand das jährliche Bautzen-Forum, bis heute ein zentraler Ort in der Auseinandersetzung mit Verfolgung und politischer Justiz in der DDR.

Rechte: AdsD, 6/FOTB087790

Frauenthemen waren in den 1990er-Jahren auch in Ostdeutschland sehr präsent. Hier eine Veranstaltung des Gesprächskreises Frauen in Leipzig, Mai 1993

Quelle: AdsD, 6/FOTB088094; Rechte: Gabi Waldeck

Die Aufarbeitung der DDR-Geschichte ist bis heute eine wichtige Aufgabe der politischen Bildung. Hier ein Panel des 23. Forums von 2018, collagiert mit dem Gedenken der Teilnehmenden

Als Foren des Austauschs zwischen Wirtschaft und Politik etablierte die Friedrich-Ebert-Stiftung in Leipzig, wie an anderen ostdeutschen Standorten auch, 1991 Wirtschaftsgespräche. Unter der Leitung des ehemaligen Hamburger Bürgermeisters Klaus von Dohnanyi waren hochkarätige Persönlichkeiten aus Wirtschaft und Politik, Gewerkschaften und Journalismus zu Gast. Die Reihe bestand, später unter dem Namen „Leipziger Gesprächskreis Zukunft mit Ostdeutschland", bis 2010.

Ein weiterer Schwerpunkt der Arbeit des Leipziger Stiftungsbüros lag auf der kommunalpolitischen Bildung. Mit Fachtagungen und Seminaren zu Themen wie nachhaltige Stadtentwicklung, öffentlicher Nahverkehr oder Energieversorgung qualifizierte die Stiftung Menschen für Aufgaben in der kommunalen Politik. Die in den 2000er-Jahren entwickelte Projektreihe „Jugend, Gewalt, Rechtsextremismus" und weitere Formate und Trainings schulten vor allem Lehrkräfte, Sozialarbeiter:innen und Jugendliche darin, sich dem erstarkenden Rechtsextremismus in Ostdeutschland entgegenzustellen. Der gemeinsam mit dem Dresdner Flüchtlingsrat 2015 ins Leben gerufene „Dialog Integration" brachte Vertreter:innen aus Kommunen und dem sächsischen Integrationsministerium zusammen. Außerdem setzte das Büro in Leipzig angesichts des wachsenden Rechtsextremismus in Sachsen auf beteiligungsorientierte Formate im ländlichen Raum. Sie eröffneten den Raum, um sowohl über die Versäumnisse der Nachwendezeit zu diskutieren als auch über das ostdeutsche Selbstverständnis und die noch immer bestehende Dominanz westdeutscher Eliten in Ostdeutschland.

Rund ein Vierteljahrhundert nach seiner Eröffnung 1990 ist das Leipziger Landesbüro heute weiterhin zentral für die Arbeit der Friedrich-Ebert-Stiftung in Sachsen und in Ostdeutschland. Der zunehmenden Politikverdrossenheit und dem Erstarken politischer Extreme setzt der Standort eine vielfältige Bildungsarbeit entgegen und trägt so dazu bei, Rechtsextremismus zu bekämpfen und das demokratische System zu stärken.

Seminare für Ostdeutschland – Themen und Zahlen 1990

Thema	Anzahl
Kommunalpolitik	**81**
Öffentlichkeitsarbeit	**45**
Rhetorik	**40**
Bildungspolitik	**40**
Mitbestimmung/Gewerkschaften/ Arbeitnehmerfragen	**33**
Wirtschaftspolitik	**32**
Deutsche Einheit	**31**
Arbeit und Soziales	**26**
Europa	**26**
Systemvergleich	**15**
Kulturpolitik	**13**
Frauenpolitik	**11**
Innere Sicherheit (inkl. Rechtsextremismus)	**11**
Politik und Gesellschaft	**9**
Ökologie	**6**
Diverse (Entwicklungspolitik, Sicherheitspolitik u. a.)	**17**

Quelle: Uwe Ziegler: Demokratie braucht Demokraten. 20 Jahre Engagement der Friedrich-Ebert-Stiftung in Ostdeutschland, Bonn 2011, S. 96

rund 9,8 Millionen im Herbst 1989 auf 6,7 Millionen Ende 1991. 1992 war knapp ein Drittel der Menschen im erwerbsfähigen Alter in den neuen Bundesländern arbeitslos oder in einer beschäftigungspolitischen Maßnahme. Ebenso wie die Arbeitslosenquote schoss auch die Staatsverschuldung in die Höhe.

Mit den wirtschaftlichen Aspekten des Vereinigungsprozesses beschäftigte sich innerhalb der Friedrich-Ebert-Stiftung insbesondere die Abteilung Wirtschaftspolitik, indem sie Studien erstellte, Fachtagungen in den neuen Bundesländern organisierte und Gesprächskreise initiierte. Insgesamt war der Übergang von einer sozialistischen Planwirtschaft in eine soziale Marktwirtschaft mühsam, ebenso wie der Wandel von einer Parteidiktatur in eine Demokratie, zwischen Ost und West taten sich immer wieder Gräben auf. Die Hoffnung, dass „nun zusammenwächst, was zusammengehört", wie Willy Brandt es im November 1989 formuliert hatte, erfüllte sich oft nicht.

Politische Bildung neu denken

Nach dem Modell des Leipziger Büros eröffnete die Friedrich-Ebert-Stiftung 1991 weitere Büros in Potsdam, Schwerin, Magdeburg sowie Erfurt – und war damit nun in allen neuen Bundesländern vertreten. Das Büro Leipzig bekam zunächst eine Außenstelle in Chemnitz, 1993 eine weitere in der sächsischen Landeshauptstadt Dresden. Die neuen Einrichtungen in Ostdeutschland waren von Anfang an nicht als klassische Tagungsräume mit Übernachtungsmöglichkeiten konzipiert, sondern arbeiteten dezentral und flexibel. Kleinere Seminare fanden an den Standorten selbst statt, für größere Veranstaltungen mietete die Stiftung nach Bedarf passende Räumlichkeiten, oft auch an anderen Orten in der Region, um möglichst viele Menschen zu erreichen.

Ein Schwerpunkt der politischen Bildungsarbeit in den neuen Bundesländern lag auf der Kommunalpolitik, für Holger Börner „die Keimzelle der Demokratie".[207] Im Rahmen der Aktion „Hilfe für Rathäuser in den neuen Bundesländern" schickte die Stiftung ab 1990 westdeutsche Fachleute in die sich neu organisierenden ostdeutschen Kommunen. Ihre Expertise war gefragt, denn die Regierung unter Bundeskanzler Helmut Kohl verfolgte nach der Wiedervereinigung die Strategie,

Rechte: AdsD, 6/FOTB087703

Rechte: AdsD, 6/FOTB087705

Rechte: AdsD, 6/FOTB087713

Die volle Vielfalt der Methoden der politischen Bildung wurde auch in Ostdeutschland angewandt: Das Miteinander im Stuhlkreis, in der „klassischen" Seminarsituation am Tisch oder bei Spielen stand im Mittelpunkt.

das westliche Modell in allen Bereichen schnell und umfänglich auf Ostdeutschland zu übertragen.

Für ostdeutsche Teilnehmer:innen organisierte die Friedrich-Ebert-Stiftung Exkursionen ins Ausland und lud zu deutsch-deutschen Begegnungen in die alten Bundesländer ein: „In diesen Seminaren ging es nicht nur um die Vermittlung von Wissen und Informationen [...], sondern auch um die Herstellung eines offenen Gesprächs- und Kommunikationsklimas, um [...] das gegenseitige Verstehen zu fördern und Vorurteile und Mißverständnisse abzubauen", so der Leiter der Gustav-Heinemann-Akademie in Freudenberg.[208]

Obwohl die Aufgaben insbesondere in den neuen Bundesländern wuchsen, sanken die Zuwendungen, und die öffentliche Finanzierung der politischen Stiftungen geriet zunehmend in Kritik. Nach Jahrzehnten der Ausweitung musste die Friedrich-Ebert-Stiftung 1993 erstmals rund zehn Millionen D-Mark einsparen, im Folgejahr gingen die öffentlichen Mittel um weitere 4,5 Millionen D-Mark zurück. „Zur Aufgeregtheit" bestehe „kein Anlaß", hieß es beschwichtigend in einer Hausmitteilung 1993, die aber gleichzeitig feststellte, die Situation erfordere die „Bereitschaft, alles auf den Prüfstand zu stellen".[209] Dies betraf vor allem die Bildungsarbeit in ihrer bisherigen Form.

Das „Akademiekonzept", das die Stiftung Anfang der 1990er-Jahre entwickelte, nahm die Zielgruppen ebenso wie bildungstheoretische Erkenntnisse stärker in den Blick. Gleichzeitig wirkten die Erfahrungen mit den dezentral organisierten Regionalbüros in den neuen Bundesländern auf die Bildungsarbeit im Westen zurück. Beides leitete das Ende der klassischen Tagungshäuser ein. Das Konzept der Bildungsstätte mit eigenem Übernachtungsbetrieb hatte sich überlebt, kleine Regionalbüros verursachten weniger Fixkosten, sodass die Stiftung flexibel reagieren konnte, wenn sich die finanzielle Ausstattung änderte. Die Bildungsdiskussion über Schlüsselkompetenzen erreichte nun auch die politische Bildungsarbeit. 1994 nahm das Projekt „Politisches Management" seinen Anfang, um persönliche Kompetenzen auszubauen, aber auch organisatorische sowie Kommunikations-Fähigkeiten zu verbessern. 1995 wurde das Projekt unter dem Titel „Management und Politik" verstetigt und wuchs zu einer festen Größe in der Vermittlung solcher Kompetenzen heran.

Sukzessive wurden die meisten inländischen Tagungshäuser in kleinere Regionalbüros und Foren umgewandelt oder ganz aufgegeben. 1995 wurde die Einrichtung in Ahrensburg zugunsten eines Landesbüros

Die Landesbüros konnten stärker in die Gesellschaft vor Ort hineinwirken als die Tagungsstätten, sodass nun (auch) historische Ausstellungen mithilfe einer der politischen Bildungsabteilungen durch das Land wanderten und so zu einer neuen Säule der Bildungsarbeit avancierten. Hier das Plakat zur Wanderausstellung zu Friedrich Ebert mit einer Station in Erfurt 1998

Rechte: AdsD, KA035549

aufgegeben und dieses mit Julius-Leber-Forum benannt, an die Stelle der Bildungsstätte Freudenstadt trat 2001 das Fritz-Erler-Forum in Stuttgart, im Saarland trennte sich die Stiftung von der Heimvolkshochschule Saarbrücken, deren regionale Projekte von nun an in Mainz mitbetreut wurden. Und nach fünf Jahrzehnten schloss 2004 schließlich auch die Heimvolkshochschule Bergneustadt, die mittlerweile den Namen Alfred-Nau-Akademie trug. Die Georg-von-Vollmar-Akademie in Kochel und die Bildungsstätte Frankenwarte in Würzburg blieben als Institutionen bestehen, wurden aber im neuen Jahrtausend nicht mehr von der Friedrich-Ebert-Stiftung selbst getragen. Die Kurt-Schumacher-Akademie in Bad Münstereifel war die letzte eigene Heimvolkshochschule der Stiftung, sie bestand bis 2014.

Im Zuge der Einsparungen wuchs in den 1990er-Jahren die Bedeutung der unselbstständigen Stiftungen innerhalb der Friedrich-Ebert-Stiftung. So förderte die 1990 eingerichtete Franziska-und-Otto-Bennemann-Stiftung Forschungen zum Thema sozialer Rechtsordnung, die Erich-Brost-Stiftung unterstützte die internationale Zusammenarbeit insbesondere hinsichtlich der deutsch-polnischen Verständigung. Weitere unselbstständige Stiftungen entstanden mit der Horst-Springer-Stiftung für Neuere Geschichte Sachsens, dem Herbert-Wehner-Fonds zur Unterstützung wissenschaftlicher Arbeiten sowie dem Karl-Feist-Fonds, aus dem der Menschenrechtspreis der Friedrich-Ebert-Stiftung finanziert wurde. Außerdem unterstützte die Henry-und-Frieda-Jacobi-Stiftung ebenso wie die Hubert-Meyer-Stiftung den wissenschaftlichen Nachwuchs, während die Heinrich-August-und-Dörte-Winkler-Stiftung den Hans-Rosenberg-Preis für zeithistorische Forschung begründete. Bereits 1981 hingegen war die Ernst-Strassmann-Stiftung zur Förderung von Studierenden künstlerischer Fachbereiche gegründet worden. Mithilfe der Stiftungen konnten, so Holger Börner 1998, „Austausch, Begegnungen und Forschungen in einem Maße in Gang gesetzt werden, wie es von unserer Stiftung mit ihren eigenen Möglichkeiten sonst nicht zu leisten wäre.“[210]

→ Fortsetzung auf Seite 144

Die Landesbüros organisierten neben Seminaren verstärkt auch öffentliche Veranstaltungen, auf denen Forschungsergebnisse mit politischen Diskussionen verbunden wurden. Hier die Tagung „Mädchenarbeit (k)eine Selbstverständlichkeit‘ – Mädchenprojekte im Land Brandenburg“, mit Marina Fähnrich, Tatjana Böhm (Gleichstellungsbeauftragte beim Ministerium für Arbeit, Soziales, Gesundheit und Frauen in Brandenburg), Monika Langkau-Hermann (Leiterin des Referats Frauenpolitik der Friedrich-Ebert-Stiftung), Ulla Schmidt (MdB, SPD) und E. Schroether, 2.11.1995

Quelle: AdsD, 6/FOTA200105; Rechte: Magda Gressmann, Potsdam

Standorte der Friedrich-Ebert-Stiftung in Deutschland 2004

Thinktank und Dialogplattform: Der Managerkreis

Der Managerkreis der Friedrich-Ebert-Stiftung gründete sich 1991 als ein Forum für den Meinungsaustausch zwischen Wirtschaft und Politik. Er versteht sich als zukunftsorientierter wirtschaftspolitischer Thinktank, der den Blick über die Tagespolitik hinaus weitet. Seine Mitglieder sind Führungskräfte aus Unternehmen und Verbänden, die der Sozialen Demokratie nahestehen. Sie teilen die Überzeugung, dass ein „aus der praktischen Erfahrung im Management der Wirtschaft gewonnenes Aufgaben- und Handlungsverständnis bei den meisten politischen Aufgaben hilfreich“[211] sein kann, und setzen sich für eine gerechte und wirtschaftlich erfolgreiche soziale Marktwirtschaft ein. Heute sind mehr als 900 Führungskräfte im Managerkreis organisiert. Ihr persönliches ehrenamtliches Engagement prägt den Austausch seit den Anfängen.

Die Idee, eine Brücke zwischen Wirtschaft und Politik zu bauen, entstand schon im November 1988, als sich der Vorstandsvorsitzende der Daimler-Benz AG Edzard Reuter und sein Mitarbeiter Fritjof Mietsch mit dem Geschäftsführer der Friedrich-Ebert-Stiftung Horst Heidermann und Stiftungsmitarbeiter Michael Domitra trafen. Gemeinsam legten sie die Grundlage für das Netzwerk, dem sich rasch weitere interessierte Manager:innen und Führungskräfte anschlossen. Nach dem Fall der innerdeutschen Grenze suchte der Kreis gezielt den Austausch mit Wirtschaftsvertreter:innen aus Ostdeutschland. Zu der Veranstaltung „DDR-Wirtschaft im Umbruch. Probleme und Perspektiven für Manager“ lud die Stiftung Anfang 1990 Direktoren von DDR-Kombinaten und volkseigenen Betrieben ein – unter der Voraussetzung, dass sie „keine exponierten SED-Mitglieder“ gewesen waren.[212]

Im November 1991 definierte der Managerkreis der Friedrich-Ebert-Stiftung sein Selbstverständnis und gab sich formelle Strukturen. Zum Sprecher wurde der politische Berater Ulrich Pfeiffer gewählt, der auch die erste Veröffentlichung auf den Weg brachte. Die 1992 erschienene Publikation „Modernisierung des Staates als Daueraufgabe“ zeigte Wege auf, um die öffentlichen Verwaltungen leistungsfähiger zu machen. Der zukunftsgerichtete und lösungsorientierte Ansatz war auch für die folgenden Veröffentlichungen charakteristisch: Mitte der 1990er-Jahre legte der Managerkreis eine Reihe von Thesen für die Gestaltung einer sozialdemokratisch geprägten Wirtschaftspolitik vor und nahm nacheinander Themen wie Ökologie, europäische Integration, Mobilität oder Bildung in den Blick.

Rechte: AdsD, 6/FOTB087192

Podium der Diskussion „Aus der Krise lernen. Vorschläge zur Reform des Wirtschaftssystems“ in der Friedrich-Ebert-Stiftung Berlin, 3.5.2010, mit Ulrich Pfeiffer (stellv. Vorsitzender des Managerkreises), Dierk Hirschel (Leiter des Bereichs Wirtschafts- und Steuerpolitik, DGB), Hubertus Heil (stellv. Vorsitzender der SPD-Bundestagsfraktion), Donata Riedel (Handelsblatt, Moderation), Sebastian Dullien (Hochschule für Technik und Wirtschaft Berlin) und Klaus Günter Deutsch (Deutsche Bank Research) (v. l. n. r.)

Rechte: AdsD, 6/FOTB087193

Ein Podium aus den ersten Jahren des Managerkreises, das sich mit Fragen der wirtschaftlichen Entwicklung in Ost (und West) auseinandersetzte. Hier mit Ulrich Pfeiffer, Wolfgang Thierse, Erardo Rautenberg, Uwe Thomas, Burkhard Dreher (v. l. n. r.)

Mit Studien, Gesprächskreisen und Veranstaltungen hat der Managerkreis die Wirtschaftspolitik der SPD über mehr als drei Jahrzehnte hinweg begleitet. Vor und während der Regierungszeit von Gerhard Schröder lieferte das Forum wichtige Impulse. So entwickelte der Parteivorsitzende und spätere Finanzminister Oskar Lafontaine im März 1998 auf einem vom Managerkreis initiierten Kongress in der Friedrich-Ebert-Stiftung „Überlegungen zu einer neuen innovationsorientierten Wirtschaftspolitik". Außerdem legte der Kreis in diesem Jahr Thesenpapiere zur Neuordnung des Arbeitsmarkts und zur Reform der föderalen Finanzverfassung vor. 2002 stellte sich das Netzwerk grundsätzlich hinter die Vorschläge der Hartz-Kommission zur Reform des Arbeitsmarkts.

Nach dem Ende der rot-grünen Regierung diskutierten die Mitglieder 2006 auf einem Kongress Chancen und Risiken moderner Finanzierungsinstrumente und begleiteten auch in den folgenden Jahren die aktuellen wirtschaftspolitischen Entwicklungen. 2010 veröffentlichte das Netzwerk beispielsweise das Thesenpapier „Lehren aus der Finanzkrise ziehen".[213] Darin stellten die Autor:innen fest, dass die allzu starke Deregulierung eine der zentralen Ursachen der Finanzkrise sei und es staatlicher Eingriffe in den Bankenmarkt bedürfe. Seit 2019 arbeitet der Managerkreis mit dem Zukunftsszenario „Created by Germany" und formuliert Handlungsempfehlungen für eine erfolgreiche, nachhaltige und soziale Entwicklung des Lands bis zum Jahr 2035.

Als wirtschaftspolitischer Thinktank erweitert der Managerkreis sowohl die Beratungskompetenz der Friedrich-Ebert-Stiftung als auch ihre Vernetzung. Die Mitglieder sind regional organisiert, heute in insgesamt neun Gruppen in Deutschland sowie in Brüssel. Außerdem engagieren sich die Manager:innen und Führungskräfte in Arbeitsgruppen zu den Themen Verkehr und Mobilität, Gesundheit, Wirtschaft und Digitales, Finanzen sowie Umwelt und Energie.

In der Zeit der Corona-Pandemie stellte der Managerkreis seine Angebote auf digitale Formate um und brachte den bis heute bestehenden Podcast „Managerkreis Impulse" auf den Weg. Außerdem startete 2020 die Reihe „Ladies First" mit Angeboten, die sich nur an Frauen als wirtschaftliche Führungspersönlichkeiten richten. Sie sind unter den knapp 900 Mitgliedern mit 13 Prozent immer noch unterrepräsentiert, doch ihre Zahl wächst, während sich der Managerkreis auf unterschiedlichen Ebenen, beispielsweise 2020 in einem Impulspapier, für Geschlechtergerechtigkeit in Unternehmen einsetzt. Für jüngere Führungskräfte hat der Managerkreis 2023 ein Young-Leaders-Projekt ins Leben gerufen.

An der Seite der Reformkräfte in Mittel- und Osteuropa

Mit dem Ende des Ost-West-Konflikts war in den Ländern des sowjetischen Einflussbereichs nicht nur der Übergang von einem kommunistischen zu einem demokratischen System verbunden, sondern auch die Ablösung der sozialistischen Planwirtschaft durch verschiedene marktwirtschaftliche Formen. Außerdem lösten sich vormals zur Sowjetunion gehörige Nationen aus dem Staatenverbund, sodass dieser in den 1990er-Jahren in Einzelstaaten „zerfiel". All dies beeinflusste die Arbeit der Friedrich-Ebert-Stiftung in Mittel- und Osteuropa, wo sie sich entschieden an die Seite der Reformkräfte stellte, um den Aufbau von Demokratien zu unterstützen. In die Länder bestanden zahlreiche persönliche Kontakte, nachdem die Stiftung zum Teil bereits seit den 1960er-Jahren Austauschprogramme insbesondere mit Wissenschaftler:innen und Medienschaffenden organisiert hatte.

In Moskau war die Friedrich-Ebert-Stiftung seit April 1989 mit einem eigenen Büro vertreten, im Zuge der politischen Umwälzungen richtete sie nun rasch weitere Repräsentanzen ein: 1990 nahmen die Büros in Warschau, Budapest und Prag ihre Arbeit auf, 1993 folgten Kyjiw, Bratislava und Riga, Letzteres war und ist für alle baltischen Staaten zuständig. Weil es in den einzelnen Ländern zumeist „keine etablierten sozialdemokratischen Parteien" gab, arbeiteten die Büros „mit allen reformorientierten Kräften, [...] die sich zu den Grundsätzen sozialer Demokratie bekennen", zusammen, so Geschäftsführer Jürgen Burckhardt.[214] Dazu gehörten neu gegründete Parteien ebenso wie gewerkschaftliche Initiativen und die öffentliche Verwaltung. Wie in Ostdeutschland legte die Stiftung auch in Osteuropa einen Schwerpunkt auf die Kommunalpolitik: In Sankt Petersburg – zu dem Zeitpunkt hieß die Stadt noch Leningrad – beschäftigten sich im März 1991 etwa Vertreter:innen des Stadtsowjets und der Stadtbezirke mit den Grundlagen kommunaler Selbstverwaltung, ein ähnliches Seminar fand kurz darauf im Rathaus von Riga statt. Außerdem förderte die Friedrich-Ebert-Stiftung überall in der Region den Aufbau freier Gewerkschaften.

„Türöffner" in Osteuropa war immer wieder Hans-Jochen Vogel, bis Ende 1991 SPD-Parteivorsitzender und Vorsitzender der SPD-Bundestagsfraktion. Auf seine Initiative hin organisierte die Friedrich-Ebert-Stiftung im Frühjahr 1992 eine dreiwöchige Reise durch Staaten der einstigen Sowjetunion und vermittelte Gesprächstermine mit den neuen Staatsspitzen. Die „legendäre ‚Vogel-Reise'" führte „mit einem angemieteten Kleinflugzeug [...] durch zwölf neue Länder, von Moskau über Minsk, Kiew, Erewan, Tbilissi, Baku bis nach Alma-Ata, Bischkek, Aschchabad, Duschanbe und Taschkent, logistisch und vom Programm her eine Meisterleistung",[215] so Gernot Erler, der die Delegation als SPD-Bundestagsabgeordneter begleitete. Die Begegnungen wirkten nach: Hans-Jochen Vogel initiierte in der Stiftungszentrale in Bonn den „Arbeitskreis Transformationsprozesse in Mittel- und Osteuropa". Hier kamen Fachleute aus Wirtschaft, Wissenschaft, Verwaltung und Politik zusammen und entwickelten konkrete Vorschläge zur Unterstützung der jungen Demokratien in Osteuropa. Außerdem baute die Stiftung, zunächst von Warschau

Rechte: AdsD, 6/FOTA166726

Der neue Leiter des Büros der FES Hans Schumacher (l.) begrüßt den SPD-Vorsitzenden Hans-Jochen Vogel (r.) in Moskau zur Eröffnung, April 1989. Im Hintergrund Karsten D. Voigt (Mitglied des SPD-Parteivorstands, l.) und Dietrich Stobbe (MdB, SPD, r.)

Neu eröffnete Büros/Niederlassungen in Osteuropa und ehemaligen Teilstaaten der Sowjetunion 2000

Quelle: FES-Jahresberichte

aus, ein regionales „Zentralasienprojekt" mit Standorten in Kasachstan, Kirgisistan und Usbekistan auf. Diese wurden von Ortskräften geleitet, ein Modell, das sich anbot zu einer Zeit, in der die Friedrich-Ebert-Stiftung trotz Sparzwangs mehr internationale Präsenz zeigen wollte.

Auch in der weißrussischen Hauptstadt Minsk eröffnete 1993 ein kleines Ortskraftbüro der Friedrich-Ebert-Stiftung. Ein Jahr später wurde Alexander Lukaschenko zum Präsidenten gewählt, der Weißrussland, oder Belarus, Schritt für Schritt in eine Diktatur verwandelte. Bald überwachte der staatliche Sicherheitsdienst das Stiftungsbüro, das anfangs Kontakte zu demokratischen Kräften und Gewerkschaften aufgebaut hatte, sodass kaum Projekte durchgeführt werden konnten. Im Juli 2003 wurde dem für Weißrussland zuständigen Kyjiwer Büroleiter schließlich die Einreise auf dem Flughafen Minsk verwehrt, seitdem darf die Stiftung keine Veranstaltungen im Land mehr durchführen.

In den zahlreichen Ländern Mittel- und Osteuropas, in denen die demokratische Transformation voranschritt, arbeitete die Friedrich-Ebert-Stiftung daran mit, den Weg dieser Staaten in die Europäische Union zu unterstützen. Sie begleitete, auch mithilfe der Vertretungen in Brüssel und Straßburg, den Prozess der EU-„Osterweiterung", also den Abschluss von Assoziierungsabkommen mit Beitrittsoption zwischen der Europäischen Union und Staaten des ehemaligen Ostblocks, auf vielfältige Weise. So erstellte sie ab 1996 Studien, die Aufschluss über den Stand der Transformation in den jungen Demokratien Osteuropas gaben und analysierten, welche Folgen ihr Beitritt zur EU haben würde.

Neue Aufgaben für Archiv und Forschungsinstitut

Das Forschungsinstitut der Friedrich-Ebert-Stiftung bekam mit den Umbrüchen nach 1989 neue Aufgaben. Mitarbeiter:innen waren daran beteiligt, das ehemalige SED-Archiv in Ost-Berlin zu sichern und Materialien zur Geschichte der Sozialdemokratie in Moskauer Archiven zu identifizieren. Die Friedrich-Ebert-Stiftung beteiligte sich an der Gründung der Stiftung Massenparteien und Organisationen der DDR (SAPMO), um die Unterlagen der Forschung zugänglich zu machen. Das Archiv der sozialen Demokratie wuchs: 1990 um rund 1.300, 1991 um rund 2.000 laufende Meter, als der Nachlass von Herbert Wehner, das Archiv der Seliger-Gemeinde – der sudetendeutschen Sozialdemokratie – und das Schriftgut des früheren Parteivorstands der SDP übernommen wurden. In ähnlicher Weise vergrößerte sich auch die Bibliothek, die die zu den Archivbeständen zugehörigen Bibliotheken übernahm.

1995 übergab der Deutsche Gewerkschaftsbund, der seinen Sitz von Düsseldorf nach Berlin verlegte, all seine Archivunterunterlagen nach Bonn, darunter eine Vielzahl seltener Periodika und grauer Literatur, die in keiner anderen öffentlichen Bibliothek zu finden waren (vgl. S. 148 f.). Im Anschluss an diese Abgabe entschlossen sich fast alle Einzelgewerkschaften des DGB, im Rahmen der Fusionswellen seit den späten 1990er-Jahren ihre Unterlagen beim Archiv der sozialen Demokratie abzugeben. 1998 folgte mit dem Archiv der IG Metall einer der größten Bestände, die das Archiv seitdem beherbergt. Das Archiv der sozialen Demokratie in Bonn wurde so zum zentralen Gedächtnis der deutschen Gewerkschaftsbewegung.

Außerdem führte die Friedrich-Ebert-Stiftung ihre Reihe an Studien zur „Geschichte der Arbeiter und der Arbeiterbewegung“ in Deutschland weiter. Nach den drei ersten Bänden von Heinrich August Winkler über die Weimarer Republik erschienen 1990 zwei Studien von Jürgen Kocka über die Frühphase der Arbeiter:innenbewegung im 19. Jahrhundert. 1992 folgten ein weiterer Band von Gerhard A. Ritter und Klaus Tenfelde zur Zeit des Kaiserreichs sowie ein Literatur- und Forschungsbericht zum Nationalsozialismus. Die von Michael Schneider verfasste „Geschichte der Arbeiterbewegung von 1933 bis 1939“ wurde 1999 veröffentlicht, weitere Bände der Reihe folgten im neuen Jahrtausend.

Nach den europäischen Revolutionen 1989/90 erweiterten sich auch die Möglichkeiten für die wissenschaftliche Arbeit. Viele Quellen aus Ostdeutschland und Osteuropa waren nun zum ersten Mal für die freie Wissenschaft zugänglich und wurden zur Basis für neue Forschungen, etwa zur Zwangsvereinigung von SPD und KPD zur SED 1946, die von der DDR-Geschichtsschreibung als freiwilliger Zusammenschluss umgedeutet worden war. Dazu legte die Friedrich-Ebert-Stiftung Mitte der 1990er-Jahre eine Quellenedition und Studien vor, während die ostdeutschen Stiftungsbüros mit Veranstaltungen, Gesprächen und Ausstellungen regionale Aspekte der SED-Geschichte beleuchteten. Im Rahmen eines großen Projekts sammelte das Forschungsinstitut zudem Materialien zur Entstehung und Entwicklung der Oppositionsbewegungen in der DDR in den 1980er-Jahren und wertete diese aus. 1998 erschien auf dieser Basis etwa die Studie „Von der kritischen Öffentlichkeit zur Opposition“ von Patrik von zur Mühlen zur Vorgeschichte der Wende.

Rechte: AdsD, 6/FOTB087040; Foto: Bernd Raschke

Aufgrund der steigenden Abgaben an das Archiv wurde neuer Magazinraum benötigt, der infolge des Umzugs vieler Mitarbeitender nach Berlin mit der Umwandlung eines Tiefgaragengeschosses mit zehn laufenden Kilometern geschaffen werden konnte.

Rechte: AdsD, 6/FOTA184496

Die Geschichtsarbeit der 1990er-Jahre stand unter den Vorzeichen der historischen Aufarbeitung. Hier der Leiter der Gauck-Behörde und spätere Bundespräsident Joachim Gauck (2. v. r.) zusammen Holger Börner (3. v. r.), Jürgen Burckhardt (r.) und dem stellv. Leiter des Archivs der sozialen Demokratie Ulrich Cartarius (l.) beim Besuch der Magazinräume anlässlich der Veranstaltung „Aufarbeitung der Vergangenheit als Voraussetzung für eine gemeinsame deutsche Zukunft: Das Erbe des Staatssicherheitsdienstes der DDR", 12.12.1991

Um Unrecht und Gewalt in der DDR systematisch aufzuarbeiten, richtete die Friedrich-Ebert-Stiftung 1990 das erste „Bautzen-Forum" aus. Die Veranstaltung am Ort des bekanntesten Gefängnisses der politischen Strafjustiz der DDR führte Verfolgte der DDR mit Vertreter:innen aus Politik, Wissenschaft und Medien zusammen. Das jährlich stattfindende Forum wurde zu einer zentralen Plattform für die Auseinandersetzung mit der politischen Justiz in der DDR, mit Verfolgung und Fragen der Rehabilitierung – und ist es bis heute geblieben. Im sächsischen Stollberg organisierte die Stiftung Veranstaltungen mit Frauen, die im ehemals größten Frauengefängnis der DDR eingesessen hatten. Der Versuch, in einem eigenen Format Opfer und Täter:innen ins Gespräch zu bringen, erwies sich dagegen nicht als zielführend – „vor allem wegen der Professionalität und Routine, mit der sich viele Täter [...] in Szene zu setzen wussten",[216] so Uwe Ziegler später.

Ein weiterer Schwerpunkt des Forschungsinstituts war die Auseinandersetzung mit dem Nationalsozialismus, die in der DDR aus einer ideologisch verengten Perspektive erfolgt war – das Hauptaugenmerk hatte stets auf dem kommunistischen Widerstand gelegen, während andere NS-Opfergruppen kaum thematisiert worden waren. Zwischen 1991 und 1995 zeigte die Friedrich-Ebert-Stiftung eine Wanderausstellung über Anne Frank in den neuen Bundesländern und bot damit einen „konkrete[n] Ansatzpunkt für die Auseinandersetzung mit Antisemitismus und Nationalsozialismus, aber auch mit aktuellen Erscheinungen von Fremdenfeindlichkeit".[217] Mehr als 200.000 Menschen, rund die Hälfte davon Jugendliche, besuchten die Ausstellung – ein Erfolg zu einer Zeit, in der rechtsextreme Gewalt besonders in Ostdeutschland zunahm: In Eberswalde hatten Neonazis Ende 1990 den aus Angola stammenden Vertragsarbeiter Amadeu Antonio getötet, in Hoyerswerda wurde 1991 ein Wohnheim mit Menschen aus Vietnam und Mosambik angegriffen, in Rostock-Lichtenhagen ein Asylbewerberheim in Brand gesteckt. Die rechtsextreme Gewalt war allerdings nicht nur ein ostdeutsches Problem. Bei Brandanschlägen in Mölln und Solingen töteten Rechtsextremisten 1992 und 1993 zehn türkischstämmige Menschen. Die brutalen rassistischen Ausschreitungen waren Ausdruck einer neuen Realität, auf die die Friedrich-Ebert-Stiftung mit unterschiedlichen Bildungsprojekten, mit wissenschaftlicher Forschung und in ihrer Beratungsarbeit reagierte.

Das Forschungsinstitut setzte sich in den 1990er-Jahren aber auch intensiv mit wirtschaftspolitischen Fragen auseinander. Dass die Abteilung Wirtschafts- und Sozialforschung 1995 zum „Wirtschafts- und Sozialpolitischen Forschungs- und Beratungszentrum" wurde, unterstreicht ihre Bedeutung und die Entwicklung hin zum Thinktank. Gegliedert in die drei Bereiche Wirtschaftspolitik, Arbeits- und Sozialforschung sowie Technik und Gesellschaft organisierte die Abteilung wissenschaftliche Fachkonferenzen und veröffentlichte zahlreiche Studien. Ein viel beachtetes wirtschaftspolitisches Projekt war etwa der 1998 veröffentlichte Abschlussbericht der Zukunftskommission der Friedrich-Ebert-Stiftung „Wirtschaftliche Leistungsfähigkeit, sozialer Zusammenhalt, ökologische Nachhaltigkeit. Drei Ziele – ein Weg" – ein „optimistischer Entwurf gesellschaftlicher Entwicklung", der auch in der Öffentlichkeit stark rezipiert wurde. Unter dem Titel „Keine Lust auf Untergang" war etwa in der Wochenzeitung *Die Zeit* zu lesen: „Die Friedrich-Ebert-Stiftung entwirft ein sozialdemokratisches Zukunftsmodell: Politik ist möglich."[218]

→ *Fortsetzung auf Seite 150*

Gedächtnis der deutschen Gewerkschaften: Die Übernahme von Archiv und Bibliothek des DGB

Der Deutsche Gewerkschaftsbund übergab Anfang 1995 sämtliche Archiv- und Bibliotheksbestände als Dauerleihgabe an das Archiv der sozialen Demokratie und die Bibliothek der Friedrich-Ebert-Stiftung in Bonn. Die Bestände wurden zu abgeschlossenen Einheiten innerhalb von Archiv und Bibliothek der Stiftung und blieben im Eigentum des DGB. Ein Beirat, dem der geschäftsführende DGB-Bundesvorstand, Wissenschaftler:innen und Vertreter:innen der Friedrich-Ebert-Stiftung angehörten, beaufsichtigte anfangs die fachgemäße Einarbeitung der Unterlagen. Dass der DGB seine wertvollen Bestände nach Bonn abgab, lag neben dem Profil des Archivs der sozialen Demokratie und der Bibliothek an der professionellen Arbeit, die in der Stiftung geleistet wurde. Aber auch logistische und finanzielle Gründe spielten eine Rolle, da der DGB zu dieser Zeit den Umzug von Düsseldorf nach Berlin vorbereitete.

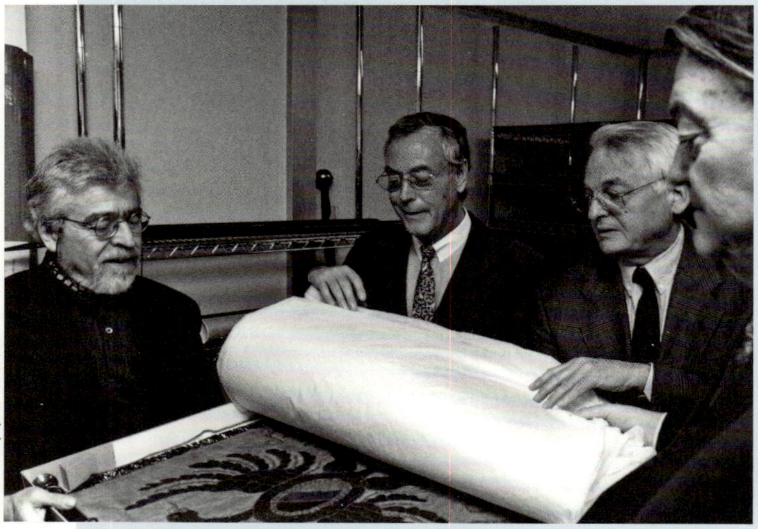

Rechte: AdsD, 6/FOTB087883

Das DGB-Archiv bestand in erster Linie aus dem „Hausarchiv" der Bundesvorstandsverwaltung, hinzu kamen die Überlieferungen aus Landesbezirken, Unterlagen der Vorläuferorganisationen sowie knapp 80 Nachlässe von Gewerkschafter:innen. Insgesamt handelte es sich um rund 25.000 Akteneinheiten, 30.000 Fotos sowie unzählige Diaserien, Plakate, Tonbänder und Objekte. Mit dem DGB-Archiv kamen auch die einzigen Originalquellen zur Gründung der Friedrich-Ebert-Stiftung ins Archiv der sozialen Demokratie – Spendenaufrufe, die in den Gewerkschaftsunterlagen aus der Weimarer Republik erhalten geblieben waren.

In der Bibliothek der Stiftung freuten sich die Mitarbeiter:innen über eine „Vielzahl seltenster Stücke, die keinen Weg in staatliche Bibliotheken gefunden haben", etwa „Protokolle, Geschäftsberichte, gedruckte Tarifverträge, Agitationsbroschüren und Mitgliederzeitschriften", so der Jahresbericht 1995.[219] Die meisten der gedruckten Bände stammten ursprünglich aus den ab 1919 aufgebauten Gewerkschaftsbibliotheken und waren während des Nationalsozialismus von der Deutschen Arbeitsfront in Berlin eingelagert gewesen. Nach dem Krieg gelangten Teile der Bestände in die Nähe von Frankfurt am Main, andere in die Vereinigten Staaten, von wo aus sie 1950 an den neu gegründeten Deutschen Gewerkschaftsbund zurückgegeben wurden.

Mit dem DGB-Archiv wechselten 1995 mehr als 120.000 dieser Bände von Düsseldorf nach Bonn, wo sie in einem von der Deutschen Forschungsgemeinschaft geförderten Projekt katalogisch erfasst wurden. Bereits seit den 1980er-Jahren bestand eine Kooperation mit der Deutschen Bücherei Leipzig, der späteren Zweigstelle der Nationalbibliothek. Die Stiftung lieferte Veröffentlichungen von Parteien und Gewerkschaften in die DDR und konnte im Gegenzug dort vorhandene Zeitschriften verfilmen.

Übernahme des DGB-Archivs durch das Archiv der sozialen Demokratie der FES: Anlässlich der Vertragsunterzeichnung am 26.1.1994 betrachten (v. l. n. r.) Ulrich Cartarius (stellv. Leiter des AdsD), Dieter Schulte (DGB-Vorsitzender) Jürgen Burckhardt (Geschäftsführer der FES) und Holger Börner (Vorsitzender der FES) eine Fahne pfälzischer Abgeordneter aus der Paulskirche.

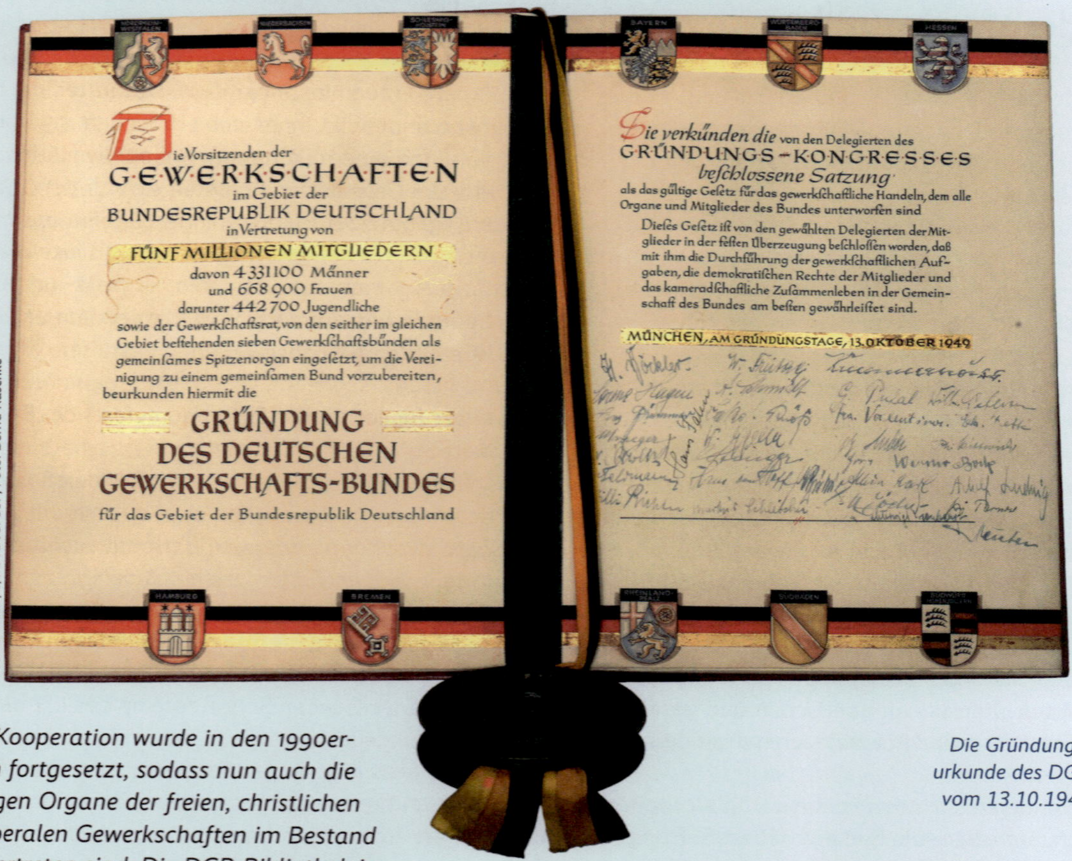

Rechte: AdsD, 6/FOTB087337, Foto: Bernd Raschke

Die Gründungsurkunde des DGB vom 13.10.1949

Diese Kooperation wurde in den 1990er-Jahren fortgesetzt, sodass nun auch die wichtigen Organe der freien, christlichen und liberalen Gewerkschaften im Bestand breit vertreten sind. Die DGB-Bibliothek im AdsD in Bonn stellt heute die zentrale Buchsammlung zur Geschichte der Gewerkschaften dar.

Seit den späten 1990er-Jahren sind fast alle Einzelgewerkschaften des Deutschen Gewerkschaftsbunds dem Beispiel des Dachverbands gefolgt und haben ihre Unterlagen beim Archiv der sozialen Demokratie abgegeben. So wurden etwa das IG-Metall-Archiv und die Akten der Gründungsgewerkschaften von ver.di, um nur die größten Bestände zu nennen, nach Bonn übergeben. Aus der Schweiz kamen Sammlungen des Internationalen Metallgewerkschaftsbunds, der Internationalen Graphischen Föderation und der Internationalen Union der Lebens- und Genussmittelarbeiter hinzu. Auch weitere Vor- und Nachlässe von Gewerkschafter:innen fanden ihren Weg in das Archiv. Heute hat rund ein Drittel des Gesamtbestands im AdsD eine gewerkschaftliche Herkunft.[220]

Während sich das inhaltliche Profil des Archivs der sozialen Demokratie durch diesen Zugewinn deutlich erweitert und verändert hat – die Bibliothek befindet sich inzwischen mit dem Archiv unter dem gemeinsamen Dach AdsD –, ist die Kernaufgabe dieselbe geblieben: Unterlagen der Sozialdemokratie und Gewerkschaften sowie ihrer Umfeldorganisationen und zugehöriger Personen zu sammeln, zu bewahren, zu verarbeiten sowie der Öffentlichkeit und Forschung zugänglich zu machen – und das zunehmend in digitaler Form. Das Archiv der sozialen Demokratie ist mit den archivarischen und bibliothekarischen Unterlagen zu einem breit zu verstehenden kollektiven Gedächtnis der deutschen Arbeiter:innen- und der Gewerkschaftsbewegung geworden.

„Go East“: Die Studienförderung

Im Jahr 1990 förderte die Friedrich-Ebert-Stiftung erstmals sechs Studierende aus der DDR, die der ostdeutsche Verein für Politische Bildung und Soziale Demokratie vermittelt hatte. Rasch gewann die Abteilung Studienförderung Bewerber:innen aus Ostdeutschland und baute auch ihr Netzwerk an Vertrauensdozent:innen aus. 1991 nahm sie bereits rund 80 ostdeutsche Studierende in das Stipendienprogramm auf, in den folgenden Jahren wuchs die Zahl weiter.

Damit sich Geförderte aus West- und Ostdeutschland kennenlernen und austauschen konnten, organisierte die Stiftung überwiegend in den neuen Bundesländern stipendienbegleitende Veranstaltungen. Daneben bot sie Begegnungsformate in Osteuropa, vor allem in Polen, an. Kernstück der studienbegleitenden Programme blieben aber Veranstaltungen zu gesellschaftspolitischen Fragen, denn auch in den 1990er-Jahren erwartete die Stiftung von den Stipendiat:innen nicht nur „besondere Leistungen im Studium“, sondern auch ein „ausgeprägtes Interesse an politischen und gesellschaftlichen Fragen sowie ein entsprechendes Engagement“.[221]

Um im Sinne ihres Namensgebers Ungleichheiten zu überwinden, ermutigte die Friedrich-Ebert-Stiftung insbesondere junge Menschen aus nicht akademischen oder migrantisch geprägten Familien sowie Studierende, die über den zweiten Bildungsweg an die Hochschule gekommen waren, zur Bewerbung und berücksichtigte diese Faktoren bei der Auswahl. Außerdem nahm sie immer mehr Frauen ins Programm: Der Anteil der weiblichen Stipendiat:innen stieg zwischen 1990 und 2000 von rund einem Drittel auf knapp die Hälfte.

An alle Geförderten richteten sich ab den 1990er-Jahren Angebote zur Berufsorientierung. Für journalistisch interessierte Stipendiat:innen organisierte die Stiftung zusammen mit Zeitungen, Hörfunk- und Fernsehsendern Praxisseminare. 1995 kam zudem das erste ausschließlich von Stipendiat:innen gestaltete Magazin „Forum“ heraus. Diese Medienprojekte legten den Grundstein für die „JournalistenAkademie“ der Friedrich-Ebert-Stiftung, die im Jahr 2000 innerhalb der Medienakademie gegründet wurde. In anderen berufsorientierenden Seminaren ging es in den 1990er-Jahren um Existenzgründung oder den Einstieg von Frauen in Führungspositionen. Geförderten aus dem künstlerischen Bereich verschaffte die Friedrich-Ebert-Stiftung mit Konzerten und Ausstellungen Öffentlichkeit, während herausragende Promotionsschriften von Stipendiat:innen in einer eigenen Schriftenreihe des LIT-Verlags erschienen.

Mehr als 2.000 junge Menschen studierten oder promovierten 1990 mit Unterstützung der Stiftung, so viele wie nie zuvor. 431 kamen aus dem Ausland, zwei Drittel davon wiederum aus asiatischen Ländern. Die Zahl der Geförderten erreichte 1992 einen Höchststand von knapp 2.300 und sank dann in den folgenden Jahren mit dem Rückgang der öffentlichen Zuwendungen, bis sie sich um die Jahrtausendwende bei durchschnittlich rund 1.700 einpendelte. Ein wichtiges Instrument in der internationalen Förderung blieb der Solidaritätsfonds, der

Quelle: AdsD, 6/FOTB087341; Rechte: FES-Ehemalige e. V.

Der Verein der ehemaligen Stipendiat:innen organisiert seit 2004 regelmäßige Treffen und eigene inhaltliche Vernetzungsangebote. Hier das jährliche „Wieder Sehen“ 2006

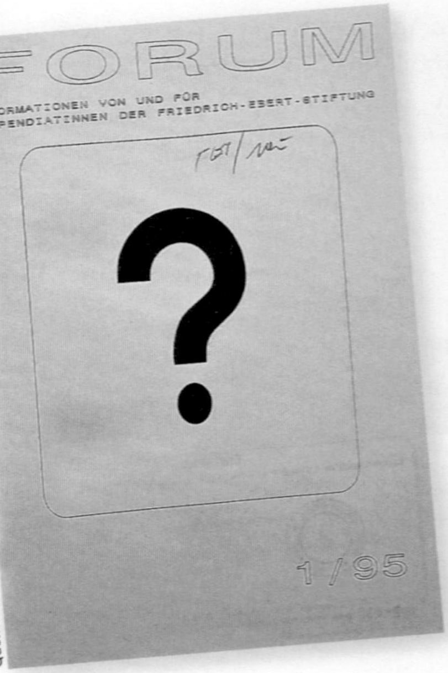

Quelle: Bibliothek der FES

Cover der Erstausgabe des Stipendiatenmagazins „Forum“, 1995

Rechte: AdsD, 6/FOTA036601

Die Vorsitzende der SPD-Bundestagsfraktion Herta Däubler-Gmelin zur Eröffnung des Büros der Friedrich-Ebert-Stiftung in Hanoi, Vietnam, zusammen mit den FES-Mitarbeitern Dieter Schanz, Wolfgang Weege und Norbert von Hofmann (v. r. n. l.), 28.2.1991

verfolgte und in Not geratene Studierende und Graduierte aus dem Ausland unterstützte. Auch die ehemaligen Geförderten begannen, untereinander ihre Netzwerke zu bilden, und gründeten 2004 den Verein FES-Ehemalige e. V., der die Alumni:ae-Arbeit der Stiftung begleitet und auch eigene Alumni:ae-Arbeit realisiert. So wird seit 2006 ein jährlicher Engagementpreis für gesellschaftspolitisch relevante Projekte ausgelobt.

Eine „neue Lage“ für die internationale Arbeit

Mit dem Ende des Ost-West-Konflikts schienen die Demokratien auf allen Kontinenten auf dem Vormarsch zu sein, nicht nur in Mittel- und Osteuropa. Auch sozialistische Staaten wie Angola oder Nicaragua wählten neue demokratische Regierungen, während sich antikommunistische Diktaturen wie Südkorea oder Chile demokratisierten und Südafrikas rassistisches Apartheid-Regime schrittweise abgesetzt wurde. „Ein-Parteien- und Zentralverwaltungsmodelle haben in der Dritten Welt ihre Attraktivität verloren. Höher im Kurs stehen jetzt Pluralismus, Demokratie und marktorientierte Wirtschaft“, freute sich 1991 der Geschäftsführer der Friedrich-Ebert-Stiftung Jürgen Burckhardt.[222] Viele Menschen waren optimistisch, dass sich nun Demokratie und Menschenrechte weltweit durchsetzen würden, der US-amerikanische Politikwissenschaftler Francis Fukuyama sah mit dem Siegeszug der liberalen Demokratie sogar das „Ende der Geschichte“ voraus, auch wenn diese These von Anfang an umstritten war.

Die Friedrich-Ebert-Stiftung sprach 1991 von einer „neuen Lage“[223] für die internationale Zusammenarbeit. Im Haus selbst war die Auslandsabteilung schon ein Jahr zuvor in zwei Bereiche getrennt worden: Die „Internationale Entwicklungszusammenarbeit“ mit den drei Regionen Lateinamerika, Afrika und Asien sowie der Bereich „Industrieländer“, später in „Internationaler Dialog“ umbenannt, mit den westlichen Partnerländern, den osteuropäischen Staaten und den Nachfolgestaaten der Sowjetunion sowie bis 1999 auch dem Nahen Osten. Diese Neuaufteilung ging mit einer stärkeren Regionalisierung der Stiftungsarbeit einher. Zudem führte die Stiftung, ähnlich wie der diplomatische Dienst, das Rotationsprinzip ein, sodass die Leiter:innen der

Quelle: AdsD, 6/PLKA042126; Rechte: Nicht ermittelbar

Plakat anlässlich des Internationalen Umwelttags der Sudanese Environment Conservation Society und der Friedrich-Ebert-Stiftung, 1990

Rechte: AdsD, 6/FOTB087191

Podium auf einer Konferenz zur Internationalisierung der Arbeitsbeziehungen mit Blick auf globale Gewerkschaftsverbünde und internationale Rahmenabkommen, hier mit Vertreter:innen aus Wissenschaft und Gewerkschaften, 13. bis 15.10.2004

Stiftungsbüros nun zumeist nach einigen Jahren den Einsatzort wechselten.

Weil die Friedrich-Ebert-Stiftung ab 1993 einen Rückgang der Globalmittel des Bundesministeriums des Innern (BMI) und der Gelder aus dem Bundesministerium für wirtschaftliche Zusammenarbeit und Entwicklung (BMZ) verkraften musste, wurde die Organisation schlanker. Die Stiftung setzte nun verstärkt auf Ortskräfte, die nach und nach auch Leitungsaufgaben übernahmen, für Beständigkeit sorgten und vielerorts zum „Gedächtnis" der Büros wurden. Dagegen ging die Zahl der aus Deutschland entsandten Mitarbeiter:innen stark zurück, von 135 im Jahr 1993 auf 88 zehn Jahre später.

Gleichzeitig wuchs die Bedeutung der internationalen Repräsentanzen, und zwar nicht nur für die Stiftung selbst. Sozialdemokratische Politiker:innen stützten sich bei konkreten Fragen zu Land und Region ebenfalls gerne auf das Wissen und die Kontakte der politischen Stiftungen, und auch deutsche Medien holten die Expertise der Büroleiter:innen ein. „Sie sind nicht nur die Vertreter [...] vor Ort, sondern zugleich Kommentatoren, Analysten, Ansprechpartner, Netzwerker und Publizisten. Sie geben der Stiftung im Kontakt mit ausländischen Partnern ein persönliches Gesicht und vertreten die Interessen der internationalen Gewerkschaftsbewegung und der sozialen Demokratie", resümierte die Friedrich-Ebert-Stiftung später.[224]

Auch in der wissenschaftlichen Arbeit zu internationalen Themen baute die Friedrich-Ebert-Stiftung seit den 1990er-Jahren ihre professionelle Beratungstätigkeit aus. Sie verstand sich zunehmend als Thinktank – zu einer Zeit, in der solche „Denkfabriken", also „Einrichtungen der wissenschaftlichen Politikforschung, -analyse und -beratung",[225] zunehmend von politischen Entscheidungsträger:innen befragt und genutzt wurden. Das 1999 neu geschaffene Referat „Internationale Politikanalyse" stand mit seinen Analysen, Studien und Hintergrundinformationen sinnbildlich für diesen Wandel.

Stiftungen als „wichtiger Teil der politischen Kultur“

Anfang der 1990er-Jahre wurde die Finanzierung der politischen Stiftungen aus Steuermitteln in Deutschland kontrovers diskutiert: „Es gibt in der Öffentlichkeit [...] manch unberechtigte Kritik an den politischen Stiftungen“, schrieb Holger Börner im März 1992 an Bundespräsident Richard von Weizsäcker, nachdem sich die beiden kurz zuvor über das Thema ausgetauscht hatten. Diese „Vorurteile“, so Börner, beruhten oft darauf, dass die Stiftungen vor allem mit den Parteifinanzen in Zusammenhang gebracht würden. Er warf nun insbesondere den Wert der internationalen Arbeit der Stiftungen in die Waagschale, durch die „das breite Meinungsspektrum in der deutschen Demokratie“ im Ausland vermittelt werde: „Uns wird immer wieder gesagt, dass die politischen Stiftungen [...] eine Eindringtiefe in die Gesellschaften der Gastländer erreichen, die erkennbar über das hinausgeht, was den deutschen Botschaften möglich ist“.[226]

Um die Frage der Mitfinanzierung der politischen Stiftungen aus öffentlichen Geldern grundsätzlich zu klären, setzte Bundespräsident Richard von Weizsäcker im April 1992 eine Sachverständigenkommission zur Parteienfinanzierung ein, die auch die insgesamt fünf politischen Stiftungen prüfte – zu den vier seit Jahrzehnten bestehenden Stiftungen war mit dem Stiftungsverband Regenbogen, der späteren Heinrich-Böll-Stiftung, mittlerweile auch eine politische Stiftung der Partei Bündnis 90/Die Grünen hinzugekommen. Im folgenden Jahr kamen die Expert:innen zu dem Schluss, dass die öffentliche Finanzierung grundsätzlich rechtmäßig sei: Stiftungen seien ein „wichtiger Teil der politischen Kultur der Bundesrepublik Deutschland“ und leisteten nützliche Arbeit für das Gemeinwesen. Angemahnt wurden neben einer Überarbeitung der Rechtsgrundlagen allerdings mehr Transparenz und eine bessere Erfolgskontrolle.

Die Einschätzung gab den politischen Stiftungen Sicherheit und stellte ihre Finanzierung langfristig auf eine solide Grundlage. In einer gemeinsamen Erklärung formulierten die fünf politischen Stiftungen in der Bundesrepublik Ende 1998 ihr Selbstverständnis. Auf der Basis der freiheitlichen demokratischen Grundordnung setzten sie sich unter anderem zum Ziel, durch politische Bildung, Wissenschaftsförderung, Forschung und Beratung Grundlagen für politisches Handeln zu erarbeiten und den Dialog zwischen Wissenschaft, Politik, Staat und Wirtschaft zu vertiefen. Weitere gemeinsame Ziele waren die Förderung von Studierenden sowie von Kunst und Kultur, die europäische Einigung und Völkerverständigung sowie historische Forschung. Die Erklärung, der sich 2003 als sechste politische Stiftung auch die Rosa-Luxemburg-Stiftung anschloss, wurde 2023 durch das neue Stiftungsfinanzierungsgesetz obsolet.

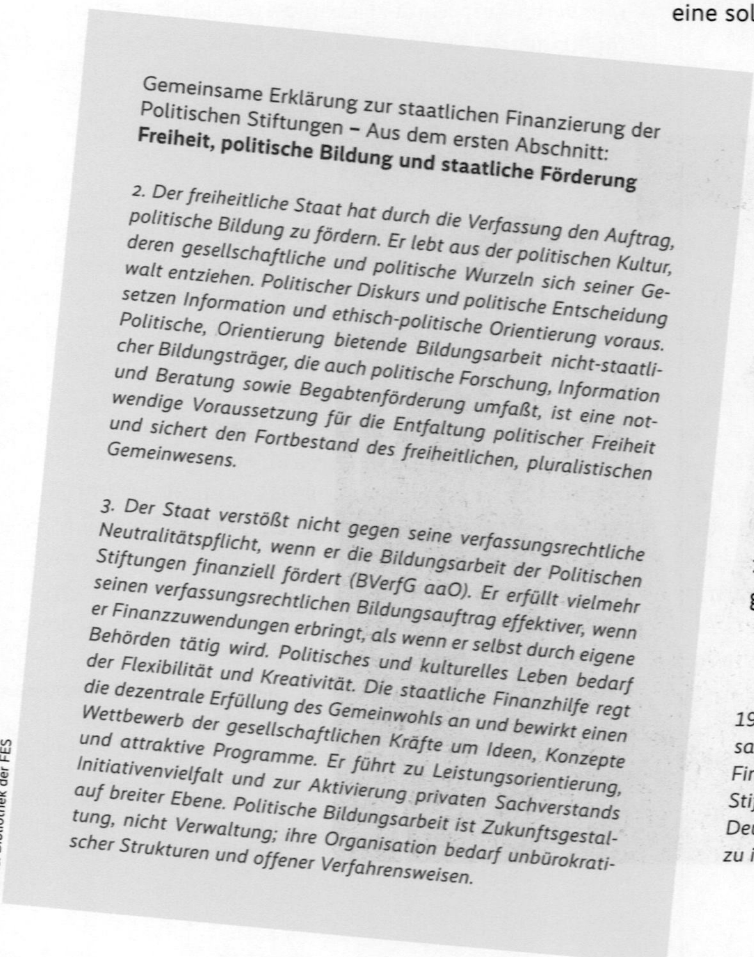

Gemeinsame Erklärung zur staatlichen Finanzierung der Politischen Stiftungen – Aus dem ersten Abschnitt:
Freiheit, politische Bildung und staatliche Förderung

2. Der freiheitliche Staat hat durch die Verfassung den Auftrag, politische Bildung zu fördern. Er lebt aus der politischen Kultur, deren gesellschaftliche und politische Wurzeln sich seiner Gewalt entziehen. Politischer Diskurs und politische Entscheidung setzen Information und ethisch-politische Orientierung voraus. Politische, Orientierung bietende Bildungsarbeit nicht-staatlicher Bildungsträger, die auch politische Forschung, Information und Beratung sowie Begabtenförderung umfaßt, ist eine notwendige Voraussetzung für die Entfaltung politischer Freiheit und sichert den Fortbestand des freiheitlichen, pluralistischen Gemeinwesens.

3. Der Staat verstößt nicht gegen seine verfassungsrechtliche Neutralitätspflicht, wenn er die Bildungsarbeit der Politischen Stiftungen finanziell fördert (BVerfG aaO). Er erfüllt vielmehr seinen verfassungsrechtlichen Bildungsauftrag effektiver, wenn er Finanzzuwendungen erbringt, als wenn er selbst durch eigene Behörden tätig wird. Politisches und kulturelles Leben bedarf der Flexibilität und Kreativität. Die staatliche Finanzhilfe regt die dezentrale Erfüllung des Gemeinwohls an und bewirkt einen Wettbewerb der gesellschaftlichen Kräfte um Ideen, Konzepte und attraktive Programme. Er führt zu Leistungsorientierung, Initiativenvielfalt und zur Aktivierung privaten Sachverstands auf breiter Ebene. Politische Bildungsarbeit ist Zukunftsgestaltung, nicht Verwaltung; ihre Organisation bedarf unbürokratischer Strukturen und offener Verfahrensweisen.

Quelle: Bibliothek der FES

1998 beschlossen: „Gemeinsame Erklärung zur staatlichen Finanzierung der Politischen Stiftungen“ der Bundesrepublik Deutschland. Hier ein Ausschnitt zu ihrem Selbstverständnis

Südafrika: Verfassungsberatung und Community Radio

Auch wenn die Projekte der Abteilung „Industrieländer“, später „Internationaler Dialog“, insbesondere in Osteuropa in den 1990er-Jahren politisch mehr Aufmerksamkeit bekamen – der nach Budget und Personal größte Bereich der Auslandsarbeit war weiterhin die Abteilung Entwicklungszusammenarbeit. Hier legte die Stiftung einen besonderen Fokus auf den afrikanischen Kontinent: 1993 war sie in 40 afrikanischen Ländern beratend tätig und unterhielt 25 offizielle Büros mit 23 Mitarbeiter:innen, 217 Ortskräften und vier Projektassistent:innen. In ihren Projekten kooperierte die Friedrich-Ebert-Stiftung unter anderem mit Gewerkschaften, Verbänden und Frauengruppen, sie unterstützte Medienvertreter:innen und Landwirt:innen, begleitete Friedensbemühungen und förderte den Erfahrungsaustausch zwischen unterschiedlichen afrikanischen Ländern.

Die Republik Südafrika war zu dieser Zeit ihr umfang- und facettenreichstes Arbeitsfeld in Afrika. Die Friedrich-Ebert-Stiftung stellte sich hier seit Ende der 1980er-Jahre an die Seite der Kräfte, die für die Überwindung der Apartheid kämpften, und kooperierte vor allem mit dem *African National Congress* (ANC). Symbolfigur für den Freiheitskampf der schwarzen Bevölkerung in Südafrika war Nelson Mandela, der im Februar 1990 nach 27 Jahren Haft aus dem Gefängnis entlassen wurde – ein Meilenstein, der in aller Welt gefeiert wurde. Auf Einladung von Willy Brandt, damals Präsident der Sozialistischen Internationale, kam Nelson Mandela im Juni 1990 zu einem großen Empfang nach Bonn. In Gesprächen am Rande seines Besuchs ermutigte er Stiftungsvertreter:innen, „weiter alle Möglichkeiten zu nutzen, die zu einer Abschaffung des Apartheidsystems führen können“.[227] Zu dieser Zeit beriet die Friedrich-Ebert-Stiftung den ANC bereits dabei, eine Übergangsverfassung zu entwickeln und die ersten allgemeinen und freien Wahlen vorzubereiten. 1991 eröffnete sie ein Stiftungsbüro in Kapstadt, das zwei Jahre später nach Johannesburg, in das Machtzentrum des Lands, verlegt und vergrößert wurde. Neben dem Büroleiter arbeiteten hier bald zwei weitere entsandte Mitarbeiter:innen und zehn Ortskräfte.

Rechte: AdsD, 6/FOTA139324

Die ehemalige FES-Stipendiatin Auxilia Goromonzi (vorne l.) mit dem Bundespräsidenten Roman Herzog (vorne r.) auf der internationalen Konferenz „Hoffnung für das südliche Afrika“ in Bonn, 8.3.1995

Der stellvertretende Vorsitzende der Friedrich-Ebert-Stiftung Ernst Breit (l.), begrüßt Nelson Mandela (r.) in der Friedrich-Ebert-Stiftung in Bonn, 11.6.1990.

Bei den Wahlen 1994 gewann der ANC die absolute Mehrheit, und als Nelson Mandela am 9. Mai 1994 vom neuen Parlament zum ersten schwarzen Präsidenten des Lands gewählt wurde, markierte dies das Ende der Apartheid. In den folgenden Jahren unterstützte das Büro der Friedrich-Ebert-Stiftung die Regierung Mandela bei politischen Reformen sowie beim Aufbau der Provinzregierungen und einer freien Medienlandschaft. In der Überzeugung, dass „Demokratie […] ohne staatsferne Medien nicht machbar"[228] sei, leistete die Friedrich-Ebert-Stiftung im größten Township von Kapstadt Hilfestellung beim Aufbau des legendären „Bush Radio". Für den alternativen Sender, der 1995 startete, richtete die Stiftung ein Ton- und Aufnahmestudio ein, in dem auch angehende Hörfunkjournalist:innen professionell trainiert wurden. Unterstützung erhielten auch das „Radio Soweto" in Johannesburg sowie Medien in den Nachbarländern. Die Organisation dieser Aktivitäten bündelte die Friedrich-Ebert-Stiftung in ihrem Medienprojekt „Südliches Afrika" mit Sitz in Harare/Simbabwe.

Bei allen Projekten in der internationalen Entwicklungszusammenarbeit begriff die Friedrich-Ebert-Stiftung die Förderung von Frauen als wichtige „Querschnittsaufgabe" und „gleichberechtigtes und integriertes Politikfeld". 1991 kündigte sie an, die „Interessen der Frauen […] noch stärker als in der Vergangenheit […] bei der Planung und Durchführung aller Projekte" zu berücksichtigen.[229] So schulte sie etwa Frauen aus unterschiedlichen englischsprachigen Ländern in Afrika zu Bildungstrainerinnen. Zu diesem Fokus auf Geschlechtergerechtigkeit passte, dass der erste Menschenrechtspreis der Friedrich-Ebert-Stiftung 1994 an eine Organisation mit frauenpolitischer Agenda ging (vgl. S. 156 f.). Der Marie-Schlei-Verein, benannt nach der ehemaligen Entwicklungsministerin, bekam die Auszeichnung für seine erfolgreiche Arbeit mit Frauenorganisationen in Afrika, Asien und Lateinamerika. Bis heute wird der mit 20.000 Euro dotierte Menschenrechtspreis der Friedrich-Ebert-Stiftung jedes Jahr an Personen oder Organisationen verliehen, die sich für Menschenrechte, Menschenwürde und Frieden sowie die Bekämpfung der Ursachen von Gewalt und Unrecht stark machen.

→ *Fortsetzung auf Seite 158*

Für Menschenrechte, Menschenwürde und Frieden: Der Menschenrechtspreis der Friedrich-Ebert-Stiftung

Gestiftet wurde der Preis von dem Hamburger Ehepaar Karl und Ida Feist, das viele Jahre in der Arbeiter:innenbewegung aktiv war. Aufgrund der eigenen Erfahrungen mit Krieg und Gewalt vermachten sie ihr Erbe der Friedrich-Ebert-Stiftung und verfügten testamentarisch, dass aus den Erträgen ein Menschenrechtspreis vergeben werden sollte. Dabei ging es ihnen „weniger [darum,] den spektakulären Erfolg" auszuzeichnen als vielmehr „die mühsame und beharrliche Grundlagenarbeit" in verschiedenen Teilen der Welt.[230]

Der erste Menschenrechtspreis ging an den Marie-Schlei-Verein, eine Partnerschaftsinitiative zwischen deutschen Frauen und Frauen aus Ländern in Afrika, Asien und Lateinamerika. Der Vorsitzende der Friedrich-Ebert-Stiftung Holger Börner übergab die Auszeichnung am 21. April 1994 der Vereinsvorsitzenden und Europaabgeordneten Christa Randzio-Plath und würdigte die Arbeit der Initiative zur Verbesserung der Lebensbedingungen von Frauen weltweit.

2011 wurden mit zwei Bloggern erstmalig Aktivisten aus dem Bereich der Socia Media ausgezeichnet. Während Slim Amamou die „Arabellion" in Tunesien befördert und zeitweilig als Minister in der der tunesischen Übergangsregierung 2011 aktiv gewesen war, wurde dem ägyptischen Blogger Khaled Said der Preis posthum verliehen. Er hatte auf die Korruption der Polizei aufmerksam gemacht und wurde daraufhin von zwei Polizisten zu Tode geprügelt. Das Foto seiner Leiche machte ihn zur Symbolfigur der Revolution in Ägypten.

Seit 1994 verleiht die Friedrich-Ebert-Stiftung den Menschenrechtspreis an Personen, Gruppen oder Organisationen, die sich für den Schutz von Menschenrechten, Menschenwürde und Frieden einsetzen. Er ist mit 20.000 Euro dotiert.

Die Vorschläge für mögliche Preisträger:innen kommen aus der internationalen Arbeit der Friedrich-Ebert-Stiftung. Die Vergabe erfolgt durch eine Jury ebenfalls in enger Absprache mit den Referaten der Stiftung und den Stiftungsbüros im Ausland.

Rechte: AdsD, 6/FOTB087195; Foto: Saskia Uppenkamp

Verleihung des Menschenrechtspreises an die afghanische Menschenrechtsaktivistin und ehemalige Vorsitzende der Unabhängigen Afghanischen Menschenrechtskommission Shaharzad Akbar, 28.11.2023

Übersicht über die bisherigen Preisträger:innen

1994	Deutschland	*Marie-Schlei-Verein*
1995	Polen	*Ewa Letowska*
1996	Nigeria	*Olusegun Obasanjo*
1997	Bosnien und Herzegowina	*Pater Petar Andjelovic*
1998	Algerien	*Omar Belhouchet*
1999	Indien	*Kailash Satyarthi*
2000	Russland	*Verband der Komitees der Soldatenmütter Russlands*
2001	Serbien	*Widerstandsbewegung OTPOR*
2002	Israel	*Israelisch-palästinensische Koalition für den Frieden*
2003	Ruanda	*Internationales Tribunal für Ruanda ICTR*
2004	Sudan	*Abel Alier und Mahgoub Mohamed Salih*
2005	Chile/Peru	*Wahrheitskommissionen von Chile und Peru – Anwälte der Menschenrechte*
2006	Thailand	*Somsak Kosaisook*
2007	Kasachstan	*Jevgenij Zhovtis*
2008	Weißrussland	*Zhanna Litvina*
2009	Südafrika	*Treatment Action Campaign TAC*
2010	Mexiko	*Marcelina Bautista Bautista*
2011	Ägypten/ Tunesien	*Slim Amamou, Tunesien, und Khaled Said, Ägypten*
2012	Pakistan	*Tribal Union of Journalists TUJ*
2013	Griechenland	*Center for Democracy and Reconciliation in Southeast Europe CDRSEE*
2014	Somalia	*Fartuun Adan*
2015	Israel	*Ilan Sadeh und Hasan Atamna*
2016	Kolumbien	*La Ruta Pacífica de las Mujeres*
2017	Korea	*Organisationskomitee der Kerzenbürger-Demonstrationen*
2018	ausgesetzt	
2019	Honduras	*Miriam Miranda*
2020	Nordmazedonien	*Zoran Zaev*
2021	Botswana	*Alice Mogwe*
2022	Sudan	*Rifaat Makkawi*
2023	Afghanistan	*Shaharzad Akbar*

Rechte: AdsD, 6/FOTB087197

Das Konterfei des ermordeten Bloggers Khaled Said ziert einen Rest der Berliner Mauer, der im Garten der Berliner Zentrale damit an die „Arabellion" erinnert.

Dies gilt auch für Shaharzad Akbar, die ehemalige Vorsitzende der Unabhängigen Afghanischen Menschenrechtskommission, die 2023 in Berlin den Menschenrechtspreis der Friedrich-Ebert-Stiftung entgegennahm. „Als überparteiliche Stimme für Demokratie und Menschenrechte kritisierte sie die Taliban, aber auch die afghanische Regierung und die internationale Gemeinschaft", so die Stiftung in ihrer Würdigung.[231] Nach der Machtübernahme durch die Taliban hatte Shaharzad Akbar in London die Menschenrechtsorganisation Rawadari gegründet. Als Leiterin der Initiative setzt sie sich seitdem aus dem Exil unermüdlich für ein gleichberechtigtes und friedliches Afghanistan ein.

Rechte: AdsD, 6/FOTA032397

Der palästinensische Präsident und Friedensnobelpreisträger Yassir Arafat (l.) mit dem ehemaligen Bundesminister für wirtschaftliche Zusammenarbeit und Entwicklung Hans-Jürgen Wischnewski (2. v. r.) auf einer Veranstaltung zu Perspektiven palästinensischer Selbstbestimmung nach dem Gaza-Jericho-Abkommen vor der Willy-Brandt-Büste in der Friedrich-Ebert-Stiftung Bonn, 8.12.1993

Unterstützung für den Friedensprozess im Nahen Osten

Im Nahen Osten standen die Zeichen nach dem Ende des Kalten Kriegs auf Verständigung zwischen Israel, den arabischen Nachbarländern und den Palästinenser:innen. Nach Jahren der Intifada, des bewaffneten palästinensischen Aufstands in den von Israel besetzten Gebieten, und unter dem Eindruck des Golfkriegs, bei dem der Irak Israel 1991 mit Raketen angriff, wuchs der internationale Druck, zu einer umfassenden Friedenslösung in der Region zu kommen.

In ihrem Büro in Israel arbeitete die Friedrich-Ebert-Stiftung schon zuvor mit Initiativen zusammen, die sich für die jüdisch-arabische Verständigung einsetzten. Dazu gehörte etwa die nach dem Friedensschluss mit Ägypten 1978 gegründete „Peace Now"-Bewegung. Enge Beziehungen hatte die Stiftung traditionell zur Gewerkschaft *Histadrut*, zur Arbeitspartei *Avoda*, deren Bildungsorganisation ALE sie unterstützte, und zur Mapam-Partei, die 1992 im Meretz-Bündnis aufgehen sollte. In diesem Umfeld förderte die Friedrich-Ebert-Stiftung seit 1986 das jüdisch-arabische Bildungszentrum *Givat Haviva*, das arabische Lehrkräfte weiterbildete, Begegnungsseminare sowie Ausstellungen und Konzerte durchführte, sowie das der „Peace Now"-Bewegung nahestehende *Center for Peace in the Middle East*. An der Universität Haifa mit ihrem hohen Anteil an arabischen Studierenden kooperierte die Stiftung mit einem Forschungsinstitut und dem jüdisch-arabischen Zentrum. Auf dem Campus kamen Studierende auch in einem nach Willi Eichler benannten Studentenclub zu Begegnungen und Veranstaltungen zusammen. Weil die Arbeit der Friedrich-Ebert-Stiftung in Israel von Anfang an getragen war von der besonderen Beziehung zwischen Deutschland und Israel und der Verantwortung der Deutschen für die Shoah, engagierte sich das Büro auch für Erinnerungsprojekte und die deutsch-israelische Verständigung.

In geringerem Umfang war die Friedrich-Ebert-Stiftung auch immer wieder in den palästinensischen Gebieten im Westjordanland und in Gaza präsent. Seit den 1980er-Jahren stand sie etwa in Kontakt mit den Universitäten in Ramallah und Nablus sowie mit Nichtregierungsorganisationen wie dem *Arab Thought Forum* oder dem *Jerusalem Media and Communications Centre*. Die meisten Projekte wurden vom Stiftungsbüro Amman aus organisiert, das 1987 eröffnete, zu einem Zeitpunkt, zu dem das israelisch besetzte Westjordanland formell noch zu Jordanien gehörte. Von hier aus baute die Friedrich-Ebert-Stiftung ihre Kontakte aus. Auch über die Büros in Kairo und Beirut war sie im Nahen Osten gut vernetzt.

Rechte: AdsD, 6/FOTA024192

Der israelische Botschafter in Deutschland Benjamin Navon mit dem Außenminister Israels Shimon Peres und Holger Börner (v. l. n. r.) auf dem Weg zum Vortrag Peres', über „Political and Economic Prospects of Peace in the Middle East" in der Friedrich-Ebert-Stiftung Bonn, 11.3.1993

Mit der Friedenskonferenz in Madrid begannen im Oktober 1991 die Verhandlungen zwischen Israel, den arabischen Nachbarländern und den Palästinenser:innen. Ein halbes Jahr zuvor hatte sich der Vorsitzende der israelischen Arbeitspartei Shimon Peres in einem Vortrag in der Bonner Zentrale der Friedrich-Ebert-Stiftung für eine Verhandlungslösung nach dem Prinzip „Land für Frieden" ausgesprochen. Auch eine Mehrheit der Israelis unterstützte Anfang der 1990er-Jahre diesen Weg und wählte 1992 Yitzhak Rabin von der Arbeitspartei zum neuen Ministerpräsidenten. Kurz darauf begannen die ersten direkten Verhandlungen zwischen Israel und der Palästinensischen Befreiungsorganisation (PLO) in Oslo, die zur gegenseitigen Anerkennung führten. Im September 1993 unterzeichneten Yitzhak Rabin und Yassir Arafat die Grundsatzerklärung über die palästinensische Selbstverwaltung. „Das Abkommen eröffnet erstmalig eine realistische Chance für einen dauerhaften Frieden in der Region, auch wenn schwierige Fragen darin ausgeklammert blieben", so die Friedrich-Ebert-Stiftung 1993 in ihrem Jahresbericht.[232] 1994/95 folgten das Autonomieabkommen über Gaza und Jericho sowie Oslo II, das Interimsabkommen über die Ausdehnung der palästinensischen Selbstverwaltung in der Westbank. 1994 unterzeichneten auch Israel und Jordanien einen Friedensvertrag.

Im Zuge des Friedensprozesses eröffnete die Friedrich-Ebert-Stiftung für die Arbeit mit palästinensischen Gruppen 1995 ein Büro in Ost-Jerusalem. Von hier aus unterstützte sie die Vorbereitung der Wahlen des Autonomierats durch Beratung und Bildung, außerdem förderte sie die Wirtschaft und den Aufbau von freien Medien. In den folgenden Jahren arbeitete das Büro Ost-Jerusalem sowohl mit Führungskräften der Palästinensischen Autonomiebehörde, der Regierungspartei Fatah und des Gewerkschaftsverbands zusammen als auch mit den Universitäten und der Zivilgesellschaft. In ihren Büros in Tel Aviv und Ost-Jerusalem legte die Stiftung „großen Wert auf grenzüberschreitende Projektansätze" und persönliche Begegnungen.[233] Immer wieder brachte sie jüdische und arabische Menschen, etwa aus der Wissenschaft, aus der Wirtschaft oder aus Frauen- und Jugendorganisationen, zusammen. Die Projekte und Veranstaltungen sollten Feindbilder und Vorurteile abbauen und es den Teilnehmer:innen ermöglichen, sich über eine gemeinsame Zukunft auszutauschen.

Doch auf dem Weg zum Frieden gab es bald Rückschläge. Parallel zur Unterzeichnung der Oslo-Abkommen begann die radikalislamische Palästinenserorganisation Hamas 1994 mit einer Welle brutaler Selbstmordattentate in Israel. In Israel wiederum positionierten sich die nationalreligiösen Rechten, insbesondere die Siedler:innenbewegung, gegen die Gründung eines palästinensischen Staats. Am 4. November 1995 wurde Ministerpräsident Yitzhak Rabin bei einer großen Friedenskundgebung in Tel Aviv von einem nationalreligiösen jüdischen Fanatiker erschossen. Und als Rabins Nachfolger Shimon Peres bei den Wahlen 1996 Benjamin Netanyahu vom rechtsgerichteten Likud unterlag, stockte der Friedensprozess. Das „sich langsam entwickelnde Klima der Kooperation und des gegenseitigen Vertrauens" habe sich „in ein Klima der Konfrontation" verwandelt, bedauerte die Friedrich-Ebert-Stiftung 1996.[234] Mit ihrer Arbeit in den Büros Tel Aviv, der Standort wurde 1997 in den Tel Aviver Vorort Herzliya verlegt, und Ost-Jerusalem, aber auch in Amman, Kairo und Beirut versuchten die Stiftungsmitarbeiter:innen, den Verständigungsprozess in der Region dennoch weiter zu unterstützen.

Ein vielversprechendes Projekt, das die Friedrich-Ebert-Stiftung förderte, war die „Cooperation North", die grenzüberschreitende Zusammenarbeit zwischen der palästinensischen Region Jenin und den angrenzenden israelischen Distrikten. Das Projekt, das auf wirtschaftliche Kooperation und eine Vernetzung von Infrastrukturen zielte, entwickelte sich vor allem in der kurzen Amtszeit von Ehud Barak von der Arbeitspartei ab 1999 äußerst positiv. Doch dann scheiterten im Juli 2000 die vom US-Präsidenten Bill Clinton vermittelten Friedensverhandlungen zwischen Yassir Arafat und Ehud Barak in Camp David, auch weil in den grundsätzlichen Fragen des Status von Jerusalem und des palästinensischen Rückkehrrechts keine Einigung erzielt wurde. Als wenige Monate später die zweite Intifada mit Selbstmordanschlägen etwa in Bussen, Cafés und Einkaufszentren in Israel begann und 2001 Ariel Sharon Ministerpräsident wurde, verschlechterten sich die Bedingungen für einen Frieden wieder rapide. Dies wirkte sich auch auf die Projekte der Friedrich-Ebert-Stiftung in Israel und den palästinensischen Gebieten aus.

Im neuen Jahrtausend änderte die Friedrich-Ebert-Stiftung daher ihre Herangehensweise: Anstatt auf Projekte der israelisch-palästinensischen Verständigung legte sie ihren Schwerpunkt nun darauf, die Verbindung beider Seiten zur Europäischen Union zu stärken, etwa mit dem Aufbau eines Netzwerks von israelischen und europäischen Führungskräften aus Politik, Wissenschaft und Medien, dem *Israeli European Policy Network* IEPN.

Förderung von Frieden und Demokratie auf dem Balkan

Auf dem Balkan führten in den 1990er-Jahren ethnische Spannungen zum ersten militärischen Konflikt auf europäischem Boden seit 1945. Im folgenden Jahrzehnt zerfiel der Vielvölkerstaat Jugoslawien in einem Prozess voller Krieg und Gewalt. An dessen Ende gab es fünf unabhängige Staaten: Slowenien, Kroatien, Serbien, Bosnien-Herzegowina und Mazedonien, zu denen 2006 nach der friedlichen Trennung von Serbien noch Montenegro und 2008 durch eine einseitige Unabhängigkeitserklärung der Kosovo kamen.

Als die Konflikte auf dem Balkan 1991 begannen, beobachtete die Friedrich-Ebert-Stiftung dies mit großer Sorge. So diskutierte der Gesprächskreis Sicherheit und Abrüstung im Oktober 1991 über „Die EG und die Jugoslawien-Krise". Kurz darauf erkannten die europäischen Außenminister Slowenien und Kroatien als unabhängige Staaten an. Nachdem sich auch Bosnien und Herzegowina aus dem jugoslawischen Staatenverbund gelöst hatten, brach im April 1992 ein Bürgerkrieg aus, der sich weder durch internationale Drohungen noch durch UN-Blauhelme eindämmen ließ. Seit 1992 überwachte die NATO die Flugverbotszone über Bosnien-Herzegowina. Das Massaker, das bosnisch-serbische Einheiten im Juli 1995 in der UN-„Schutzzone" Srebrenica an Tausenden muslimischen Frauen und Männern anrichteten, erschütterte die Welt. In einem militärischen Einsatz zwang die NATO – erstmalig in ihrer Geschichte und in Absprache mit den Vereinten Nationen – ab August 1995 die serbischen Einheiten zum Rückzug aus Bosnien. An dieser „Operation Deliberate Force" war auch die Bundeswehr unterstützend beteiligt; ihr Einsatz unter Vorlage eines UN-Mandats war durch

Rechte: Sepp Spiegl/FES; AdsD, 6/FOTA139182

Besuch des Bürgermeisters von Belgrad Zoran Đinđić in der Friedrich-Ebert-Stiftung, 1996

Rechte: AdsD, 6/FOTA143140

Der EU-Administrator von Mostar in Bosnien-Herzegowina Hans Koschnick bei der Eröffnung einer FES-Ausstellung über die Arbeit der EU-Administration in Mostar in Brüssel, April 1996

die Entscheidung des Bundesverfassungsgerichts vom Juli 1994 möglich geworden.

Der Krieg in Bosnien-Herzegowina endete Mitte Dezember 1995 mit dem Friedensabkommen von Dayton zwischen Kroatien, Serbien, Bosnien und Herzegowina. Die Friedrich-Ebert-Stiftung machte sich nach dem Friedensschluss umgehend daran, ein „Netz von Vertretungen“ in den Nachfolgerepubliken des ehemaligen Jugoslawiens aufzubauen.[235] Da offizielle diplomatische Kontakte angesichts der komplizierten Lage nur begrenzt möglich waren, war die Präsenz der Stiftung politisch erwünscht, ermöglichte sie doch eine niedrigschwellige Kommunikation. Die Vorarbeiten übernahm ein Auslandsmitarbeiter von Sofia aus – die bulgarische Hauptstadt lag außerhalb des Konfliktgebiets und war gut an die Bundesrepublik angebunden. Innerhalb weniger Monate eröffnete die Friedrich-Ebert-Stiftung 1996 Büros im kroatischen Zagreb, im bosnischen Sarajewo, im serbischen Belgrad, im mazedonischen Skopje und in der albanischen Hauptstadt Tirana, die mit deutschsprachigen Ortskräften besetzt wurden. Schon im ersten Jahr führten die neuen Standorte mehr als 100 Projekte durch. Bei Treffen der „Konferenz der Jugend für Frieden und Zusammenarbeit“ kamen etwa junge Menschen aus den Ländern Ex-Jugoslawiens zusammen. In Mostar förderte ein Projekt den Aufbau von Gewerkschaften. 1998 verstärkte die Stiftung ihre Präsenz: Sofia blieb weiter für Bulgarien sowie Mazedonien und Albanien zuständig, ein zweiter entsandter Mitarbeiter mit Sitz in Sarajewo steuerte nun die Büros in Serbien, Kroatien und Bosnien-Herzegowina.

Besonders herausfordernd war die Stiftungsarbeit in Serbien, das weiterhin unter der Diktatur von Slobodan Milošević stand. Das Belgrader Büro hielt enge Kontakte zur demokratischen Opposition, insbesondere zu dem Reformpolitiker Zoran Đinđić, einem ehemaligen Stipendiaten der Friedrich-Ebert-Stiftung. Im Frühjahr 1997 reiste Đinđić nach Bonn und sprach in der Stiftungszentrale über „die Chancen einer wahren Demokratisierung in Serbien“.[236] Im Vorfeld seines Besuchs hatte die Stiftung Kommunalpolitiker:innen aus Đinđićs Demokratischer Partei DS in Freiburg fortgebildet, ein Projekt, das später in die Gründung einer Schule für Kommunalpolitik in Serbien mündete. Die Zusammenarbeit mit der serbischen Opposition barg für die Stiftung allerdings Risiken: Der Büroalltag, so die damalige Leiterin, war geprägt von der Angst vor einem Staat, der die Friedrich-Ebert-Stiftung als feindliche Einrichtung betrachtete. Die Arbeit der Stiftung wurde überwacht und kontrolliert, ihr rechtlicher Status blieb ungeklärt.

In den Verhandlungen von Dayton war der Krisenherd Kosovo ausgeklammert geblieben. Doch Serbiens Präsident Milošević schürte dort weiter den serbischen Nationalismus und den Hass der Kosovo-Serb:innen auf die albanische Mehrheitsbevölkerung, sodass es immer wieder zu bewaffneten Konflikten kam. Nachdem Serbien ein Ultimatum über die Stationierung internationaler Truppen im Kosovo abgelehnt hatte, begann die NATO im März 1999 mit Luftschlägen. Auch die deutsche Bundeswehr beteiligte sich mit Kampfflugzeugen an dem Einsatz, der anders als 1995 in Bosnien-Herzegowina ohne UN-Mandat erfolgte. Dies bedeutete eine Zäsur in der bundesdeutschen Politik – und das ausgerechnet unter der gerade gewählten rot-grünen Regierung von Gerhard Schröder und Joschka Fischer. Auch während des Kosovokriegs blieb das Büro der Friedrich-Ebert-Stiftung in Serbien bestehen. Als „einzige deutsche und eine der letzten internationalen Institutionen" hielt die Stiftung damit „einen Kommunikationskanal [...] zur Außenwelt offen".[237] Sie organisierte Hilfsprogramme für Geflüchtete und unterstützte die größte kosovarische Tageszeitung während ihres Exils in Mazedonien. Nachdem sich Serbien im Juni 1999 aus dem Kosovo zurückgezogen hatte, förderte die Stiftung Projekte zur Friedenssicherung und Demokratisierung, etwa im Rahmen der Veranstaltungs- und Publikationsreihe „Dialog Südosteuropa".

Zur Jahrtausendwende hatte die Friedrich-Ebert-Stiftung in den Ländern des Balkans ein dichtes Netzwerk aufgebaut und sprach sich „bei der Verankerung des Stabilitätspakts in den Gesellschaften Südosteuropas" selbstbewusst eine „Vorreiterrolle" zu.[238] Auch in der kosovarischen Hauptstadt Pristina und in Podgorica in Montenegro eröffneten nun eigene Büros. Ein schwerer Schlag für die Stiftung war allerdings die Ermordung des serbischen Premiers und engen Kooperationspartners Zoran Đinđić im Jahr 2003, der als Nachfolger des gestürzten Slobodan Milošević gerade daran gearbeitet hatte, sein Land für die Europäische Union zu öffnen.

Europäischer Dialog

Das bereits 1973 gegründete Büro in der europäischen Hauptstadt Brüssel war in den ersten Jahren vor allem eine wichtige Anlaufstelle für Partner:innen der Stiftung aus Ländern in Afrika, Asien und Lateinamerika und wurde hauptsächlich aus dem BMZ finanziert. Mit dem Ende des Kalten Kriegs änderte sich die Ausrichtung. Neben der entwicklungspolitischen Arbeit kümmerten sich die Stiftungsmitarbeiter:innen in Brüssel nun immer mehr um die Verbindung zu den europäischen Institutionen und Gewerkschaften, organisierten Besuchsprogramme und informierten über Themen wie den Binnenmarkt oder die europäische Integration.
Im Rahmen der EU-Osterweiterung arbeitete das Büro Brüssel eng mit den Stiftungsrepräsentanzen der Beitrittskandidaten in Mittel- und Osteuropa zusammen. Die Friedrich-Ebert-Stiftung begleitete die Integration mit Konferenzen, Workshops, Wettbewerben, Seminaren sowie Schulungen und unterstützte die „neue Dynamik im europäischen Einigungsprozess", die am 1. Mai 2004 zur Erweiterung der EU von 15 auf 25 Mitgliedsstaaten führte.[239]

Flaggschiff der europapolitischen Stiftungsarbeit war die hochkarätig besetzte Reihe „Eurokolleg". Auf Konferenzen in unterschiedlichen europäischen Städten diskutierten die Teilnehmer:innen über wichtige Themen des europäischen Einigungsprozesses. Organisiert wurden sie von der Abteilung Außenpolitik im Forschungsinstitut, die auch die Schriftenreihe „Eurokolleg" herausgab. In Deutschland bot das Veranstaltungsformat „Forum Europa" zunächst in Bonn, später in Berlin eine Bühne, auf der die Zukunftsaufgaben der Europäischen Union verhandelt wurden. 1997 sprach in diesem Rahmen etwa der Präsident der Europäischen Zentralbank Wim Duisenberg in Bonn. Er zeichnete das Bild eines „gemeinsamen Hauses Europa", dessen Fundament die Wirtschafts- und Währungsunion darstellte.[240]

Die Schaffung einer gemeinsamen europäischen Währung war einerseits mit Hoffnungen verbunden, rief andererseits aber auch Ängste hervor. In Kooperation mit der EU versuchte die Friedrich-Ebert-Stiftung, im Vorfeld in Deutschland mit einer Veranstaltungsreihe

Quelle: AdsD, 6/FOTA112118; Rechte: Joachim Liebe, Potsdam

Der polnische Außenminister Włodzimierz Cimoszewicz (l.) auf Besuch in der Friedrich-Ebert-Stiftung in Berlin mit der Vorsitzenden der Friedrich-Ebert-Stiftung Anke Fuchs und Jürgen Burckhardt (r.), 2003

Rechte: Sepp Spiegl/Friedrich-Ebert-Stiftung; AdsD, 6/FOTA139106

Jürgen Burckhardt, der spätere Präsident der Europäischen Zentralbank Wim Duisenberg und der Präsident des Europäischen Parlaments a. D. Klaus Hänsch (v. l. n. r) zusammen beim „Forum Europa“ der Friedrich-Ebert-Stiftung in Bonn, März 1997

„die emotionale Diskussion um den Abschied von der D-Mark zu versachlichen und die Politik der Europäischen Union verständlicher zu machen“.[241] Auch das Handbuch „Die Währungsunion – Chance für Europa“ warb entschieden für den Euro, der 1999 als Buchungswährung eingeführt wurde und 2002 auch im Alltag die Nationalwährungen in zwölf EU-Staaten ablöste.

Das Brüsseler Büro pflegte die Kontakte zu sozialdemokratischen Europapolitiker:innen – und hier natürlich besonders zu den deutschen. So arbeitete die Friedrich-Ebert-Stiftung eng mit dem heutigen Stiftungsvorsitzenden Martin Schulz zusammen, der als Europaabgeordneter ab 2004 den Vorsitz der Sozialistischen Fraktion und der Progressiven Allianz der Sozialdemokraten innehatte. Auch Günter Verheugen, ehemaliger Bundesgeschäftsführer der SPD und seit 1999 Mitglied der Europäischen Kommission, schätzte den kurzen Fußweg von seinem Amtssitz zum Büro der Friedrich-Ebert-Stiftung und war, so der damalige Büroleiter, „eine sichere Bank“ für die Stiftungsarbeit in der europäischen Hauptstadt.[242]

Auf dem Weg in die digitale Informationsgesellschaft

Die Arbeit der Friedrich-Ebert-Stiftung veränderte sich mit dem Siegeszug von Computer und Internet. 1989 hatte eine Gruppe am Forschungszentrum CERN bei Genf das World Wide Web entwickelt und zwei Jahre später die erste öffentliche Website online geschaltet. Als kurz darauf die ersten Browser und Suchmaschinen verfügbar wurden, wuchs die Zahl der Websites rasant. Innerhalb weniger Jahre revolutionierte die weltweite Vernetzung von Computern die Art, wie Menschen Informationen suchen, teilen und miteinander kommunizieren. Das erste Informationsangebot stellte die Friedrich-Ebert-Stiftung 1995 ins Netz, wobei sie die Internetseite anfangs vor allem nutzte, um für Tagungen und Seminare der Akademie für politische Bildung zu werben. Ab 2001 bot sie über die FES OnlineAkademie digital Inhalte zum Selbststudium an, zunächst „Argumente gegen Rechtsextremismus" sowie Materialien zu den Themen „Geschichte – Erinnerung – Demokratie" und „Internet und Bildung". Die OnlineAkademie war Teil der neuen FES Medienakademie, zu der außerdem die Akademie für Medienkompetenz, das Austauschformat Medienpolitischer Diskurs und die JournalistenAkademie gehörten.

Internet und Digitalisierung boten neue Chancen auch für die wissenschaftliche Arbeit. 1995 stellte die Friedrich-Ebert-Stiftung ihren Bibliothekskatalog als erste große Bibliothek in Deutschland komplett online. Das Angebot wurde gut genutzt, 1997 rund 200.000 Mal. Zeitgleich liefen die Planungen für eine digitale Bibliothek mit den eigenen Publikationen der Stiftung, die 1998 startete und 2024 knapp 20.000 Titel anbietet. Außerdem erfassten die Mitarbeiter:innen der Friedrich-Ebert-Stiftung viele Bilder und Tondokumente elektronisch. „Im Bereich der Digitalisierung von visuellen Beständen" sei das Archiv der sozialen Demokratie „allen anderen deutschen Archiven weit voraus", erklärte die Stiftung 1997 selbstbewusst.[243] Anfang der 2000er-Jahre waren schon 40.000 Plakate, 20.000 Flugblätter und über 100.000 Fotos online verfügbar. 2001 stellte die Bibliothek mit dem Sozialdemokratischen Pressedienst der Jahre 1946 bis 1995 zudem erstmals eine wichtige zeitgeschichtliche Quelle ins Internet.

Die frühe Digitalisierung brachte aber auch Herausforderungen mit sich. Heute entsprechen die Digitalisate nicht mehr den Qualitätsstandards; das Archiv der sozialen Demokratie steht daher vor der Entscheidung, diese entweder noch einmal zu bearbeiten oder eher neues, noch nicht verarbeitetes Material zu digitalisieren. Die Stipendiat:innen der Friedrich-Ebert-Stiftung bekamen 2001 eine eigene Website. Die Online-Plattform vereinfachte die Kommunikation zwischen aktuellen und ehemaligen Geförderten und stärkte das Netzwerk der Studienförderung.

Quelle: Internet Archive/Rechte [Bildschirm]: istock/naumoid

Die Website der Friedrich-Ebert-Stiftung 1998

„Weichen in die Zukunft“: Die Stiftungszentrale in Berlin

In einer historischen Debatte zur Hauptstadtfrage war im Juni 1991 die Entscheidung für Berlin gefallen. Der Deutsche Bundestag hatte mit knapper Mehrheit beschlossen, dass Regierung und Parlament von Bonn nach Berlin umziehen sollten. Als der Beschluss drei Jahre später in ein Gesetz gegossen wurde, machten sich viele politiknahe Institutionen bereit, ihre Arbeit in die neue Hauptstadt zu verlagern. In der Friedrich-Ebert-Stiftung besprach die Führung im Dezember 1995 die Pläne, in Berlin „ein zentrales Veranstaltungs-Zentrum [...] zu bauen, das als zweites Standbein [...] im Osten dienen soll.“[244]

Zwischen 1997 und 1999 entstand im Botschaftsviertel im Berliner Stadtteil Tiergarten die zweite Stiftungszentrale: ein repräsentatives Gebäude aus schwarzem Klinkerziegel, Edelstahl und Glas mit einer gläsernen Eingangsrotunde. Den Mittelpunkt des Hauses bildet ein großer runder Konferenzsaal, der sich zu einem Außenforum öffnet. Daneben gibt es Platz für Tagungen und Ausstellungen und kleinere Seminar- und Begegnungsräume. Die Architektur spiegele die „Richtschnur unserer Arbeit wider: Offenheit, Transparenz, Einladung zum Dialog“, so Holger Börner. Nach mehr als sieben Jahrzehnten kehre die Friedrich-Ebert-Stiftung wieder zurück in die Stadt ihrer Gründung und stellte gleichzeitig „die Weichen in die Zukunft“.[245]
Als das Haus am 13. Dezember 1999 feierlich eröffnet wurde, hatten auch Bundesregierung und Bundestag die Arbeit in Berlin aufgenommen. Zwar gab es noch „Doppelministerien“ mit Sitz in beiden Städten, doch wichtige politische Entscheidungen fielen nun in Berlin, wo seit August auch der neue Bundeskanzler Gerhard Schröder arbeitete. Der Sozialdemokrat hatte nach den Wahlen von 1998 Helmut Kohl von der CDU abgelöst. Dass die SPD wieder Regierungspartei war, stärkte die Friedrich-Ebert-Stiftung. „Die Sozialdemokratie“ sei „die stärkste politische Kraft in Deutschland und Europa“, freute sich Holger Börner auf der Mitgliederversammlung Ende 1998.[246] Doch auch als „Regierungsstiftung“ mit guten Kontakten zu den Abgeordneten und in die SPD-geführten Ministerien achtete die Friedrich-Ebert-Stiftung darauf, eine „Plattform zu bieten, die allen die Möglichkeit gibt, bestimmte Themen zu bearbeiten“, so Pia Bungarten, die spätere Leiterin des Washingtoner Büros, die in der Zeit der rot-grünen Regierung in der Stiftungszentrale in Berlin arbeitete: „Wir [...] waren die Organisation, die zu allen Zugang hatte. Wir [...] wurden nicht einer politischen Strömung oder Gruppierung innerhalb der Sozialdemokratie zugerechnet.“[247]

Dies galt auch für die Debatte um die in der zweiten Amtszeit ab 2002 von Gerhard Schröder eingeleitete Reform des Sozialstaats. Die unterschiedlichen Maßnahmen unter dem Dach der „Agenda 2010“ zielten darauf, die Arbeitslosigkeit zu bekämpfen und das Sozialsystem umzubauen. Insbesondere die als „Hartz-Reformen“ bekannt gewordene Arbeitsmarktpolitik rief jedoch auch heftige Widerstände hervor. Die Friedrich-Ebert-Stiftung verstand ihre Aufgabe in dieser Situation darin, „in geistiger Offenheit“ einen Diskurs „für alle“ zu ermöglichen, und, so Geschäftsführer Jürgen Burckhardt 2003, einen „Markt der Möglichkeiten“ zu eröffnen.[248] Kritische Positionen zum „aktivierenden

Mit dem Umzug der Bundesregierung nach Berlin und in Folge der Eröffnung der Berliner Zentrale verlagert sich die politische Arbeit zunehmend nach Berlin. Hier der peruanische Präsident Alejandro Toledo (l.) in der Friedrich-Ebert-Stiftung in Berlin mit Anke Fuchs, 19.11.2003

Rechte: AdsD, 6/FOTA141938

Luftaufnahme: Haus der Friedrich-Ebert-Stiftung in Berlin-Tiergarten, 2000

Rechte: AdsD, 6/FOTA139656

Staat“ etwa aus den Gewerkschaften wurden ebenso in die Arbeit einbezogen wie die offizielle Parteilinie, die die Reformen, die nachträglich von manchen als „neoliberale Wende“ gedeutet wurden, überwiegend unterstützte. Außerdem machte sich die Stiftung die Situation zunutze, dass die Unterlagen von SPD und Gewerkschaften im Archiv der sozialen Demokratie gemeinsam aufbewahrt wurden: So wurde eine Wanderausstellung zum Mannheimer Abkommen von 1906, das SPD und der damalige Gewerkschaftsbund geschlossen hatten, dazu genutzt, um in begleitenden Veranstaltungen gemeinsame Gespräche zu initiieren.

Mit ihrem Haus in Berlin erhielt die Friedrich-Ebert-Stiftung die größtmögliche Nähe zur Politik und ihren Institutionen. Der Bundestag ist vom Tiergarten aus ebenso gut zu erreichen wie das Willy-Brandt-Haus, die SPD-Zentrale in Berlin, und die meisten Bundesministerien und Landesvertretungen. Wo es sinnvoll war, verlagerte die Stiftung Arbeitseinheiten nach Berlin und strukturierte neu. Aus dem Bereich „Ostdeutsche Länder“ wurde nun der „Dialog Ostdeutschland“, das „Berliner Büro“ avancierte zu einem „Landesbüro“ mit ausschließlich berlinbezogenen Aufgaben der politischen Bildung. Um übergreifende politische Themen wie die innere Einheit Deutschlands, innere Sicherheit, Rechts- und Kulturpolitik kümmerte sich das „Forum Berlin“, das ab Oktober 2005 auch das zentrale Projekt „Gegen Rechtsextremismus“ verantwortete. Außerdem richtete die Stiftung für Jugend-, Frauen-, Gender- und Familienthemen in Berlin das Referat „Forum Politik und Gesellschaft“ ein.

Nach und nach wurden auch Abteilungen und Referate der Internationalen Abteilung nach Berlin verlagert. Damit ging in der Auslandsarbeit eine Stärkung der Berliner Stiftungszentrale einher, wie der Politikwissenschaftler Winfried Veit analysierte, der bis 2011 für die Friedrich-Ebert-Stiftung tätig war: „Galt in den 1990er-Jahren, vor allem mit der Aufbauarbeit in Mittel- und Osteuropa, noch die Faustregel, wonach die ‚Zentrale‘ in erster Linie zur Unterstützung der Auslandsbüros da ist“, so änderte sich das nun: Mehr und mehr übernahmen die Auslandsbüros nun auch „Servicefunktionen“ für die Zentrale, etwa indem sie politische Besucher:innen oder Referent:innen für Veranstaltungen in Bonn und Berlin akquirierten und der Politik Hintergrundberichte lieferten.[249]

Jugendliche im Fokus

Im neuen Jahrtausend richtete die Friedrich-Ebert-Stiftung ihren Blick verstärkt auf junge Menschen. Insbesondere in den neuen Bundesländern sah sie die Gefahr, dass Heranwachsende sich immer mehr von der demokratischen Ordnung und den Parteien entfernten – eine Einschätzung, die von wissenschaftlichen Untersuchungen wie den Shell-Studien gestützt wurde. Die Arbeit mit jungen Menschen zog sich nun wie ein roter Faden durch alle Abteilungen. Innovative Ideen kamen beispielsweise aus dem Dresdener Stiftungsbüro, das Formate wie das „Planspiel Kommunalpolitik" entwickelte. Jugendliche schlüpften hier in die Rolle von Stadträt:innen, bildeten Fraktionen und erarbeiteten Positionen zu Themen, die ihnen am Herzen lagen. Sie lernten Politiker:innen, Strukturen der Kommunalpolitik und demokratische Prozesse kennen. Das Planspiel war so erfolgreich, dass die Friedrich-Ebert-Stiftung es in den frühen 2000er-Jahren in ganz Deutschland und an ausgewählten Orten in Europa durchführte. Es wurde außerdem zur Grundlage für weitere Formate wie die „Jugendplanungszelle: Mitmischen!", die Jugendliche direkt in kommunale Entscheidungen einband.

Während Planspiele die Heranwachsenden mit politischen Abläufen vertraut machten, vermittelten Trainings und Workshops vor allem neue Fähigkeiten. Oft nutzte die Stiftung beteiligungsorientierte Formate wie *Open Spaces*, in denen Teilnehmer:innen Inhalte selbst mitbestimmten. Aus einem dieser *Open Spaces* entstand die Veranstaltungsreihe „Jugend im gewaltfreien Raum – Wir tun was gegen Mobbing!". Außerdem probierte die Stiftung neuartige Austausch- und Diskussionsformate aus und integrierte theaterpädagogische Elemente in die Jugendarbeit. Ziel war es, dass junge Menschen „nicht durch Zuhören", sondern „durch Mit- und Selbermachen" Fähigkeiten erwarben, eigene Positionen entwickelten und Instrumente an die Hand bekamen, um sich Gehör zu verschaffen.[250] In diesem Sinne unterstützte die Friedrich-Ebert-Stiftung auch schulische Zeitungsarbeit und Schüler:innenvertretungen etwa mit Trainings. Als Partnerin der Berliner John F. Kennedy Schule organisierte sie zudem ein internationales Schülerplanspiel zur Weltpolitik.

Allein im Jahr 2007 fanden in Deutschland rund 400 Veranstaltungen für und mit Jugendlichen statt. Auch in der internationalen Arbeit der Friedrich-Ebert-Stiftung spielte die politische Jugendbildung inzwischen eine große Rolle. In unterschiedlichen Ländern in Asien,

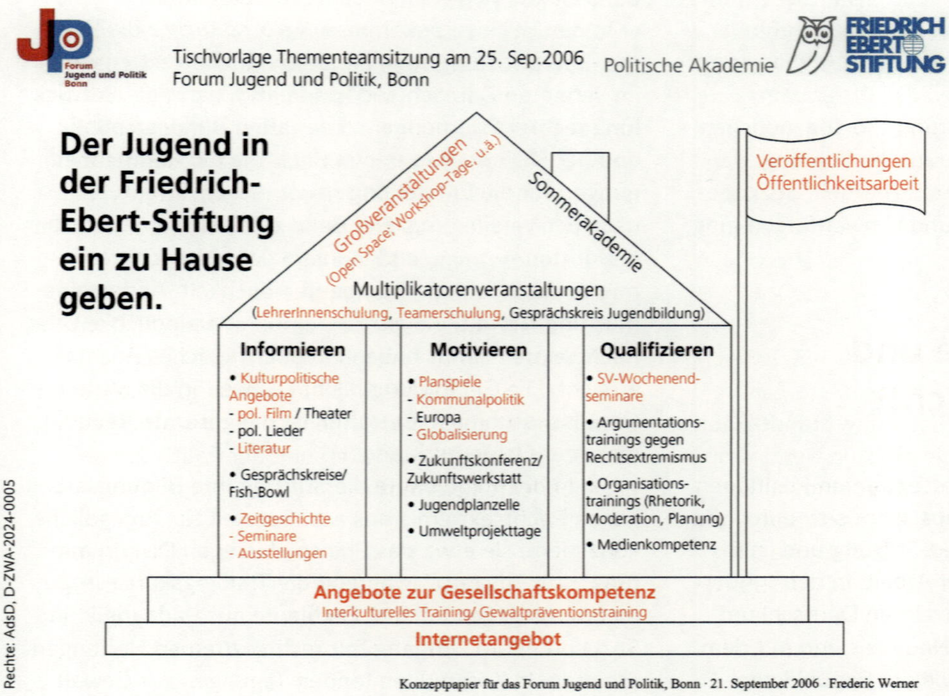

In abteilungsübergreifenden „Thementeams" wird seit den späten 1990er-Jahren konzeptionell thematisch und auf Zielgruppen bezogen gearbeitet. Hier eine Tischvorlage zur Arbeit mit und für Jugendliche, 2006

Rechte: AdsD, D-ZWA-2024-0005

Quelle: AdsD, 6/FOTB053920; Rechte: Joachim Liebe, Potsdam

In dem „Open Space – Jugend im gewaltfreien Raum? Neue Ressourcen nutzen!" diskutierten Berufsschüler:innen, Lehrer:innen, Sozialarbeiter:innen und Polizist:innen in der Friedrich-Ebert-Stiftung Berlin, 13. bis 14.10.2000.

Afrika und Lateinamerika bereiteten Youth-Leadership-Programme junge Menschen auf gesellschaftliche Führungspositionen vor. 2004 startete die Friedrich-Ebert-Stiftung etwa das *Young Leaders Forum* in Afghanistan. In Zentralamerika bot unterdessen das Programm „Agentes de Cambio" jedes Jahr rund 180 Jugendlichen Kurse an, in denen es um demokratische Führung, Parteien und Gesellschaft, öffentliche Sicherheit, Sozialpolitik sowie regionale Integration und Umweltfragen ging.

Studien, Planspiele und Seminare gegen rechts

Die Auseinandersetzung mit rechtsextremen Positionen, mit Rassismus und Antisemitismus, zieht sich durch die gesamte Arbeit der Friedrich-Ebert-Stiftung und ist bis heute ein wichtiges Element ihrer Arbeit. In den 1990er-Jahren gewann das Thema im vereinten Deutschland durch gewalttätige Angriffe von Neonazis und mit dem Einzug extrem rechter Parteien wie der Republikaner oder der Deutschen Volksunion (DVU) in verschiedene Landesparlamente an Brisanz. Um die Situation genauer in den Blick zu bekommen, veröffentlichte die Friedrich-Ebert-Stiftung 1999 die Studie „Rechtsextremismus im vereinten Deutschland" und nahm darin die Entwicklung rechter Strömungen in der alten Bundesrepublik und der DDR ebenso in den Blick wie die Rahmenbedingungen für die Entstehung neuer rechter Strukturen nach der Vereinigung. Der Band erschien bereits 2000 in der dritten Auflage, und in ihrem Jahresbericht resümierte die Stiftung: „Fremdenfeindlichkeit, Antisemitismus und Gewalt, die ganze Demokratiefeindlichkeit des Rechtsextremismus haben ein unerträgliches Ausmaß erreicht. Die Gefährdung reicht [...] weit in die Mitte der Gesellschaft hinein. Betroffen ist die gesamte Republik, nicht nur Ostdeutschland."[251]

In der Folge baute die Stiftung ihre Bildungsarbeit gegen Rechtsextremismus aus. Speziell für Jugendliche konzipierte sie etwa das Planspiel „Gegen Diskriminierung – für Toleranz", während die Trainingskurse „Argumentieren gegen Rechts" Fachleute aus Pädagogik und Sozialarbeit im Umgang mit rechtsextremen Haltungen schulten. In Kommunen fanden Tagungen zur Gewaltprävention statt. Und weil sich menschenfeindliche und rassistische Inhalte immer stärker auch über das Internet verbreiteten, organisierte die Friedrich-Ebert-Stiftung gemeinsam mit dem Justizministerium und dem *Simon Wiesenthal Center* Los Angeles im Jahr 2000 eine internationale Konferenz gegen die Verbreitung von „Hass im Internet" in der Berliner Stiftungszentrale. Hier diskutierten Wissenschaftler:innen und Fachleute aus der Praxis über Wege zur Prävention und Bekämpfung von rechtsextremen Inhalten im Netz und erarbeiteten die „Berliner Erklärung" mit einem Wertekonsens und Mindeststandards für Strafbestimmungen. Besonders eindrücklich und anschaulich war ein Format des Thüringer Landesbüros, in dem ein Aussteiger aus der rechten Szene mit Schüler:innen, Lehrer:innen, Eltern und jugendlichen Strafgefangenen über seine Erfahrungen in rechtsextremen Kreisen sprach.

Ihre Aktivitäten gegen rechts bündelte die Friedrich-Ebert-Stiftung ab Oktober 2005 im „Forum Berlin", das die Aufgabe bekam, rechtsextremistische Tendenzen zu bekämpfen, wissenschaftliche Erkenntnisse mit Politik zu verknüpfen und bürgerschaftliches Engagement zu fördern. Um herauszufinden, wie verbreitet rechtsextremes Denken in der Mehrheitsgesellschaft ist, beauftragte das Forum ein Team der Universität Leipzig mit einer „Repräsentativerhebung". Die Ergebnisse veröffentlichte die Stiftung 2006 in der Studie „Vom Rand zur Mitte", die Rechtsextremismus als „ein politisches Problem in der Mitte der Gesellschaft" beschrieb, wobei „Ausländerfeindlichkeit und Chauvinismus die höchsten Zustimmungswerte" bekamen.[252] Der Band, der sofort große Aufmerksamkeit bekam, begründete die Reihe der „Mitte-Studien", die seitdem alle zwei Jahre als Seismograf erfassen, wie tief rechtsextreme Einstellungen in Deutschland verankert sind (vgl. S. 170 f.). Die Untersuchungen zeichnen über die Jahrzehnte hinweg Kontinuitäten und Entwicklungen auf. Sie sind Leitstudien, die nicht nur in Deutschland, sondern auch international viel beachtet werden.

Die Stiftung in Zeiten des „Kriegs gegen den Terror"

Zu Beginn des neuen Jahrtausends erschütterte eine Anschlagsserie die Welt: Am 11. September 2001 rasten zwei von Terroristen entführte Flugzeuge mit Passagier:innen an Bord in die Twin Towers des World Trade Centers in New York und legten sie in Schutt und Asche; eine weitere entführte Maschine zerstörte in Arlington einen Teil des amerikanischen Verteidigungsministeriums. Rund 3.000 Menschen wurden an diesem Tag getötet. Der islamistisch motivierte Terroranschlag auf die USA, die hohe Zahl der Opfer und die symbolträchtigen Zielorte trafen das Land bis ins Mark. Der 11. September war eine Zäsur, auch für die Bundesrepublik. Am Tag darauf sprach Bundeskanzler Gerhard Schröder von einer „Kriegserklärung an die gesamte zivilisierte Welt".[253]

In einer Reihe von Arbeitspapieren analysierte die Friedrich-Ebert-Stiftung die Hintergründe und die anstehenden politischen Entscheidungen „zwischen Sicherheit und Freiheit". Holger Börner formulierte für den Jahresbericht 2001, dass der Terrorismus „seinen idealen Nährboden in schwachen gesellschaftlichen Strukturen" finde, „denen es an innerer Legitimation fehlt". Umso wichtiger sei die Arbeit der Stiftung „zur Demokratieförderung und Krisenprävention". Angesichts der terroristischen Bedrohung setzte die Friedrich-Ebert-Stiftung auf „kritischen Dialog mit den verschiedenen Richtungen des Islam" und auf die Verständigung zwischen „Religionen, Weltanschauungen und Kulturen".[254]

Die USA reagierten mit Härte auf den 11. September: Um die Täter zu verfolgen, erklärten sie den „Krieg gegen den Terror". Zum ersten Ziel wurde Afghanistan, wo Osama Bin Laden vermutet wurde, der Anführer des für den Anschlag verantwortlichen Terrornetzwerks al-Qaida. Nachdem die NATO zum ersten Mal in ihrer Geschichte den Bündnisfall festgestellt hatte, begannen US-amerikanische und britische Militäreinheiten im Rahmen der Operation „Enduring Freedom" im Oktober 2001 mit Luftschlägen. Da Afghanistan unter der Herrschaft der radikalislamischen Taliban stand, hatte der Militäreinsatz, an dem sich wie schon im Kosovo auch Deutschland beteiligte, nicht nur die Zerstörung terroristischer Infrastruktur zum Ziel, sondern auch einen Regimewechsel. Unter dem Schutz der multinationalen ISAF-Truppe sollte Afghanistan zu einer Demokratie

→ *Fortsetzung auf Seite 172*

Seismograf für rechtsextreme Einstellungen: Die Mitte-Studien

Seit Jahrzehnten engagiert sich die Friedrich-Ebert-Stiftung in all ihren Arbeitsbereichen gegen Rechtsextremismus. 2005 bündelte sie ihre Projekte auf diesem Gebiet in der neuen Arbeitseinheit „Auseinandersetzung mit dem Rechtsextremismus“ im Forum Berlin. Um eine aktuelle wissenschaftliche Grundlage für ihre Arbeit zu bekommen, gaben die Mitarbeiter:innen im selben Jahr eine Studie in Auftrag, die untersuchen sollte, wie verbreitet rechtsextreme Einstellungen in der deutschen Bevölkerung waren. Nach Gesprächen mit verschiedenen Universitäten entschied sich die Friedrich-Ebert-Stiftung für die Zusammenarbeit mit der Universität Leipzig. Die dortige Forschungsgruppe um Elmar Brähler und Oliver Decker untersuchte die Verbreitung rechtsextremer Einstellungen bereits und hatte dafür einen Fragebogen entwickelt, der sechs Felder umfasste: Befürwortung einer rechtsgerichteten Diktatur, Chauvinismus, Ausländerfeindlichkeit, Antisemitismus, Sozialdarwinismus und Verharmlosung des Nationalsozialismus. Die Fragen bezogen auch sozialpsychologische Erklärungsvariablen, wie persönliche Erfahrungen und Einstellungen zur Autorität mit ein.

Auf dieser Grundlage befragten die Wissenschaftler:innen im Auftrag der Friedrich-Ebert-Stiftung rund 5.000 Menschen. Die Ergebnisse veröffentlichten sie 2006 in der Studie „Vom Rand zur Mitte. Rechtsextreme Einstellungen und Einflussfaktoren in Deutschland“. Sie zeigte, dass rechtsextreme Einstellungen, insbesondere Ausländerfeindlichkeit und Chauvinismus, in großen Teilen der deutschen Bevölkerung verbreitet waren. Weil Aussagen wie „Die Bundesrepublik ist durch die vielen Ausländer in einem gefährlichen Maß überfremdet“ oder „Wir sollten endlich wieder Mut zu einem starken Nationalgefühl haben“ fast 40 Prozent Zustimmung erhielten, kamen die Autor:innen zu dem Schluss, „dass der Begriff ‚Rechtsextremismus‘ irreführend“ sei, „weil er das Problem als ein Randphänomen“ beschreibe. In Wahrheit sei Rechtsextremismus „ein politisches Problem in der Mitte der Gesellschaft“.[255] *Auch weil die Ergebnisse der sogenannten Mitte-Studie weithin wahrgenommen und diskutiert wurden, entschied die Friedrich-Ebert-Stiftung, das wissenschaftliche Projekt weiterzuführen.*

Mit den „Mitte-Studien“ begründete die Stiftung eine Untersuchungsreihe, die es ermöglicht, über die Jahre und Jahrzehnte hinweg nachzuzeichnen, wie sich rechtsextreme Einstellungen in der deutschen Mehrheitsgesellschaft entwickeln, auch vor dem Hintergrund der politischen und wirtschaftlichen Lage. So stellte die 2010 veröffentliche dritte Studie „Die Mitte in der Krise“ nach der internationalen Finanz- und Wirtschaftskrise und inmitten der Debatte um Thilo Sarrazins Buch „Deutschland schafft sich ab“ fest, dass die Ausländer- und Islam-

Quelle: J.H.W. Dietz Nachf.

Cover aller bisher erschienen Studien, 2006 bis 2023

feindlichkeit in der Bundesrepublik zugenommen habe. Die 2016 veröffentlichte sechste Studie „Gespaltene Mitte" zeigte zwar eine „Stabilität rechtsextremer und rechtspopulistischer Einstellungen", bemerkte aber auch, dass „die Stimmung in der Bevölkerung […] mit Blick auf die Geflüchteten", die zu dieser Zeit nach Deutschland gekommen waren, „deutlich positiver" sei „als vielfach unterstellt". Über die Hälfte der Befragten begrüßten zum Zeitpunkt der Befragung die Aufnahme von Geflüchteten, ein weiteres Viertel zumindest teilweise.[256]

Die neueste Mitte-Studie, die 2023 unter dem Titel „Die distanzierte Mitte" veröffentlicht wurde, stellte dagegen einen nie dagewesenen Sprung in der Verbreitung von rechtsextremen, menschenfeindlichen und demokratiegefährdenden Einstellungen fest. Rund acht Prozent der Befragten offenbarten demnach ein geschlossen rechtsextremes Menschenbild, eine erhebliche Zunahme im Vergleich zu zwei bis drei Prozent in den vorangegangenen Erhebungen. Gleichzeitig sank das Vertrauen in die Institutionen und in das Funktionieren der Demokratie auf unter 60 Prozent.

Seit 2014 werden die Mitte-Studien der Friedrich-Ebert-Stiftung durch das Institut für Interdisziplinäre Konflikt- und Gewaltforschung (IKG) an der Universität Bielefeld betreut, während die Studien der Universität Leipzig parallel dazu als „Leipziger Autoritarismus-Studien" in Zusammenarbeit mit der Hans-Böckler-Stiftung weitergeführt werden. Das Bielefelder Wissenschaftler:innen-Team um Andreas Zick hat den ursprünglichen Fragebogen weiterentwickelt und um das Konzept der gruppenbezogenen Menschenfeindlichkeit erweitert. Die „Mitte-Studien" mit inzwischen neun Publikationen haben sich zu einer auch international viel beachteten Leitstudie entwickelt. Ihre Erkenntnisse werden in den Medien breit rezipiert und fließen in Forschungen, Veranstaltungen, Projekte und Publikationen ein – und das weit über die Arbeit der Friedrich-Ebert-Stiftung hinaus.

Rechte: AdsD, 6/FOTB088111

Die Friedrich-Ebert-Stiftung kooperierte in globalen Zusammenhängen zunehmend mit zivilgesellschaftlichen und wissenschaftlichen Einrichtungen. Hier die afghanische Delegation auf dem Afghan Civil Society Forum – Swiss Peace für die Konferenz „Civil Society Participation in Afghan Peace Building and Reconstruction“ in Berlin, 29. bis 30.3.2004, beim Besuch des Plenarsaals des Deutschen Bundestags

werden. Auf dem Petersberg bei Bonn tagte ab Ende November 2001 die erste Afghanistan-Konferenz, die den Weg für eine Übergangsverwaltung unter Hamid Karzai, dem späteren Präsidenten, ebnete.

Als eine der ersten internationalen Organisationen eröffnete die Friedrich-Ebert-Stiftung im Februar 2002 ein Büro in Kabul, der Hauptstadt Afghanistans, um nach dem Regimewechsel zur politischen Stabilisierung und Demokratisierung des Lands beizutragen. Die Leiterin des Büros Almut Wieland-Karimi erinnerte sich rückblickend an eine „Gründerzeitstimmung“ in der Aufbauphase,[257] blickte aber auch realistisch auf die Sicherheitslage, als sie noch 2001 berichtete: „Das Mandat der Internationalen Schutztruppe ISAF beschränkt sich auf Kabul und Umgebung. Die restlichen Provinzen sind in der Hand verschiedener regionaler und lokaler Stammesfürsten und militärischer Fraktionen.“[258] Mit der Hilfe einheimischer Partner:innen unterstützte die Friedrich-Ebert-Stiftung in den kommenden Jahren den Aufbau demokratischer Institutionen sowie freier Medien und schulte junge Führungskräfte im Staatsdienst, bei Nichtregierungsorganisationen und der UN. Staatspräsident Hamid Karzai bezeichnete die Stiftung daher auch als „eine enge Freundin unseres Landes“.[259] Immer wieder mussten die Mitarbeitenden auch Rückschläge hinnehmen, insbesondere als sich die Sicherheitslage auch in Kabul durch Selbstmordanschläge verschlechterte. Fünf Jahre nach der Eröffnung des Büros konstatierte die Stiftung 2007, dass „Frieden, nachhaltige Entwicklung und Stabilität in Afghanistan noch weit entfernt“ seien.[260]

Irakkrieg und Antworten auf die transatlantische Krise

Nach Afghanistan und unter dem Eindruck des 11. September machten die USA bald ein zweites Ziel aus: den Irak unter Diktator Saddam Hussein. Für einen Krieg gegen ihn versammelte der US-amerikanische Präsident George W. Bush eine „Koalition der Willigen“, die angeführt von den USA im Frühjahr 2003 in den Irak einmarschierte und das Regime stürzte. Anders als beim Afghanistan-Einsatz verweigerte Deutschland unter Bundeskanzler Gerhard Schröder den USA dieses Mal die Unterstützung. Daraufhin unterschied der US-amerikanische Verteidigungsminister Donald Rumsfeld zwischen einem „alten“ Europa, für das aus seiner Sicht Deutschland und Frankreich standen, und einem „neuen“ vitalen Europa, zu dem er die meisten mittelosteuropäischen Länder, aber auch das Vereinigte Königreich und Spanien zählte, die sich an die Seite der USA stellten.

Somit tat sich zwischen den USA und Deutschland, aber auch innerhalb Europas, eine Kluft auf, die bei der Friedrich-Ebert-Stiftung vielfach diskutiert wurde. So wies bei einer Veranstaltung im Berliner Haus der Stiftung der polnische Außenminister Włodzimierz Cimoszewicz 2003 die Idee zurück, Europa lasse sich in ein „altes“ und ein „neues“ spalten. Für ihn war die Lehre aus der Irakkrise vielmehr: „Wir brauchen aktivere Gespräche, aktivere Kontakte und mehr Partnerschaft.“[261]

Im Büro Washington suchten Mitarbeiter:innen unterdessen nach „angemessenen neuen Strukturen der Zusammenarbeit“[262] und entwickelten das Programm „Globale Atlantiker“. Es brachte jüngere Politiker:innen und Berater:innen aus Deutschland und den USA zusammen. Im November 2003 fand das erste Treffen in Berlin statt, bei dem die unterschiedlichen Positionen offen zutage traten: „Kaum hatten sich die Teilnehmer ihrer gemeinsamen Werte versichert, da begann auch schon der Streit über deren Bedeutung beim Krieg gegen den Terror oder für den Regimewechsel in ‚Schurkenstaaten‘“, schilderte ein Bericht.[263] Trotz dieser Differenzen wuchs das partei- und länderübergreifende Netzwerk zusammen, Teilnehmer:innen lobten „die offene und vertrauensvolle Gesprächsatmosphäre, in der auch kritische transatlantische Themen direkt und konstruktiv diskutiert werden können“.[264] Bis heute sind die Globalen Atlantiker eine wichtige Säule für die Arbeit der Stiftung. In seinen Anfängen war das Programm jedoch nicht mehr als ein Tropfen auf den heißen Stein. So stellte die Friedrich-Ebert-Stiftung 2004 fest, dass „Unverständnis und Entfremdung“ zwischen den USA und Deutschland eher noch zugenommen hätten.[265]

Die deutsch-US-amerikanischen Beziehungen blieben unter Präsident George W. Bush angespannt, auch nachdem im September 2005 in Deutschland nach der vorgezogenen Bundestagswahl eine CDU-geführte Bundesregierung unter Angela Merkel ins Amt kam.

Über die Entwicklungen im Irak während des Kriegs und den Wiederaufbau informierte die Friedrich-Ebert-Stiftung mit der zweisprachigen Website „Brennpunkt Irak“ (Englisch/Arabisch). Dabei griff sie auf die Expertise und die Kontakte der Auslandsmitarbeiter:innen im Nahen und Mittleren Osten zurück. Aus ihrem Büro in Jordanien heraus organisierte die Stiftung ab 2004 Medienprojekte für den Irak selbst, wie den „Election Monitor Iraq“, eine Hörfunksendung, die über lokale Stationen ausgestrahlt wurde und die Bevölkerung über die anstehenden Wahlen informierte. Daraus ging später die Website „Niqash“ („Debatte“) hervor, die sich zu einer der führenden Plattformen für politische Diskussionen im Irak entwickelte. Mit ihrer Erfahrung auf dem Gebiet der Verfassungsberatung unterstützte die Stiftung im Irak auch den verfassungsgebenden Prozess. Landesweit bekannt wurde sie ab 2005 außerdem durch ein von den Vereinten Nationen gefördertes Programm zur Ausbildung von Wahlbeobachter:innen.

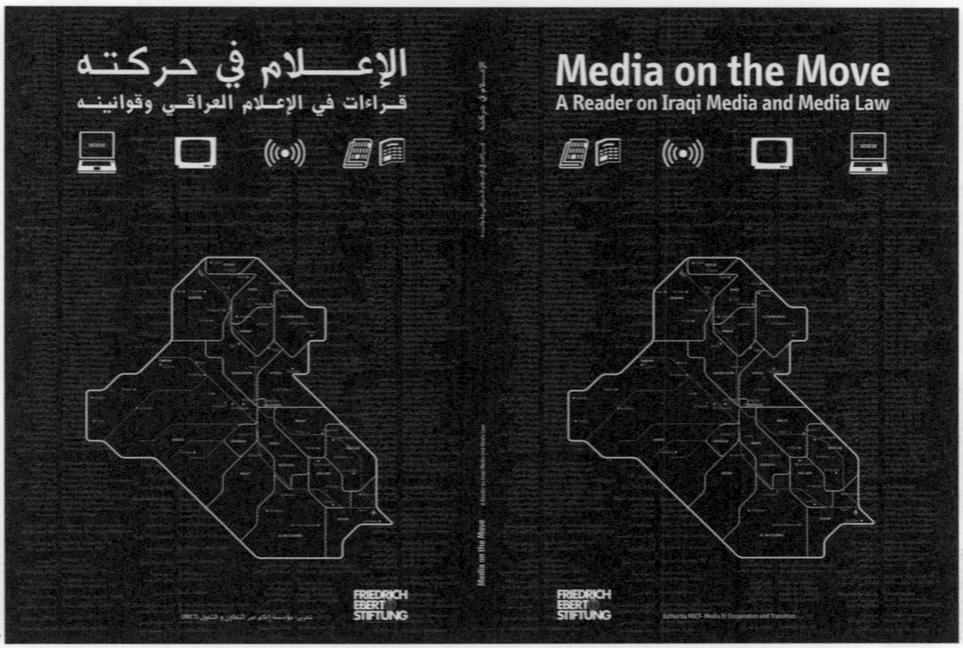

Quelle: Bibliothek der FES

Seit den 1990er-Jahren hatte die Friedrich-Ebert-Stiftung zunächst in Asien die Medienprojekte stärker auf rechtliche Fragen ausgerichtet. Damit fuhr sie im Irak fort, hier mit der zweisprachigen Handreichung Media on the Move, herausgegeben von Klaas Glenewinkel und Anja Wollenberg für das FES-Büro in Amman 2007.

Global denken

Die Friedrich-Ebert-Stiftung stand seit ihren Anfängen, nicht zuletzt durch sozialdemokratische und gewerkschaftliche Traditionen, für Verständigung über die Grenzen hinweg. Mit ihrem Netz an Auslandsbüros war es ihr früh möglich, Themen global zu betrachten und anzugehen. Davon profitierte auch die Politik, wie Bundespräsident Johannes Rau 2001 feststellte, als er die Bedeutung der Auslandsarbeit der Stiftungen in Zeiten der internationalen Verflechtung herausstellte: „Im globalen Dorf brauchen wir solche Kontakte und Verbindungen mehr denn je. Wir können unsere Probleme nicht mehr allein lösen."[266]

Terrorismus und Sicherheit, aber auch die verflochtene Welt- und Finanzwirtschaft, die Energieversorgung und der Klimawandel waren und sind Herausforderungen, denen sich die Staatengemeinschaft nur gemeinsam stellen konnte und kann. Ausgehend von der Prämisse, dass Globalisierung gestaltbar ist, legte die Friedrich-Ebert-Stiftung schon 1999 das Projekt „Demokratische und soziale Gestaltung der Globalisierungsprozesse in Nord und Süd" auf. Es untersuchte, wie die Weltmärkte sozial und ökologisch gestaltet, die Finanzmärkte politisch kontrolliert und Arbeitnehmer:innenrechte weltweit gestärkt werden können. In diesem Zusammenhang unterstützte die Stiftung unter anderem die von Gewerkschaften geforderte Verankerung von Sozialklauseln im Welthandelssystem und diskutierte Wege für die Regulierung der Finanzmärkte.

Quelle: AdsD, 6/FOTA138652

Der finnische Außenminister Erkki Tuomioja (2. v. l.) im Gespräch mit dem Leiter des Gesprächskreises Internationale Politik der FES Uwe Optenhögel (2. v. r.) und der Vizepräsidentin des Bundestags Anke Fuchs (r.) anlässlich des Gesprächskreises Internationale Politik zu „Globalisierung und Demokratisierung als Herausforderung für Europa" in der Friedrich-Ebert-Stiftung in Berlin, Mai 2000

Dem Thema Globalisierung näherte sich die Friedrich-Ebert-Stiftung auf sehr vielfältige Weise, sie sondierte die Chancen der globalen Vernetzung und beteiligte sich gleichzeitig auch an globalisierungskritischen Debatten: Sie war und ist vertreten auf dem Weltsozialforum, das im Sinne einer „Globalisierung von unten" seit 2001 soziale Bewegungen aus der ganzen Welt in den Austausch bringt. Zusammen mit einer Partnerorganisation initiierte die Stiftung 2001 außerdem den „Bangkok Round Table". In diesem Format loteten Globalisierungskritiker:innen und Gewerkschafter:innen Gemeinsamkeiten wie die „Kritik am neoliberalen Antlitz der Globalisierung" und Unterschiede, etwa beim Blick auf die Rolle internationaler Organisationen, aus.

Ende 2002 beschloss die Führung der Friedrich-Ebert-Stiftung auf einer Klausurtagung, globale Themen künftig mehr in den Vordergrund zu stellen und gleichzeitig die „nationale Arbeit mit der Arbeit auf der globalen Ebene" zu verzahnen.[267] Hand in Hand mit dieser Neuausrichtung vollzog sich ein Generationswechsel: Im Januar 2003 löste die ehemalige Vizepräsidentin des Bundestags Anke Fuchs den langjährigen Vorsitzenden Holger Börner ab. Wenig später übergab Geschäftsführer Jürgen Burckhardt die Geschäfte an den vormaligen Verwaltungsleiter der SPD-Bundestagsfraktion Dr. Roland Schmidt. Die neue Führung bündelte 2005 sämtliche Programme, Konferenzen und Publikationen zum Thema Globalisierung in einem gemeinsamen Projekt. In Begleitung der deutschen EU-Rats- und G8-Präsidentschaft 2007 legte die Friedrich-Ebert-Stiftung das Projekt „Kompass 2020. Deutschland in den internationalen Beziehungen – Ziele, Instrumente, Perspektiven" auf. Insgesamt 35 Einzelstudien, zwischen 2007 und 2009 veröffentlicht, gaben einen Überblick über die wichtigsten Themen der deutschen Auslandsbeziehungen und zeigten Strategien und Optionen für eine künftige deutsche Außen-

Rechte: AdsD, 6/FOTA089245

Seit den 2000er-Jahren tritt im globalen Rahmen die Europäische Union als politischer Akteur stärker in Erscheinung, hier im Rahmen einer Tagung der Asiatisch-Europäischen Konferenz (ASEM) in der Friedrich-Ebert-Stiftung Bonn zu einer sozialen Säule in den asiatisch-europäischen Beziehungen, 7.3.2002.

politik und Fragen der globalen Ordnung auf. Die Beiträge behandelten sowohl klassische Felder der internationalen Politik wie transatlantische Beziehungen, Auslandseinsätze oder multilaterale Institutionen als auch Themen wie *Global Health*, Energiesicherheit und Klimapolitik. Weitere Studien nahmen Länder und Regionen mit besonderer Relevanz für die deutsche Außenpolitik in den Blick. In der Überzeugung, dass die Felder „mit Blick auf ihre Herausforderungen und Lösungen vielfältig miteinander verbunden" sind,[268] lieferte das Projekt eine Richtschnur für die deutsche und europäische Politik im globalen Kontext.

2007 fiel der Entschluss, eine auf Dauer angelegte Arbeitsgruppe zu globalen Fragen einzurichten, die in der Folge immer mehr Augenmerk auf Klimapolitik, aber auch auf die Herausforderungen einer globalisierten Wirtschaft legte – ein Thema, das mit dem Zusammenbruch der US-amerikanischen Investment-Bank Lehman Brothers im September 2008 und dem Beginn der weltweiten Finanz- und Wirtschaftskrise an Aktualität gewann.

2008

Jahre des rapiden Wandels

Im Herbst 2008 wurden die globalen Finanzmärkte von einer tiefen Krise erfasst. Was an den Börsen der westlichen Ökonomien begann, stürzte die Weltwirtschaft in die schwerste Rezession seit der „Großen Depression“ in den 1930er-Jahren. Insbesondere in der Wahrnehmung westlicher Gesellschaften verband sich mit dem sinnbildlich gewordenen Zusammenbruch der US-Investmentbank Lehman Brothers ein klarer Epochenbruch. Die westliche Öffentlichkeit sah sich mit einem Mal mit den Gefahren des unregulierten digitalen Finanzmarktkapitalismus konfrontiert. Die Folgen reichten von geplatzten Hauskrediten in den USA bis zur Herabstufung der Finanzkraft ganzer Staaten durch private, demokratisch nicht kontrollierte Ratingagenturen. Als Reaktion hierauf fand wiederum eine spürbare Verschiebung des Diskurses hin zu kapitalmarktkritischen Positionen statt. Linke Bewegungen wie *Occupy Wall Street* forderten eine Regulierung der Finanzmärkte.

Um 2008 war die Welt in eine Phase des Wandels eingetreten, in der krisenhafte Zuspitzungen in immer kürzeren Abständen massive Veränderungen auf verschiedensten Ebenen verursachten. Diese Veränderungen betrafen viel stärker als bisher auch die Lebensbereiche der Bevölkerungen in den wohlhabenden Industrienationen, stellten alte Gewissheiten infrage und provozierten neuartige Reaktionen. Nicht alle Probleme, die seit 2008 auftraten, waren auf diese Finanzkrise zurückzuführen; zahlreiche Faktoren der Krise hatten schon davor bestanden. So wandelten sich in diesen Jahren zum Teil grundlegend die Rahmenbedingungen des weltweiten Finanzmarktsystems, der digitalen Kommunikation, des gesellschaftlichen Zusammenlebens, der globalen Sicherheitspolitik und des zukünftigen Lebens auf dem Planeten selbst. Daraus ergaben sich neue Voraussetzungen, Perspektiven und Anforderungen auch für gesellschaftspolitische Arbeit.

Dass der Markt für Immobilienfinanzierungen unter Druck geraten könnte, hatte sich in der Finanzwelt bereits 2007 abgezeichnet. Seit den 1990er-Jahren war der Immobilienmarkt in den USA im Aufwind gewesen. Opti-

Links: Protest der Bewegung Occupy Wall Street im Zuccotti Park in New York gegen die unregulierten Finanzmärkte, die die weltweite Finanzkrise auslösten, 10.10.2011

mistische Wachstumsaussichten und extrem günstige Zinsraten hatten Banken dazu verleitet, in großer Zahl Immobilienkredite an private Hausbauer zu vergeben und das Kapital für die entsprechenden Sicherheiten ihrerseits bei anderen Banken zu investieren. Grundlage dafür hatte in den 1990er-Jahren die Deregulierung der internationalen Finanzmärkte gebildet. Die Regierungen waren dabei getrieben gewesen von neoliberalen Theorien, nach denen die Märkte am wirksamsten würden arbeiten können, wenn sie keinerlei Einschränkungen unterlagen. Um 2007 war der Wohnimmobilienmarkt übersättigt und die Zinsraten für Immobilien brachen ein. Als nun immer mehr Hausbesitzer mit ihren Hypothekenzahlungen in Verzug gerieten, kamen zahlreiche Banken ihrerseits in Schwierigkeiten, da sie über zu wenig Kapital für die Sicherheiten verfügten.

picture-alliance/dpa | Rainer Jensen

Bundeskanzlerin Angela Merkel (CDU) und Bundesfinanzminister Peer Steinbrück (SPD) erklären im Angesicht der Finanzkrise, dass die Sparleinlagen der Bürger:innen sicher seien.

Das Problem der ungedeckten Kredite im Immobilienmarkt war in den USA entstanden, doch übermäßige Kreditfinanzierung war zu dieser Zeit auf allen Märkten der Welt üblich. Durch die tiefe Vernetzung der globalen Banken- und Versicherungsmärkte griff die Krise der US-Geldhäuser schnell auch auf andere große Finanzinstitutionen über: Ende 2008 waren Banken von den USA über Europa und Russland bis nach Südkorea betroffen, von denen viele nicht überlebten. Die Regierungen waren gefordert. Mit Zinssenkungen, Kapitalspritzen, Garantien, Assetkäufen und massiven Liquiditätshilfen gelang es der Politik und den Zentralbanken schließlich, zumindest den Zusammenbruch des globalen Finanzsystems abzuwenden, doch der Schaden war dramatisch: Zwischen Ende 2008 und Anfang 2009 verloren allein etwa 800.000 US-amerikanische Bürger:innen ihre Arbeit; bis 2015 verloren über neun Millionen US-Familien ihr Zuhause durch Zwangsvollstreckungen. Global gesehen führte dies zu Gesamtverlusten für die Allgemeinheit in Höhe von 50 Billionen US-Dollar – damals mehr als die Weltwirtschaftsleistung eines Jahres. Während sich die Wirtschaft in den Vereinigten Staaten ab 2010 zusehends erholte, ging die Finanzkrise in Europa in eine Währungs- und Staatsschuldenkrise über, die sich zu einer ernsthaften Bedrohung für den Fortbestand der Europäischen Union entwickelte. Den unmittelbaren Anlass gaben eine Panik auf den Staatsanleihenmärkten der Eurozone und die Unfähigkeit einiger Staaten, die enormen Ausgaben zur Stützung der Banken in der Krise 2008/2009 zu verkraften. Zwischen Oktober 2008 und Juli 2009 waren staatliche Garantien der Europäischen Union in Höhe von 2,9 Billionen Euro für in Not geratene Banken geflossen. Da dieses Geld aus Steuern finanziert war, hatten letztlich die Gesellschaften der Euro-Zone die Last der Rettung getragen. Als im Laufe des Jahres 2009 klar wurde, dass Irland und Griechenland sehr hoch verschuldet waren, entstand in der europäischen Öffentlichkeit eine Debatte darüber, ob man ein Euro-Mitgliedsland Bankrott gehen lassen durfte oder nicht. Von 2010 bis 2015 verabschiedeten Europäische Union, Europäische Zentralbank und Internationaler Währungsfonds insgesamt drei Hilfspakete für das in Not geratene Griechenland. Als später auch Irland, Portugal und Spanien übergroße Haushaltsdefizite meldeten, wurde im Juni 2011 der sogenannte Rettungsschirm der EU begründet, dessen Anwendung jedoch an harte Sparmaßnahmen und institutionelle Reformen geknüpft war. Diese rigide Sparpolitik blieb im gesamten Verlauf der Krise in Politik und Wissenschaft stark umstritten, denn sie verlangte den Krisengesellschaften massive Opfer ab und rief großen Unmut und zum Teil gewalttätigen Protest in den betroffenen Ländern hervor. Die betroffenen Staaten mussten schließlich ihre werthaltigsten Besitzungen verkaufen, wie beispielsweise Griechenland seinen größten Hafen (Piräus) an eine chinesische Reederei 2016. Die Krise und das Ringen um die richtigen Lösungswege gebaren antikapitalistische Protestbewegungen wie „Occupy Wall Street“ und neue politische Kräfte wie die EU-kritische, zwischen links und rechts changierende populistische „Fünf Sterne“-Bewegung in Italien oder die AfD, die zu diesem Zeitpunkt vor allem einen euroskeptischen Rechtspopulismus vertrat.

Während Europa um seine innere Stabilität rang, geriet auch die arabische Welt in Bewegung. Eine Selbstverbrennung im Dezember 2010 aus Protest gegen die Willkür des Polizeiapparats löste in Tunesien landesweite Demonstrationen aus, die binnen weniger Wochen auch in zahlreichen anderen Staaten der Region Menschen auf die Straße brachten. Die über lange Jahre angestaute Unzufriedenheit mit der hohen Arbeitslosigkeit, allgemeiner Perspektivlosigkeit sowie der allgegenwärtigen Unterdrückung und Willkür durch den Staatsapparat ließ die Menschen den Mut fassen, sich ihren Regierungen entgegenzustellen. Dabei spielten das Internet und die sozialen Netzwerke beziehungsweise Messengerdienste eine entscheidende Rolle bei der Kommunikation und Organisation der

Protestierenden. Die Versuche der autokratischen Führungen, die Proteste mit Gewalt niederzuschlagen, ließ diese in offene Rebellionen umschlagen, die in Tunesien, Ägypten, Libyen und dem Jemen in den Sturz der jeweiligen Herrscher mündeten. Trotz dieser Erfolge war der „Arabische Frühling", wie er in der westlichen Welt bezeichnet wurde, nur in Tunesien von Dauer. Dort gingen nach freien Wahlen die säkulare Partei *Nidaa Tounes* und die moderat islamistische *Ennahda* eine große Koalition ein; 2014 wurde eine neu ausgearbeitete Verfassung angenommen, die den Islam als Landesreligion, die Scharia aber nicht mehr als Grundlage der Gesetzgebung sah und einen umfassenden Katalog von Grundrechten wie Religions-, Gewissens- und Meinungsfreiheit sowie die Gleichberechtigung von Mann und Frau festschrieb. In diesem Prozess spielten eine vergleichsweise stark ausgeprägte Zivilgesellschaft sowie bestehende Organisationen wie die Tunesische Einheitsgewerkschaft *Union Générale Tunisienne du Travail* (UGTT) eine entscheidende Rolle.

In den übrigen von den Revolutionen betroffenen arabischen Staaten gab es weder einheitlich agierende Zivilgesellschaften, noch allgemein anerkannte Führungsfiguren der Opposition oder einende Institutionen, hinter denen sich die zersplitterten Bevölkerungen versammeln konnten. In Ägypten setzte die Armee als eigentlicher Machtfaktor des Lands die demokratisch gewählte Regierung der Muslimbruderschaft ab, als diese mit einem zu radikalen islamistischen Staatsumbau Unmut in großen Teilen der Bevölkerung erregte und dem umfassenden Machtanspruch der Militärs herausforderte. Anschließend etablierte die Armeeführung erfolgreich eine neue Militärautokratie, wie sie schon vor der Revolution existiert hatte. In Libyen und dem Jemen eskalierten die Revolten zu langwierigen, blutigen Bürgerkriegen, in denen unterschiedliche bewaffnete Gruppen auf dem Rücken der Bevölkerung ihre eigenen Interessen verfolgten. In Syrien führt das diktatorische Regime Assads seitdem einen Krieg gegen die Opposition, der bis heute zu Hunderttausenden Toten und Millionen Geflüchteten führt.

Die anhaltenden Konflikte in der arabischen Welt brachten Leid und Zerstörung in den betroffenen Staaten und verursachten die größten Flucht- und Migrationsbewegungen seit dem Zweiten Weltkrieg mit. Während Millionen Menschen vor den Kampfhandlungen in diesen Bürgerkriegsländern in benachbarte Staaten flohen, wuchs im Zuge der Wirren in Libyen die Zahl der Migrant:innen aus Subsahara-Afrika, die versuchten, über das Mittelmeer nach Europa zu gelangen. Zwischen 2012 und 2016 stieg die Zahl der Flüchtenden, Binnenvertriebenen und Asylsuchenden um 45 Prozent an. Ende 2016 gab es weltweit 65,6 Millionen Zwangsmigrant:innen. Mehr als die Hälfte davon stammte aus nur drei Ländern: Syrien, Afghanistan und dem Südsudan. Auf der Überfahrt über das Mittelmeer ertranken Tausende Menschen, die Überlebenden landeten in überfüllten Auffangeinrichtungen in Italien und Griechenland an. Eine europäische Einigung zur Verteilung der Geflüchteten auf alle EU-Mitgliedsstaaten scheiterte am Unwillen vieler der nicht direkt von der Migration betroffenen Staaten. Die Länder an der Außengrenze der Union wurden mit dem Problem alleingelassen. Da die Geflüchteten aber auch nicht zurückgeschickt werden konnten, ließen Italien und Griechenland die neu Ankommenden nach Nordeuropa weiterziehen. Die Bilder des Leids der Flüchtenden erhöhten den Druck auf die Politik, Hilfesuchende aufzunehmen. Schließlich entschieden die Regierungen in Deutschland und Österreich, Hunderttausende von Geflüchteten aufzunehmen, die auf ihrem Weg über den Balkan in Ungarn gestrandet waren.

In den folgenden Jahren bewiesen die aufnehmenden Gesellschaften große Solidarität und Hilfsbereitschaft mit den Geflüchteten, auch dank mehrerer Millionen ehrenamtlich engagierter Helfer:innen. In Deutschland wurde der Begriff der „Willkommenskultur“ geprägt. Dennoch mehrten sich bald auch Stimmen, die einen „Kontrollverlust“ des Staats befürchteten. Diese mischten sich zunehmend mit fremdenfeindlichen und rassistischen Tönen und führten zu Anschlägen auf Unterkünfte für Geflüchtete. Schließlich gewannen jene die Oberhand, die für eine restriktive Migrations- und Flüchtlingspolitik eintraten. Im März 2016 schlossen die Balkanstaaten ihre Grenzen für Geflüchtete; wenig später schloss die EU ein viel kritisiertes Abkommen mit der Türkei, das eine unkontrollierte Durchreise der Flüchtenden nach Griechenland verhindern sollte. Der politische und gesellschaftliche Diskurs in den aufnehmenden Ländern ist seitdem nachhaltig belastet und die Debatte um „Flüchtlingskrise“ und „Flüchtlingspolitik“ wird auch in Deutschland ausgesprochen intensiv geführt.

Nicht nur in der Debatte über den Umgang mit Geflüchteten vertieften sich die Gräben in den westlichen Gesellschaften zunehmend. Die Erfahrung der systemischen Wirtschafts- und Finanzkrisen und die Schwierigkeiten der Staaten im Umgang mit der Fluchtmigration verstärkten bei vielen Bürger:innen bestehende Sorgen vor den Nachteilen einer globalisierten Welt. Die technologische Entwicklung in Form sozialer Medien trug dazu bei, Hass und Hetze – aber auch radikale Ideen – viel schneller und weiter als je zuvor anzufachen und zu verbreiten. Insbesondere die Gegner:innen der bestehenden freiheitlich-demokratischen Verhältnisse sollten diese neuen Möglichkeiten für ihre Zwecke zu nutzen verstehen und bestehende Normen und demokratische Verfahren offen herausfordern.

Das Selbstverständnis der westlichen Demokratien als die Regierungsform, der die Zukunft gehöre, wurde im Laufe der 2010er-Jahre durch verschiedene Entwicklungen schwer erschüttert. Das Auftreten des sogenannten Islamischen Staats in Syrien und dem Irak infolge der Verwerfungen in diesen Ländern verschlimmerte nicht nur die kriegerischen Auseinandersetzungen in der Region, sondern ließ auch in der westlichen Welt das Thema des radikalen Islamismus wieder in den Vordergrund treten. Terroristische Anschläge in europäischen Metropolen verunsicherten die Öffentlichkeit und verstärkten bestehende antiislamische Ressentiments in Teilen der Mehrheitsgesellschaften.

Vor dem Hintergrund der aufgeheizten Debatten über gewaltbereiten Islamismus und die Herausforderung der Fluchtmigration gingen ab Oktober 2014 vor allem in Ostdeutschland wöchentlich Tausende Bürger zu rassistischen Kundgebungen auf die Straßen. Es handelte sich zwar um eine Minderheit und alles in allem auch um keine großen Demonstrationen, aber sie trugen massiv zur Verschärfung gesellschaftspolitischer Debatten bei und bestärkten die 2013 gegründete AfD. Diese zunächst nur die europäische Einigung und vor allem die Währungsunion kritisierende Partei erfuhr dadurch einen Schub ins rechtskonservative und -extreme Spektrum und konnte sich anders als vorangegangene rechte Parteien in der Bundesrepublik auf Landes-, Europa- und schließlich auch auf Bundesebene etablieren. Die Wahlergebnisse der AfD waren nicht allein Ausdruck von Unzufriedenheit und Protest, sondern sprachen auch für ein bedenkliches Vordringen rechtsextremer Positionen bis in die Mitte der Gesellschaft und deren Etablierung. Aus den „Mitte-Studien“ der Friedrich-Ebert-Stiftung wissen wir, dass solche Haltungen bereits vorhanden waren, diese nun aber offener artikuliert wurden. Die anhaltenden Krisen seit 2008 bereiteten den Nährboden für eine Radikalisierung auf der politischen Rechten und die neuen Kommunikationstechnologien ermöglichten die Verbreitung rassistischer und antipluralistischer Positionen und Narrative, die immer selbstverständlicher Verzerrungen, Lügen und Verschwörungstheorien nutzten. Diese Atmosphäre bildete den Hintergrund für Attentate auf jüdische Einrichtungen und demokratische Politiker wie Walter Lübcke in den 2010er-Jahren.

Die Entwicklung in Deutschland entsprach dabei dem Trend an anderen Orten der Welt. 2010 wurde Viktor Orbán zum zweiten Mal zum ungarischen Ministerpräsidenten gewählt und baute das Land in den folgenden Jahren zunehmend autokratisch und entschieden europakritisch um. Im Laufe der 2010er-Jahre erzielten rechtspopulistische Kandidat:innen und Parteien nahezu überall Wahlerfolge. Im Jahr 2016 saß in 19 von 28 EU-Ländern eine rechtspopulistische Partei im Parlament. In Italien, Österreich und Polen gelangten sie an die Regierung. Sie alle einte ihre ablehnende Haltung gegenüber dem vereinten Europa und der freiheitlichen Demokratie, die sie in ihren eigenen Staaten (v. a. in Polen und Ungarn) auszuhöhlen begannen. Das Votum des Vereinigten Königreichs für den Austritt aus der Europäischen Union im Juni 2016 und die Wahl Donald Trumps zum Präsidenten der Vereinigten Staaten im November desselben Jahrs führten den Populismus zu einem vorläufigen Höhepunkt.

Demonstrant:innen auf der „Unteilbar"-Demonstration unter dem Motto „Kein Fußbreit! Antisemitismus und Rassismus töten!" an der Neuen Synagoge in Berlin, 13.10.2019

picture alliance/Geisler-Fotopress | Ben Kriemann/Geisler-Fotopress

Mit der US-Wahl und dem Brexit-Votum verbanden sich bald auch Debatten über Desinformation und Verschwörungsdenken. Die liberalen Gesellschaften sahen sich mit neuen Begriffen wie „Fake News" und „Alternative Wahrheiten" konfrontiert, die von der populistischen Rechten gezielt eingesetzt wurden, um gesellschaftliche Diskurse zu beeinflussen. Antiliberale Narrative und Verschwörungstheorien fanden über kaum regulierte digitale Kommunikationswege Verbreitung und verfingen bei signifikanten Teilen der Bevölkerung. Insbesondere auch die beiden größten Autokratien, Russland und China, setzen zunehmend auf subtile Mittel wie subversive Propaganda und Desinformation in westlichen Medien, um beispielsweise gezielt auf Wahlkämpfe wie den in den USA 2016 einzuwirken. Diese „hybride" Strategie zielte darauf ab, die bestehenden gesellschaftlichen Spannungen in den westlichen Gesellschaften, etwa zu Themen wie Migration, Nationalstaatlichkeit oder Identitätspolitik auszunutzen und zu verstärken.

Russland hat bereits in den 2000er-Jahren einen zunehmend konfrontativen Kurs gegenüber dem Westen eingeschlagen. Auch die Grundlagen für die heutige Diktatur wurden in dieser Zeit gelegt. 2006 wurde in Russland ein bestehendes Gesetz über den Umgang mit Nichtregierungsorganisationen verändert, sodass Behörden die Möglichkeit bekamen, diese zu überwachen und über ihre Registrierung und Schließung zu entscheiden. 2012 folgte ein Gesetz, das alle nicht aus russischen Quellen finanzierten NGOs zwang, sich als „ausländische Agenten" registrieren zu lassen. Diese Maßnahmen bedeuteten eine Stigmatisierung für Organisationen wie die Friedrich-Ebert-Stiftung im Land und erschwerten ihre tägliche Arbeit dort beträchtlich. Seither haben sogenannte Agentengesetze auch in anderen Staaten Schule gemacht. In der Ukraine, Kirgistan, Belarus, Polen, Ungarn, aber auch Israel, Ägypten und zahlreichen zentralamerikanischen Staaten wurden in den folgenden Jahren ähnliche Gesetze verabschiedet, die die Arbeit von Nichtregierungsorganisationen einschränken. In Russland waren die Gesetze vor allem eine Reaktion auf revolutionäre Entwicklungen in der arabischen Welt und in der Ukraine. Als der ukrainische Präsident Viktor Janukowitsch 2013 ein bereits unterzeichnetes Assoziierungsabkommen mit der EU wieder zurückzog und damit proeuropäische Unruhen auslöste, die seine Regierung schließlich zu Fall brachten, griff Russland die Ukraine offen militärisch an. Es annektierte die Krim und führte bis zur Invasion 2022 gemeinsam mit prorussischen separatistischen Kräften im Osten der Ukraine einen unerklärten Krieg.

Neben all den bestehenden Herausforderungen traten auch Umwelt- und Klimathemen deutlich mehr in den Vordergrund als bislang. Als im März 2011 ein Erdbeben und ein darauffolgender Tsunami eine verheerende Nuklearkatastrophe im japanischen Fukushima auslösten, reagierte die weltweite Öffentlichkeit geschockt. Die Folgen des schwersten Unfalls in der Atomwirtschaft seit Tschernobyl 1986 belebten in vielen Staaten die alten Diskussionen über Nutzen und Risiken der Atomkraft. In Deutschland wurde die Debatte über Atomkraft traditionell besonders erbittert geführt. Kein Land zog daraufhin so drastische Konsequenzen wie die Bundesrepublik: Obwohl die schwarz-gelbe Regierung Merkel erst kurz zuvor die Laufzeiten der deutschen Reaktoren verlängert und damit die notwendige nationale Energiewende noch einmal zu verzögern versucht hatte, entschied sie nur wenige Monate nach der Katastrophe unter dem Druck der Stimmung in der Bevölkerung den kompletten Ausstieg der Bundesrepublik aus der Atomkraft bis 2022.

Mit dem Klimawandel trat besonders ab Ende der 2010er-Jahre das für die lebenden und künftigen Generationen wohl wichtigste Zukunftsthema überhaupt stärker in den Vordergrund als bisher. Wissenschaft, Umweltschutzverbände und Nichtregierungsorganisationen wie die Friedrich-Ebert-Stiftung hatten schon seit Langem entschiedeneres politisches und gesellschaftliches Handeln gegen die Folgen des fortschreitenden Klimawandels angemahnt; doch eine starke Interessenvertretung der fossilen Industrien, geringes Interesse in der breiten Bevölkerung und meist vordringlicher erscheinende Probleme der Tagespolitik hatten über Jahrzehnte hinweg verhindert, dass das Problem stark genug in der Öffentlichkeit diskutiert und angegangen wurde. Das änderte sich langsam seit den 2000er-Jahren, denn die Folgen der Erderwärmung wurden nun auch außerhalb des Globalen Südens deutlicher spürbar: Von 2003 bis 2019 erlebte Europa acht überdurchschnittliche Hitzesommer. Die Sommer der Jahre 2003, 2018 und 2019 waren die wärmsten seit Beginn der Wetteraufzeichnungen, während in Mitteleuropa zugleich auch Starkniederschlagsereignisse deutlich zunahmen. Mit dem Pariser Klimaabkommen im Jahr 2015 gelang der Weltgemeinschaft ein Meilenstein im Kampf gegen den Klimawandel. Während zuvor mehrere internationale Klimakonferenzen erfolglos geblieben waren, einigten sich nun erstmals nicht nur die Industrieländer, sondern auch die Staaten des Globalen Südens darauf, ihre Emissionen zu senken. Über allem stand das Ziel, die Erderwärmung deutlich unter 2 °C gegenüber dem vorindustriellen Zeitalter zu halten. Außerdem sollte der Scheitelpunkt des weltweiten CO_2-Ausstoßes möglichst bald erreicht werden, um schon in der zweiten Jahrhunderthälfte klimaneutral werden zu können. Auch in Deutschland gingen Regierung, Kommunen und große Teile der Wirtschaft einen Umbau des Energiesystems an. Im Oktober 2019 beschloss der Bundestag das sogenannte Klimaschutzprogramm der Bundesregierung, das beschreibt, wie Deutschland die Klimaziele bis 2030 erreichen will. Schon 2018 verhängten mehrere deutsche Städte Fahrverbote für ältere Dieselfahrzeuge, um die Schadstoffbelastung einzugrenzen.

Gestützt wurden diese Maßnahmen erstmals von einem belastbaren gesellschaftlichen Konsens in den meisten Industriestaaten. Hinzu kamen Bewegungen wie *Fridays For Future*, die den öffentlichen Diskurs zugunsten von Umweltmaßnahmen beeinflussten. Der einsame Schulstreik der damals 15-jährigen schwedischen Schülerin Greta Thunberg im Jahr 2018 als Protest gegen die in ihren Augen unzureichende Umsetzung der Klimabeschlüsse von Paris durch die Regierung ihres Lands fand weltweit große mediale Beachtung. Ihr Beispiel inspirierte eine große Zahl nicht nur junger Menschen zu eigenem Engagement und trug zur Entstehung einer globalen Bewegung bei, die das Thema Klimawandel weltweit in den Fokus rückte und eine neue Welle des Klimaaktivismus auslöste. Ab 2018 fanden wöchentlich Demonstrationen unter dem Banner von *Fridays For Future* statt und im September 2019 gingen weltweit 1,4 Millionen Menschen für eine effektivere Klimapolitik auf die Straße. Daneben entstanden aber auch weitere, kleinere, zum Teil radikalere Bewegungen wie *Extinction Rebellion* oder die sogenannte Letzte Generation, die noch konsequenter auf die Protestform des zivilen Ungehorsams setzten.

Parallel zum Protest blieb auch Kritik am Umgang mit dem Klimawandel nicht aus, da das Thema weltweit grundsätzliche Gerechtigkeits- und Verteilungsfragen aufwarf. Wie sind Kosten und Nutzen des Energieumbaus gerecht zu verteilen? Welche Belastungen kommen auf die privaten Haushalte zu? Wie kann eine sozial gerechte Nachhaltigkeit gelingen? Entsprechend kontrovers wurden daher Sinn und Umsetzung der einzelnen Maßnahmen und der Klimaschutzbewegungen sowohl politisch als auch gesellschaftlich diskutiert. Die Positionen der Kritiker:innen reichten von sachlich begründeten Bedenken gegenüber bestimmten Strategien bis hin zur grundsätzlichen Leugnung der wissenschaftlichen Belege für den Klimawandel allgemein. Diese Fundamentalkritik kam zum einen aus Teilen der betroffenen fossilen Energiewirtschaft, besonders aber von konservativen bis rechtsextremen Medien und Akteur:innen, die ihre Ansichten zum Teil plakativ und medienwirksam zu verbreiten wussten. Die Argumente, Anklagen und Falschbehauptungen der Kritiker:innen erwiesen sich als anschlussfähig an bereits gängige Narrative und Verschwörungsmythen zu anderen Themen und wurden in ähnlicher Weise zur grundsätzlichen Delegitimierung progressiv-liberaler Positionen genutzt.

Die massiven Krisen und Veränderungsprozesse der Jahre nach 2008 stellten die Arbeit der Bundesregierungen in den Merkel-Jahren auf eine harte Probe. Die Kanzlerin wurde in den Augen eines Teils der Bundesbevölkerung bald zum wichtigen Faktor der Stabilität in unsicheren Zeiten; zugleich warfen ihr insbesondere Gegner:innen vom rechten Rand des politischen Spektrums eine zu offene Migrationspolitik und die Aufgabe konservativer Positionen vor. Dass sich die CDU dabei sozialdemokratischen Positionen annäherte, wurde für die SPD zum Problem. Die SPD war an drei von vier Kabinetten unter Angela Merkel in einer Großen Koalition an der Regierung beteiligt und konnte zahlreiche eigene Projekte wie den Mindestlohn oder die Ehe für gleichgeschlechtliche Paare durchsetzen. Es gelang der Partei aber nicht, diese als Erfolge der eigenen Regierungsarbeit sichtbar zu machen. Stattdessen sanken die Ergebnisse der Sozialdemokratie bei Bundestagswahlen von gut 34 Prozent 2005 auf 20,5 Prozent bei der Wahl 2017. Außerdem wirkte der Unmut vieler traditioneller SPD-Wähler:innen über die sozialen Einschnitte im Zuge der marktwirtschaftlichen Liberalisierungspolitik der „Agenda-2010"-Reformen unter Bundeskanzler Gerhard Schröder nach. Links von der Sozialdemokratie konnte sich ab 2005 die Partei Die Linke etablieren und einen weiteren Teil der ehemaligen Wählerschaft binden. Die Aufarbeitung der Agenda-Politik und verbissene Grabenkämpfe um die inhaltliche Ausrichtung bestimmten in der SPD einen großen Teil der Jahre ab 2005 und brachten in dieser Zeit acht Parteivorsitzende zu Fall. Die zahlreichen Krisen warfen grundsätzliche gesellschaftliche Fragen auf. Debatten über eine vielfach als unzureichend empfundene soziale Gerechtigkeit und eine fehlende Nähe der „großen" Politik zu den Problemen der Bürger:innen betrafen alle politischen Parteien. Doch für die SPD als Partei der sozialen Demokratie und der Solidarität war der Vorwurf, den eigenen Ansprüchen nicht gerecht zu werden, besonders schwer.

Am Ende der 2010er-Jahre war deutlich geworden, dass sich die Welt in einer Phase der rasanten Veränderung befand. Auf vielen Ebenen zugleich mussten wegweisende Zukunftsentscheidungen getroffen werden; manche „Gewissheiten" galten nicht mehr uneingeschränkt. Die Gesellschaften gerieten zunehmend unter Stress von außen wie von innen, die bestehende globale Sicherheitsarchitektur drohte zu zerbrechen, die Bedingungen für künftiges Leben auf dem Planeten wandelten sich drastisch. All dies stellte völlig neue Anforderungen an die Sozialdemokratie und an die Arbeit der politischen Stiftungen allgemein.

Kapitel 5

Demokratiebildung zwischen Digitalisierung und Populismus 2008–2019

Rechte: AdsD, 6/FOTB087729; Foto: Gerngross/Glowinski

Wirtschafts- und Sozialpolitik im Fokus

Es war für viele Staaten die schwerste Finanz- und Wirtschaftskrise in der jüngeren Geschichte: Die Insolvenz der US-amerikanischen Investmentbank Lehman Brothers im September 2008 führte das globale Finanzsystem an den Rand des Kollapses und löste weltweit eine Rezession aus. Das deutsche Bruttoinlandsprodukt schrumpfte um 5,6 Prozent, so stark wie nie zuvor seit Ende des Zweiten Weltkriegs. Um Wege aus der Krise zu finden, richtete die Friedrich-Ebert-Stiftung 2008 ein abteilungsübergreifendes Thementeam ein und diskutierte mit internationalen Expert:innen Lösungsstrategien. Im New Yorker Stiftungsbüro tauschten sich im November 2008 Fachleute über Regulierungsmechanismen für die Finanzmärkte aus, darunter der Wirtschaftswissenschaftler und Nobelpreisträger Joseph Stiglitz. Auch in Deutschland befassten sich Foren wie der Kocheler Kreis mit möglichen Konsequenzen aus der Krise.

Jenseits tagesaktueller Fragen verlieh die Weltwirtschaftskrise dem Projekt „Zukunft 2020 – Wege zu einem sozialen Deutschland“ besondere Bedeutung, in dem erstmalig alle Arbeitsbereiche koordiniert projektorientiert zusammenarbeiteten. Die Friedrich-Ebert-Stiftung sah die Befunde ihrer bereits 2007 veröffentlichten Prekariats-Studie zur wachsenden sozialen Spaltung in Deutschland bestätigt, die zum Start des stiftungsweiten Projekts geführt hatte. Unter dem Eindruck der Finanz- und Wirtschaftskrise trug „Zukunft 2020“ wirtschaftspolitische Strategien zusammen, die darauf abzielten, eine solidarische Gesellschaft mit Chancen für alle Menschen zu schaffen. Als im Zuge der weltweiten Krise globalisierungskritische Gruppen und Netzwerke Zulauf erhielten, suchte die Friedrich-Ebert-Stiftung den Dialog mit ihnen. 2011 veranstaltete sie unter anderem mit der Nichtregierungsorganisation Attac die internationale Konferenz „Jenseits des Wachstums?!“, eine außergewöhnlich große Tagung, bei der sich in Berlin rund 2.500 Teilnehmende in 120 Einzelveranstaltungen dazu austauschten, welche Rolle materieller Wohlstand und Wirtschaftswachstum in den kommenden Jahren spielen würden.

Mit zentralen Zukunftsfragen befasste sich auch das Fortschrittsforum, ein im Oktober 2011 gemeinsam mit der Hans-Böckler-Stiftung, der zur IG Metall gehörenden Otto-Brenner-Stiftung und dem Thinktank Progressives Zentrum gegründetes Gremium. Zu den 90 Teilnehmenden aus Wissenschaft, Politik, Gewerkschaften und Wirtschaft zählten unter anderem die Soziologieprofessorin Jutta Allmendinger und Ernst Ulrich von Weizsäcker vom Umweltprogramm der Vereinten Nationen. Unter dem Titel „So wollen wir leben!“ stellte das Fortschrittsforum 2012 Handlungsempfehlungen zusammen, um den gesellschaftlichen Fortschritt ökonomisch tragfähig, sozial gerecht und ökologisch nach-

Links: Als Konsequenz aus den Erfahrungen der Finanzkrise und der Rolle der Digitalisierung darin organisierte die Stiftung gemeinsam mit Partnern jährlich einen internationalen Kongress zum Finanzkapitalismus, hier ein Podium von 2019.

Rechte: AdsD, 6/FOTB087342

Ein von der FES New York und der Initiative for Policy Dialogue der Columbia-Universität organisiertes wirtschafts- und finanzwissenschaftliches Podium mit u.a. dem Wirtschaftsnobelpreisträger Joseph Stiglitz (l.) wenige Monate nach dem Ausbruch der Finanzkrise im November 2008

Rechte: AdsD, 6/FOTB087343

Um die Konsequenzen der Finanzkrise zu diskutieren, organisierte die Friedrich-Ebert-Stiftung in Berlin eine Fishbowl-Diskussion mit Aktivist:innen der Occupy-Bewegung aus Madrid, Rom, New York, Tel Aviv und Berlin sowie dem SPD-Vorsitzenden Sigmar Gabriel, 24.11.2011.

haltig zu gestalten. Als übergeordnetes Ziel wurde ein „neue[s] dynamisch-humane[s] Fortschrittsideal" formuliert: „Es stellt die Befähigung und Förderung jedes und jeder Einzelnen ebenso unverrückbar in den Mittelpunkt wie die soziale, ökologische und ökonomische Nachhaltigkeit allen politisch-gesellschaftlichen Handelns."[269]

Auch wenn die Friedrich-Ebert-Stiftung Nachhaltigkeit betonte, nahm der Klimawandel für sie im Gegensatz zu anderen Herausforderungen zunächst keine zentrale Rolle ein. Das änderte sich erst Anfang der 2010er-Jahre, als die Folgen der Erderwärmung immer deutlicher zutage traten und ökologische Verantwortung eine wachsende Bedeutung gewann. Die Friedrich-Ebert-Stiftung legte Veröffentlichungen unter anderem zur Energiewende in Deutschland und Europa vor sowie Länderstudien zu Wachstumspotenzialen der *green economy* in Asien sowie Mittel- und Osteuropa. Außerdem nahm die OnlineAkademie 2012 ein neues Lernmodul zu Nachhaltigkeit auf, und auch in öffentlichen Veranstaltungen ging es immer öfter um ökologische Themen, so im Sommer 2012 auf der Podiumsdiskussion „Nachhaltigkeit reloaded?" in Berlin mit dem SPD-Vorsitzenden Sigmar Gabriel und den Träger:innen des „Alternativen Nobelpreises", der indischen Sozialaktivistin Vandana Shiva und dem Gründer des Weltsozialforums Chico Whitaker. Als im Frühsommer 2013 Teile von Ost- und Norddeutschland überflutet wurden, organisierte die Stiftung in den besonders schwer betroffenen Gebieten Podiumsdiskussionen zu Hochwasserschutzmaßnahmen und initiierte den Magdeburger Klimadialog, bei dem sich seitdem Expert:innen aus Politik, Verwaltung, Wissenschaft und Wirtschaft sowie Multiplikator:innen aus verschiedenen Gesellschaftsbereichen regelmäßig miteinander austauschen. Um international nachhaltige und menschenrechtsbasierte Entwicklungsstrategien gegen den Klimawandel zu erarbeiten, startete 2013 außerdem ein gemeinsames Projekt mit dem weltweiten Bündnis *Climate Action Network*.

Modernisierung der Stiftung

Nachdem die Friedrich-Ebert-Stiftung bereits zu Beginn der 2000er-Jahre einen Ausbau der Berliner Zentrale geplant hatte, konnte der Neubau im Frühling 2009 eröffnet werden: Rund 100 Mitarbeitende der internationalen Abteilungen bezogen das neue Gebäude im Berliner Tiergartenviertel mit großzügigen Konferenz- und Tagungsräumen in der Nähe des ersten Berliner Hauses. Die internationale Arbeit in Deutschland wurde dadurch entscheidend gestärkt. Allerdings folgte der Neueröffnung eine Zeit der Ernüchterung: Weil die SPD bei den Bundestagswahlen im Herbst 2009 Stimmen einbüßte, schrumpften die Mittel der Friedrich-Ebert-Stiftung und Einsparungen waren nötig. Da das Forschungsinstitut Braunschweig-Bonn, das die Abteilung Sozial- und Zeitgeschichte mitfinanziert hatte, bereits seit 2005 nicht mehr bestand, wurde die Abteilung nun ebenfalls aufgelöst und unter der Bezeichnung Public History in das Archiv der Sozialen Demokratie integriert.

Gleichzeitig prägte eine interne Debatte um Qualitätsmanagement die Friedrich-Ebert-Stiftung. 2009 erhielt sie das Qualitätssiegel „Committed to Excellence“ der *European Foundation for Quality-Management* (EFQM). Im Zuge dessen formulierte die Stiftung die Ziele, die sie seit jeher verfolgt, als übergeordnete Strategie neu. Fünf stiftungsweite Leitgedanken strukturierten fortan die Arbeit im In- und Ausland: die Erneuerung der Sozialen Demokratie fördern, politische Teilhabe und gesellschaftlichen Zusammenhalt stärken, die Wirtschafts- und Sozialordnung gerecht gestalten, den Dialog zwischen Gewerkschaften und Politik vertiefen und die Globalisierung sozial gestalten. Daneben bestimmten die stiftungsweite Projektzusammenarbeit und die fortschreitende Digitalisierung zunehmend die Arbeit der Friedrich-Ebert-Stiftung.

Als Peter Struck Ende 2010 zum neuen Vorsitzenden gewählt wurde, übernahm er angesichts der vielfältigen Herausforderungen keine leichte Aufgabe. Mit Blick auf die wachsende Zahl von Nichtwähler:innen und den fortschreitenden Vertrauensverlust in die Demokratie in Teilen der Bevölkerung richtete der ehemalige Verteidigungsminister und SPD-Fraktionsvorsitzende im Bundestag die Aufmerksamkeit der Stiftung vor allem auf die Förderung des gesellschaftlichen Zusammenhalts. Als er nach nur zwei Jahren im Amt am 19. Dezember 2012 starb, war dies ein schwerer Schlag für die Stiftung. Peter Strucks Nachfolger wurde sein bisheriger Stellvertreter Kurt Beck, der ehemalige Ministerpräsident von Rheinland-Pfalz.

Quelle: AdsD, 6/FOTB087347; Rechte: Jens Schicke

Bei der Eröffnung des internationales Hauses in Berlin sehen sich am 24.6.2009 der Vorsitzende der Bundestagsfraktion Frank-Walter Steinmeier, der stellvertretende Vorsitzende der Friedrich-Ebert-Stiftung Michael Sommer, Anke Fuchs, und der Geschichtsführer Roland Schmidt (v. r. n. l.) die mit historischen Artefakten verzierten tragenden Säulen des Hauses näher an.

Rechte: AdsD, 6/FOTB088128

Der frisch gewählte Vorsitzende der Friedrich-Ebert-Stiftung Peter Struck auf der Veranstaltung aus Anlass des 80. Geburtstags Johannes Raus in Berlin, 24.1.2011

#FES

Ende der 2000er-Jahre baute die Stiftung ihre Onlinepräsenz insbesondere im Bereich der Bildungsarbeit weiter aus. Newsletter hielten Interessierte über Veranstaltungen und Publikationen auf dem Laufenden, immer mehr Dokumente und Lerninhalte wurden online zur Verfügung gestellt. Allein 2009 verzeichnete die Friedrich-Ebert-Stiftung rund 14 Millionen Downloads von Dokumenten. Um verstärkt auch jüngere Menschen zu erreichen, etablierte die Stiftung eine Präsenz in den Sozialen Medien und richtete 2009 einen eigenen YouTube-Kanal sowie einen Facebook-Account ein, 2010 folgte der Auftritt auf dem Kurznachrichtendienst Twitter (heute X). 2011 startete für diesen Zweck der Bildung durch Interaktion sagwas, ein Debattenportal, auf dem Nutzer:innen seitdem die Möglichkeit haben, Position zu politischen und gesellschaftlichen Themen zu beziehen und sich mit anderen Meinungen auseinanderzusetzen.

Auch in der historischen Bildungsarbeit spielte die zunehmende Digitalisierung von Kommunikation und Bildungsangeboten eine große Rolle. Ausstellungen und Publikationen wurden nun zunehmend auch digital präsentiert. 2008 ging das erste historische Portal der Stiftung online, eine Plattform zur Geschichte der Arbeiter:innenbewegung, die Text- und Bilddokumente ebenso wie Links zu Datenbanken und anderen Sammlungen umfasste. Im selben Jahr begann das Archiv der sozialen Demokratie, das über 1,5 Millionen Bilder umfassende „Fotoarchiv Jupp Darchinger“ zu digitalisieren und in seiner inzwischen online verfügbaren Datenbank Forschenden und Medienvertreter:innen zur Verfügung zu stellen. 2010 präsentierte der Bereich Public History digitale Erinnerungsorte der deutschen Sozialdemokratie. Dort wurden neben realen Orten, Personen, und Institutionen auch symbolische Erinnerungsorte vorgestellt wie „Willy wählen“, der SPD-Wahlkampf von 1972 mit Willy Brandt als Kanzlerkandidat.[270] Mittlerweile befinden sich die historischen Angebote der Stiftung gebündelt in einem Themenportal Geschichte.

Die Bibliothek setzte die bereits in den 1990er-Jahren begonnene Digitalisierung wichtiger Quellen zur Geschichte der Arbeiter:innenbewegung mit unterschiedlichen Vorhaben fort. So wurden beispielsweise das historische Theorieorgan der SPD *Die neue Zeit* und die *Sozialistischen Monatshefte* online gestellt. In einem von der Deutschen Forschungsgemeinschaft geförderten Projekt wurden zwischen 2010 und 2013 65 Zeitungen der Gewerkschaftsbewegung vor 1933 für die Öffentlichkeit digital zugänglich gemacht. Schließlich konnten in einem großen Projekt von 2015 bis 2017 rund 200.000 Zeitungsseiten des *Vorwärts* der Jahre 1891 bis 1933 digitalisiert werden. Heute können Forschende im Portal „Historische Presse der deutschen Sozialdemokratie“ in 20 historischen Zeitungen eine Volltext-Recherche durchführen.

Die Digitalisierungsstraße der Bibliothek für die Digitalisierung historischer Zeitungen, April 2015

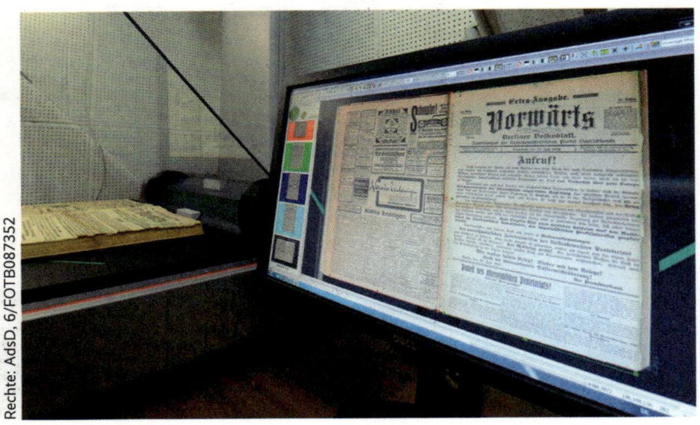

Rechte: AdsD, 6/FOTB087352

Rechte: AdsD, 6/FOTB087340; Foto: Gerngross/Glowinski

Zunehmend fanden seit den 2010er-Jahren Veranstaltungen hybrid statt, mit Livestream oder anderen digitalen Begleitungen. Hier Live-Blogger:innen bei einer Veranstaltung 2019

Nachdem die Friedrich-Ebert-Stiftung schon seit Anfang der 2000er-Jahre die fortschreitende Digitalisierung mit wissenschaftlichen Veröffentlichungen begleitet hatte, veröffentlichte sie nun verstärkt Studien zur Bildung im Internet wie „Hätte Kant gesurft?“. Außerdem beriet die Stiftung ab 2011 die Enquete-Kommission des Bundestags zu Internet und digitaler Gesellschaft. Öffentliche Veranstaltungen thematisierten den digitalen Wandel ebenfalls, so 2012 eine Fishbowl-Diskussion in Berlin zu Partizipationsmöglichkeiten im Internet als eine mögliche Antwort auf die zunehmende Politikdistanz junger Menschen. Neben rund 150 Jugendlichen vor Ort verfolgten etwa 2.000 Interessierte die Veranstaltung im Livestream und konnten sich via Chat und Twitter in die Debatte einbringen (vgl. S. 194 f.).

Ausweitung des Stipendienprogramms

Da „in Deutschland in unvertretbarem Umfang immer noch die soziale Herkunft über Bildungsabschlüsse und damit über die Zukunftschancen entscheidet“[271], so Geschäftsführer Roland Schmidt, erweiterte die Friedrich-Ebert-Stifung 2008 die Studienförderung um ein „Stipendium auf Probe“. Nachdem Bewerbungen bis dahin frühestens mit Noten der ersten Semester möglich gewesen waren, konnten sich nun bereits Abiturient:innen mit Erhalt ihrer Hochschulzulassung um ein Stipendium bewerben. Bereits im ersten Jahr ermöglichte das neue Programm rund 300 jungen Menschen, ein Studium aufzunehmen. Vielen wäre der Weg an eine Hochschule sonst verschlossen geblieben, denn die meisten stammten aus einkommensschwachen Familien. Später wurde das Stipendium auf Probe Teil der regulären Grundförderung.

Als 2010 das Büchergeld für alle Stipendiat:innen der deutschen Begabtenförderungswerke unabhängig vom Einkommen ihrer Eltern von 80 auf 300 Euro erhöht wurde, kritisierten viele Stipendiat:innen, dass dies Bildungsungerechtigkeit verstärken würde. Deshalb gründeten Geförderte der Friedrich-Ebert-Stiftung den

→ *Fortsetzung auf Seite 196*

Der neue Alltag der politischen Bildung: Digitale Angebote

Um „die enormen Möglichkeiten“ des Internets zu nutzen und „auf neue, schnelle und kostengünstige Weise Informationen weitgehend ortsunabhängig und zeitflexibel“ zu vermitteln, so ein stiftungsinternes Exposé, startete die Friedrich-Ebert-Stiftung 2001 ihr erstes Digitalprojekt: die OnlineAkademie.[272] *Als Ergänzung zum herkömmlichen Bildungsangebot und um neben klassischen Zielgruppen wie Lehrkräfte und Betriebsrät:innen vor allem Jugendliche anzusprechen, wurden dort Informations- und Arbeitsmaterialien unter anderem zu den Themenbereichen Rechtsextremismus sowie Geschichte und Erinnerung nun auch digital zur Verfügung gestellt. Weil die OnlineAkademie auf großes Interesse stieß – die monatlichen Zugriffszahlen stiegen von 2002 bis 2006 von rund 10.000 auf 250.000 –, kamen schon bald weitere Themenmodule dazu. Außerdem entstand ein Onlinebereich für Seminarteilnehmende, der ihnen die Möglichkeit bot, sich in Foren auszutauschen. Zusätzlich zur OnlineAkademie entwickelte die Friedrich-Ebert-Stiftung weitere digitale Angebote: 2007 das E-Learning-Programm fes-kommcheckers für Komunalpolitiker:innen, 2011 das Debattenportal sagwas sowie ab 2012 erste Webinare.*[273]

Nachdem sich diese Angebote im Internet etabliert hatten, stellte die Friedrich-Ebert-Stiftung ihre digitale Bildungsarbeit Ende der 2010er-Jahre auf eine neue Grundlage: Auf Basis einer systematischen Bewertung der bestehenden Angebote lief 2019 das abteilungsübergreifende Projekt „Digitale politische Bildung und Beratung (FES digital)“ an. In der Folge führte die Stiftung einheitliche Tools ein, entwickelte Standards für digitale Formate, bildete digitale Expert:innen aus und vermittelte den Mitarbeitenden in Schulungen und E-Learnings digitale Kompetenzen. Außerdem entstand eine Wissensplattform im Intranet mit Handreichungen und Tutorials zu digitalen Formaten, Tools und Projekten. Parallel dazu initiierte die Stiftung einen Innovationsfonds für interne Ideen und Initiativen, der digitale Projekte im Bildungsbereich mit bis zu 25.000 Euro fördert. Dazu gehören der Chatbot e-Bert, mit dem man sich argumentativ gegen Fake News und Hassrede zu Europa und dem Klimawandel wappnen kann, und der Messenger-Dienst Der rote Faden mit Kurznachrichten zu wichtigen politischen Ereignissen. Beide Projekte betreiben mittlerweile erfolgreich Vermittlungsarbeit.[274]

Rechte: FES

„Der Rote Faden – politische Ereignisse in 700 Zeichen“ ist der Messenger-Kanal der Akademie für Soziale Demokratie. Täglich erscheinen dort kompakte Kurznachrichten zu wichtigen politischen Ereignissen.

Rechte: FES

Der Respekt-Cube ist Lernerlebnis für Jugendliche im Alter zwischen 12 und 16 Jahren zum Thema Respekt in der Gesellschaft.

Als ab März 2020 mit Beginn der Corona-Pandemie das öffentliche Leben stillzustehen begann, war die Stiftung gut vorbereitet – und stellte ihre Bildungsangebote rasch von Präsenz auf digital um. Während der Pandemie produzierte die Friedrich-Ebert-Stiftung außerdem zahlreiche Videos und Erklärfilme und entwickelte neue digitale Formate wie interaktive Infografiken und Quizspiele. Als besonders erfolgreiche Bildungsformate erwiesen sich Podcasts, allen voran die 2019 ins Leben gerufene Reihe „Zukunft gerecht", die die zentralen Ergebnisse von FES-Studien zu unterschiedlichen Themen alltagsgerecht aufbereitet.[275]

Um die Digitalangebote der Stiftung kontinuierlich weiterzuentwickeln und organisatorisch zu bündeln, entstand 2021 das Team Digitale Bildung. Außerdem ging edu.fes.de online, eine Moodle-basierte digitale Lernplattform. Da die Teilnehmenden die Online-Kurse orts- und zeitunabhängig durchlaufen können, erreicht das E-Learning-Angebot auch Zielgruppen, die bis dato keine Berührung mit Angeboten der politischen Bildung hatten, und leistet so einen Beitrag für mehr Bildungsgerechtigkeit. Die Website „Digitales Lernen" bietet Interessierten seit 2022 einen Überblick über die Onlineformate der Stiftung; Trainer:innen und Multiplikator:innen finden dort außerdem in einem Blog methodische Tipps zur Umsetzung eigener digitaler Projekte.[276]

Die Friedrich-Ebert-Stiftung erweitert ihre Onlineangebote immer wieder mit innovativen Formaten, so auch mit dem Respekt-Cube, dem ersten Stiftungsprojekt im Bereich Augmented Reality, das in sechs immersiven Szenen der Frage nachgeht, was respektvoller Umgang miteinander bedeutet.[277] *Weil der Respekt-Cube „Maßstäbe für die Zukunft der politischen Bildung" setzt, wurde er 2024 auf der Learntec, Europas größter Veranstaltung für digitale Bildung, mit dem Immersiv Learning Award für herausragende Lernanwendungen und -projekte ausgezeichnet. Um auch in Zukunft innovative Bildungsprojekte entwickeln zu können, setzen sich die Mitarbeitenden der Friedrich-Ebert-Stiftung derzeit vor allem mit Augmented und Virtual Reality, Gaming sowie den Möglichkeiten von KI-basierten Anwendungen auseinander.*[278]

Rechte: FES

Der erste Chatbot der Friedrich-Ebert-Stiftung: e-bert ist seit 2019 ein Quiz, mit dem sich Interessierte für Debatten via Messenger oder App im Netz fit machen können.

Rechte AdsD, 6/FOTB087359

Schon seit den 1980er-Jahren wird die Kuratoriumssitzung mit der Konferenz der Vertrauensdozent:innen zusammen veranstaltet. Hier ein Konferenzpodium mit dem Bildungspolitiker und MdB Ernst-Dieter Rossmann (SPD) und der Kuratoriumsvorsitzenden Ingrid Matthäus-Maier, 5.9.2014

Bildungsgerechtigkeitsfonds. Er speiste sich anfangs ausschließlich aus Spenden von Stipendiat:innen, die auf die zusätzlichen Mittel verzichteten und stattdessen Projekte für mehr Bildungsgerechtigkeit fördern wollten. Heute unterstützt der Fonds auch mit Spenden von Altstipendiat:innen unter anderem Nachhilfeunterricht und Freizeitangebote für Kinder mit Migrationserfahrung oder besonderem Förderbedarf.

Ein zentrales bildungspolitisches Anliegen der Friedrich-Ebert-Stiftung ist weiterhin die Förderung von jungen Männern und Frauen aus bildungsfernen Familien. Anfang der 2010er-Jahre war fast die Hälfte der deutschen Geförderten der Stiftung Erstakademiker:innen, stammte also aus Familien, in denen bis dato keiner einen Hochschulabschluss hatte. Um diesen Anteil weiter zu erhöhen, rief die Stiftung 2013 die Kampagne „Sprungbrett Stipendium“ ins Leben. Gemeinsam mit ArbeiterKind.de, einer gemeinnützigen Organisation für Studierende der ersten Generation, warb die Stiftung für ihr Stipendienprogramm.

Zusätzlich zur Studienförderung setzt sich die Friedrich-Ebert-Stiftung von jeher für mehr Bildungsgerechtigkeit ein. Seit Beginn der 2000er-Jahre wurden bildungspolitische Themen wieder verstärkt auf der Bundesebene thematisiert. Grund dafür waren internationale Schulleistungsuntersuchungen in dieser Zeit, bei denen deutsche Kinder deutlich schlechter als Schüler:innen in anderen Ländern abschnitten. Gleichzeitig bescheinigten unter anderem die PISA-Studien dem deutschen Bildungssystem eine hohe Abhängigkeit des Bildungserfolgs von der sozialen Herkunft. Vor diesem Hintergrund hat die die Friedrich-Ebert-Stiftung bereits 2004 das „Netzwerk Bildung“ geschaffen, in dem sich Bildungspolitiker:innen aus Bund und Ländern, Wissenschaftler:innen, Publizist:innen sowie Vertreter:innen von Unternehmen und Gewerkschaften systematisch zu diesem Thema auf der nationalen Ebene austauschen konnten. Schon nach wenigen Jahren entstand aus dieser Zusammenarbeit eine enge wissenschaftliche Begleitung der politischen Diskussionen. Neue Publikationsreihen und Gutachten bereicherten und belebten die Debatte um Aspekte der gesamten Bildungskarriere zwischen Kindergarten und Studium, den deutschen Bildungsföderalismus und die hohe soziale Selektivität des Bildungssystems. Allein 2009 fanden mehr als 100 Veranstaltungen zu Bildungsfragen statt.

Geförderte Studierende und Promovierende 1958 bis 2023*

Anzahl aller Geförderten (durch Wissenschaftsministerium und Auswärtiges Amt)

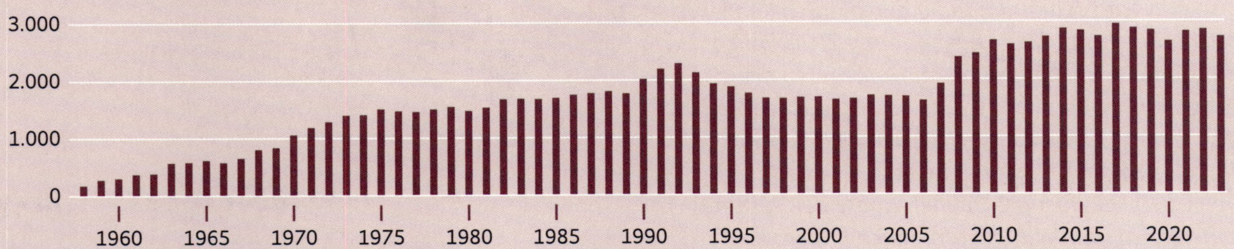

* Da Stipendat:innen über mehrere Jahre gefördert werden, können die Zahlen der Grafik nicht summiert werden.

Quelle: Studienförderung der FES

Engagiert für Ehrenamt und Kommunalpolitik

Angesichts wachsender Politikverdrossenheit legte die Friedrich-Ebert-Stiftung ab Ende der 2000er-Jahre auch einen Schwerpunkt auf die Förderung des ehrenamtlichen und kommunalpolitischen Engagements. Dabei ging es vor allem darum, „die Menschen zu motivieren und [...] zu befähigen, politische und gesellschaftliche Aufgaben aktiv mitzugestalten“.[279] So versuchte die Stiftung mit neuen Dialog- und Veranstaltungsformaten Bürger:innen zu aktivieren, sich für ihre Interessen einzusetzen. Bei Workshops nach der World-Café-Methode tauschten sich die Teilnehmenden beispielsweise zu zentralen gesellschaftspolitischen Fragen aus. Außerdem startete 2008 ein Projekt zur Qualifizierung des ehrenamtlichen Engagements älterer Menschen. In über 70 Seminaren und Workshops in Berlin und Ostdeutschland wurden Senior:innen unter anderem zu Schulmediator:innen ausgebildet. Wenig später lief der zweijährige Ausbildungsgang Freiwilligen-Management an, der Mitarbeitenden von Non-Profit-Organisationen unter anderem das Know-how vermittelte, um ehrenamtliche Mitstreiter:innen zu gewinnen.

Bei der Förderung des kommunalpolitischen Engagements ging die Stiftung vor allem in Bayern neue Wege. Die Kommunalakademie Bayern rief vor den dortigen Kommunalwahlen im März 2008 das Programm „Ich will Bürgermeisterin/Bürgermeister werden“ ins Leben – mit großem Erfolg. Denn obwohl die meisten der 65 Teilnehmenden bis dato nicht in der Kommunalpolitik aktiv gewesen waren, ließen sich fast alle als Kandidat:innen aufstellen; 13 wurden gewählt. Drei Jahre später lief mit der FrauenKommunalAkademie Bayern ein Programm speziell für Teilnehmerinnen

Insbesondere Kommunalpolitiker:innen sind mit der Versorgung und Integration von Geflüchteten befasst. Die Kommunal-Akademie hat nach 2015 die verschiedenen Facetten verstärkt in ihren Veranstaltungen und Schulungen aufgegriffen, hier in der Sommerakademie NRW 2016 mit dem Vorsitzenden der SPD-Landtagsfraktion in Rheinland-Pfalz Alexander Schweitzer als Special Guest.

Rechte: AdsD, 6/FOTB088093; Foto: Leif Neugebohrn

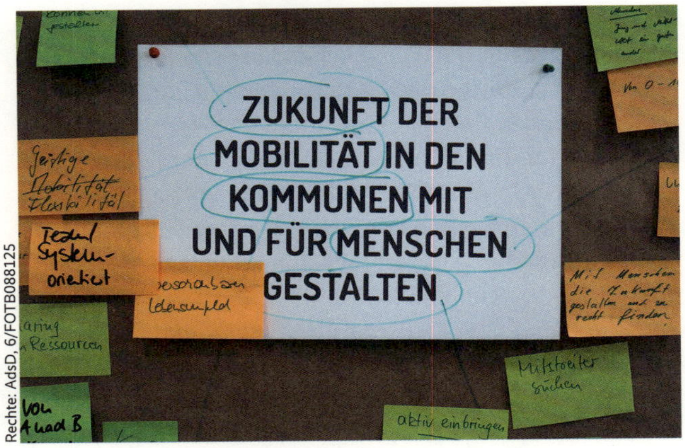

Rechte: AdsD, 6/FOTB088125

Überlegungen aus einem Workshop der Sommerakademie der Kommunalakademie der Friedrich-Ebert-Stiftung in Baden-Württemberg, 2019

an. Gleichzeitig baute die Stiftung das bestehende Seminarangebot für Kommunalpolitiker:innen aus und vermittelte vor allem frisch Gewählten grundlegende Informationen zu Rats-, Fraktions- und Verwaltungsarbeit sowie zu zentralen kommunalpolitischen Themenfeldern.

Zusätzlich zu herkömmlichen Seminaren setzte die Friedrich-Ebert-Stiftung bei ihren kommunalpolitischen Lernangeboten auf digitale Lösungen. Denn gerade für ehrenamtliche Kommunalpolitiker:innen ist es oft einfacher, sich online und damit zeitlich flexibel fortzubilden, als an Präsenzkursen teilzunehmen. Daher baute die Stiftung die bereits 2007 online gestellte E-Learning-plattform fes-kommcheckers auf 20 Themenbereiche im Jahr 2009 aus. Wenig später konnte die Plattform auch auf Smartphones abgerufen werden, die sich seit dem ersten iPhone 2007 schnell verbreiteten.

Parallel zur Förderung des ehrenamtlichen und kommunalpolitischen Engagements in der politischen Bildung nahm die Stiftung Partizipation aus wissenschaftlicher Perspektive in den Blick und analysierte unter anderem die Engagementstrategie der Bundesregierung. Im November 2010 tauschten sich auf einer von der Friedrich-Ebert-Stiftung veranstalteten Konferenz in Berlin unter dem Motto „Mitreden! Aber wie?“ Wissenschaftler:innen, Politiker:innen und Akteur:innen der Zivilgesellschaft zu neuen Formen der politischen Teilhabe unter anderem im Internet aus.

„Gender matters“

Der Befund ist klar: „Die Ungleichheit zwischen den Geschlechtern ist ein weltweites Phänomen“, konstatierte die Friedrich-Ebert-Stiftung 2008.[280] Denn Ende der 2000er-Jahre verfügten Frauen lediglich über zehn Prozent des Einkommens und über ein Prozent des weltweiten Eigentums. Nachdem die Friedrich-Ebert-Stiftung schon in den Jahrzehnten zuvor frauenspezifische Themen aufgegriffen hatte, verstärkte sie nun im In- und Ausland ihr Engagement für mehr Geschlechtergerechtigkeit. Einen Überblick über die verschiedenen Arbeitslinien und Projekte bietet seit 2009 das Onlineportal „Gender matters“. Außerdem richtete die Stiftung im Sinne des Gender Mainstreaming ihre gesamte Tätigkeit auf das Leitbild der Geschlechtergerechtigkeit aus, integrierte also die Frage nach den unterschiedlichen Bedürfnissen und Interessen von Frauen und Männern in alle Arbeitsbereiche. Nachdem die Stiftung bereits seit Ende der 1990er-Jahre intern gezielt Frauen gefördert hatte, lag 2014 der Anteil der weiblichen leitenden Angestellten erstmals bei über 50 Prozent.

In Deutschland widmeten sich allein 2008 rund 120 Veranstaltungen genderpolitischen Fragen, darunter eine öffentliche Diskussion mit der Schriftstellerin Thea Dorn und der Rechtsanwältin Seyran Ateş über den aktuellen Stand in Sachen Gleichberechtigung. Im Bereich der politischen Bildung entwickelte die Stiftung eine neue frauen- und genderbezogene Projektlinie mit Dialogforen, Workshops und speziellen Kompetenz-Trainings. So ermutigte die Workshop-Reihe „Geschlechterrolle vorwärts" vor allem junge Frauen, sich kritisch mit Geschlechterstereotypen auseinanderzusetzen und eigene Handlungsspielräume in Politik und Gesellschaft auszuloten. Geschlechterbilder standen auch im Zentrum der Tagung „Gender matters", bei der 2012 in Berlin über 500 Teilnehmende über die mediale Darstellung von Männern und Frauen diskutierten.

Auch im wissenschaftlichen Bereich richtete die Friedrich-Ebert-Stiftung ihr Augenmerk auf Genderfragen. 2010 analysierte ein Arbeitspapier die Einführung einer Frauenquote in Aufsichtsräten norwegischer Unternehmen und betonte, dass die erfolgreiche Umsetzung der Quote in erster Linie den mit ihr verbundenen Sanktionen geschuldet gewesen sei, allen voran der angedrohten Auflösung von Unternehmen. Eine verfassungsrechtliche Expertise zum geplanten Betreuungsgeld für Mütter kam zu dem Schluss, diese Maßnahme werde Frauen vom Arbeitsmarkt fernhalten. Um Geschlechtergerechtigkeit stärker als bisher im wissenschaftlichen Diskurs zu verankern, förderte die Stiftung außerdem gezielt Promotionsprojekte zu Genderfragen.

In der internationalen Arbeit setzten Genderprojekte auf unterschiedlichen Ebenen an, abhängig von der jeweiligen Situation in den einzelnen Staaten und den wichtigsten Hemmnissen für Geschlechtergerechtigkeit. So entwickelten die Büros der Stiftung in Lateinamerika und Asien in den 2010er-Jahren zusammen mit lokalen Organisationen Programme, um Polizeikräfte dafür zu sensibilisieren, dass häusliche Gewalt gegen Frauen kein Kavaliersdelikt ist. In anderen Teilen der Welt konzentrierte sich die Friedrich-Ebert-Stiftung auf Rechtsberatung, so in Kamerun, wo sie mit Partner:innen vor Ort darauf hinwirkte, dass die Benachteiligung von Frauen im Familienrecht beseitigt wurde. Daneben förderte die Stiftung weltweit Journalistinnen und unterstützte sie bei der Weiterbildung, beim Aufbau eigener Netzwerke und der facettenreicheren Darstellung von Frauen in den Medien wie in einer Artikelserie in indischen Zeitungen über Kandidatinnen im Parlamentswahlkampf 2009 (vgl. S. 200 f.).

→ Fortsetzung auf Seite 202

Das Abschlusspodium zur Tagung über „Die Macht medialer Geschlechterbilder" von Friedrich-Ebert-Stiftung und Missy Magazine in Berlin, 16.3.2012

Quelle: 6/FOTB088126; Rechte: Tanja Krokers

Sicherheitsstandards und unhaltbare Zustände aufmerksam gemacht. Es benötigte aber eine „von Menschen verursachten Katastrophe wie Rana Plaza, um endlich die längst überfälligen Bemühungen um bessere Arbeitsbedingungen“ zu gewährleisten, wie es der stellvertretende Vorsitzende der Friedrich-Ebert-Stiftung und ehemalige DGB-Vorsitzende Michael Sommer 2017 formulierte.[281]

Die Friedrich-Ebert-Stiftung reagierte auf das größte Unglück in der Geschichte der Textilindustrie mit einem bislang einzigartigen gewerkschaftlichen Nachwuchskräfteprogramm in Bangladesch. Im April 2017 eröffnete sie in Dhaka die Akademie der Arbeit, um dort Gewerkschafter:innen der mittleren Führungsebene fortzubilden.

In Zusammenarbeit mit dem Bangladesh Institute of Labour Studies sowie dem Brac Institute of Governance and Development der Brac University, beide sind in Dhaka angesiedelt, wurden Module zur Geschichte der Gewerkschaften, zu den Rechten von Arbeitnehmer:innen und zu Fragen des globalen Handels entwickelt. Außerdem vermittelt das Programm Kenntnisse im Bereich Management und Organisation. Unterstützt wurde die Friedrich-Ebert-Stiftung in der Konzeption auch durch die Europäische Akademie der Arbeit an der Universität Frankfurt (EADA). Die 1921 auf Initiative des Arbeitsrechtlers Hugo Sinzheimer gegründete Institution blickt auf viele Jahrzehnte Erfahrung in der Aus- und Fortbildung ehren- und hauptamtlicher Gewerkschafter:innen zurück.

Aus der Katastrophe lernen: Die Akademie der Arbeit in Bangladesch

Am Morgen des 24. April 2013 stürzte die Textilfabrik Rana Plaza in Savar in Bangladesch ein. Mehr als 1.100 Arbeiter:innen starben, weitere 2.500 Menschen wurden verletzt. Die Tragödie in Savar, eine Stunde von der Hauptstadt Dhaka entfernt, lenkte den Blick der Weltöffentlichkeit auf die katastrophalen Bedingungen, unter denen Menschen im Globalen Süden ohne Arbeits- und Gesundheitsschutz für den Konsum des Nordens arbeiten. Denn auf dem Areal ließen unter anderem Primark, Mango, KiK und C&A Textilien produzieren. Die Gewerkschaften in Bangladesch hatten bereits seit Jahren auf fehlende

Rechte: AdsD, 6/FOTB088096

Teilnehmer:innen und Trainer:innen des 7. Kurses der Akademie für Arbeit, 2023

Rechte: AdsD, 6/FOTB088127

Teilnehmer:innen des ersten Kurses der Akademie für Arbeit in Bangladesch, 2017

Koordiniert von Mitarbeiter:innen des 2014 eröffneten Büros der Friedrich-Ebert-Stiftung in Dhaka startete 2017 der erste dreimonatige Vollzeitkurs. Das Ziel der Akademie ist es, die Gewerkschaften zu stärken und damit langfristig zu einem sozialen Dialog zwischen Gewerkschaften und Arbeitgeberverbänden beizutragen. Dafür verbinden lokale Trainer:innen in ihrem Unterricht Theorie und Praxis und setzen den Kampf um die Verbesserung von Arbeitsbedingungen in den globalen Kontext. Nach der Katastrophe von 2013 gab es in Bangladesch zwar Verbesserungen beim Arbeitsschutz, dies aber vornehmlich in den exportorientierten Textilfabriken. In den Unternehmen, die für den heimischen Markt produzieren, sieht es schlechter aus. Auch bei Rechten wie der Vereinigungsfreiheit oder dem Recht auf Kollektivverhandlungen, die immerhin Bestandteil der Allgemeinen Erklärung der Menschenrechte der Vereinten Nationen sind, besteht Verbesserungsbedarf.

Seit der Einrichtung der Akademie der Arbeit haben rund 50 Gewerkschafter:innen deren Kurse durchlaufen. Ein weiterer Kurs mit 15 Personen steht 2024 kurz vor dem Abschluss. Neben dem Erwerb von Kenntnissen und praktischen Fähigkeiten für die Gewerkschaftsarbeit erhalten die Teilnehmenden auch ein Universitätszertifikat. Mit einem Alumni-Programm unterstützt die Friedrich-Ebert-Stiftung die Absolvent:innen zudem dabei, ihr Wissen anzuwenden und weiterzutragen.

Workshop der Akademie für Arbeit mit Gewerkschaftsführer:innen, 2023

Rechte: AdsD, 6/FOTB088095

Quelle: Bibliothek der FES

In der vom tunesischen Gewerkschaftsbund und dem Stiftungsbüro in Tunis 2017 herausgegebenen Broschüre wird die gewerkschaftliche Erfahrung der Erneuerung vor dem Hintergrund der Revolution reflektiert.

Unterstützung für den Arabischen Frühling

Als im Winter 2010/2011 eine Protestwelle den Nahen Osten und Nordafrika erfasste, unterstützte die Friedrich-Ebert-Stiftung die demokratischen Kräfte insbesondere in Tunesien und Ägypten, wo die vermeintlich besonders stabilen arabischen Autokratien innerhalb kürzester Zeit gestürzt wurden. So organisierte das Stiftungsbüro in Tunis im Februar 2011 nur wenige Wochen nach der Flucht des tunesischen Staatspräsidenten Zine el-Abidine Ben Ali erste Veranstaltungen zum politischen Wandel, unter anderem zur Demokratisierung der Medien. Um den Transformationsprozess vor allem vor den Wahlen zur verfassungsgebenden Versammlung im Oktober 2011 zu begleiten, fanden in den folgenden Monaten immer wieder Dialogveranstaltungen zur Zukunft Tunesiens statt. Daneben intensivierte die Friedrich-Ebert-Stiftung ihre seit den 1960er-Jahren bestehende Zusammenarbeit mit tunesischen Einzelgewerkschaften und dem Gewerkschaftsdachverband *Union Générale Tunisienne du Travail* (UGTT), der 2015 für seinen Beitrag zum Aufbau einer pluralistischen Gesellschaft den Friedensnobelpreis erhalten sollte. Im April 2011 fand im südtunesischen Tozeur ein gemeinsam von UGTT und der Stiftung organisiertes Seminar über Wahlen und demokratische Abstimmungen statt; weitere Kurse unter anderem speziell für weibliche Gewerkschaftsmitglieder folgten. Zusätzlich suchte die Stiftung den Austausch mit neu gegründeten zivilgesellschaftlichen Akteur:innen wie *Relais pour l'Émergence d'une Jeunesse Sociale Organisée* (RESO), einer mit Unterstützung der Friedrich-Ebert-Stiftung gegründeten Vereinigung, die junge Tunesier:innen motivierte, sich gesellschaftlich zu engagieren.

In Ägypten arbeitete die Friedrich-Ebert-Stiftung nach dem Sturz von Husni Mubarak ebenfalls eng mit den Gewerkschaften zusammen. 2011 fanden Trainingsseminare unter anderem zu Arbeitnehmer:innenrechten für über 1.000 ägyptische Gewerkschaftsangehörige statt. Daneben förderte die Stiftung den Austausch zwischen ägyptischen und deutschen Gewerkschaftsvertreter:innen. Unterstützung erhielt auch die im März 2011 gegründete *Egyptian Social Democratic Party* (ESDP), unter anderem durch Planungsworkshops und eine von der Stiftung ermöglichte Reise von ESDP-Vertreter:innen nach Brüssel. Da Frauen eine wichtige Rolle in der ägyptischen Protestbewegung spielten, bot die Stiftung speziell für sie Bildungs- und Diskussionsveranstaltungen an.

In Deutschland brachte die Stiftung mehrfach Akteur:innen der arabischen Protestbewegung ins Gespräch miteinander und bot ihnen ein öffentliches Forum, unter anderem im Rahmen der Veranstaltung „Despotendämmerung“, bei der im Mai 2011 Aktivist:innen aus Ägypten, Tunesien und dem Jemen vor mehreren Hundert Zuhörer:innen mit Peter Struck und Sigmar Gabriel über die Zukunftsperspektiven ihrer Länder diskutierten. Öffentliche Aufmerksamkeit erzielte auch die Verleihung des Menschenrechtspreises der Friedrich-Ebert-Stiftung, der 2011 an zwei Blogger und Symbolfiguren des arabischen Freiheitskampfs ging: an Slim Amamou aus Tunesien und posthum an Khaled Said, der 2010 von der ägyptischen Polizei getötet worden war (vgl. S. 156 f.). Mit der Ehrung würdigte die Stiftung auch die Bedeutung von Social Media für die Protestbewegungen in den arabischen Staaten.

Die mit dem Arabischen Frühling verbundenen Hoffnungen zerschlugen sich jedoch bald. Nur in Tunesien gelang die Transformation zu einem demokratischen System; in den übrigen Staaten brachen wie in Syrien, Libyen und im Jemen Bürgerkriege aus oder autoritäre Regime etablierten sich, so in Ägypten, wo sich 2013 General Abd al-Fattah as-Sisi an die Macht putschte. Im Gegensatz zu anderen politischen Stiftungen aus Deutschland, die in Äygpten nun als illegal galten und deswegen ihre Büros schließen mussten, konnte die Friedrich-Ebert-Stiftung, gestützt auf ein Abkommen aus den 1980er-Jahren, ihre Arbeit fortsetzen, hatte fortan allerdings einen deutlich engeren Spielraum als in der kurzen Zeit zwischen dem Sturz von Mubarak und dem Putsch von as-Sisi.

In der gesamten Region nahm die Stiftung besonders junge Männer und Frauen in den Blick. Um ein Bild von ihrer Situation zu bekommen, analysierte ab 2015 eine breit angelegte Studie Lebensgefühl, Selbstverständnis und Zukunftsvorstellungen von Jugendlichen in arabischen Ländern. Außerdem weitete die Stiftung ihre Young-Leaders-Programme aus und fördert heute in elf Staaten der Region Aktivist:innen aus Nichtregierungsorganisationen, Studierende und Nachwuchskräfte der politischen Parteien mit Workshops unter anderem zu Projektmanagement und Kommunikation, Menschenrechten und Geschlechtergerechtigkeit.

Frühes Engagement in Myanmar

Als sich Myanmar (bis 1989: Birma), seit den 1960er-Jahren von Militärregimen regiert und weitgehend von der Außenwelt abgeschottet, ab 2010 langsam öffnete und Präsident Thein Sein schrittweise demokratische Reformen ermöglichte, war dies auch für die Arbeit der Friedrich-Ebert-Stiftung eine Zäsur. Anders als die meisten westlichen Organisationen hatte die Stiftung bereits in den 1990er-Jahren Verbindungen zu demokratischen Akteur:innen im Exil aufgenommen und sich in der Tradition von „Wandel durch Annäherung“, so das Selbstverständnis damals, in den frühen 2000er-Jahren auch im Land selbst engagiert. Über einen im malaysischen Kuala Lumpur stationierten Auslandsmitarbeiter hatte die Stiftung Kontakte zu zivilgesellschaftlichen Partner:innen in Myanmar aufgebaut. Seit Mitte der 2000er-Jahre bot sie unter anderem Fortbildungen für Journalist:innen an sowie mehrmonatige Schulungen für junge Männer und Frauen zu Bürgerrechten und der Geschichte ihres Lands.

In der Umbruchsphase zahlte sich das Engagement aus: Als erste ausländische Organisation schloss die Friedrich-Ebert-Stiftung ein Partnerschaftsabkommen mit dem Myanmar Development Research Institute (MDRI), einer Gruppe von Berater:innen des Präsidenten Thein Sein. Um den Reformprozess zu begleiten, veranstaltete die Stiftung im Sommer 2011 in der Hauptstadt Yangon eine Konferenz zur Zukunft von Myanmar, an der neben Außenminister U Wunna Maung Lwin auch Diplomat:innen aus den USA, China und der EU teilnahmen. Weil Indonesien in der Region als Musterbeispiel für eine gelungene Transformation zu einem demokratischen System galt, vermittelte die Friedrich-Ebert-Stiftung außerdem Gespräche zwischen burmesischen Präsidentenberater:innen und indonesischen Politiker:innen. Daneben organisierte sie Diskussionsveranstaltungen unter anderem zu sozialer Marktwirtschaft, nachhaltiger Entwicklung und Friedensförderung.

Mit dem Sieg der Nationalen Liga für Demokratie, der Partei von Reformpolitikerin Aung San Suu Kyi, bei den Nachwahlen zum Parlament im April 2012 setzte sich der politische Wandel zunächst fort. Die Erlaubnis, Gewerkschaften zu gründen, ermöglichte ein weiteres Arbeitsfeld für die Friedrich-Ebert-Stiftung in Myanmar: Gemeinsam mit dem DGB und dem Internationalen Gewerkschaftsbund (IGB) veranstaltete sie im Sommer

Rechte: AdsD, 6/FOTB087365

Der Vorsitzende der Friedrich-Ebert-Stiftung Kurt Beck bei Friedensnobelpreisträgerin Aung San Suu Kyi (r.), Vorsitzende der National League for Democracy, aus Anlass der Büro-Eröffnung in Myanmar, 27.2.2014

2012 einen internationalen Gewerkschaftsworkshop in Yangon und lud mehrfach Gewerkschaftsvertreter:innen aus Myanmar nach Deutschland ein.

Weil sich die Bedingungen für die Zusammenarbeit mit demokratischen Partner:innen vor Ort deutlich verbessert hatten, eröffnete die Friedrich-Ebert-Stiftung im Februar 2014 im Beisein ihres Vorsitzenden Kurt Beck ein Büro in Yangon. Die Mitarbeitenden organisierten fortan unter anderem Trainingsprogramme für Gewerkschafter:innen, Reisen für Politiker:innen aus Myanmar nach Berlin sowie Brüssel und analysierten in Publikationen den Reformprozess. Bald jedoch gab es erste Rückschläge für den Demokratisierungsprozess: Die frühere Oppositionelle und Friedensnobelpreisträgerin Aung San Suu Kyi, inzwischen Regierungschefin, griff nicht ein, als burmesische Soldaten 2017 erneut mit massiver Gewalt gegen die muslimische Minderheit der Rohingya vorgingen. Nach dem Militärputsch 2021 wurden grundlegende Menschenrechte wie Meinungs-, Versammlungs- und Bewegungsfreiheit weitgehend abgeschafft. Mitglieder der Gewerkschaftsbewegung und Zivilgesellschaft wie auch demokratische Politiker:innen werden erneut verfolgt oder ermordet. Gegen den Militärputsch und diese massiven Einschränkungen wehrt sich die Bevölkerung seitdem in einem landesweiten Bürgerkrieg. Vor diesem Hintergrund musste die Friedrich-Ebert-Stiftung ihre Vertretung in Myanmar 2023 schließen.

Sorgen um Europa

Begünstigt durch die weltweite Finanzmarktkrise gerieten ab 2010 einige EU-Staaten in eine finanzielle Schieflage. Vor allem Griechenland stand zeitweise vor dem Staatsbankrott. Um die Währungs- und Staatsschuldenkrise in den Griff zu bekommen, beschlossen die Euro-Staaten im Mai 2010 einen „Rettungsschirm" und stellten den Krisenstaaten finanzielle Mittel zu Verfügung, verbunden mit der Auflage, ihre Haushalte zu sanieren. Die Friedrich-Ebert-Stiftung unterstützte Expert:innen und politische Entscheidungsträger:innen bei der Suche nach Lösungen. An Stiftungsstandorten in der gesamten Eurozone diskutierten Foren mögliche Wege aus der Krise sowie Konzepte für eine Neuausrichtung der EU. Auch in Publikationen nahm die Stiftung die Krise der Eurozone in den Blick. Auf besonders großes Interesse stieß die 2012 veröffentlichte Studie „Scheitert der Euro?", die allein im Jahr ihres Erscheinens rund 35.000 Mal aus der digitalen Bibliothek der Stiftung heruntergeladen wurde. Weil im Zuge der Krise in manchen europäischen Staaten wie in Spanien und Griechenland die Jugendarbeitslosigkeit auf über 50 Prozent stieg und eine „lost generation" ohne Perspektiven heranzuwachsen drohte, ermunterte die Friedrich-Ebert-Stiftung junge Europäer:innen, eigene Lösungsvorschläge zu entwickeln. Auf zwei Jugendkonferenzen in Berlin erarbeiteten 2013 junge Menschen aus zwölf Staaten Handlungsempfehlungen zur Senkung der Jugendarbeitslosigkeit und übergaben diese anschließend der irischen EU-Ratspräsidentschaft.

Als Folgen der anhaltenden Krise in Europa und der wachsenden Zukunftssorgen vieler Menschen nahmen rechtsextreme Einstellungen in der Bevölkerung zu und rechte Parteien in den nationalen Parlamenten und im EU-Parlament erstarkten. Die Friedrich-Ebert-Stiftung erweiterte ihre Auseinandersetzung mit Rechtsextremismus nun auf die europäische Ebene und lud in den 2010er-Jahren mehrfach Expert:innen aus verschiedenen europäischen Staaten zu Konferenzen ein. Länderanalysen und Vergleichsstudien zu rechten Ansichten folgte 2013 der zweisprachige Sammelband „Rechtextremismus in Europa" mit einer Bestandsaufnahme und einer Analyse möglicher Gegenstrategien wie dem Verbot von rechten Vereinigungen.[282] Der Präsident des Europäischen Parlaments Martin Schulz plädierte in seinem Beitrag dafür, dass sich die Europäische Union beim Kampf gegen Rechtsextremismus „ihres Charakters als werteorientierter Staatenverbund erinnert, der seine Werte verteidigen darf, ja verteidigen muss".[283]

Als sich die Brit:innen im Juni 2016 bei einem Referendum mit knapper Mehrheit für einen Austritt aus der EU aussprachen, war das für viele überzeugte Europäer:innen ein Schock. Nachdem die Friedrich-Ebert-Stiftung schon zuvor Folgen eines möglichen Austritts ausgelotet hatte, war der Brexit nach der Entscheidung ein Schwerpunktthema auf Veranstaltungen und in Veröffentlichungen, unter anderem im Onlinejournal „Internationale Politik und Gesellschaft". Daneben machte sich die Friedrich-Ebert-Stiftung für einen Austausch mit dem Vereinigten Königreich auch unter den

Auf dem Podium „Europa gemeinsam gestalten – Auswege aus der Krise" an der Universität Warschau diskutieren der ehemalige polnische Präsident Alexander Kwasniewski, der Journalist Adam Michnik, MdB Peer Steinbrück und die Politikwissenschaftlerin Julia Kubisa (v. r. n. l.), Mai 2014.

Rechte: AdsD, 6/FOTB087355

Veranstaltungsreihe des Landesbüros Hessen zu trans- und internationalen Beziehungen im europäischen Kontext, 2017

Rechte: AdsD, 6/FLBL009191

veränderten Rahmenbedingungen stark. So sprachen 2018 auf einer Konferenz anlässlich des 30-jährigen Bestehens des Stiftungsbüros in London unter anderem der Historiker Timothy Garton Ash und Stiftungsgeschäftsführer Roland Schmidt über Perspektiven der britisch-deutschen Zusammenarbeit.

Dass angesichts der multiplen Krisen immer mehr Bürger:innen das Vertrauen in die europäischen Institutionen verlieren, stellt die Politik vor gewaltige Herausforderungen. Dem setzte die Friedrich-Ebert-Stiftung 2015 „Politik für Europa 2017plus" entgegen, ein stiftungsweites Projekt, das die Menschen davon überzeugen sollte, „dass ‚mehr Europa' eine lohnenswerte politische Vision ist".[284] Um sich ein Bild von den Erwartungen und Sorgen der Bürger:innen zu machen, legte die Stiftung 2016 eine auf repräsentativen Befragungen in acht EU-Staaten basierende Studie vor. Diese belegte zwar eine wachsende Entfremdung von Europa, zeigte jedoch auch, dass sich die Europäer:innen in den Bereichen Besteuerung von Großunternehmen, Sicherheitspolitik und Migration eine gemeinsame europäische Politik wünschten. Daneben gingen Veranstaltungen der Frage nach, was Europa zusammenhält, so „Europe calling", eine transnationale multimediale Konferenz, an deren Abschlussveranstaltung im Juni 2016 in Berlin rund 8.000 Interessierte vor Ort und online teilnahmen. Einen besonderen Fokus legte „Politik für Europa 2017plus" auf politische Bildung. Um junge Menschen über Europa zu informieren, führte die Stiftung Planspiele und Projekttage unter dem Motto „Die EU und Du" an Schulen durch. Daneben ermöglichte sie im Rahmen der JournalistenAkademie jungen Medienschaffenden in speziellen Seminaren Einblicke in die Funktionsweise der EU.

Rechte: AdsD, 6/FOTB087357

Timothy Garton Ash bei einer Veranstaltung in London zu den Folgen des Brexit für Europa, 29.10.2018

Wege zur internationalen Sicherheit und Konfliktbewältigung

Mit Blick auf die weltweit zunehmenden Konflikte unter anderem in Mali, Syrien, Afghanistan und im Sudan richtete die Friedrich-Ebert-Stiftung zu Beginn der 2010er-Jahre ihren Fokus verstärkt auf Fragen der internationalen Sicherheit. Den Auftakt einer langfristigen Kooperation mit dem *Stockholm International Peace Research Institute* (SIPRI), der weltweit bedeutendsten wissenschaftlichen Einrichtung zur Erforschung von Kriegen, bildete 2012 eine Dialogserie zur Konfliktbewältigung durch die Vereinten Nationen mit Veranstaltungen unter anderem in Stockholm, Kathmandu und New Delhi. Wenig später folgte ein gemeinsamer Workshop mit SIPRI zur afrikanischen Friedens- und Sicherheitsarchitektur besonders in Mali und im Südsudan.

Um „eine tragfähige Architektur für kollektive Sicherheit aufzubauen, weltweite Abrüstung voranzubringen sowie die Ansätze zur zivilen Konfliktbearbeitung weiterzuentwickeln“, etablierte die Friedrich-Ebert-Stiftung außerdem neue Dialogplattformen, allen voran die Tiergartenkonferenz in Berlin (vgl. S. 208 f.), auf der seit 2012 einmal im Jahr internationale Politiker:innen außen- und sicherheitspolitische Fragen diskutieren.[285] Auch einzelne Stiftungsbüros boten verstärkt Austauschformate an, so die Repräsentanz in Washington, die 2012 auf einer Konferenz zur Sicherheitslage in Nordostasien Vertreter:innen aus den USA und Nordkorea miteinander ins Gespräch brachte, um auf diese Weise Vertrauen aufzubauen und Perspektiven für eine friedliche Zukunft zu entwickeln. Einen sicherheitspolitischen Schwerpunkt hat auch das 2016 eröffnete Büro der Friedrich-Ebert-Stiftung am Standort der Organisation für Sicherheit und Zusammenarbeit in Europa

→ *Fortsetzung auf Seite 210*

Eine gemeinsam mit dem Stockholm International Peace Research Institute (SIPRI) organisierte Konferenz zu Fragen neuer Geopolitik in Friedensoperationen in Mali, 2015

Rechte: AdsD, 6/FOTB087358

Außen- und sicherheitspolitische Impulse von Friedenssicherung bis Zeitenwende: Die Tiergartenkonferenz

Im September 2012 veranstaltete die Friedrich-Ebert-Stiftung eine neue internationale außen- und sicherheitspolitische Jahrestagung mit hochrangigem Profil. Ausgerichtet wurde die nach dem Tagungsort im Berliner Stiftungshaus benannte „Tiergartenkonferenz" von den beiden Abteilungen Internationale Entwicklungszusammenarbeit und Internationaler Dialog. Die Konferenz sollte fortan einmal jährlich „Akzente in der deutschen Debatte über wichtige internationale politische Entwicklungen setzen".[286] Hierzu wurden deutsche wie internationale Gäste aus Politik, Wissenschaft und Gesellschaft eingeladen.

Die erste Tiergartenkonferenz widmete sich der zunehmenden Verschiebung US-amerikanischer Sicherheitspolitik weg von Europa, hin zum asiatisch-pazifischen Raum. Neben zahlreichen international angesehenen Expert:innen und Politiker:innen sprachen etwa Frank-Walter Steinmeier – damals Vorsitzender der SPD-Bundestagsfraktion – oder der ehemalige australische Premier und Außenminister Kevin Rudd zu diesem Thema.

In den folgenden Jahren wurden unterschiedlichste Friedens- und sicherheitspolitische Themen erörtert. Die Konferenz 2014 stand im Zeichen der Frage, wie Sicherheit, Freiheit, Stabilität und Frieden weltweit garantiert werden können, 2016 ging es um die Chancen und Grenzen der Diplomatie im östlichen Europa und im Nahen Osten, 2018 lag es anlässlich des 50. Jahrestags des Atomwaffensperrvertrags nahe, die Bedrohung der multilateralen Friedenspolitik durch den Austritt der USA aus dem Atomabkommen mit dem Iran und die nukleare Drohkulisse Nordkoreas zu thematisieren. Hier lieferte der damalige Bundesaußenminister Heiko Maas eine Grundsatzrede zur „Zukunft der nuklearen Ordnung" und zu den konkreten Herausforderungen für die Diplomatie. Die Tatsache, dass multilaterale Politikansätze einerseits global massiv unter Druck gerieten, andererseits aber der Rückhalt für progressive Parteien in zahlreichen europäischen Staaten schwand, bot den Themenschwerpunkt der Konferenz 2019.

Rechte: AdsD, 6/FOTB088113; Foto: Saskia Uppenkamp

Tiergartenkonferenz zur „Zeitenwende" in Berlin mit Claudia Major (Stiftung Wissenschaft und Politik, Katarina Barley (Vizepräsidentin des Europaparlaments), Christos Katsioulis (FES, Moderation) Jana Puglerin (European Council on Foreign Relations Berlin) und Christine Lamprecht (Bundesministerin der Verteidigung), 21.6.2022

Rechte: AdsD, 6/FOTB088098; Foto: Saskia Uppenkamp

Auf der Tiergartenkonferenz 2022 hält Lars Klingbeil eine Grundsatzrede zur Zeitenwende, 21.6.2022

Wie so viele andere Veranstaltungen fand auch die Tiergartenkonferenz 2020 bedingt durch die Covid-19-Pandemie erstmals als hybride Veranstaltung statt. Unter dem Motto „Kooperative Sicherheit in konfrontativen Zeiten. Wunschdenken oder unerlässlich?" diskutierten die Teilnehmer:innen online über Relevanz und Chancen für Ansätze kooperativer Sicherheit. Die schwierigen Jahre der Pandemie konnten der Bedeutung des Formats für die Friedrich-Ebert-Stiftung nicht schaden; vielmehr bezeichnete Geschäftsführerin Sabine Fandrych die Tiergartenkonferenz im Jahr 2021 als „die außen- und sicherheitspolitische Flaggschiff-Veranstaltung der FES".[287] Im selben Jahr diskutierten die Mitwirkenden zur Frage „Wie souverän ist Europa?".

Nach dem Überfall Russlands auf die Ukraine im Februar 2022 veranstaltete die Friedrich-Ebert-Stiftung mit der Tiergartenkonferenz unter dem Titel „Zeitenwende – der Beginn einer neuen Ära" das erste große Forum in Deutschland, das Antworten auf die neue weltpolitische Situation zu formulieren versuchte. Besondere mediale Beachtung erfuhr in der Folge die Grundsatzrede des SPD-Vorsitzenden Lars Klingbeil mit der Forderung nach einer „Führungsrolle Deutschlands" als Garant des Zusammenhalts in Europa. Der Konferenz gelang es, mehrere wichtige Aspekte in die öffentliche Debatte einzubringen, darunter etwa die EU als geopolitische Akteurin, eine neue, konstruktive Führungsrolle für Deutschland, eine realistische Friedenspolitik und die Anerkennung stärkerer Verantwortung für die Bündnispartner in NATO und EU. 2023 stand erneut die „Zeitenwende" im Mittelpunkt, diesmal aber unter der Frage, ob sich daraus auch eine Chance für ein stärkeres Europa ergibt. Gäste waren unter anderem die ehemalige Ministerpräsidentin Schwedens Magdalena Andersson und die slowenische Außenministerin Tanja Fajon.

(OSZE) in Wien, das Strategien zur Konfliktbewältigung entwickelt und überregionale Dialoge fördert.

Daneben versuchte die Friedrich-Ebert-Stiftung, in Konflikten zu vermitteln und friedliche Lösungskonzepte in die Diskussion zu bringen, unter anderem in Syrien, wo 2011 aus anfangs friedlichen Protesten gegen Präsident Bashar al-Assad ein blutiger Bürgerkrieg wurde, die Terrormiliz Islamischer Staat (IS) immer mehr Gebiete eroberte und 2014 ein Kalifat ausrief. Seit 2012 unterstützt die Stiftung vor Ort progressive syrische Akteur:innen bei ihren Bemühungen für einen friedlichen Transformationsprozess. Als eine der letzten im Land verbliebenen internationalen Organisationen entwickelte sie in Zusammenarbeit mit der Initiative Bada'il („Alternativen") unter schwierigen Bedingungen Konzepte zur zivilen Konflikttransformation und bildete syrische Trainer:innen aus.

Als Russland im März 2014 die ukrainische Halbinsel Krim besetzte und wenig später einen Krieg in der Ostukraine auslöste, schienen „ein Vierteljahrhundert Frieden und Sicherheit mit Russland [...] der Vergangenheit anzugehören", wie es im Jahresbericht der Friedrich-Ebert-Stiftung hieß.[288] Das „neue Schisma" zwischen Russland und dem Westen stand in diesem Jahr im Zentrum der Schlangenbader Gespräche, einem von der Stiftung seit Ende der 1990er-Jahre mitveranstalteten deutsch-russischen Gesprächskreis zu aktuellen sicherheitspolitischen Themen. Im April 2014 tauschten sich dort die Vorstandsmitglieder der Stiftung, der stellvertretende Vorsitzende der SPD-Bundestagsfraktion Rolf Mützenich und der ehemalige Ministerpräsident von Brandenburg Matthias Platzeck, unter anderem mit Fjodor Lukjanow aus, dem Vorsitzenden des Rats für Außen- und Verteidigungspolitik, eines einflussreichen russischen Thinktanks. Auch in den folgenden Monaten beriet die Stiftung mit Politiker:innen über Lösungsmöglichkeiten im Ukraine-Konflikt und bot Delegationen aus Deutschland und der EU mehrfach die Gelegenheit zu Gesprächen mit ukrainischen und russischen Vertreter:innen. Begleitet von Vermittlungsbemühungen wie diesen einigten sich Russland, die Ukraine und die OSZE im Herbst 2014 und Anfang 2015 mit den Minsker Abkommen auf einen Friedensplan, der allerdings nicht von Dauer sein sollte.

Perspektiven für Migrant:innen

Angesichts der zunehmenden Zahl an Kriegen stieg weltweit die Zahl der Flüchtenden: Allein 2015/16 kamen rund zwei Millionen Menschen in die EU, die meisten von ihnen aus Syrien, dem Irak und Afghanistan. Die Friedrich-Ebert-Stiftung schuf 2016 mit dem stiftungsweiten Projekt „Flucht, Migration und Integration" mit den Themenfeldern Arbeit mit Geflüchteten und Helfenden, Fluchtursachen sowie Integrationspolitik einen Arbeitszusammenhang, der weit über die geplante Projektdauer hinaus von der Motivation der Mitarbeitenden getragen wird. Das gleichnamige Themenportal im Internet, eines der meistgenutzten Online-Angebote der Stiftung, bündelt auf Deutsch und Englisch Informationen zu Migrations-, Integrations- und Flüchtlingspolitik sowie zu Fluchtursachen und gibt Hinweise auf Publikationen und Veranstaltungen. Außerdem geht ein Podcast „auf Stimmenfang für Vielfalt", so der Titel.[289]

Als Folge der steigenden Fluchtmigration erlebte Deutschland eine „Renaissance" des Ehrenamts, denn zeitweise engagierten

Rechte: AdsD, 6/FOTB087372; Foto: Bernd Raschke

Das sicherheitspolitische Forum NRW zur Frage einer europäischen Armee mit Flottillenadmiral Jürgen Ehle (Arbeitsbereich Militärpolitik bei der Ständigen Vertretung der Bundesrepublik Deutschland bei der Europäischen Union) am Pult, neben ihm Walter Kolbow (Kommission zur Überprüfung und Sicherung der Parlamentsrechte bei der Mandatierung von Auslandseinsätzen der Bundeswehr) in Bonn, 8.9.2015

Rechte: AdsD; 6/FOTB088091

Bühnenprogramm „Flüchtlingen ein Gesicht geben" der Jugendlichen von „Migranten mischen mit" des Jugendmigrationsdiensts der AWO Lippstadt, aufgeführt in Berlin auf der Konferenz „Soziale Arbeit mit Flüchtlingen und Schnittstellen managen", am 4.10.2017

sich mehr als zehn Prozent der Deutschen für Geflüchtete. Um die Helfenden zu unterstützen und ihr Engagement zu strukturieren, entwickelte die Friedrich-Ebert-Stiftung ab 2015 zahlreiche Angebote, vor allem in den Regionen, in denen es bis dato wenig Erfahrung bei der Integration von Migrant:innen gab. So entstanden in Thüringen Plattformen zur Vernetzung der Freiwilligen, in Sachsen intensivierte das dortige Landesbüro in Zusammenarbeit mit dem Dresdner Flüchtlingsrat den Austausch zwischen Vertreter:innen aus den Kommunen und dem sächsischen Integrationsministerium. Außerdem erarbeitete die Stiftung zahlreiche neue Fortbildungen, darunter Grundlagenseminare zu Flucht und Asylrecht für Helfende und Mitarbeitende aus kommunalen Verwaltungen sowie Seminare zum Umgang mit anderen Kulturen für Erzieher:innen und Grundschullehrer:innen. In Mecklenburg-Vorpommern lief 2017 eine aus fünf Modulen bestehende Seminarreihe „Qualifizierung als Integrationsbegleiter:in" an.

Außerdem baute die Stiftung auch ihr Bildungsprogramm für Migrant:innen aus. Im Jahr 2016 vermittelten fast 50 Seminare auf Deutsch, Englisch, Farsi oder Arabisch Grundwissen über Deutschland und bestärkten die Teilnehmenden, ihre Interessen zu artikulieren und sich politisch einzubringen. Finanziert durch Spenden der Stipendiat:innen startete in Berlin das Projekt „Me + Me = We", das geflüchtete und deutsche Jugendliche in Kontakt miteinander brachte. Um Studierende mit Fluchterfahrung zu unterstützen, passte die Friedrich-Ebert-Stiftung außerdem 2017 die Auswahlkriterien und das Bewerbungsverfahren an die besondere Situation von Neuankömmlingen an und nahm rund 40 Geflüchtete in die Begabtenförderung auf.

Weltweit setzt sich die Friedrich-Ebert-Stiftung dafür ein, dass Krisen und Kriege auf politischem Weg gelöst werden. Daneben klärt sie über die Gründe auf, warum Menschen fliehen, unter anderem in einer 2016 online gestellten Kurzfilmreihe über Migrationsmotive, in der Mitarbeitende der Stiftung in Nahost und Afrika ebenso zu Wort kommen wie Geflüchtete. Gleichzeitig fördert die Stiftung eine Integrationspolitik, die allen Menschen gesellschaftliche Teilhabe ermöglicht, unter anderem auf Veranstaltungen wie dem zweitägigen Integrationskongress „#angekommen" in Berlin. Dort tauschten sich im März 2017 über 1.000 Teilnehmende aus Kommunen, Verbänden, Wissenschaft und Politik aus, darunter Stipendiat:innen der Friedrich-Ebert-

→ *Fortsetzung auf Seite 214*

Der Hans-Matthöfer-Preis für Wirtschaftspublizistik

Um wirtschaftswissenschaftliche und journalistische Veröffentlichungen auszuzeichnen, „die jenseits der volkswirtschaftlichen Standardtheorie oder des makroökonomischen Mainstreams neue Antworten auf die großen wirtschafts- und gesellschaftspolitischen Herausforderungen geben",[290] vergibt die Friedrich-Ebert-Stiftung seit 2015 den Hans-Matthöfer-Preis für Wirtschaftspublizistik. Der von einer unabhängigen Jury ausgelobte und aktuell mit 12.000 Euro dotierte Preis ist nach Hans Matthöfer (1925–2009) benannt, einem der profiliertesten Gewerkschafter und sozialdemokratischen Politiker der deutschen Nachkriegsgeschichte. Der Diplom-Volkswirt war lange Jahre im Vorstand der Industriegewerkschaft IG Metall tätig, zuletzt bis 1972 als Leiter der Bildungsabteilung. Anschließend übernahm er eine Reihe politischer Ämter, unter anderem von 1974 bis 1978 als Bundesminister für Forschung und Technologie und von 1978 bis 1982 als Bundesminister der Finanzen. Seit 1950 Mitglied der SPD gehörte Matthöfer von 1973 bis 1984 dem SPD-Vorstand an und war seit 1981 Mitglied des Vereins Friedrich-Ebert-Stiftung e.V. und von 1983 bis 2008 auch Mitglied des Kuratoriums der Stiftung. Als Gewerkschafter und Politiker verband Hans Matthöfer soziales Verständnis mit ökonomischer Kompetenz. Heute ist es „fast unmöglich, sich mit den großen wirtschaftlichen und politischen Fragen der westdeutschen Nachkriegsgeschichte auseinanderzusetzen, ohne auf seine Spuren zu stoßen", so sein Biograf Werner Abelshauser.[291] Hans Matthöfer und seine Frau Traute setzten sich darüber hinaus für spanische Exildemokrat:innen ein, indem sie 1970 die spanischsprachige Zeitschrift Exprés Español *gründeten und finanzierten. Ihr politisches und soziales Engagement mündete in den 1990er-Jahren in die Gründung der unselbstständigen Hans-und-Traute-Matthöfer-Stiftung unter dem Dach der Friedrich-Ebert-Stiftung.*

Die Reihe der bisher mit dem Hans-Matthöfer-Preis ausgezeichneten Wissenschaftler:innen und Journalist:innen belegt den Anspruch der Friedrich-Ebert-Stiftung, Denkanstöße für neue Sichtweisen auf ökonomische Prozesse und Zusammenhänge zu geben. Zugleich wird die enge Verbindung von Sozialer Demokratie sowie volks- und betriebswirtschaftlicher Kompetenz deutlich. So ging 2015 die erste Auszeichnung an den schottischen Politikwissenschaftler Marc Blyth, der mit seiner Studie „Wie

Rechte: AdsD, 6/FOTB088100

Hans Matthöfer (r.) mit seinem Biografen Werner Abelshauser auf der Buchpräsentation in der Friedrich-Ebert-Stiftung in Berlin, 29.6.2009

Der Hans-Matthöfer-Preis für Wirtschaftspublizistik 2016 wurde Mariana Mazzucato in Berlin am 22.2.2016 für ihre Forschungen über die Rolle des Staats für die Entwicklung von Innovationen verliehen.

Rechte: AdsD, 6/FOTB088104

Europa sich kaputtspart: Die gescheiterte Idee der Austeritätspolitik" neue Perspektiven auf die Auswirkungen einer strengen staatlichen Haushaltspolitik entwickelt und die Gefahren allzu enger fiskalischer Grenzen für die soziale und wirtschaftliche Dynamik der Europäischen Union herausarbeitet. Auch in den folgenden Jahren zeichnete die Jury anregende bis provokante Arbeiten aus, die immer wieder neue Auseinandersetzungen über den „richtigen" ökonomischen Weg anstoßen, Konsequenzen wirtschaftspolitischer Grundsatzentscheidungen herausarbeiten und den hohen Stellenwert öffentlicher Deutungsprozesse für ökonomische Entwicklungen verdeutlichen. So erhielt 2016 die aus Italien stammende US-amerikanische Wirtschaftswissenschaftlerin Mariana Mazzucato den Preis für ihre Studie zum immer wieder unterschätzten Innovationspotenzial staatlichen Kapitals. Der serbisch-US-amerikanische Ökonom Branko Milanović wurde 2018 für sein Buch „Die ungleiche Welt" ausgezeichnet, in dem er Migrationsbewegungen als Ergebnis globaler Ungleichheit begreift und vor den drastischen Konsequenzen und Gefahren dieser Entwicklung für den Wohlstand der Menschen und die Stabilität demokratischer Gesellschaften warnt. In den letzten Jahren teilten sich verschiedene Autor:innen den Hans-Matthöfer-Preis. Daneben wurden zunehmend auch journalistische Arbeiten gewürdigt. 2019 etwa erhielten Elisa Simantke und Harald Schumann den Preis für ihren umfangreich recherchierten Artikel über die Geschäftspraktiken der global agierenden US-Investmentgesellschaft BlackRock.

Stiftung mit Migrationserfahrung und die Beauftragte der Bundesregierung für Migration, Flüchtlinge und Integration Aydan Özoğuz. Auch wissenschaftliche Studien untersuchten Integrationsmaßnahmen und stellten beispielsweise Best-Practice-Beispiele unter anderem für die Arbeitsmarktintegration von Geflüchteten und die Einbindung geflüchteter Schulkinder vor. Außerdem setzte sich die Stiftung mit Vorschlägen für ein Einwanderungsgesetz auseinander, unter anderem auf einer Fachveranstaltung 2018 in Bremen, bei der Expert:innen die Lage in Deutschland mit der in anderen Staaten verglichen.

Weil „beim Thema Migration [...] die Debatte zunehmend ruppiger" wurde und rechtspopulistische Parteien immer mehr Zulauf erhielten, intensivierte die Friedrich-Ebert-Stiftung ihre Aktivitäten gegen rechts weiter und versuchte, vor allem junge Menschen für rechtsextreme Gefahren in all ihren Facetten zu sensibilisieren.[292] So überarbeitete die Stiftung die seit 2007 bestehende, speziell für Jugendliche konzipierte Wanderausstellung „Demokratie stärken – Rechtsextremismus bekämpfen" und legte den Schwerpunkt auf Rassismus im Alltag. Die Ausstellung wird deutschlandweit oft in Kooperation mit lokalen Akteur:innen in Schulen und Jugendeinrichtungen gezeigt und häufig von einem Rahmenprogramm begleitet. Außerdem bot die Stiftung Schulungen an, um Vorbehalten gegen Migrant:innen und rechtsextremen Parolen etwas entgegensetzen zu können, darunter das Training „Klug reagieren auf dumme Sprüche" für Schulkinder (vgl. S. 212 f.).

Die Akademie für Soziale Demokratie fördert das Nachdenken über Grundwerte der Sozialen Demokratie. Hier das Ergebnis aus der gemeinsam mit der Universität Bonn organisierten Ringvorlesung „Nur Utopien sind realistisch"

Soziale Demokratie – gestern, heute und morgen

Angesichts sich rasant verändernder Rahmenbedingungen muss sich eine Gesellschaft immer wieder neu darüber verständigen, was für sie gut ist. Mit dem abteilungsübergreifenden Projekt „Gute Gesellschaft – Soziale Demokratie 2017plus" gab die Friedrich-Ebert-Stiftung Impulse für die Debatte. Allein 2015 nahmen fast 500 Veranstaltungen die vier Themenfelder Grundwerte, politische Teilhabe, Wirtschafts- und Finanzpolitik sowie Gute Arbeit und soziale Absicherung in den Blick. Auf Werteforen diskutierten Vertreter:innen aller demokratischer Parteien, wie sich Freiheit, Gerechtigkeit und Solidarität in einer zunehmend gespaltenen Gesellschaft stärken lassen. Ein gemeinsam mit dem Deutschen Jugend-Institut (DJI) durchgeführtes empirisches Forschungsprojekt zeigte, dass sich zwar nur wenige junge Menschen im herkömmlichen Sinn parteipolitisch betätigen, sich aber viele gesellschaftlich engagieren. Angesichts des ebenfalls im Rahmen von „Gute Gesellschaft" erstmals vorgelegten Disparitätenberichts, wonach sich gesellschaftliche Gruppen in Deutschland sozial und ökonomisch immer weiter auseinanderentwickeln, erarbeiteten 2016 auf dem Kongress „MEHR GLEICHHEIT" rund 300 Teilnehmende aus Politik und Wissenschaft Handlungsempfehlungen für mehr soziale Gerechtigkeit.

Auch das 2018 gestartete stiftungsweite Projekt „Für ein besseres Morgen" entwickelte zukunftsweisende Vorschläge, unter anderem in deutschlandweiten Workshops, in denen die Teilnehmenden Visionen vom „Guten Leben im Jahr 2050" erarbeiteten und diese anschließend mit Regionalpolitiker:innen diskutierten. Veröffentlichungen nahmen die großen Herausforderungen der Zukunft in den Blick, darunter eine Studie zur Debatte um den Klimawandel, die Fakten zusammentrug, um die Behauptungen von Klimaschutz-

Rechte: AdsD, 6/FOTB087375

Grafito im Eingangsbereich der 2018 neu eröffneten Dauerausstellung im Museum Karl-Marx-Haus in Trier

gegner:innen zu widerlegen. Ob Europa, Digitalisierung, Nachhaltigkeit oder Integration – das Stiftungsprojekt „Für ein besseres Morgen" verdeutlichte, dass viele Fragen ähnliche Lösungsansätze erfordern: „Die Menschen sind offen für Veränderung, wenn die Politik glaubhaft dafür sorgt, dass nicht nur einige wenige profitieren", so das Fazit der Friedrich-Ebert-Stiftung.[293]

Neben Zukunftsthemen bestimmten Jubiläen die Stiftungsarbeit. So zeigte die Friedrich-Ebert-Stiftung zum 150. Bestehen der SPD im Jahr 2013 eine Wanderausstellung zur Geschichte der deutschen Sozialdemokratie. 2018 eröffnete zum 200. Geburtstag von Karl Marx unter dem Titel „Von Trier in die Welt" eine neue Dauerausstellung im Karl-Marx-Haus in Trier. Im Jahr darauf boten die Gedenktage zu 70 Jahren Grundgesetz und 30 Jahre Mauerfall einen Anlass, um die Errungenschaften der Demokratie zu würdigen, unter anderem bei einer zweitägigen Geschichtswerkstatt in Bonn, bei der sich rund 90 Jugendliche auch in Poetry Slams mit demokratischen Werten auseinandersetzten. Unter dem Titel „Mut zur Demokratie!" erinnerte außerdem ein Ehrensymposion zum 100. Jahrestag von Friedrich Eberts Wahl zum Reichspräsidenten an dessen Vermächtnis: „Es ist richtig und wird immer dringlicher zu realisieren, dass auch heute die Demokratie aktive Demokratinnen und Demokraten braucht, um zu bestehen und sich weiterzuentwickeln", so der Stiftungsvorsitzende Kurt Beck.[294] Seit den 2010er-Jahren gehen die Erinnerungsarbeit und die historische Kommunikation über analoge Darstellungen und auch digital publizierte Broschüren hinaus. Blogs wie feshistory, Filme und die Social-Media-Arbeit stellen dabei eine Brücke von der klassischen Ausstellung und Präsenzveranstaltung zur historisch-politischen Beratungsarbeit dar. Damit griff auch die historische Arbeit die Besorgnis über den Zustand der Demokratie in Deutschland und international auf, die in der gesamten Arbeit der Stiftung seit der Finanzkrise spürbar geworden war.

Rechte: AdsD, 6/FOTB088110; Foto: Friedrich Stark

Von der Wirtschaftskrise zur konstruktiven Transformation der Arbeit: Veranstaltungsreihe zur „Zukunft der Arbeit" ein Podium in Krefeld zur Stahlindustrie, 25.10.2022

Kapitel 6

Ausblick: Den Umbruch gestalten

Rechte: AdsD 6/FOTB088122; Foto: Maren Strehlau

Rechte: AdsD, 6/FOTB088119; Foto: Tanja Marotzke

In einer multipolaren Welt arbeitet die Friedrich-Ebert-Stiftung weiter daran, Partnerschaften auf der ganzen Welt aufrecht zu erhalten und auszubauen. Hier der Präsident Brasiliens Lula da Silva auf Besuch in der Friedrich-Ebert-Stiftung Berlin mit dem 2020 zum Stiftungsvorsitzenden gewählten Martin Schulz, 5.12.2023

In der Polykrise: Engagement für eine gerechte Gesellschaft

In den vergangenen einhundert Jahren ist die Friedrich-Ebert-Stiftung gewachsen und ihre Arbeitsfelder haben sich ausdifferenziert, aber insbesondere seit ihrer Wiedergründung als moderne Stiftung 1954 sind die politische Bildung, die Beratung im Inland und weltweit, die Begabtenförderung, die wissenschaftliche Arbeit sowie die Sicherung des kollektiven Gedächtnisses der Sozialen Demokratie ihre strategischen Aufgabenbereiche. Entlang dieser Arbeitsfelder setzt sich die Friedrich-Ebert-Stiftung für Freiheit, Gerechtigkeit, Solidarität und den Erhalt des Friedens ein. Diese Grundwerte der Sozialen Demokratie bilden den Kern ihrer alltäglichen Arbeit und sind Grundlage ihrer strategischen Überlegungen. Mit Büros in mehr als hundert Ländern der Welt ist sie international vernetzt wie kaum eine andere Institution der Sozialen Demokratie.

Die Friedrich-Ebert-Stiftung betrachtet sich als Thinktank, der gesellschaftliche Entwicklungen identifiziert und in Kooperation mit Partner:innen Lösungsvorschläge für eine sozial gerechte Welt entwickelt. Sie steht ein für eine starke, lebendige und vielfältige Demokratie, in der die Teilhabe aller Menschen selbstverständlich ist, und verteidigt die Demokratie mit aller Kraft – insbesondere gegen rechte Hetze und Gewalt.

Heute steht die Friedrich-Ebert-Stiftung vor gewaltigen Herausforderungen, denn seit einigen Jahren erleben wir in unseren Gesellschaften eine Vielzahl an sich überschneidenden Krisen, die die Menschen verunsichern und die Demokratie gefährden. Da ist zum einen die Bedrohung durch den menschengemachten Klimawandel. Bereits jetzt drohen wir, das 1,5-Grad-Ziel zu verfehlen, also den Temperaturanstieg nicht auf maximal 1,5 Grad im Vergleich zum vorindustriellen Durchschnitt begrenzen zu können. Der sozial gerechte Umbau der Industriegesellschaft in eine CO_2-neutrale Wirtschaft stellt eine der großen Zukunftsaufgaben dar. Zum anderen schreitet die Digitalisierung seit den 2010er-Jahren in Schüben voran: Der künstlichen Intelligenz (KI) wird enorme wirtschaftliche Innovationkraft zugeschrieben, was Hoffnungen auf wirtschaftliches Wachstum und eine Entlastung der Arbeitswelt wachsen lässt, aber auch die Befürchtung hervorruft, dass Arbeitsplätze durch computer- und KI-getriebene Rationalisierung wegfallen. Weil die Zukunft ganzer Arbeitsmärkte infrage gestellt erscheint, verunsichert der digitale Wandel viele Menschen. Gleichzeitig berühren der Zugriff auf Daten aller Art und die mit KI verbundenen Möglichkeiten auch ethische Grundfragen des menschlichen Lebens. Vor diesem Hintergrund befindet sich die Wirtschaft weltweit in einem grundlegenden Transformationsprozess. Globalisierung, Digitalisierung und der Einsatz von künstlicher Intelligenz sind Megatrends, die es konstruktiv zu gestalten gilt. Diese technologischen Fortschritte können für die industrielle Entwicklung, aber auch für die Anpassung an den Klimawandel genutzt werden.

Links: Enthüllung der Erbschaftssteueruhr in Berlin unter dem Titel „Erben verpflichtet!" mit Stefanie Bremer (taxmenow), Julia Jirmann (Netzwerk Steuergerechtigkeit), Norbert Walter-Borjans (ehemaliger Finanzminister Nordrhein-Westfalens und ehemaliger SPD-Vorsitzender), Sabine Fandrych (FES) und Gerhard Schick (Finanzwende) sowie Adrienne Woltersdorff (FES, Moderation), 30.11.2022

Quelle: AdsD, 6/FOTB088121; Rechte: SD-Plattform

Das vom Büro der Stiftung in der Ukraine mitorganisierte Sommercamp der Sozialdemokratischen Plattform (SD Platform) mit jungen Ukrainer:innen, 2024

In diese miteinander verwobenen Herausforderungen platzte 2020 die Corona-Pandemie. Die Analysen der Friedrich-Ebert-Stiftung zeigten, dass das Corona-Virus nicht nur Menschen infizierte, sondern komplette Ökonomien gefährdete. Die Pandemie traf vor allem Menschen, die schon zuvor in prekären Verhältnissen gelebt hatten. Sie machte ganze Bevölkerungsschichten arm – und andere unerhört reich. Viele Staaten pumpten im permanenten Krisenmodus Milliarden in ihre schwächelnden Gesellschafts- und Wirtschaftssysteme. Solidarität in der Krise kann sich nicht auf den symbolischen Applaus für Pflegekräfte beschränken und ist nicht kostenlos zu haben. Die Friedrich-Ebert-Stiftung wollte daher Wege aufzeigen, wie Umbrüche konstruktiv und friedlich gemeistert werden können.

Das daraus erwachsene Projekt „Wer zahlt die Zeche? Für eine gerechte Zukunft!" nahm über alle Arbeitsbereiche hinweg die Themen Steuern, Schulden, Investitionen und Inflation in den Fokus. Dabei legte die Friedrich-Ebert-Stiftung besonderen Wert auf die Verknüpfung von wissenschaftlicher Arbeit und politischer Bildung. So beriet sie zum einen Entscheidungsträger:innen über Möglichkeiten sozial gerechter Steuerpolitik, zum anderen entstanden verschiedene innovative Formate wie die „Erbschaftssteueruhr" und das *Pub Quiz* zu Finanzfragen. Im Austausch insbesondere mit jungen Menschen zeigte „Wer zahlt die Zeche?" auf, dass finanzpolitische Entscheidungen die Weichen für ganze Generationen stellen. Mit Beginn des russischen Angriffskriegs gegen die Ukraine und den deswegen explodierenden Energiepreisen erhielt das Projekt zusätzliche Bedeutung. Denn nun wurde offensichtlich, dass es nicht nur um eine gerechte Verteilung von Steuerlasten geht, sondern um die Zukunft Europas (vgl. S. 220 f.).

Zeitenwende für Europa

Der Beginn des russischen Angriffskriegs gegen die Ukraine am 24. Februar 2022 war ein fundamentaler Schock. In der deutschen Politik wurde er als geopolitische Zäsur wahrgenommen, für die Bundeskanzler Olaf Scholz den Begriff der „Zeitenwende" prägte. Die Friedrich-Ebert-Stiftung griff diese Formulierung im Juni 2022 mit ihrer Tiergartenkonferenz unter dem Titel „Zeitenwende – der Beginn einer neuen Ära" auf. Der Vorsitzende der SPD, Lars Klingbeil, hielt dort eine viel beachtete Grundsatzrede, in der er eingestand, dass die deutsche Politik viele Signale einer zunehmend aggressiven Politik Russlands nicht wahrgenommen habe: „Russland wurde immer autoritärer und ist heute eine Diktatur.

Auch China hat eine gänzlich andere Vision als wir. Und zur Wahrheit gehört auch, dass viele Staaten im Globalen Süden enttäuscht sind von den Verheißungen liberaler Demokratien“, so Klingbeils Fazit.[295]

Mit der Tiergartenkonferenz begann die Friedrich-Ebert-Stiftung im Frühsommer 2022 eine intensive Debatte über die Europäische Union als geopolitische Akteurin, über eine konstruktive Führungsrolle Deutschlands, eine realistische Friedenspolitik und die stärkere Verantwortung für die NATO. Bisherige Gewissheiten müssen hinterfragt und neue Perspektiven entwickelt werden. Die Politikberatung der Friedrich-Ebert-Stiftung arbeitet dabei mit unterschiedlichen Methoden. Neben Umfragen, Studien zur Sicherheitspolitik und zur historischen Ostpolitik entwickelt sie Szenarienmodelle, um Antworten zu finden, wie die Menschen in Deutschland und Europa künftig in Sicherheit leben können, ohne Demokratie und Wohlstand aufzugeben.

Mit den geopolitischen Verschiebungen durch den Ukrainekrieg entsteht auch die Notwendigkeit eines intensiveren Austauschs mit den Ländern des Globalen Südens. Mit Erstaunen mussten die westlichen Unterstützer:innen der Ukraine feststellen, dass viele Länder des Globalen Südens sich bei Abstimmungen in der UN enthielten und sich an den Sanktionen gegen Russland nicht beteiligten. Ein Grund hierfür ist, dass die Glaubwürdigkeit der westlichen Demokratien im Globalen Süden gelitten hat. Denn obwohl die westlichen Staaten viel von Zusammenarbeit auf Augenhöhe sprechen, verbinden sie ihre Unterstützung oft mit der Forderung nach wirtschaftlichen Anpassungsmaßnahmen, die zur Kürzung staatlicher Leistungen in den Ländern des Globalen Südens führen – für viele eine Erinnerung an alte koloniale Abhängigkeiten. Viele Länder des Globalen Südens machten erst jüngst in der Corona-Pandemie die Erfahrung, alleingelassen zu werden, als sich die westlichen Staaten und auch Deutschland weigerten, die Patente für die Impfstoffproduktion freizugeben. Im Vergleich erscheint die chinesische Entwicklungshilfe oft attraktiver, da sie den Ausbau der Infrastruktur fördert, ohne Fragen nach demokratischen Reformen zu stellen oder wirtschaftliche Sparvorgaben an die Staaten zu richten. Unterschiedliche Perspektiven auf die Bedeutung von Demokratie und (post)kolonialen Abhängigkeiten wurden zuletzt auch nach dem Überfall der Hamas auf Israel am 7. Oktober 2024 und angesichts des darauffolgenden Gazakriegs deutlich.

Die Welt verändert sich gegenwärtig. Die bipolare und die unipolare Weltordnung werden abgelöst durch die Herausbildung neuer und die Rückkehr früherer Machtzentren. Vor diesem Hintergrund setzt sich die Friedrich-Ebert-Stiftung kontinuierlich für den Erhalt von Frieden und politischer Freiheit sowie sozialer Gerechtigkeit ein. Sie stärkt die lebendige und vielfältige repräsentative Demokratie, in der die politische, soziale, kulturelle und ökonomische Teilhabe aller Menschen gewährleistet ist – in Deutschland, Europa und der Welt. Für die Friedrich-Ebert-Stiftung gehören diese Werte untrennbar zusammen. Davon überzeugt, dass eine optimistische Haltung auch in eine gute Zukunft führt, sucht sie mit ihrer breiten Expertise und gemeinsam mit ihrem globalen Netzwerk Lösungen für die vielfach miteinander verbundenen Krisen – in Deutschland, Europa und der Welt.

→ Fortsetzung auf Seite 222

Rechte: AdsD, 6/FOTB088115; Foto: Mark Bollhorst

Auf der gemeinsam von Friedrich-Ebert-Stiftung und IG Metall in Berlin veranstalteten Tagung „Herausforderungen für Europa in Zeiten von Krieg und Krise“ wurden Fragen zur wirtschaftlichen und sozialen Autonomie Europas diskutiert. Hier das Podium mit Torben Albrecht (IG Metall), Philipp Steinberg (Bundesministerium für Wirtschaft und Klimaschutz), Susanne Wixforth (Arbeiterkammer Wien), Adam Tooze (Wirtschaftshistoriker) und Jürgen Zurheide (Moderator), 17.4.2023

#FairErben: Die Erbschaftssteueruhr

Angesichts von Pandemiebewältigung, Energiewende, Digitalisierung, Sanierungsstau in den Bereichen Bildung und Infrastruktur sowie der Aufgabe, die Daseinsvorsorge nachhaltig zu sichern, rief die Friedrich-Ebert-Stiftung 2022 das Projekt „Wer zahlt die Zeche? Für eine gerechte Zukunft!“ ins Leben. Es schuf einen Diskursraum, in dem neue und alte Ideen zur Finanzierung des Gemeinwohls und der Zukunftsinvestitionen zusammengedacht werden können – von der kommunalen über die landes- und bundespolitische bis hin zur europäischen und globalen Ebene.

Das Projekt richtete den Blick insbesondere auf Argumente für eine Reform der Erbschaftssteuer. Diese kann ein wesentlicher Faktor bei der Bereitstellung notwendiger Mittel für öffentliche Investitionen sein und damit für ein höheres Maß an sozialer Gerechtigkeit in der Gesellschaft sorgen. Derzeit erben in Deutschland die reichsten zehn Prozent der Bevölkerung die Hälfte des gesamten Erbvermögens, während die untere Hälfte überhaupt nichts erbt. Damit erhöhen Erbschaften und Schenkungen die soziale Ungleichheit in der Gesellschaft massiv. Wegen der umfangreichen Ausnahmen für Unternehmensübertragungen und weil auf sehr große steuerpflichtige Vermögen niedrigere Steuersätze als auf kleinere Erbschaften anfallen, verstärkt das aktuelle Erbschafts- und Schenkungssteuerrecht diese Ungleichheit, anstatt ihr entgegenzuwirken. Gemeinsam mit ihren Partner:innen, dem Netzwerk Steuergerechtigkeit, der Initiative „TaxMeNow“, dem Deutschen Gewerkschaftsbund, den Initiativen Ungleichheit.info und Finanzwende.de sowie der Gewerkschaft ver.di., konzipierte die Friedrich-Ebert-Stiftung daher 2022 die „Erbschaftssteueruhr“.

Die Installation wurde in Anlehnung an die „Steueruhr“ des Bunds der Steuerzahler und den „Steuerzahlergedenktag“ entwickelt, setzte aber inhaltlich einen Kontrapunkt. Während der „Steuerzahlergedenktag“ die Geschichte eines Staats erzählt, der angeblich seine Bürger:innen „schröpft“, zeigt die Erbschaftssteueruhr die Beträge an, die dem Fiskus durch die Verschonung von Vermögen bei Erbschaften und Schenkungen entgehen. Die einprägsame Installation in Form einer fortlaufenden und bis heute digital verfügbaren „Zählmaschine“ wird mit belastbaren Zahlen gefüttert: Die Zahl auf der Uhr berechnet sich auf Grundlage des Subventionsberichts der Bundesregierung.

Rechte: AdsD, 6/FOTB088107; Foto: Maren Strehlau

Die Erbschaftssteueruhr tourte durch ganz Deutschland, hier 2022 in Berlin.

Rechte: FES

Ein digitales Memory, das spielerisch Aufklärung über finanzpolitische Fragen bietet

Die Erbschaftssteueruhr wurde am 30. November 2022 in Berlin bei einer Diskussionsveranstaltung enthüllt und war in der Folge an unterschiedlichen Standorten zu sehen, u. a. im Marie-Elisabeth-Lüders-Haus im Deutschen Bundestag, in den DGB-Häusern in Berlin und Frankfurt am Main, bei der re:publica in Berlin und beim Kirchentag in Nürnberg. Begleitet wurde die Reise der Erbschaftssteueruhr durch Bildungsveranstaltungen. Speziell an Jugendliche richtete sich das Online-Selbstlerntool „Mind the Gap“ über die ungleiche Verteilung von Vermögen und Einkommen sowie das App-gestützte Geocaching „Finanzdetektiv_innen“. Beide Angebote vermitteln Grundlagen der Finanz- und Fiskalpolitik und fördern die kritische Auseinandersetzung mit finanzpolitischen Fragestellungen. Die Landesbüros veranstalteten Podiumsdiskussionen zu den Besonderheiten ihrer jeweiligen Regionen und machten damit die Argumente für eine Erbschaftssteuer einem breiten Publikum zugänglich. Eine besonders gelungene Symbiose aus politischer Beratung, politischer Bildung und Kultur war die Aufführung des Theaterstücks „Jeeps“ der Münchner Kammerspiele in Zusammenarbeit mit dem Maxim Gorki Theater in Berlin, einer Satire über eine radikale Reform der Erbschaftssteuer.

Rechte: FES

Eine online verfügbare Sozialsatire, in der Superreiche den Anschluss an die Gesellschaft wiederentdecken und lernen, warum Steuern zahlen eine wichtige soziale Aufgabe ist.

Angriffen auf die Demokratie begegnen

Demokratien stehen auf vielfältige Weise unter Druck. Die größte Bedrohung geht vom Rechtsextremismus aus, der mit seinen demokratie- und menschenfeindlichen Denkmustern in der Mitte der Gesellschaften angekommen ist. Dabei suchen die Akteur:innen den Schulterschluss mit anderen demokratiefeindlichen Bewegungen und vernetzen sich international. Sie nutzen die Freiheiten, die ihnen die Demokratie bietet, um die demokratischen Systeme zu attackieren. Ein zentrales Medium sind die einst als globale Vernetzung begrüßten privaten Plattformen der sozialen Medien, die nun auch dazu beitragen, Desinformation und Hass zu verbreiten. Eine weitere Herausforderung für Demokratien weltweit ist der Aufstieg rechtspopulistischer Parteien und antiliberaler, antifeministischer Bewegungen. Eine Spielart dieses Populismus sind jene Ultraliberalen, die den Staat gänzlich abschaffen und sämtliche gesamtgesellschaftlichen Aufgaben den Markt regeln lassen wollen – bis hin zu Polizei oder Feuerwehr. In vielen Teilen der Welt stellen Populist:innen inzwischen Regierungen und arbeiten auf die Aushöhlung von demokratischen Standards hin. Mit gezielten hybriden Angriffen versuchen sie, die demokratischen Gesellschaften unter Druck zu setzen – in ihren Ländern und international.

Demokratien müssen heute unter Beweis stellen, dass sie die verschiedenen Krisen sozial gerecht und unter Beteiligung der Menschen bewältigen können und dass sie Schutz und Sicherheit bieten. Gleichzeitig müssen sie einem schwindenden Vertrauen in ihre Leistungsfähigkeit und Integrationskraft begegnen. Viele Menschen sind durch die Auswirkungen der globalisierten digitalen Welt und durch die Polykrise empfänglicher für Fake News und einfache Antworten geworden. Sie glauben, dass Lösungen sofort gefunden werden müssen, und demokratische Prozesse erscheinen ihnen als zu langsam. Natürlich, eine Demokratie muss auch „liefern" können und dysfunktionale Störungen beheben, ohne dass es Jahrzehnte dafür braucht. Demokratie ist aber nicht der unmittelbare Ausdruck eines Volkswillens oder einer aktuellen Mehrheit, sondern benötigt eine institutionelle Grundlage: Verbände, Parteien und Initiativen, in denen Positionen und Interessen ausgehandelt werden. Der schwindende Rückhalt dieser Institutionen schwächt die Demokratie.

In diesem schwierigen Umfeld arbeitet die Friedrich-Ebert-Stiftung kontinuierlich an der Stärkung einer lebendigen und vielfältigen repräsentativen Demokratie, in der die politische, soziale, kulturelle und ökonomische Teilhabe aller Menschen gewährleistet ist. Sie verteidigt nicht nur die Demokratie, sondern gibt ihr, aufbauend auf den Grundwerten der Sozialen Demokratie, eine unverwechselbare Prägung. Der Kern der Sozialen Demokratie ist die untrennbare Verschränkung von Demokratie und sozialen Rechten: Ohne umfängliche soziale Rechte kann es keine Demokratie geben. Die Soziale Demokratie fragt nach den sozioökonomischen Bedingungen, die erfüllt sein müssen, damit politische Rechte nicht nur formal gelten, sondern auch real ausgeübt werden können. Sie zielt auf ein soziales Fundament, das politische Gleichheit und Handlungsfähigkeit unabhängig macht vom sozialen und ökonomischen Status, auf reale Teilhabechancen am gesellschaftlichen Leben für alle Bürger:innen und auf ein gesamtgesellschaftlich geteiltes Verständnis fairer und gerechter sozialer Ordnung. Zu diesen sozialen Rechten zählen insbesondere auch die Mitbestimmungsrechte der arbeitenden Menschen. Soziale Demokratie bedeutet also auch Demokratie in der Wirtschaft. Sie ist kein festgefügtes, für alle Zeit zementiertes Gebilde. Was Soziale Demokratie konkret ausmacht und wie sie realisiert werden kann, muss immer wieder neu ausgehandelt und demokratisch erkämpft werden. Dabei konkurriert die Soziale Demokratie mit anderen politischen Strömungen um Einfluss im politischen Diskurs und in der Auseinandersetzung um die Gestaltung von Gesellschaft und Staat.

Die Friedrich-Ebert-Stiftung bleibt nicht bei der Analyse der Gefahren für die Demokratie stehen. Mit ihrer politischen Bildungsarbeit trägt sie zur Urteils- und Handlungskompetenz der Bürger:innen bei und motiviert zum Engagement im politischen, gewerkschaftlichen und bürgerschaftlichen Ehrenamt. Die Stiftung organisiert gesellschaftspolitische Dialoge, indem sie öffentliche Debatten fördert und die Politik berät. In Zukunft wird es eine zentrale Aufgabe sein, die Angebote noch stärker auf die verschiedenen Zielgruppen zuzuschneiden und die ganze Breite methodischer und partizipativer Ansätze der politischen Bildungsarbeit zu nutzen. Insbesondere junge Menschen müssen angesprochen und für demokratisches Engagement begeistert werden, wobei Selbstwirksamkeit eine zentrale Kategorie ist. Denn viele wissenschaftliche Studien belegen, dass Menschen mit Ohnmachtserfahrungen mehr zu antidemokratischen Haltungen tendieren als Menschen, die ihr Leben im Alltag, bei der Arbeit oder in der Kommune mitgestalten können. Die Friedrich-Ebert-Stiftung hat in den letzten Jahren, insbesondere seit Beginn der Corona-Pandemie, eine Vielzahl neuer digitaler Formate in ihrer Arbeit eingesetzt und wird diese Aktivitäten künftig weiter verstärken.

Die Krise der Demokratie fordert auch die Akteur:innen der Sozialen Demokratie zur Erneuerung heraus. So gilt es zum einen, Hürden der Teilhabe abzubauen, Diversität zu fördern, neue Formen des Engagements zuzulassen und insgesamt an einer inklusiveren politischen Kultur zu arbeiten. Zum anderen zählt die Auseinandersetzung mit dem Neoliberalismus zu den Aufgaben der Friedrich-Ebert-Stiftung. Marktradikales Denken und Handeln dominierten in den 1990er- und 2000er-Jahren in der Gesellschaft – auch in der Sozialdemokratie. Mit der ökonomischen Krise der späten 2000er-Jahre geriet das neoliberale Dogma, wonach nur der Markt leistungsfähig sei und der Staat sich diesem unterzuordnen habe, zwar in die Krise, doch konnten sich die Alternativen bislang nicht durchsetzen. Deutschland hinkt im ökonomischen Denken inzwischen vielen Weltregionen hinterher und hemmt eine innovationsorientierte und fortschrittliche Entwicklung von Wirtschaft und Gesellschaft. Die Friedrich-Ebert-Stiftung sieht eine ihrer Zukunftsaufgaben darin, über ökonomische Mythen aufzuklären und die fortschrittliche Rolle des Staats für die Demokratie herauszuarbeiten. Ihr wird sie sich in Bildung und Beratung, national und weltweit, mit wissenschaftlicher Gegenwartsanalyse und historischen Tiefenbohrungen annehmen. Dabei wird sie mit ihren jahrzehntelangen Partner:innen zusammenarbeiten – allen voran den Gewerkschaften, die angesichts eines weltweiten relativen Machtverlusts vor der Herausforderung stehen, sich zu erneuern. Weil die Demokratisierung der Wirtschaft eine starke, organisierte Arbeiter:innenbewegung braucht, wird die Friedrich-Ebert-Stiftung auch in Zukunft international Gewerkschaften und ihre Tätigkeiten fördern.

Rechte: AdsD, 6/FOTB088117

Rechte: AdsD, 6/FOTB088130

Rechte: AdsD, 6/FOTB088116

Hingehen und ins Gespräch kommen: politische Bildung vor Ort in Nordrhein-Westfalen an einer Duisburger Trinkhalle 2023 sowie in einem Münsteraner Kulturzentrum 2024 und in Thüringen bei der Polizei 2023 (v. o. n. u.)

Die Zukunft der Stiftung

Unter dem Titel „FES 100“ hat die Friedrich-Ebert-Stiftung bereits vor einigen Jahren eine umfassende interne Reorganisation in Angriff genommen und diese gegen Ende der Corona-Pandemie abgeschlossen. Dabei wurden unter anderem im Bildungsbereich und in der internationalen Arbeit Abteilungen zusammengefasst und Doppelstrukturen aufgelöst. Neben dem Wunsch, durch strukturelle Reformen Synergien zu erzielen, standen dabei strategische Überlegungen im Zentrum. Die Aufteilung von Arbeitseinheiten nach Ländern des Globalen Südens und des transatlantischen Raums war lange Zeit sinnvoll, auch weil die Mittel von unterschiedlichen Zuwendungsgeber:innen stammten. Für den strategischen Blick auf die „eine Welt“ erweisen sich jedoch Kooperation und gemeinsame Diskussionen als entscheidend, sodass ehemals getrennte Abteilungen fusionierten. Auch die neue Abteilung „Analyse, Planung, Beratung“ ist aus dem Bedürfnis heraus entstanden, die stiftungsweite Planung über die verschiedenen Arbeitsfelder hinweg zu bündeln. Mindestens genauso wichtig war der mit „FES 100“ auf den Weg gebrachte kontinuierliche stiftungsweite Planungsprozess. Denn indem die Friedrich-Ebert-Stiftung regelmäßig Ziele und Prioritäten definiert, kann sie einfacher gemeinsame Positionen und Botschaften entwickeln und zielgenauer kommunizieren.

Große Fortschritte hat die Friedrich-Ebert-Stiftung in ihrer Nachhaltigkeitsstrategie gemacht. So bewirtschaftet sie ihre Gebäude in ökologischer und energiesparender Weise, organisiert ihre Bildungsveranstaltungen nachhaltig und betrachtet stets die ganze „Wertschöpfungskette“, von Mobilität und Unterkunft der Seminarteilnehmenden bis hin zur Anschaffung von Materialien. Ihren Mitarbeiter:innen im Inland und im Ausland bietet die Friedrich-Ebert-Stiftung außerdem Fortbildungen im nachhaltigen Organisations-, Projekt- und Bildungsmanagement an.

Die Gesellschaft befindet sich an einer Zeitenwende – auf unterschiedlichen Ebenen und mit verschiedenen Herausforderungen. Die Friedrich-Ebert-Stiftung sieht nicht nur in der Außen- und Sicherheitspolitik eine Zeitenwende, sondern konstatiert angesichts der vielen Herausforderungen einen radikalen Veränderungsprozess der gesamten Weltgesellschaft. Basierend auf ihrer einhundertjährigen Geschichte verfügt die Friedrich-Ebert-Stiftung über umfangreiche Erfahrungen mit gesellschaftlichen Umbrüchen und ist überzeugt, dass Umbruchsituationen keine Naturgewalten sind, sondern gestaltet werden können – und gestaltet werden müssen. Es gilt, die Zukunft als etwas zu begreifen, das sich „zu etwas Besserem gestalten“ (Barack Obama), das sich mit Optimismus, Zuversicht und konstruktiven Ideen angehen lässt.

Rechte: AdsD, 6/FOTB088129

Sabine Fandrych (l.) erläutert im Gespräch mit Moderatorin Lena Kronenbürger auf der Bühne des finanzpolitischen FEStivals „Erspar mit die Zukunft“ in Berlin, warum das Wissen um finanzpolitische Fragen gerade für eine junge Generation wichtig ist, 16.6.2023.

Rechte: AdsD, 6/FOTA200644

Im Dezember 2020 wurden Sabine Fandrych (l.) zum geschäftsführenden Vorstandsmitglied und Martin Schulz (r.) zum Vorsitzenden der Friedrich-Ebert-Stiftung gewählt. Hier stehen sie vor dem Eingang der Zentrale in Bonn.

Ein Leitbild ist Kompass und Visitenkarte einer Organisation, in der sie ihre Vision, Mission und Strategien sowie ihre Werte und Kultur beschreibt. Das aktuelle Leitbild wurde vom Vorstand der Friedrich-Ebert-Stiftung 2022 beschlossen.

Das Leitbild der Friedrich-Ebert-Stiftung (Auszug)
Wir machen Soziale Demokratie!

Wir stehen für Werte. Mit der Sozialdemokratie und der Gewerkschaftsbewegung verbindet uns das Streben nach Freiheit, Gerechtigkeit, Solidarität und dem Erhalt des Friedens.

Wir arbeiten an den großen Trends der Zeit und entwickeln neue Ideen für die Soziale Demokratie für heute und morgen. Mit innovativen Lösungen gehen wir die Herausforderungen von heute an und gestalten die gerechte und solidarische Gesellschaft von morgen – in Deutschland, Europa und weltweit.

Wir kämpfen gegen Egoismen und Ungleichheit und arbeiten für einen sozialen Fortschritt, der die Rechte von Arbeitnehmerinnen und Arbeitnehmern ausbaut und Gute Arbeit sichert. Wir setzen uns ein für eine sozial gerechte Wirtschaft, die den Menschen dient, die natürlichen Lebensgrundlagen erhält, und in der alle vom digitalen Wandel profitieren.

Wir stehen ein für eine starke, lebendige und vielfältige Demokratie, in der die Teilhabe aller Menschen selbstverständlich ist. Wir verteidigen unsere Demokratie mit aller Kraft – insbesondere gegen rechte Hetze und Gewalt.

Wir engagieren uns für Geschlechtergerechtigkeit – in jedem Bereich des Lebens. Denn nur eine Demokratie, die wirkliche Gleichstellung zwischen den Geschlechtern schafft, ist eine Soziale Demokratie.

Eine gerechte Zukunft geht nur gemeinsam. Durch ein starkes und soziales Europa, globale Solidarität und Friedenspolitik können wir unsere Ziele erreichen. Dafür setzen wir uns ein.

Quelle: https://www.fes.de/stiftung/leitbild

Anhang

Anmerkungen

1 Friedrich-Ebert-Stiftung, in: Vorwärts, 2.3.1925 (Abendausgabe), S. 1.

2 „Friedrich Ebert", in: Gewerkschafts-Zeitung, 35. Jg. (1925), Nr. 10, S. 129–131, hier: S. 131.

3 Friedrich-Ebert-Stiftung, in: Vorwärts, 12.3.1925 (Morgenausgabe), S. 7.

4 Willy Brandt: Alfred Nau zum 65. Geburtstag, in: Solidarität. Alfred Nau zum 65. Geburtstag, Bonn 1971, S. 7–15, hier: S. 10.

5 Jahrbuch der Deutschen Sozialdemokratie 1926, S. 74.

6 Begabtenförderung an den Hochschulen, in: Vorwärts, 29.10.1928 (Abendausgabe), S. 8.

7 Ebd.

8 Willi Eimert: Zur Problematik der Arbeiterstudenten, in: Sozialistischer Wille in Politik, Wissenschaft und Hochschule, 1 (Juni 1930) 2, S. 26–28, hier: S. 27.

9 Zit. n. Siegfried Mielke: Einleitung, in: ders. (Hrsg.): Einzigartig – Dozenten, Studierende und Repräsentanten der Deutschen Hochschule für Politik (1920–1933) im Widerstand gegen den Nationalsozialismus, Berlin 2008, S. 9–27, hier: S. 9.

10 Theodor Leipart/Lothar Erdmann: Arbeiterbildung und Volksbildung, Berlin 1928, S. 29.

11 Hedwig Wachenheim: Die Wohlfahrtsschule des Hauptausschusses für Arbeiterwohlfahrt, in: Arbeiterwohlfahrt 1 (1929), S. 24–26, hier: S. 26.

12 Zit. n. Werner Korthaase: Die Neuköllner Arbeiter-Abiturienten-Kurse – Der Beginn des Zweiten Bildungsweges in Deutschland, in: Gerd Raade (Hrsg.): Schulreform – Kontinuität und Brüche. Das Versuchsfeld Berlin-Neukölln. Bd. I: 1912 bis 1945, Berlin 1993, S. 161–171, hier: S. 166.

13 L. Schreiner: Arbeiterstudenten, in: Vorwärts, 12.8.1927 (Abendausgabe), S. 5.

14 So Werner Korthaase über die Schüler:innen in den Abiturkursen am Kaiser-Friedrich-Realgymnasium. Werner Korthaase: Die Neuköllner Arbeiter-Abiturienten-Kurse – Der Beginn des Zweiten Bildungsweges in Deutschland, in: Gerd Raade (Hrsg.): Schulreform – Kontinuität und Brüche. Das Versuchsfeld Berlin-Neukölln. Bd. I: 1912 bis 1945, Berlin 1993, S. 161–171, hier: S. 165.

15 Zit. n. Friedrich-Ebert-Stiftung: „Demokratie braucht Demokraten". Studienförderung als gesellschaftspolitische Aufgabe, Bonn 2015, S. 9.

16 Das Bildungswesen, in: Jahrbuch der deutschen Sozialdemokratie 1929, S. 202–203, hier: S. 202.

17 Ebd.

18 Sozialistische Bildungskurse, in: Vorwärts, 15.7.1926 (Morgenausgabe), S. 7.

19 Freie Sozialistische Hochschule, in: Jahrbuch der Deutschen Sozialdemokratie 1926, S. 48.

20 Freie Sozialistische Hochschule, in: Jahrbuch der Deutschen Sozialdemokratie 1930, S. 240.

21 Richard Seidel: Gewerkschaftliche Bildungsarbeit, in: Gewerkschafts-Archiv 1 (1924), S. 217–219, hier: S. 217.

22 Jahrbuch der Deutschen Sozialdemokratie 1931, S. 116.

23 Weimarer Reichsverfassung vom 11.8.1919, Art. 146, https://www.jura.uni-wuerzburg.de/fileamin/02160100-muenkler/Verfassungstexte/Die_Weimarer_Reichsverfassung_2017ge.pdf (abgerufen am 23.1.2024).

24 Trauerrede von Willy Brandt für Alfred Nau, in: Friedrich-Ebert-Stiftung: Alfred Nau 1906–1983, Bonn 1983, S. 23–28, hier: S. 26.

25 Ebd.

26 Auszüge aus dem Protokoll der Gründungsversammlung des SDS vom 3.9. bis 6.9.1946, in: AdsD, Bestand Werner Plum, 130. Beim Bestand Plum handelt es sich um eine Sammlung von Kopien.

27 Hans-Erich Schult, SDS, an Parteivorstand SPD, 4.10.1946 (Abschrift), in: AdsD, Bestand Werner Plum, 130.

28 Abschied von Alfred Nau, in: Friedrich-Ebert-Stiftung: Jahresbericht 1983, S. 6–8, hier: S. 6.

29 SDS Sekretariat: Rundschreiben an alle Hochschulgruppen, Dezember 1947, in: AdsD, Bestand Werner Plum, 130.

30 Kube, Friedrich-Ebert-Stiftung, an diverse Verlagsleiter, 19.12.1950. Dokument LXXX in Werner Plum: Dokumente aus der Geschichte der Friedrich-Ebert-Stiftung 1946 bis 1956, S. 142–144, hier: S. 143, in: AdsD, Bestand Werner Plum, 83.

31 Ernst Heinsen: Befürwortung, 5.4.1948, in: AdsD, Bestand SDS, Mappe 36.

32 John van Nes Ziegler: Begrüßungsansprache, in: Friedrich-Ebert-Stiftung: Sicherung der Demokratie. Jahrestagung der Friedrich-Ebert-Stiftung 1967, S. 9–15, hier: S. 11.

33 Auszüge aus den Anträgen zur Delegiertenkonferenz des SDS vom 7. bis 12.9.1950 in Mainz, in: AdsD, Bestand Werner Plum, 83.

34 Alfred Nau an Willi Eichler, 10.10.1947, in: AdsD, Bestand Werner Plum, 128.

35 Willy Brandt: Alfred Nau zum 65. Geburtstag, in: Solidarität. Alfred Nau zum 65. Geburtstag, Bonn 1971, S. 7–15, hier: S. 13.

36 Alfred Nau an den Oberfinanzpräsidenten in Münster, 4.2.1948, in: AdsD, Bestand Kurt Schumacher, 2/KSAA000205.

37 Protokoll der Verhandlungen des Parteitages der Sozialdemokratischen Partei Deutschlands vom 24. bis 28. September 1952 in Dortmund, S. 105.

38 Protokoll der Sitzung des SPD-Parteivorstands am 7.10.1953 in Bonn, in: AdsD, Bestand SPD-Parteivorstand, 2/PVAS000751.

39 Adolf Grimme: Die Volkshochschule als Stätte der Besinnung, in: Denkendes Volk. Blätter für Selbstbildung. Organ der Volkshochschulbewegung, (1946) 1, S. 1–5.

40 Abteilung Schulung und Bildung des DGB (Hrsg.): Die Bundesschulen des DGB. Bericht über das erste Halbjahr, Düsseldorf 1949, S. 13.

41 Kurt Schumacher auf einer Rede in Kiel am 27.10.1945, zit. n. Heinrich Potthoff/Susanne Miller: Kleine Geschichte der SPD 1848–2002, Bonn 2002, S. 482.

42 Arbeitsbericht der ersten Konferenz der politischen Lehrkräfte der SPD vom 11. bis 17.01.1948 im Schulheim „Schüttersmühle" in Franken, zit. n. Josef Olbrich/Hanns-Albrecht Schwarz (Hrsg.): Politik und Bildung. Arbeiterbildung nach 1945, Frankfurt am Main u. a. 1991, S. 448.

43 Satzung der Friedrich-Ebert-Stiftung vom 1.2.1954, in: AdsD, Bestand FES, 4/FESA 77864.

44 Ebd.

45 Brief von Alfred Nau an Georg Weißhaar vom 11.2.1954, In: AdsD, Bestand Werner Plum, 88.

46 Interview mit Günter Grunwald, 23.1.2002 (digitale Überlieferung), in: AdsD, Bestand Dieter Dowe.

47 Vorlage zum Parteitag vom 4.3.1954, in: AdsD, Bestand Werner Plum, 88.

48 Bericht Willi Eichler vom 15.9.1955, in: AdsD, Bestand SPD-Parteivorstand, 2/PVAS000786.

49 Auszüge aus dem Protokoll der Sitzung des PV am 17.9.1955, in: AdsD, Bestand SPD-Parteivorstand, 2/PVAS000786.

50 Ansprache Alfred Nau vom 28.2.1956 in: AdsD, Bestand FES, 4/FESA 956.

51 Schreiben vom 14.1.1956, in: AdsD, Bestand FES, 4/FESA 77864.

52 Rede Theodor Heuss vom 28.2.1956, in: AdsD, Bestand FES, 4/FESA 956.

53 Ministerialrat Ballerstedt, zitiert in: Klaus-Peter Treydte: Organisatorischer Wandel und neue Dimension: Medienpolitik der Friedrich-Ebert-Stiftung in einer pluralistischen Welt 1960–2010, in: Astrid Ritter-Weil/Klaus-Peter Treydte: Genderpolitik und Medienförderung. Wege zur Stärkung von Demokratie und Entwicklung in der internationalen Arbeit der Friedrich-Ebert-Stiftung, Bonn 2013, S. 115–227, S. 147.

54 Friedrich-Ebert-Stiftung: Jahresbericht 1969, S.14. Vgl. auch Heinz Kühn: Das Menetekel auf der fünften Wand. Bildungsfernsehen in der Dritten Welt, in: Friedrich-Ebert-Stiftung: Solidarität. Alfred Nau zum 65. Geburtstag, Bonn 1971, S. 203–226, hier S. 222.

55 Bericht von August Kerger über den ersten Kursus, in: AdsD, Bestand Werner Plum, 88.

56 Bericht von August Kerger über den ersten Kursus, in: AdsD, Bestand Werner Plum, 88.

57 Friedrich-Ebert-Stiftung: Die Friedrich-Ebert-Stiftung zur Förderung demokratischer Volkserziehung, Bonn ca. 1958.

58 Interview mit Günter Grunwald, 23.1.2002 (digitale Überlieferung), in: AdsD, Bestand Dieter Dowe.

59 Ebd.

60 Ebd.

61 Ebd.

62 Brief von Gerhard Weisser an Günter Grunwald vom 15.7.1958, in: AdsD, Bestand Gerhard Weisser, 786.

63 Brief von Gerhard Weisser an Alfred Nau vom 15.7.1958, in: AdsD, Bestand Gerhard Weisser, 786.

64 Rundschreiben 17/55, in: AdsD, Bestand Werner Plum, 88.

65 Friedrich-Ebert-Stiftung: Bericht über die Hochbegabtenförderung und die Sonderstipendien der Friedrich-Ebert-Stiftung im Jahre 1966, Bonn 1967, S. 15.

66 Bericht über die Hochbegabtenförderung der Friedrich-Ebert-Stiftung im Haushaltsjahr 1957/58, in: AdsD, Bestand Gerhard Weisser, 761.

67 Friedrich-Ebert-Stiftung: Bericht über die Studienförderung 1976, S. 87.

68 Friedrich-Ebert-Stiftung: Bericht über die Hochbegabtenförderung 1960, S. 21.

69 James O. C. Jonah: Dr. Guenter Grunwald. To him I owe what became of me, in: Dieter Dowe/Peter Hengstenberg/Ernst J. Kerbusch (Hrsg.): Günter Grunwald und die Friedrich-Ebert-Stiftung, Bonn 2012, S. 75–79, hier: S. 77.

70 Ebd., S. 76.

71 Friedrich-Ebert-Stiftung: Bericht über die Hochbegabtenförderung im Haushaltsjahr 1962, S. 63

72 Friedrich-Ebert-Stiftung: Bericht über die Hochbegabtenförderung im Haushaltsjahr 1961, S. 52.

73 Interview mit Günter Grunwald, 23.1.2002 (digitale Überlieferung), in: AdsD, Bestand Dieter Dowe.

74 Dieter Dowe: Zur Geschichte des Archivs für Sozialgeschichte, vgl. https://library.fes.de/afs-online/inhalt/geschichte_afs.htm (abgerufen am 1.6.2024).

75 Jürgen Kocka: 50 Jahre Archiv für Sozialgeschichte. Bedeutung, Wirkung, Zukunft, in: Meik Woyke (Hrsg.): 50 Jahre Archiv für Sozialgeschichte. Bedeutung, Wirkung, Zukunft, Bonn 2011, S. 8–22, hier: S. 15.

76 Ebd., S. 8.

77 Christina Mätzing: Georg Eckert und die Anfänge des Archivs für Sozialgeschichte, in: Meik Woyke (Hrsg.): 50 Jahre Archiv für Sozialgeschichte. Bedeutung, Wirkung, Zukunft, Bonn 2011, S. 23–44, hier: S. 34.

78 Interview mit Günter Grunwald, 23.1.2002 (digitale Überlieferung), in: AdsD, Bestand Dieter Dowe.

79 Jürgen Kocka: 50 Jahre Archiv für Sozialgeschichte. Bedeutung, Wirkung, Zukunft, in: Meik Woyke (Hrsg.): 50 Jahre Archiv für Sozialgeschichte. Bedeutung, Wirkung, Zukunft, Bonn 2011, S. 8–22, hier: S. 9.

80 Bericht über die Arbeit der Abteilung „Ostblock und Entwicklungsländer" des Forschungsinstituts der Friedrich-Ebert-Stiftung, [1965], in: Politisches Archiv des Auswärtigen Amts, B 40, REF. IIA3 113.

81 Vorwort von Willy Brandt, in: Ulrich Lohmar (Hrsg.); Deutschland 1975. Analysen, Prognosen, Perspektiven, München 1965, S. 5.

82 Ebd.

83 „36 Wissenschaftler beraten Willy Brandt", in: Rheinischer Merkur, 25.11.1964; „Zwei Wissenschaftler dementieren", in: Frankfurter Allgemeine Zeitung, 26.11.1964; „Echte und unechte SPD-Berater", in: Rheinischer Merkur, 11.12.1964

84 Manfred Schüler: Erinnerungen an einen zuverlässigen Freund, in: Dieter Dowe/Peter Hengstenberg/Ernst J. Kerbusch (Hrsg.): Günter Grunwald und die Friedrich-Ebert-Stiftung, Bonn 2012, S. 165 ff.

85 Friedrich-Ebert-Stiftung: Jahresbericht 1968, S. 12.

86 Schreiben von Alfred Nau vom 18.2.1963, zit. n. Karsten Linne: Die Bruderschaft der „Entwickler". Zur Etablierung der Entwicklungspolitik in der Bundesrepublik Deutschland 1956 bis 1974, Göttingen 2021, S. 371.

87 Günter Grunwald: Die internationale Arbeit der Friedrich-Ebert-Stiftung, in: Solidarität. Alfred Nau zum 65. Geburtstag, Bonn 1971, S. 117–136, hier: S.122.

88 Friedrich-Ebert-Stiftung: Jahresbericht 1968, S. 15.

89 Zit. n. Anna Abelmann-Brockmann: Die Geschichte deutscher politischer Stiftungen in Israel im Kontext offizieller deutsch-israelischer Beziehungen von den Anfängen bis in die 1980er-Jahre, Dissertation, Bochum 2019, S. 137.

90 Vermerk des Referats 3 vom 1.2.1962, in: BArch, B122, 5318.

91 Willi Eichler: Aspekte der Erwachsenenbildung in Asien. Zur gesellschaftspolitischen Rolle einer pluralistisch begründeten Ethik, in: Solidarität. Alfred Nau zum 65. Geburtstag, Bonn 1971, S. 137–154, hier: S.154.

92 Christoph Meyer: Herbert Wehner. Biographie, München 2006, S. 218.

93 Friedrich-Ebert-Stiftung: Jahresbericht 1968, S. 9.

94 Teilnehmerbericht von Ch. Zahnke über das Seminar „Demokratie in Gesellschaft, Staat und Wirtschaft", 11.–23.3.1968, in: AdsD, Bestand FES, 4/FESA 6045.

95 Bericht über die Arbeit der Abteilung „Ostblock und Entwicklungsländer" des Forschungsinstituts der Friedrich-Ebert-Stiftung, [1965], in: Politisches Archiv des Auswärtigen Amts, B 40, REF. IIA3 113.

96 Zit. n. Winfried Veit: Das Ende einer Tradition. Zur Geschichte der Zeitschrift „Internationale Politik und Gesellschaft", in: Internationale Politik und Gesellschaft, (2011) 4, S. 162–168, hier: S. 165.

97 https://www.ipg-journal.de/ipg/was-ist-ipg/ (abgerufen am 10.6.2024).

98 Interview mit Günter Grunwald, 17.4.2002 (digitale Überlieferung), in: AdsD, Bestand Dieter Dowe.

99 Der Ausdruck stammte von Günter Grunwald, vgl. Dieter Dowe: Georg Eckert und die historische Arbeit der Friedrich-Ebert-Stiftung, in: ders. u. a. (Hrsg.): Georg Eckert. Grenzgänger zwischen Wissenschaft und Politik, Göttingen 2017, S. 137–150, hier: S. 140.

100 Horst Heidermann: Heimat der Sozialen Demokratie, in: Dieter Dowe/Peter Hengstenberg/Ernst J. Kerbusch (Hrsg.): Günter Grunwald und die Friedrich-Ebert-Stiftung, Bonn 2012, S. 71–74, hier: S. 72.

101 Rede von Willy Brandt zur Grundsteinlegung am 17.12.1967, in: AdsD, Bestand FES, 4/FESA 630.

102 Interview mit Günter Grunwald, 17.4.2002 (digitale Überlieferung), in: AdsD, Bestand Dieter Dowe.

103 Friedrich-Ebert-Stiftung: Jahresbericht 1968, S. 9.

104 Rede von Alfred Nau, Mai 1968, in: AdsD, Bestand FES, 4/FESA 630.

105 Friedrich-Ebert-Stiftung: Jahresbericht 1967, S. 57 f.

106 Friedrich-Ebert-Stiftung: Jahresbericht 1968, S. 12.

107 Ergebnisse des Pädagogischen Arbeitsgesprächs 20.2.1969, in: AdsD, Bestand FES, 4/FESA 6046.

108 Bericht von W. P. Rosinski über den 23.8.1968, in: AdsD, Bestand FES, 4/FESA 6038.

109 Zit. n. Friedrich-Ebert-Stiftung: „Demokratie braucht Demokraten". Studienförderung als gesellschaftspolitische Aufgabe, Bonn 2015, S. 50.

110 Kontaktliste Osteuropa, in: AdsD, Bestand FES, 4/FESA 3908.

111 Bericht von Hans-Jürgen Lassen über die Studienreise von sechs Journalisten aus der CSSR, in: AdsD, Bestand FES, 4/FESA 3423.

112 Sachbericht „Studienreise für sechs Journalisten aus der CSSR" vom 23.10.1968, in: AdsD, Bestand FES, 4/FESA 3423.

113 Protokoll einer Aussprache 3.10.1968, in: AdsD, Bestand FES, 4/FESA 3908.

114 Friedrich-Ebert-Stiftung: Jahresbericht 1968, S. 8 und S. 12.

115 Günter Grunwald: Jahresbericht 1969, S. 3.

116 Vermerk über die am 5./6.8.1968 durchgeführte Besprechung Dr. Hans Boulboullé/Bruno Friedrich, in: AdsD, Bestand FES, 4/FESA 6046.

117 Hans Boulboullé: Vorschlag eines Bildungsplans für Funktionäre und aktive Multiplikatoren der Partei im Wahljahr 1969, 9.8.1968, in: AdsD, Bestand FES, 4/FESA 6046.

118 Christian Bockemühl: Gegen die NPD. Argumente für die Demokratie, Bonn 1969, S. 63.

119 Günter Grunwald: Jahresbericht 1969, S. 24.

120 Ebd.

121 Reinelt, Presse- und Informationsamt der Bundesregierung, an Dröge, Bundeskanzleramt, 26.2.1973, in: BArch, B 136/6326.

122 Klaus Reiff: Bericht: Kontakt und Verhandlungsreise in die CSSR vom 3. bis 14 September 1974, in: AdsD, Bestand FES, 4/FESA 2978.

123 Zit. n. Klaus Reiff: Sachbericht. Informationsbesuch einer Delegation ungarischer Wirtschaftsjournalisten in der Bundesrepublik vom 22.10. bis 3.11.1972, 9.1.1973, in: BArch, B 136/6362.

124 Klaus Reiff: Bericht: Kontakt und Verhandlungsreise in die CSSR vom 3. bis 14 September 1974, in: AdsD, Bestand FES, 4/FESA 2978.

125 Ebd.

126 Bericht 2. deutsch-rumänisches Journalisten-Colloquium in Bukarest vom 17. bis 23. November 1975, in: AdsD, Bestand FES, 4/FESA 2978.

127 Information zur Rolle der Friedrich-Ebert-Stiftung der BRD, nicht datiert, in: BArch, MfS ZAIG 28299.

128 Auswärtiges Amt an Friedrich-Ebert-Stiftung, eingetroffen am 9.7.1975, zit. n. Dorota Dakowska: Die Arbeit der Friedrich-Ebert-Stiftung in Polen zwischen 1971 und der friedlichen Revolution, in: Archiv für Sozialgeschichte, 45 (2005), S. 325 – 352, hier: S. 331 f.

129 Friedrich-Ebert-Stiftung: Jahresbericht 1973, S. 59.

130 Zit. n. Friedrich-Ebert-Stiftung: Jahresbericht 1972, S. 59.

131 Friedrich-Ebert-Stiftung: Jahresbericht 1971, S. 36.

132 Ebd., S. 5.

133 Friedrich-Ebert-Stiftung: Jahresbericht 1973, S. 10.

134 Friedrich-Ebert-Stiftung: Jahresbericht 1970, S. 6.

135 Friedrich-Ebert-Stiftung: Jahresbericht 1975, S. 11.

136 Waldemar von Knoeringen an Günter Grunwald, 16.2.1971, in: AdsD, Bestand Werner Plum, 129.

137 Friedrich-Ebert-Stiftung: Jahresbericht 1972, S. 13.

138 Friedrich-Ebert-Stiftung: Jahresbericht 1973, S. 15.

139 Friedrich-Ebert-Stiftung: Jahresbericht 1971, S. 12.

140 Friedrich-Ebert-Stiftung: Jahresbericht 1973, S. 27.

141 Friedrich-Ebert-Stiftung: Jahresbericht 1970, S. 22.

142 Jürgen Kocka: Behutsame Erneuerer. Gerhard A. Ritter und die Sozialgeschichte der Bundesrepublik, in: Geschichte und Gesellschaft: Zeitschrift für Historische Sozialwissenschaft, 42 (2016), S. 669 – 684, hier: S. 676.

143 Friedrich-Ebert-Stiftung: 25 Jahre Deutsche Demokratische Republik, Bonn 1974, S. 7.

144 Friedrich-Ebert-Stiftung: Parteien in der Bundesrepublik und in der DDR, Bonn 1972.

145 Friedrich-Ebert-Stiftung: Jahresbericht 1973, S. 48.

146 Friedrich-Ebert-Stiftung: Jahresbericht 1972, S. 67.

147 Interview mit Günter Grunwald, 17.4.2002 (digitale Überlieferung), in: AdsD, Bestand Dieter Dowe.

148 Zit. n. Friedrich-Ebert-Stiftung: Bilder, Dokumente und Notizen zur Geschichte der Kurt-Schumacher-Akademie Bad Münstereifel, o. D., o. S., https://library.fes.de/pdf-files/akademie/muenstereifel/06637.pdf (abgerufen am 17.6.2024).

149 Durch die Seitentür, in: Der Spiegel, (1984) 27 (Online-Archiv).

150 Friedrich-Ebert-Stiftung: Jahresbericht 1973, S. 4.

151 So Alejandro Foxley in einem schriftlichen Interview mit Andreas Wille, zit. n. Andreas Wille: Nicht nur in guten, sondern auch in dunklen Zeiten. 40 Jahre Arbeit der Friedrich-Ebert-Stiftung in Chile für Demokratie und soziale Teilhabe, in: ders./Klaus-Peter Treydte/Volker Vinnai (Hrsg.): Die Arbeit der Friedrich-Ebert-Stiftung in wichtigen Schwellenländern. Chile, Indien, Südafrika (Geschichte der internationalen Arbeit der Friedrich-Ebert-Stiftung, Bd. 4), Bonn 2009, S. 17 – 67, hier: S. 32.

152 10-Punkte-Programm des Kocheler Kreises zur Wirtschaftskrise: https://vorwaerts.de/international/kocheler-kreis-10-punkte-programm-zur-wirtschaftskrise (abgerufen am 25.6.2024).

153 Vgl. Kristin Biesenbender/Timm Leinker: Wirtschaft in der Zeitenwende – Energie, Stagflation, Transformation. Tagungsdokumentation des Kocheler Kreises für Wirtschaftspolitik, Berlin 2023.

154 Friedrich-Ebert-Stiftung: Jahresbericht 1977, S. 14.

155 Friedrich-Ebert-Stiftung: Jahresbericht 1978, S. 25.

156 Friedrich-Ebert-Stiftung: Jahresbericht 1977, S. 14.

157 Friedrich-Ebert-Stiftung: Jahresbericht 1983, S. 133.

158 Friedrich-Ebert-Stiftung: Jahresbericht 1980, S. 33.

159 Friedrich-Ebert-Stiftung: Jahresbericht 1978, S. 45.

160 Friedrich-Ebert-Stiftung: Jahresbericht 1982, S. 76.

161 Friedrich-Ebert-Stiftung: Jahresbericht 1979, S. 66.

162 Friedrich-Ebert-Stiftung: Jahresbericht 1984, S. 141.

163 Willy Brandt: Democracia, libertad y socialismo, in: Nueva Sociedad, (1976) 23, S. 3–11, hier: https://nuso.org/articulo/democracia-libertad-y-socialismo/ (abgerufen am 1.7.2024).

164 Friedrich-Ebert-Stiftung: Jahresbericht 1973, S. 57.

165 Friedrich-Ebert-Stiftung: Jahresbericht 1981, S. 71.

166 Friedrich-Ebert-Stiftung: Jahresbericht 1979, S. 25.

167 Ebd., S. 27.

168 Mitgliederversammlung der FES, 1983, in: AdsD, Bestand FES, 4/FESA 23867 B.

169 Friedrich-Ebert-Stiftung: Jahresbericht 1975, S. 9.

170 Friedrich-Ebert-Stiftung: Jahresbericht 1977, S. 10.

171 Friedrich-Ebert-Stiftung: Jahresbericht 1979, S. 13.

172 Vgl. Friedrich-Ebert-Stiftung: Jahresbericht 1981, S. 62.

173 Friedrich-Ebert-Stiftung: Jahresbericht 1979, S. 29 und Friedrich-Ebert-Stiftung: Jahresbericht 1981, S. 62.

174 Friedrich-Ebert-Stiftung: Jahresbericht 1984, S. 138.

175 Friedrich-Ebert-Stiftung: Jahresbericht 1988, S. 50.

176 Ebd.

177 Friedrich-Ebert-Stiftung: Jahresbericht 1986, S. 7.

178 Urteil des Bundesverfassungsgerichts vom 14.7.1986, https://openjur.de/u/201762.html (abgerufen am 17.4.2024).

179 Friedrich-Ebert-Stiftung: Jahresbericht 1979, S. 23.

180 Ebd., S. 24.

181 Beitrag zur Kuratoriumsrede '89, in: AdsD, Bestand FES, 4/FESA 42566.

182 Friedrich-Ebert-Stiftung: Jahresbericht 1982, S. 69.

183 Friedrich-Ebert-Stiftung: Jahresbericht 1981, S. 42.

184 Norbert von Hofmann: Bericht über die Kontrollreise vom 15.12.1989, zit. n. Bernd Reddies: Reformen und Öffnung begleiten: Die internationale Arbeit der Friedrich-Ebert-Stiftung in der Volksrepublik China, in: ders./Hans-Joachim Spanger (Hrsg.): Die Arbeit der Friedrich-Ebert-Stiftung in der UdSSR/Russland und in der Volksrepublik China (Geschichte der internationale Arbeit der Friedrich-Ebert-Stiftung, Bd. 6), Bonn 2011, S. 157–300, hier: S. 176.

185 Hans Schumacher: Vermerk, 10.11.1987, in: AdsD, Bestand FES, 4/FESA 23809.

186 Holger Börner: Begrüßungsansprache, 10.4.1989, in: AdsD, Bestand FES, 4/FESA 23809.

187 https://www.fes.de/preis-das-politische-buch/ueber-den-preis (abgerufen am 24.6.2024).

188 Ebd., Pressemitteilung.

189 Information zur geplanten touristischen Tagesfahrt der „Friedrich-Ebert-Stiftung" am 03.04.1985, in: BArch, MfS BV Swn Abt. VI 793.

190 Friedrich-Ebert-Stiftung: Jahresbericht 1988, S. 10.

191 Friedrich-Ebert-Stiftung: Jahresbericht 1989, S. 10.

192 Vermerk zur FES-Vorstandssitzung am 20.2.1990, zit. n. Winfried Veit: Außenpolitik als internationale Gesellschaftspolitik. Die Arbeit der Friedrich-Ebert-Stiftung in der nördlichen Hemisphäre nach der Zeitenwende 1989/91 (Geschichte der internationalen Arbeit der Friedrich-Ebert-Stiftung, Bd. 3), Bonn 2013, S. 47.

193 Uwe Ziegler: Demokratie braucht Demokraten. 20 Jahre Engagement der Friedrich-Ebert-Stiftung in Ostdeutschland, Bonn 2011, S. 85.

194 Friedrich-Ebert-Stiftung: Jahresbericht 1989, S. 10.

195 Holger Börner im November 1989, zit. n. Uwe Ziegler: Demokratie braucht Demokraten. 20 Jahre Engagement der Friedrich-Ebert-Stiftung in Ostdeutschland, Bonn 2011, S. 82.

196 Tagesordnung und Protokoll der 5. Büroleitertagung am 14.9.1990, in: AdsD, Bestand FES, 4/FESA 77866.

197 Schreiben an Eugen Meckel vom 9.7.1990, in: AdsD, Bestand FES, 4/FESA 77866.

198 Ebd.

199 Zit. n. Uwe Ziegler: Demokratie braucht Demokraten. 20 Jahre Engagement der Friedrich-Ebert-Stiftung in Ostdeutschland, Bonn 2011, S. 111.

200 Friedrich-Ebert-Stiftung: Jahresbericht 1990, S. 8f.

201 Uwe Ziegler: Demokratie braucht Demokraten. 20 Jahre Engagement der Friedrich-Ebert-Stiftung in Ostdeutschland, Bonn 2011, S. 113.

202 Ebd., S. 114.

203 Axel Vornbäumen: Die Sozis (Ost) sind sauer auf die Sozis (West), in: Frankfurter Rundschau, 28.11.1990.

204 Rede von Holger Börner am 10.12.1990, in: AdsD, Bestand FES, 4/FESA 42566.

205 Friedrich-Ebert-Stiftung: Jahresbericht 1990, S. 34.

206 Uwe Ziegler: Demokratie braucht Demokraten. 20 Jahre Engagement der Friedrich-Ebert-Stiftung in Ostdeutschland, Bonn 2011, S. 118.

207 Friedrich-Ebert-Stiftung: Jahresbericht 1991, S. 8.

208 Tätigkeitsbericht 1991 von Dr. Horst Heidermann, in: AdsD, Bestand FES, 4/FESA 31094.

209 Hausmitteilung „Finanzielle Rahmenbedingungen für das Haushaltsjahr 1994 und die mittelfristige Finanzplanung 1995/1996", in: AdsD, Bestand FES, 4/FESA 42566.

210 Holger Börner, Zur Arbeit der Stiftung. Bericht zur Mitgliederversammlung 1998, S. 9, interne Unterlagen.

211 Managerkreis der Friedrich-Ebert-Stiftung (Hrsg.): Selbstverständnis, Ziele und Aufgaben, Berlin 2019.

212 Brief von Michael Domitra an Heinz-Albert Huthmacher vom 5.2.1990, in: AdsD, Bestand FES, 4/FESA 77865.

213 Managerkreis der Friedrich-Ebert-Stiftung: Lehren aus der Finanzkrise ziehen. Thesenpapier der Permanenten Arbeitsgruppe Finanzpolitik, Steuern, Haushalt und Finanzmärkte des Managerkreises der Friedrich-Ebert-Stiftung, Berlin 2010.

214 Jürgen Burckhardt am 24.2.1992, zit. n. Winfried Veit: Außenpolitik als internationale Gesellschaftspolitik. Die Arbeit der Friedrich-Ebert-Stiftung in der nördlichen Hemisphäre nach der Zeitenwende 1989/91 (Geschichte der internationalen Arbeit der Friedrich-Ebert-Stiftung, Bd. 3), Bonn 2013, S. 75.

215 Geleitwort Gernot Erler, in: Winfried Veit: Außenpolitik als internationale Gesellschaftspolitik. Die Arbeit der Friedrich-Ebert-Stiftung in der nördlichen Hemisphäre nach der Zeitenwende 1989/91 (Geschichte der internationalen Arbeit der Friedrich-Ebert-Stiftung, Bd. 3), Bonn 2013, S. 9–14, hier: S. 11.

216 Uwe Ziegler: Demokratie braucht Demokraten. 20 Jahre Engagement der Friedrich-Ebert-Stiftung in Ostdeutschland, Bonn 2011, S. 215.

217 Ebd., S. 211.

218 Gunter Hofmann: Keine Lust auf Untergang, in: Die Zeit 26.3.1998, vgl. https://www.zeit.de/1998/14/Keine_Lust_auf_Untergang (abgerufen am 19.6.2024).

219 Abteilungsberichte Mitgliederversammlung 1995, S. 160, interne Unterlagen.

220 Anja Kruke/Ann Kathrine Maier (Hrsg.): Das Archiv der sozialen Demokratie in 50 Objekten, Bonn 2022, S. 10.

221 Friedrich-Ebert-Stiftung: Jahresbericht, 1996, S. 38.

222 Friedrich-Ebert-Stiftung: Jahresbericht der Friedrich-Ebert-Stiftung 1991, S. 22.

223 Ebd.

224 Friedrich-Ebert-Stiftung: Jahresbericht 2009, S. 80.

225 Definition zit. n. Ulrich Heisterkamp: Think Tanks der Parteien? Eine vergleichende Analyse der deutschen politischen Stiftungen, Wiesbaden 2014, S. 543.

226 Brief von Holger Börner an Richard von Weizsäcker vom 9.3.1992, in: AdsD, Bestand FES, 4/FESA 42566.

227 Friedrich-Ebert-Stiftung: Jahresbericht der Friedrich-Ebert-Stiftung 1990, S. 52.

228 Friedrich-Ebert-Stiftung: Abteilungsberichte zur Mitgliederversammlung 1993, Bl. 97.

229 Friedrich-Ebert-Stiftung: Jahresbericht der Friedrich-Ebert-Stiftung 1991, S. 78.

230 Friedrich-Ebert-Stiftung (Hrsg.): Festveranstaltung. Verleihung des Menschenrechtspreises 1994 der Friedrich-Ebert-Stiftung an den Marie-Schlei-Verein e. V., Bonn 1994, S. 6.

231 FES-Menschenrechtspreis 2023 geht an Shaharzad Akbar (Pressemitteilung, 20.11.2023) https://www.fes.de/presse.

232 Friedrich-Ebert-Stiftung: Abteilungsberichte zur Mitgliederversammlung 1993, Bl. 85.

233 Friedrich-Ebert-Stiftung: Jahresbericht 1996, S. 51.

234 Ebd, S. 52.

235 Ebd, S. 49.

236 Friedrich-Ebert-Stiftung: Jahresbericht 1997, S. 44.

237 Ulrich Storck, zit. n. Michael Ehrke: Bedrohte Demokratie. Die Arbeit der Friedrich-Ebert-Stiftung in Serbien, in: Michael Ehrke/Elmar Römpczyk: Der steinige Weg nach Europa. Die Arbeit der Friedrich-Ebert-Stiftung in Serbien und in den baltischen Staaten (Geschichte der internationalen Arbeit der Friedrich-Ebert-Stiftung, Bd. 10), Bonn 2013, S. 76.

238 Friedrich-Ebert-Stiftung: Jahresbericht 2000, S. 39.

239 Friedrich-Ebert-Stiftung: Jahresbericht 2004, S. 10.

240 Friedrich-Ebert-Stiftung: Jahresbericht 1997, S. 44.

241 Friedrich-Ebert-Stiftung: Jahresbericht 1999, S. 32.

242 Zit. n. Winfried Veit: Außenpolitik als internationale Gesellschaftspolitik. Die Arbeit der Friedrich-Ebert-Stiftung in der nördlichen Hemisphäre nach der Zeitenwende 1989/91 (Geschichte der internationalen Arbeit der Friedrich-Ebert-Stiftung, Bd. 3), Bonn 2013, S. 183.

243 Friedrich-Ebert-Stiftung: Jahresbericht 1997, S. 29.

244 Protokoll der der Direktorenkonferenz vom 9./10. Oktober 1995 in Bonn, in: AdsD, Bestand FES, 4/FESA 39003.

245 Friedrich-Ebert-Stiftung: Jahresbericht 1999, S. 5.

246 Holger Börner, Zur Arbeit der Stiftung. Bericht zur Mitgliederversammlung 1998, S. 1, interne Unterlagen.

247 Zit. n. Ulrich Heisterkamp: Think Tanks der Parteien? Eine vergleichende Analyse der deutschen politischen Stiftungen, Wiesbaden 2014, S. 199.

248 Friedrich-Ebert-Stiftung: Jahresbericht 2003, S. 8.

249 Winfried Veit: Außenpolitik als internationale Gesellschaftspolitik. Die Arbeit der Friedrich-Ebert-Stiftung in der nördlichen Hemisphäre nach der Zeitenwende 1989/1989/91 (Geschichte der internationalen Arbeit der Friedrich-Ebert-Stiftung, Bd. 3), Bonn 2013, S. 62.

250 Friedrich-Ebert-Stiftung: Jahresbericht 1991, S. 173.

251 Friedrich-Ebert-Stiftung: Jahresbericht 2000, S. 18. Hinweis auf die dritte Auflage auf S. 33.

252 Oliver Decker/Elmar Brähler unter Mitarbeit von Norman Geißler: Vom Rand zur Mitte. Rechtsextreme Einstellungen und ihre Einflussfaktoren in Deutschland, Leipzig 2006, S. 157 f.

253 Uneingeschränkte Solidarität mit den USA (12. September 2001). Regierungserklärung von Bundeskanzler Schröder vor dem Deutschen Bundestag zum Terrorakt in den USA, https://dserver.bundestag.de/btp/14/14186.pdf, S. 3 f. (abgerufen am 1.5.2024).

254 Friedrich-Ebert-Stiftung: Jahresbericht 2001, S. 4 f. und S. 13.

255 Oliver Decker/Elmar Brähler unter Mitarbeit von Norman Geißler: Vom Rand zur Mitte. Rechtsextreme Einstellungen und ihre Einflussfaktoren in Deutschland, Leipzig 2006, S. 37 und S. 157 f.

256 „Gespaltene Mitte – Feindselige Zustände" (Pressemitteilung, 21.11.2026), vgl. https://www.fes.de/gespaltene-mitte-rechtsextreme-einstellungen-2016 (abgerufen am 5.9.2024).

257 Almut Wieland-Karimi in Deutschlandradio Kultur am 23.10.2018, https://www.deutschlandfunkkultur.de/orientalistin-wieland-karimi-ueber-afghanistan-um-2002-es-100.html (abgerufen am 15.5.2024).

258 Zit. n. Erfried Adam: Vom mühsamen Geschäft der Demokratieförderung. Die internationale Entwicklungszusammenarbeit der Friedrich-Ebert-Stiftung (Geschichte der internationalen Arbeit der Friedrich-Ebert-Stiftung, Bd. 2), Bonn 2012, S. 219.

259 Zit. n. ebd., S. 221.

260 Friedrich-Ebert-Stiftung: Jahresbericht 2003, S. 12.

261 Zit. n. ebd., S. 59.

262 Ebd, S. 90.

263 Ebd, S. 65.

264 Evaluation aus dem Jahr 2008, zit. n. Winfried Veit: Außenpolitik als internationale Gesellschaftspolitik. Die Arbeit der Friedrich-Ebert-Stiftung in der nördlichen Hemisphäre nach der Zeitenwende 1989/1989/91 (Geschichte der internationalen Arbeit der Friedrich-Ebert-Stiftung, Bd. 3), Bonn 2013, S. 312.

265 Friedrich-Ebert-Stiftung: Jahresbericht der Friedrich-Ebert-Stiftung 2004, S. 84.

266 Zit. n. Friedrich-Ebert-Stiftung: Jahresbericht 2001, S. 4.

267 Erfried Adam: Vom mühsamen Geschäft der Demokratieförderung. Die internationale Entwicklungszusammenarbeit der Friedrich-Ebert-Stiftung (Geschichte der internationalen Arbeit der Friedrich-Ebert-Stiftung, Bd. 2), Bonn 2012, S. 497.

268 Jochen Steinhilber: Kompass 2020. Deutschland in den internationalen Beziehungen – Ziele, Instrumente, Perspektiven, Bonn 2007, S. 2.

269 Friedrich-Ebert-Stiftung, Fortschrittsforum: So wollen wir leben! Ideen und Handlungsempfehlungen aus dem Fortschrittsforum, 2. Aufl., Berlin 2013, S. 33.

270 Vgl. Friedrich-Ebert-Stiftung: Jahresbericht 2008, S. 49; Friedrich-Ebert-Stiftung: Jahresbericht 2010, S. 93.

271 Friedrich-Ebert-Stiftung: Jahresbericht 2008, S. 14.

272 Friedrich-Ebert-Stiftung: Exposé. Internet-Projekt gegen Rechtsextremismus, Rassismus und Fremdenfeindlichkeit und zur beruflichen Integration junger Zuwanderer, interne Unterlage, April 2001.

273 Vgl. Friedrich-Ebert-Stiftung: Jahresbericht 2001, S. 12; Friedrich-Ebert-Stiftung: Geschäftsberichte und Abteilungsberichte 2001–2007; Auskunft des Landesbüros Mecklenburg-Vorpommern, 14.6.2024.

274 Vgl. Friedrich-Ebert-Stiftung: Jahresbericht 2019, S. 28, und Friedrich-Ebert-Stiftung: Entwicklung Digitale Bildung in der FES, interne Zusammenstellung.

275 Vgl. Friedrich-Ebert-Stiftung: Jahresbericht 2020, S. 12 und S. 44 sowie Friedrich-Ebert-Stiftung: Jahresbericht 2021, S. 38.

276 Vgl. Friedrich-Ebert-Stiftung: Entwicklung Digitale Bildung in der FES, interne Zusammenstellung.

277 Vgl. https://www.fes.de/respekt-cube, (abgerufen am 27.6.2024).

278 Vgl. Friedrich-Ebert-Stiftung: Entwicklung Digitale Bildung in der FES, interne Zusammenstellung.

279 Friedrich-Ebert-Stiftung: Geschäftsbericht 2012, interne Unterlage.

280 Friedrich-Ebert-Stiftung: Jahresbericht 2008, S. 46.

281 Michael Sommer: After Rana Plaza: Business As Usual?, in: Social Europe/Friedrich-Ebert-Stiftung: After Rana Plaza. Social Europe Report, 2015, S. 5–7, hier: S. 5.

282 Vgl. Friedrich-Ebert-Stiftung: Jahresbericht 2013, S. 22; Friedrich-Ebert-Stiftung: Jahresbericht 2014, S. 38; Friedrich-Ebert-Stiftung: Jahresbericht 2015, S. 24; Andreas Zick/Beate Küpper/Andreas Hövermann: Die Abwertung der Anderen. Eine europäische Zustandsbeschreibung zu Intoleranz, Vorurteilen und Diskriminierung, Berlin 2011 sowie Nora Langenbacher/Britta Schellenberg (Hrsg.), Europa auf dem ‚rechten' Weg? Rechtsextremismus und Rechtspopulismus in Europa, Berlin 2011.

283 Martin Schulz: Ein gemeinsames Europa der Vielfalt gegen Rechtsextremismus und Rechtspopulismus, in: Ralf Melzer/Sebastian Serafin (Hrsg.): Rechtsextremismus in Europa. Länderanalysen, Gegenstrategien und arbeitsmarktorientierte Ausstiegsarbeit, Berlin 2013, S. 377–396, hier: S. 387.

284 Friedrich-Ebert-Stiftung: Jahresbericht 2015, S. 22.

285 Friedrich-Ebert-Stiftung: Jahresbericht 2012, S. 45.

286 Friedrich-Ebert-Stiftung: Geschäftsbericht 2012, interne Unterlage, S. 252.

287 Friedrich-Ebert-Stiftung: Geschäftsbericht 2021, interne Unterlage.

288 Friedrich-Ebert-Stiftung: Jahresbericht 2014, S. 23.

289 Vgl. https://www.fes.de/themenportal-flucht-migration-integration/hoergut-auf-stimmenfang (abgerufen am 5.9.2024).

290 https://www.fes.de/abteilung-analyse-planung-und-beratung/hans-matthoefer-preis-fuer-wirtschaftspublizistik (abgerufen am 8.7.2024).

291 Werner Abelshauser: Nach dem Wirtschaftswunder. Der Gewerkschafter, Politiker und Unternehmer Hans Matthöfer, Bonn 2009, S. 9.

292 Friedrich-Ebert-Stiftung: Jahresbericht 2019, S. 8.

293 Friedrich-Ebert-Stiftung: Jahresbericht 2019, S. 14.

294 Friedrich-Ebert-Stiftung: Geschäftsbericht 2019, S. 1.

295 „Der Westen hat sich lange zu sicher gefühlt", in: ipg, 22.6.2022, https://www.ipg-journal.de/rubriken/aussen-und-sicherheitspolitik/artikel/lars-klingbeil-rede-zur-zeitenwende-6010 (abgerufen am 7.6.2024).

Quellen- und Literaturverzeichnis

Archivalien

AdsD
- Bestand Dieter Dowe
- Bestand Werner Plum
- Bestand Kurt Schumacher
- Bestand Gerhard Weisser
- Bestand Sozialistischer Deutscher Studentenbund (SDS)
- Bestand SPD-Parteivorstand
- Bestand Friedrich-Ebert-Stiftung (FES)
- Geschäftsberichte der Friedrich-Ebert-Stiftung 2008 – 2019

Bundesarchiv Berlin-Lichtenberg
- MfS Arbeitsgruppe XVII (Besucherbüros West-Berlin)
- MfS BV Schwerin, Abteilung VI
- MfS ZAIG (Zentrale Auswertungs- und Informationsgruppe)

Bundesarchiv Koblenz
- B 122 Bundespräsidialamt
- B 136 Bundeskanzleramt
- B 145 Presse- und Informationsamt der Bundesregierung (BPA)

Politisches Archiv des Auswärtigen Amts, Berlin
- Politische Abteilung, Ost-West-Beziehungen, B 40

Gedruckte Quellen

Friedrich-Ebert-Stiftung: Berichte über die Hochbegabtenförderung, 1958/59 – 1966, 1977.

Friedrich-Ebert-Stiftung: FES info 3 – 4/1991, 3/2006.

Jahrbuch der deutschen Sozialdemokratie 1926, 1927, 1929, 1931.

Jahresberichte der Friedrich-Ebert-Stiftung 1967 – 2023.

Vorwärts 1925 – 1930.

Literatur (Auswahl)

Abelmann, Anna/Konarek, Katharina (Hrsg.): The German political foundations' work between Jerusalem, Ramallah and Tel Aviv. A kaleidoscope of different perspectives, Wiesbaden 2018.

Abelmann-Brockmann, Anna: Die Geschichte deutscher politischer Stiftungen in Israel im Kontext offizieller deutsch-israelischer Beziehungen von den Anfängen bis in die 1980er-Jahre, Dissertation, Bochum 2019.

Abelshauser, Werner: Nach dem Wirtschaftswunder. Der Gewerkschafter, Politiker und Unternehmer Hans Matthöfer, Bonn 2009.

Adam, Erfried: Vom mühsamen Geschäft der Demokratieförderung. Die internationale Entwicklungszusammenarbeit der Friedrich-Ebert-Stiftung (Geschichte der internationalen Arbeit der Friedrich-Ebert-Stiftung, Bd. 2), Bonn 2012.

Ahland, Frank: Bürger und Gewerkschafter. Ludwig Rosenberg 1903 bis 1977. Eine Biografie, Essen 2016.

Albrecht, Willy: Alfred Nau, in: Neue deutsche Biographie, 18 (1997), S. 756 – 757.

Alfred-Nau-Akademie Bergneustadt (Hrsg.): Zwischenbilanz. 40 Jahre Alfred-Nau-Akademie Bergneustadt 1956 – 1996, Bergneustadt 1996.

Altvater, Elmar/Hirsch, Nele/Notz, Gisela/Seibert, Thomas: „Die letzte Schlacht gewinnen wir!" 40 Jahre 1968 – Bilanz und Perspektiven, Hamburg 2008.

Am Puls der Zeit. 50 Jahre WDR, Band 1: Die Vorläufer 1924 – 1955, Köln 2006.

Angster, Julia: Konsenskapitalismus und Sozialdemokratie. Die Westernisierung von SPD und DGB, München 2003.

Appelius, Stefan: Fritz Heine. Die SPD und der lange Weg zur Macht, Essen 1999.

Arens, Christof u.a. (Hrsg.): Die Debatte um den Klimaschutz. Mythen, Fakten, Argumente, Bonn 2019.

Asseburg, Muriel/Busse, Jan: Der Nahostkonflikt. Geschichte, Positionen, Perspektiven, München 2024.

Birle, Peter/Muñoz Sánchez, Antonio: Partnerschaft für die Demokratie. Die Arbeit der Friedrich-Ebert-Stiftung in Brasilien und Portugal (Geschichte der internationalen Arbeit der Friedrich-Ebert-Stiftung Bd. 14), Bonn 2020.

Blank, Karl: Beiträge zum innerdeutschen Gewerkschaftsdialog 2, Bonn-Bad Godesberg 1972.

Bockemühl, Christian: Gegen die NPD. Argumente für die Demokratie, Bonn 1969.

Bösch, Frank: Deals mit Diktaturen. Eine andere Geschichte der Bundesrepublik, München 2024.

Bungert, Mario: „Zu retten, was sonst unwiederbringlich verloren geht". Die Archive der deutschen Sozialdemokratie und ihre Geschichte, Bonn 2002.

Busch, Klaus: Scheitert der Euro? Strukturprobleme und Politikversagen bringen Europa an den Abgrund, Berlin 2012.

Büttner, Ursula: Weimar. Die überforderte Republik 1918–1933. Leistung und Versagen in Staat, Gesellschaft, Wirtschaft und Kultur, Stuttgart 2008.

Ciupke, Paul/Jelich, Franz-Josef (Hrsg.): Ein neuer Anfang. Politische Jugend- und Erwachsenenbildung in der westdeutschen Nachkriegsgesellschaft, Essen 1999.

Dakowska, Dorota: Die Arbeit der Friedrich-Ebert-Stiftung in Polen zwischen 1971 und der friedlichen Revolution, in: Archiv für Sozialgeschichte, 45 (2005), S. 325-352.

Deutscher Bundestag/Wissenschaftliche Dienste: Geschichte, Struktur und Wirken der politischen Stiftungen in der Bundesrepublik Deutschland, WD 1 – 164/06, Berlin 2006.

Dowe, Dieter/Hengstenberg, Peter/Kerbusch, Ernst J. (Hrsg.): Günter Grunwald und die Friedrich-Ebert-Stiftung, Bonn 2012.

Dowe, Dieter/Fuchs, Eckhardt/Mätzing, Heike Christina/Sammler, Steffen (Hrsg.): Georg Eckert. Grenzgänger zwischen Wissenschaft und Politik, Göttingen 2017.

Eckl, Jürgen/von Hofmann, Norbert: Kooperation mit Gewerkschaften und Förderung von Wirtschafts- und Sozialentwicklung. Zentrale Tätigkeitsfelder der internationalen Arbeit der Friedrich-Ebert-Stiftung seit Beginn der 1960er-Jahre (Geschichte der internationalen Arbeit der Friedrich-Ebert-Stiftung, Bd. 7), Bonn 2012.

Ehrke, Michael/Römpczyk, Elmar: Der steinige Weg nach Europa. Die Arbeit der Friedrich-Ebert-Stiftung in Serbien und in den baltischen Staaten (Geschichte der internationalen Arbeit der Friedrich-Ebert-Stiftung, Bd. 10), Bonn 2013.

Faath, Sigrid/Hegasy, Sonja/Vinnai, Volker/Vogt, Achim: Herausforderungen in arabischen Staaten. Die Friedrich-Ebert-Stiftung im Nahen Osten und in Nordafrika (Geschichte der internationalen Arbeit der Friedrich-Ebert-Stiftung, Bd. 13), Bonn 2016.

Faßbender, Monika: „... auf der Grundlage des Liberalismus tätig". Die Geschichte der Friedrich-Naumann-Stiftung, Baden-Baden 2009.

Faulenbach, Bernd: Das sozialdemokratische Jahrzehnt. Von der Reformeuphorie zur neuen Unübersichtlichkeit, Die SPD 1969–1982, Bonn 2011.

Faulstich, Peter (Hrsg.): Die Bildungspolitik des Deutschen Gewerkschaftsbundes 1949-1979, Stuttgart 1980.

Friedrich-Ebert-Stiftung: Die Friedrich-Ebert-Stiftung zur Förderung demokratischer Volkserziehung, Bonn ca. 1958.

Friedrich-Ebert-Stiftung: Solidarität. Alfred Nau zum 65. Geburtstag, Bonn 1971.

Friedrich-Ebert-Stiftung: Parteien in der Bundesrepublik und in der DDR, Bonn 1972.

Friedrich-Ebert-Stiftung: 25 Jahre Deutsche Demokratische Republik, Bonn 1974.

Friedrich-Ebert-Stiftung: Alfred Nau 1906–1983, Bonn 1983.

Friedrich-Ebert-Stiftung: 70 Jahre für soziale Demokratie. 1925-1995, Bonn 1995.

Friedrich-Ebert-Stiftung: Trauerfeier für Fritz Heine (1904–2002) in der Friedrich-Ebert-Stiftung, Bonn 2002.

Friedrich-Ebert-Stiftung: Demokratie braucht Demokraten. Seit 80 Jahren Bildung im Geiste von Gerechtigkeit, Freiheit und Solidarität, Bonn 2005.

Friedrich-Ebert-Stiftung: „Demokratie braucht Demokraten". Studienförderung als gesellschaftspolitische Aufgabe, Bonn 2015.

Friedrich-Ebert-Stiftung, Fortschrittsforum: So wollen wir leben! Ideen und Handlungsempfehlungen aus dem Fortschrittsforum, 2. Aufl., Berlin 2013.

Friedrich-Ebert-Stiftung, Kocheler Kreis: Löhne, Arbeitsbedingungen und Beschäftigung, Bonn 1986.

Friedrich-Ebert-Stiftung, Kocheler Kreis: Von der Kommandowirtschaft zur sozialen Marktwirtschaft: Transformations- und Integrationsprobleme in den neuen Bundesländern. Eine Tagung des Kocheler Kreises der Friedrich-Ebert-Stiftung vom 24.–26. Mai 1991 in Kochel, Bonn 1991.

Friedrich-Ebert-Stiftung, Kocheler Kreis: Finanzierung der deutschen Einheit: Ansätze zur Neuordnung des Finanzausgleichs und zur Verbesserung der Politik der Treuhandanstalt. Eine Tagung des Kocheler Kreises der Friedrich-Ebert-Stiftung vom 10.–12. Januar 1992 in Kochel, Bonn 1992.

Friedrich-Ebert-Stiftung, Szenarien-Team Eurozone 2020: Zukunftsszenarien für die Eurozone. 15 Perspektiven für die Eurokrise, Berlin 2013.

Fukuyama, Francis: The End of History and the Last Man, New York 1992.

Gertel, Jörg/Hexel, Ralf: Zwischen Ungewissheit und Zuversicht. Jugend im Nahen Osten und in Nordafrika, Bonn 2018.

Gohle, Peter: Von der SDP-Gründung zur gesamtdeutschen SPD. Die Sozialdemokratie in der DDR und die Deutsche Einheit 1989/90, Bonn 2014.

Harder, Ernesto: Vordenker der „ethischen Revolution". Willi Eichler und das Godesberger Programm der SPD, Bonn 2013.

Heisterkamp, Ulrich: Think Tanks der Parteien? Eine vergleichende Analyse der deutschen politischen Stiftungen, Wiesbaden 2014.

Henkel, Heinrich A.: Gerhard Weisser zum 90. Geburtstag, Göttingen 1988.

Herkströter, Christoph: Karl Marx im Museum der Gegenwart. Das Karl-Marx-Haus in Trier und seine Dauerausstellungen im historischen Wandel 1968-2018, Bonn 2020.

Herres, Jürgen: Das Karl-Marx-Haus in Trier. 1727–heute. Bürgerliches Wohnhaus, politisches Symbol, historisches Museum, Trier 1993.

Hofmann, Norbert von/Vinnai, Volker/Benzing, Hermann: Die Arbeit der Friedrich-Ebert-Stiftung in Indonesien, Tansania und Zentralamerika seit den 1960er-Jahren (Geschichte der internationalen Arbeit der Friedrich-Ebert-Stiftung, Bd. 5), Bonn 2010.

Hüttenberger, Peter: Eröffnung des „Archivs der sozialen Demokratie", in: Der Archivar, 22 (1969) 3, S. 312.

Klingbeil, Lars: Der Westen hat sich lange zu sicher gefühlt, in: ipg, 22.6.2022, https://www.ipg-journal.de/rubriken/aussen-und-sicherheitspolitik/artikel/lars-klingbeil-rede-zur-zeitenwende-6010/, abgerufen am 28.8.2024.

Klotzbach, Kurt: Der Weg zur Staatspartei. Programmatik, praktische Politik und Organisation der deutschen Sozialdemokratie 1945–1965, 2. Aufl., Bonn 1996.

Knoch, Habbo/Schwanke, Enno/Thieler, Kerstin: „Gesamtpersönlichkeit" statt „Elite". Die Studienstiftung des deutschen Volkes und die Begabtenförderung im 20. Jahrhundert, in: Archiv für Sozialgeschichte, 61 (2021), S. 203-238.

Kocka, Jürgen: Behutsame Erneuerer. Gerhard A. Ritter und die Sozialgeschichte der Bundesrepublik, in: Geschichte und Gesellschaft. Zeitschrift für Historische Sozialwissenschaft, 42 (2016), S. 669–684.

Korthaase, Werner: Die Neuköllner Arbeiter-Abiturienten-Kurse – Der Beginn des Zweiten Bildungsweges in Deutschland, in: Raade, Gerd (Hrsg.): Schulreform – Kontinuität und Brüche. Das Versuchsfeld Berlin-Neukölln. Bd. I: 1912 bis 1945, Berlin 1993, S. 161–171.

Köser, Helmut: Die Grundsatzdebatte in der SPD von 1945/46 bis 1958/59. Entwicklung und Wandel der Organisationsstruktur und des ideologisch-typologischen Selbstverständnisses der SPD. Eine empirisch-systematische Untersuchung, Freiburg im Breisgau 1971.

Kraft, Lothar: „Wegen Umbau geöffnet“. Die deutschlandpolitische Arbeit der Konrad-Adenauer-Stiftung, in: Die Politische Meinung, Ausgabe 432, 2.11.2005, S. 59–62.

Krause, Joachim: Der Bedeutung der Massenmedien für die Bildungsarbeit in Südostasien (Philippinen, Malaysia und Singapur), Bad Godesberg 1969.

Kruke, Anja/Woyke, Meik (Hrsg.): Deutsche Sozialdemokratie in Bewegung: 1848–1863–2013, Bonn 2010.

Kruke, Anja/Maier, Ann Kathrine (Hrsg.): Das Archiv der sozialen Demokratie in 50 Objekten, Bonn 2022.

Lohmar, Ulrich (Hrsg.): Deutschland 1975. Analysen, Prognosen, Perspektiven, München 1965.

Langenbacher, Nora/Schellenberg, Britta (Hrsg.): Europa auf dem „rechten“ Weg? Rechtsextremismus und Rechtspopulismus in Europa, Berlin 2011.

Langkau-Herrmann, Monika: „Frauenpolitik. Dokumentation der Arbeit des Referats, Gesprächskreises Frauenpolitik der Friedrich-Ebert-Stiftung 1985-2002. Bestandsaufnahme und zukünftige Perspektiven.“, Bonn 2003.

Leipart, Theodor/Erdmann, Lothar: Arbeiterbildung und Volksbildung, Berlin 1928.

Lieb, Felix: Arbeit und Umwelt? Die Umwelt- und Energiepolitik der SPD zwischen Ökologie und Ökonomie 1969–1998, Berlin/Boston 2022.

Lösche, Peter/Walter, Franz: Die SPD. Klassenpartei – Volkspartei – Quotenpartei. Zur Entwicklung der Sozialdemokratie von Weimar bis zur deutschen Vereinigung, Darmstadt 1992.

Mätzing, Heike Christina: Georg Eckert 1912–1974. Von Anpassung, Widerstand und Völkerverständigung, Bonn 2018.

Melzer, Ralf/Serafin, Sebastian (Hrsg.): Rechtsextremismus in Europa. Länderanalysen, Gegenstrategien und arbeitsmarktorientierte Ausstiegsarbeit, Berlin 2013.

Meyer, Christoph: Herbert Wehner. Biographie, München 2006.

Mielke, Siegfried (Hrsg.): Einzigartig – Dozenten, Studierende und Repräsentanten der Deutschen Hochschule für Politik (1920–1933) im Widerstand gegen den Nationalsozialismus, Berlin 2008.

Molt, Peter: Die Anfänge der Entwicklungspolitik der Bundesrepublik Deutschland in der Ära Adenauer, Düsseldorf 2017.

Mühlen, Patrik von zur: Von der kritischen Öffentlichkeit zur Opposition. Die Vorgeschichte der Wende in der DDR 1980–1989, Bonn 1998.

Mühlen, Patrik von zur: Die internationale Arbeit der Friedrich-Ebert-Stiftung. Von den Anfängen bis zum Ende des Ost-West-Konflikts (Geschichte der internationalen Arbeit der Friedrich-Ebert-Stiftung, Bd. 1), Bonn 2007.

Mühlen, Patrik von zur: Entwicklungspolitische Paradigmenwechsel am Beispiel der Friedrich-Ebert-Stiftung vom Ende der 1950er bis zu den 1990er Jahren, in: Archiv für Sozialgeschichte, 48 (2008), S. 411-432.

Mühlhausen, Walter: Friedrich Ebert 1871–1925. Reichspräsident der Weimarer Republik, Bonn 2006.

Müller, Stefan: Die Ostkontakte der westdeutschen Gewerkschaften. Entspannungspolitik zwischen Zivilgesellschaft und internationaler Politik 1969 bis 1989, Bonn 2020.

Muñoz Sánchez, Antonio/Arpel, Hans/Koniecki, Dieter (Hrsg.): Von der Franco-Diktatur zur Demokratie. Die Tätigkeit der Friedrich-Ebert-Stiftung in Spanien (Geschichte der internationalen Arbeit der Friedrich-Ebert-Stiftung, Bd. 11), Bonn 2013.

Niedhart, Gottfried: Durch den Eisernen Vorhang. Die Ära Brandt und das Ende des Kalten Kriegs, Darmstadt 2019.

Noak, Ronny: Die Heimvolkshochschule Tinz. Ein Experimentierlabor sozialistischer Bildung, Erfurt 2021.

Olbrich Josef/Schwarz, Hanns-Albrecht (Hrsg.): Politik und Bildung. Arbeiterbildung nach 1945, Frankfurt am Main u.a. 1991.

Potthoff, Heinrich/Miller, Susanne: Kleine Geschichte der SPD 1848-2002, Bonn 2002.

Reddies, Bernd/Spanger (Hrsg.), Hans-Joachim: Die Arbeit der Friedrich-Ebert-Stiftung in der UdSSR/Russland und in der Volksrepublik China (Geschichte der internationalen Arbeit der Friedrich-Ebert-Stiftung, Bd. 6), Bonn 2011.

Reschke, Michael/Dahm, Jochen: Geschichte der Sozialen Demokratie, 3., aktual. Aufl., Bonn 2013.

Ritter-Weil, Astrid/Treydte, Klaus-Peter: Genderpolitik und Medienförderung. Wege zur Stärkung der Demokratie und Entwicklung in der internationalen Arbeit der Friedrich-Ebert-Stiftung (Geschichte der internationalen Arbeit der Friedrich-Ebert-Stiftung, Bd. 9), Bonn 2013.

Schönhoven, Klaus: Reformismus und Radikalismus. Gespaltene Arbeiterbewegung im Weimarer Sozialstaat, München 1989.

Schönhoven, Klaus: Wendejahre. Die Sozialdemokratie in der Zeit der Großen Koalition 1966–1969, Bonn 2004.

Schönhoven, Klaus: Auf dem Weg zum digitalen Dienstleistungszentrum. 30 Jahre Archiv der sozialen Demokratie und Bibliothek der Friedrich-Ebert-Stiftung, Bonn 1999.

Schumacher, Hans: Wechselhafter Halbmond. Die Arbeit der Friedrich-Ebert-Stiftung in der Türkei (Geschichte der internationalen Arbeit der Friedrich-Ebert-Stiftung, Bd. 8), Bonn 2012.

Schuhmann, Annette: Der Traum vom perfekten Unternehmen. Die Computerisierung der Arbeitswelt in der Bundesrepublik Deutschland (1950er- bis 1980er-Jahre), in: Zeithistorische Forschungen, 9 (2012) 2, S. 231–254.

Schuler-Harms, Margarete: „Verfassungsrechtlich prekär“: Expertise zur Einführung eines Betreuungsgeldes, Berlin 2010.

Schweißhelm, Erwin/Stetten, Jürgen: Brückenschlag oder Allianzen? Globalisierungskritiker und Gewerkschaften setzen Dialog fort (Kurzberichte aus der internationalen Entwicklungszusammenarbeit), Juli 2002.

Steinhilber, Jochen: Kompass 2020. Deutschland in den internationalen Beziehungen – Ziele, Instrumente, Perspektiven, Bonn 2007.

Storvik, Aagoth/Teigen, Mari: Das norwegische Experiment – eine Frauenquote für Aufsichtsräte, Berlin 2010.

Straeten, Herbert (1995): Demokratie beginnt in der Gemeinde. Die kommunalpolitische Arbeit der Friedrich-Ebert-Stiftung

Thränhardt, Dietrich: Geschichte der Bundesrepublik Deutschland. Erweiterte Neuausgabe, Frankfurt am Main 1996.

Tooze, J. Adam: Crashed. Wie zehn Jahre Finanzkrise die Welt verändert haben, München 2018.

Veit, Winfried: Das Ende einer Tradition. Zur Geschichte der Zeitschrift „Internationale Politik und Gesellschaft“, in: Internationale Politik und Gesellschaft, (2001) 4, S. 162–168.

Veit, Winfried: Außenpolitik als internationale Gesellschaftspolitik. Die Arbeit der Friedrich-Ebert-Stiftung in der nördlichen Hemisphäre nach der Zeitenwende 1989/91 (Geschichte der internationalen Arbeit der Friedrich-Ebert-Stiftung, Bd. 3), Bonn 2013.

Veit, Winfried: Von der Versöhnung zur Partnerschaft 40 Jahre Israel-Büro der Friedrich-Ebert-Stiftung, Berlin 2018.

Veit, Winfried/Treydte, Klaus-Peter/Dethlefsen, Knut: Von der Versöhnung zur Partnerschaft. Die Friedrich-Ebert-Stiftung in Frankreich, Polen und Israel (Geschichte der internationalen Arbeit der Friedrich-Ebert-Stiftung, Bd. 15), Bonn 2019.

Vieregge, Henning von: Parteistiftungen. Zur Rolle der Konrad-Adenauer-, Friedrich-Ebert-, Friedrich-aumann- und Hanns-Seidel-Stiftung im politischen System der Bundesrepublik Deutschland, Baden-Baden 1977.

Vinnai, Volker/Hofmann, Norbert von/Benzing, Hermann (Hrsg.): Die Arbeit der Friedrich-Ebert-Stiftung in Indonesien, Tansania und Zentralamerika seit den 1960er-Jahren (Geschichte der internationalen Arbeit der Friedrich-Ebert-Stiftung, Bd. 5), Bonn 2010.

Vogt, Achim/Faath, Sigrid/Hegasy, Sonja/Vinnai, Volker (Hrsg.): Herausforderungen in arabischen Staaten. Die Friedrich-Ebert-Stiftung im Nahen Osten und in Nordafrika (Geschichte der internationalen Arbeit der Friedrich-Ebert-Stiftung, Bd. 13), Bonn 2016.

Walter, Franz: Die SPD. Biographie einer Partei von Ferdinand Lassalle bis Andrea Nahles, überarbeitete Neuausgabe, Reinbek bei Hamburg 2018.

Wernstedt, Rolf/John-Ohnesorg, Marei: Soziale Herkunft entscheidet über Bildungserfolg. Konsequenzen aus IGLU 2006 und PISA III, Dokumentation der Sitzung des Netzwerk Bildung vom 24. Januar 2008, Berlin 2008.

Wernstedt, Rolf/John-Ohnesorg, Marei: Hätte Kant gesurft? Wissen und Bildung im Internet-Zeitalter, Berlin 2011.

Werz, Nikolaus/Hofmann, Norbert von/Bussiek, Hendrik: Demokratieförderung unter schwierigen Bedingungen. Die Tätigkeit der Friedrich-Ebert-Stiftung in Venezuela, Vietnam und Simbabwe (Geschichte der internationalen Arbeit der Friedrich-Ebert-Stiftung, Bd. 12), Bonn 2014.

Wille, Andreas/Treydte, Klaus-Peter/Vinnai, Volker: Die Arbeit der Friedrich-Ebert-Stiftung in wichtigen Schwellenländern. Chile, Indien und Südafrika (Geschichte der internationalen Arbeit der Friedrich-Ebert-Stiftung, Bd. 4), Bonn 2009.

Winkler, Heinrich August: Von der Revolution zur Stabilisierung. Arbeiter und Arbeiterbewegung in der Weimarer Republik 1918 bis 1924, 2. Aufl., Bonn 1985.

Winkler, Heinrich August: Der Schein der Normalität. Arbeiter und Arbeiterbewegung in der Weimarer Republik 1924 bis 1930, Bonn 1988.

Wirsching, Andreas: Abschied vom Provisorium. Geschichte der Bundesrepublik Deutschland 1982-1990, München 2006.

Wolfrum, Edgar: Die Bundesrepublik Deutschland 1949–1990 (Gebhardt Handbuch der deutschen Geschichte Bd. 23), Stuttgart 2005.

Woyke, Meik (Hrsg.): 50 Jahre Archiv für Sozialgeschichte. Bedeutung, Wirkung, Zukunft, Bonn 2011

Ziegler, Uwe: Demokratie braucht Demokraten. 20 Jahre Engagement der Friedrich-Ebert-Stiftung in Ostdeutschland, Bonn 2011.

Zimmermann, Rüdiger: Das gedruckte Gedächtnis der Arbeiterbewegung bewahren. Die Geschichte der Bibliotheken der deutschen Sozialdemokratie, Bonn 2008.

Abkürzungen

AdsD	Archiv der sozialen Demokratie
AfS	Archiv für Sozialgeschichte
AG	Aktiengesellschaft
AMIC	Asian Mass Communication Information and Research Centre
ANC	African National Congress
APO	Außerparlamentarische Opposition
ASEM	Asia-Europe Meeting
BAföG	Bundesausbildungsförderungsgesetz
BArch	Bundesarchiv
BBAW	Berlin-Brandenburgische Akademie der Wissenschaften
BDI	Bundesverband der Deutschen Industrie
BMI	Bundesministerium des Innern
BMZ	Bundesministerium für wirtschaftliche Zusammenarbeit
BVerf	Bundesverfassungsgericht
BV Swn	Bezirksverwaltung Schwerin (des MfS)
CDRSEE	Center for Democracy and Reconciliation in Southeast Europe
CDU	Christlich Demokratische Union Deutschlands
CERN	Conseil européen pour la recherche nucléaire
CIEPLAN	La Corporación de Estudios para Latinoamérica
CSSR	Tschechoslowakische Sozialistische Republik
CSU	Christlich-Soziale Union
DA	Demokratischer Aufbruch
DAF	Deutschen Arbeitsfront
DDP	Deutsche Demokratische Partei
DDR	Deutsche Demokratische Republik
DFG	Deutsche Forschungsgemeinschaft
DGB	Deutscher Gewerkschaftsbund
DJI	Deutsches Jugend-Institut
DSU	Deutsche Soziale Union
DVU	Deutsche Volksunion
EADA	Europäische Akademie der Arbeit an der Universität Frankfurt
EDV	Elektronische Datenverarbeitung
EG	Europäischen Gemeinschaft
ELFO	Abteilung Entwicklungsländerforschung (der Friedrich-Ebert-Stiftung)
EFES	Estudios Financieros, Económicos y Sociales
EFQM	European Foundation for Quality-Management
ESDP	Egyptian Social Democratic Party
EU	Europäische Union
FES	Friedrich-Ebert-Stiftung
FDGB	Freier Deutscher Gewerkschaftsbund
FDP	Freie Demokratische Partei
GmbH	Gesellschaft mit beschränkter Haftung
HA	Hausakten
HVHS	Heimvolkshochschule
ICTR	Internationales Crime Tribunal for Rwanda
IEPN	Israeli European Policy Network
IGB	Internationaler Gewerkschaftsbund
IISH	International Institute of Social History
ILDIS	Instituto Latinoamericano de Investigaciones Sociales
ISAF	International Security Assistance Force
ISK	Internationaler Sozialistischer Kampfbund

IPG	Internationale Politik und Gesellschaft
ITH	Internationale Tagung der Historiker der Arbeiterbewegung
KSZE	Konferenz über Sicherheit und Zusammenarbeit in Europa
KPD	Kommunistische Partei Deutschlands
MdB	Mitglied des Deutschen Bundestags
MdEP	Mitglied des Europäischen Parlaments
MDRI	Myanmar Development Research Institute
MEGA	Marx-Engels-Gesamtausgabe
MfS	Ministerium für Staatssicherheit
NATO	North Atlantic Treaty Organization
NGO	Non-Governmental Organization
NPD	Nationaldemokratische Partei Deutschland
NSDAP	Nationalsozialistische Deutsche Arbeiterpartei
OF	Občanské fórum (Bürgerforum)
OSZE	Organisation für Sicherheit und Zusammenarbeit in Europa
PISA	Programme for International Student Assessment
PLO	Palästinensische Befreiungsorganisation
PS	Partido Socialista
PSOE	Partido Socialista Obrero Español
RAF	Rote Armee Fraktion
RESO	Relais pour l'Émergence d'une Jeunesse Sociale Organisée
SA	Sturmabteilung
SALT	Strategic Arms Limitation Talks
SAPMO	Stiftung Massenparteien und Organisationen der DDR
SDP	Sozialdemokratische Partei in der DDR
SDS	Sozialistischer Deutscher Studentenbund
SED/PDS	Sozialistische Einheitspartei Deutschlands/ Partei des Demokratischen Sozialismus
SED	Sozialistische Einheitspartei Deutschlands
SIPRI	Stockholm International Peace Research Institute
SPD	Sozialdemokratische Partei Deutschlands
TAC	Treatment Action Campaign
TUJ	Pakistan Tribal Union of Journalists
UGTT	Union Générale Tunisienne du Travail
UN	United Nations
UNESCO	United Nations Educational, Scientific and Cultural Organization
UdSSR	Union der Sozialistischen Sowjetrepubliken
USA	United States of Amercia
USPD	Unabhängige Sozialdemokratische Partei Deutschlands
VPN	Verejnosť proti násiliu (Öffentlichkeit gegen Gewalt)
ZAIG	Zentrale Auswertungs- und Informationsgruppe (im MfS)
ZK	Zentralkomitee

Bibliografische Information der Deutschen Nationalbibliothek

Die Deutsche Nationalbibliothek verzeichnet diese Publikation in der Deutschen Nationalbibliografie; detaillierte bibliografische Daten sind im Internet über *http://dnb.dnb.de* abrufbar.

ISBN 978-3-8012-4293-0

Copyright © 2024 by
Verlag J.H.W. Dietz Nachf. GmbH
Dreizehnmorgenweg 24, 53175 Bonn

Projektpartner für die Erstellung der Inhalte dieses Buches ist das Geschichtsbüro Reder, Roeseling & Prüfer.

Text und Redaktion
Gesamtleitung: Anja Kruke und Stefan Müller
Text: Christiane Fritsche, Stefan Müller, Marie Madeleine Owoko, Steffen Platte, Severin Roeseling (Leitung), Anja von Cysewski, Oliver Werner
Redaktion: Peter Beule, Alexandra Jaeger, Anja Kruke, Philipp Kufferath, Stefan Müller (Leitung)
Bildredaktion: Kim Knott, Anja Kruke (Leitung), Stefan Müller, Leon Pietsch, Steffen Platte, Severin Roeseling, Laura Valentini, Anja von Cysewski

Bei einigen Fotos und Abbildungen konnten trotz intensiver Recherchen die Urheber:innen nicht ermittelt werden. Rechteinhaber:innen mögen sich bitte an das Archiv der sozialen Demokratie der Friedrich-Ebert-Stiftung wenden.

Gestaltung und Satz
adlerschmidt gmbh kommunikationsdesign, Berlin

Druck und Verarbeitung
Himmer GmbH Druckerei & Verlag, Augsburg

Alle Rechte vorbehalten
Printed in Germany 2024

Besuchen Sie uns im Internet: *www.dietz-verlag.de*